这样的管理最简单

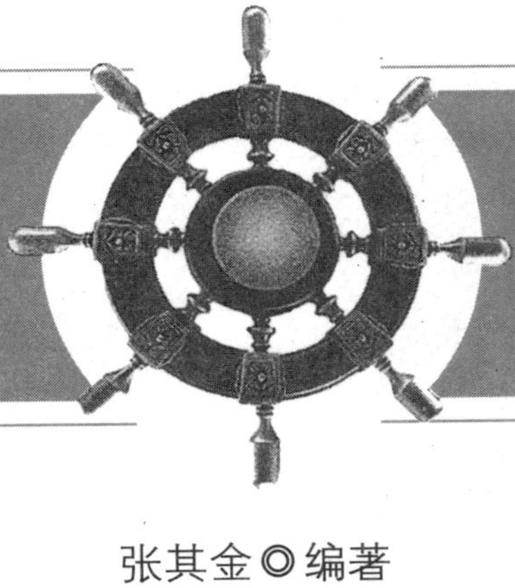

张其金◎编著

天津科学技术出版社

图书在版编目(CIP)数据

这样的管理最简单 / 张其金编著. —天津 : 天津科学技术出版社, 2010.7

ISBN 978-7-5308-5877-6

Ⅰ.①这… Ⅱ.①张… Ⅲ.①企业管理 Ⅳ.①F270

中国版本图书馆 CIP 数据核字(2010)第 133140 号

责任编辑:张　萍　张　婧

责任印制:白彦生

天津科学技术出版社出版

出版人:蔡　颢

天津市西康路 35 号　邮编 300051

电话(022)23332490(编辑部)　23332391(发行)

网址:www.tjkjcbs.com.cn

新华书店经销

天津泰宇印务有限公司印刷

开本 710×1000　1/16　印张 16.75　字数 200 000

2014 年 1 月第 1 版第 2 次印刷

定价:29.80 元

前言

管理越简单越好

管理的第一要素即管人，也就是要根据人的心理和思想规律，通过尊重人、关心人、激励人来改善人际关系，充分发挥人的积极性和创造性，从而提高劳动和管理效率。因此，为了提高工作效率和企业的赢利能力，我们必须记住墨菲定律所说的：把事情弄复杂很简单，把事情弄简单却很复杂。事实正是如此，要想把一件复杂的事情搞得简单而有效，确实不是件容易的事情，管理无技巧，越简单越好。如果说四两拨千斤是一种柔性的管理方式，那么，化繁为简就是管理实践的最高境界！

从事物的发展规律来看，任何一个公司的发展过程中，都会出现起伏的状况。如果你所在公司出现危机或者步入低谷时，你是否能为公司提供科学合理的管理建议，使公司从困境中走出来呢？如果你做到了，你就会成为一个合格的管理者，公司一旦出现转机，你就会得到丰厚的回报，那就是更高的职位和更多的薪水。在这样的背景下，你就会去思

考：是什么样的特质使优秀员工创造出10倍于普通员工的成绩？我们在和别人打交道的过程中怎样才能充分调动起周围一切人力资源，使其尽最大的能力为公司服务呢？这其中包括了你的部属、你的领导、你的同事，甚至是你的客户。在这样的情况下，你就要认识到，作为管理者，自身的素质和表现是很重要的，因为员工会将你的行为在潜意识里作为自己的行为标准。而一个管理者首先应该在思想上将所有员工装在自己心里，用一杆称去衡量所有员工的表现。这就要求作为管理者应该是一个无私的人，一个将所有员工平等对待的人。这是管理者必须要做的心理准备。

从企业成长的角度来说，在中国搞企业有一个不好的环境因素，就是只能成功，不能失败。但在美国的环境里就有所不同，一个经营者，特别是一个职业企业家，会在企业间流动，每一次流动都会给企业成长带来一次机会，有人可以在这一次失败，而在另一次成功，在中国则是要接受更严峻的考验。因为企业的成功不是等来的，而是创造的结果。只有在冒着风险和失败的追求中才能推动社会的发展。

康德曾经对人的精神动力作过描述。他说："在一切德行之上的是：永远努力向上，与自己搏斗，永远不满足地追求更伟大的纯洁、智慧、善和爱。"

微软的比尔·盖茨、戴尔的迈克尔·戴尔、东软的刘积仁等这些新崛起的新经济巨人，他们最本原的动力很简单，就是"这事该怎么做？做的目的是什么?"他们明白，任何一个解决方案都只能奏效一时，要不断寻求更好的解决办法，这是人生中一个最基本的、主动进取的精神特征，也是取得成功的关键。

作为企业领导者，如果具备了这种品质，就能对自身做出定位，就有了主动去寻找并实现团队成员、公司、股东、市场、社会之间许多的责任心。有了这种责任心，他们才能在竞争激烈的企业环境中，将一群最聪明、最富有创造力的人组合在一起，为他们搭建一个实现自我价值的舞台，营造一个好的环境，让他们能够体现自身价值。

由于每个人的价值取向不同，就会产生不同的效果。

在我们的企业组织中，一个管理者不可能离开自己的员工而独立存在。同样的，我们员工也不能离开管理者而独自成长。基于这个原理，著名的贝尔实验室和3M公司经过近十年的研究，终于发现了一条令人吃惊的结论：要成为一名优秀员工，你不需要高智商或者圆滑的社交技巧，只需要改进你的工作策略，你就能成为一名优秀员工，发挥出巨大的潜能。同样的，如果你要成为一名杰出的管理者，你不需要拥有复杂的管理方案，只要你能将复杂的管理化繁为简，你就能够走向卓越！

目录

前言：管理越简单越好 …………………………………………………………… 1

第一章　制订简单的管理目标

一个好的管理者，首先必须是一个非常尊重每一位员二的领导者，他不仅具有开放的心胸和良好的沟通能力，他还是一个耐心倾听员工心声的人。一个好的管理者，当团队有好的表现时，他能够同每一个成员分享整体的成功，加强他们的向心力。一个好的管理者不仅能为团队制订共同的目标，还能鼓励团队共同分析问题、寻求解决之道。

制订共同的管理目标 …………………………………………………… 3
每天都有可以实现的目标 ……………………………………………… 8
做事要有符合自身的目标 ……………………………………………… 11
对目标专心管理才能得心应手 ………………………………………… 15
知道自己的管理目标 …………………………………………………… 19
执行自己的管理目标 …………………………………………………… 23

第二章　做一个好的管理者

作为一个好的管理者，他所做的一切合法工作以及能为公司创造利益的行为都是值得尊重的。任何人都不能贬低管理在企业发展中的价值，问题在于企业组织中的人是如何来看待管理工作的。那些一心只想着在短期内得到晋升，得到加薪的行为都是不可取的，尤其是对于那些不思进取的管理者，不管是对上司还是对自己，都没有多大价值，都是要受到批评的。只有把企业的利益放在第一位的管理者，才能称其为一个好的管理者。

做个无私的管理者 …………………………………………………… 29
管理者应该关爱自己的员工 ……………………………………… 32
强调什么，你就去管理什么 ……………………………………… 35
管理态度是第一位 ………………………………………………… 40
对职场新人如何管理 ……………………………………………… 43
在管理中体现自我价值 …………………………………………… 47
全身心投入工作 …………………………………………………… 50
找准真属于自己的管理 …………………………………………… 54
管理中的付出 ……………………………………………………… 57
管理同样需要下属支持 …………………………………………… 61

第三章　管理也需要提倡敬业

敬业，就是尊重并重视自己的职业，把自己的工作做好，对此付出全身心的努力，加上认真负责，一丝不苟的工作态度，即使付出再多的代价也心甘情愿，并能够克服各种困难做到善始善终。

管理离不开敬业 …… 67
培养管理中的敬业精神 …… 70
管理成功的基础是敬业 …… 74
把敬业当成习惯 …… 79
敬业就会卓越 …… 82

第四章　管理中的信任情结

作为管理者，你信任过你的员工吗？如果没有，那你最好改变以前的态度，从现在开始信任你的员工，因为信任你的员工会给你带来很多的好处。

诚信是一个管理者必备的素质 …… 89
管理要诚信为本 …… 92
诚信是做人做事之本 …… 95
学会取得他人的信任 …… 99
信赖是信任效用的一部分 …… 104
自信会让你得到信任 …… 108
诚信同样需要信心来扶持 …… 111
信任的力量 …… 116
学会信任 …… 121
企业的成功在于信任 …… 126
以信任去建立你的影响力 …… 130
坚守诚信才能成功 …… 133
诚信才有发展 …… 136
合作离不开诚信 …… 139

第五章　提高管理中的忠诚度

忠诚是所有企业员工必备的职业素质。作为员工，只有具备了忠诚的素质，才会以企业为家，真正关心企业的兴衰成败，认真思考企业经营发展之道，才愿意将自己的全部身心奉献给企业，以自己有能力为企业的发展壮大添砖加瓦为荣。这是一个人的职业素质和操守的集中体现，而与职位高低和薪资多少没有多大关系。

忠诚促使你成功 …………………………………… 145
让员工忠诚 …………………………………… 149
如何做到忠诚 …………………………………… 153
忠诚于自己 …………………………………… 157
忠诚就是向老板学习 …………………………………… 161
从忠诚到成功 …………………………………… 164
卓越是随着忠诚而来的 …………………………………… 169
忠诚是一种能力 …………………………………… 173
忠诚于你的老板 …………………………………… 177

第六章　管理需要建立责任意识

如果你要想成为一个好的管理者，你就要对你的团队负起责任，时刻关心属下员工，让他们感觉到你就像亲人一样。只有这样，你的员工才会像对待自己一样对待你，对待你所给予他们的权力或工作。

勇敢地承担责任 …………………………………… 185
主动承担责任 …………………………………… 189
培养负责任的管理态度 …………………………………… 193

树立负责任的管理观念 …………………………………………… 197
对员工管理负起责任 ……………………………………………… 200
把管理责任存放心中 ……………………………………………… 205
心中常存责任感 …………………………………………………… 209
这是我该负的责任 ………………………………………………… 213

第七章　简单管理的共同准则

管理并不像我们想象的那样复杂，因为管理强调的是要以有效的方法达到目的的具体行为。这就必然要求在实践中设计一种行得通的解决办法，而这个办法就是：只要我们遵循管理中的一些共同准则，成功就是水到渠成的事。

管理需要突破常规 …………………………………………………… 221
简单管理的授权方式 ………………………………………………… 224
管理就是让部属做正确的事 ………………………………………… 227
管理需要激发他人的高尚动机 ……………………………………… 230
警惕管理中的团队陷阱 ……………………………………………… 234
如何处理管理中的冲突 ……………………………………………… 237
管理中的反馈 ………………………………………………………… 242
发展你的管理个性 …………………………………………………… 246
用心去管理 …………………………………………………………… 249

制订简单的管理目标

第一章

一个好的管理者，首先必须是一个非常尊重每一位员工的领导者，他不仅具有开放的心胸和良好的沟通能力，他还是一个耐心倾听员工心声的人。一个好的管理者，当团队有好的表现时，他能够同每一个成员分享整体的成功，加强他们的向心力。一个好的管理者不仅能为团队制订共同的目标，还能鼓励团队共同分析问题、寻求解决之道。

制订共同的管理目标

在中国的企业界，当我们一谈到管理这个话题时，就常常会提到：企业管理者往往会遇到一些不服管理的“刺头”，他们狂妄自负，充满创新精神而又野心勃勃，或拥有某一方面不可替代的资源（比如背景），或聪明、好动，是某一方面或某几方面的专家。他们不会循规蹈矩，也不会轻易被权威折服。更让管理者头痛的是，这些人不但在专业上有一套，而且在组织内的“兴风作浪”上也很有一套。对于这种现象应该如何处理呢？

事实上，当我们碰到这样的部属时，最好的方法就是给他们制订一个明确的目标。只有在他们明白了自己的目标之后，他们才能给自己做一个聪明的职业规划，以免受错误信息的误导，影响自己的前程。

无论是对管理者，还是对员工来说，人生的成功之旅，是从确定方向开始的。在浩如烟海的撒哈拉沙漠腹地有一个小村庄叫比塞尔，它紧贴一块仅有 1.5 平方公里的绿洲旁，要走出这块沙漠，只需大约三昼夜的时间。为贫困的生活条件所迫，村民们曾一次次试图离开那里，但无论向哪个方向走，最后他们却又都一次次地返回了原地。

1926 年，英国皇家科学院院士肯·莱文，带着极大的困惑来到了这

里。他收起了指南针等设备，雇佣了一个比塞尔人，让他带路，想看看他们究竟为什么走不出沙漠。他们准备了足够用半个月的水，牵上两匹骆驼，一前一后上路了。

他们走了 10 天，大约走过了 800 英里的路程。可是第 11 天早晨他们面前又出现了熟悉的那小块绿洲，他们竟然又回到了比塞尔。此时，肯·莱文终于明白了，比塞尔人之所以走不出沙漠，是因为他们没有指南针，又不认识北斗星。

要知道，在一望无际的沙漠中凭着感觉前行，一定会走出许多大小不一的圆圈，而比塞尔人在方圆上千公里的沙漠中是没有指南针的，他们最后的足迹十有八九会是卷尺的形状——终点又回到了起点。

弄明白了这个道理，肯·莱文就教比塞尔人认识了北斗星，这样，比塞尔人沿着北斗星指引的方向，只用了三天，就走出了大漠。

其实，在我们的管理中，有很多事情都像这个小故事那样，有许多的员工忘记企业的目标是满足客户的需求，每当有客户前来企业拜访，那些员工总是心不在焉的将客户打发走；每当接到客户的建议信，员工们从不拆封，而随手将信扔进垃圾桶里。诸如此类的情形，有可能发生在任何一个员工当中。

所以，当我们在笑比塞尔人的时候，自己也在被他人笑话。在这样的情况下，我们就要认识到，仅有热情和能力是远远不够的，最重要的是要选准走向成功的方向，只要朝着非常明晰的方向努力，就一定会走出荒漠，找到希望的绿洲。只有我们在工作中时刻铭记自己的目标、自己的使命，检查自己所做的事情是否与目标相违背，我们才能提高工作效率。

作为一个管理者，他在管理的过程中就要认识到目标的作用，目标不仅是界定追求的最终结果，它在整个人生旅途中都起作用，目标是成功路上的里程碑，它在管理中作用主要体在以下几个方面。

第一方面：目标能够促使部属产生积极性。没有明确的目标就没有做事的标准，没有明确的目标就没有动力；有了目标，才有为之奋斗的方向，才有为之奋斗的计划。没有明确的目标，只能是徒然分散精力，浪费光阴，到最后追悔莫及，甚至感叹：自己终日忙碌，为何命运对自己如此不公。所以说，重要的事情往往都与工作的目标或者企业的目标有关，也可以与个人的目标相关。凡是有利于工作目标的实现，有利于人生幸福的事情都可以认为是重要的事情，都能调动每一个人的积极性。

第二方面：目标使我们看清使命。作为一个管理者，他工作的每一天，都可能遇到令自己不满意的人和事。要知道，在那些对自己处境不满意的人中，有98%的人心目中没有一幅清晰的前景图画，没有生活的目标，没有人生目的。如果有了一个清晰的目标，他们才能够树立起自己的人生使命，在工作中他们就会变得兢兢业业，尽职尽责地做好每一件事情。

第三方面：目标有助于我们分清工作中的轻重缓急。制订目标的一个最大的好处是有助于我们安排日常工作的轻重缓急。没有这些目标，我们很容易陷进烦琐的事务当中，成为琐事的奴隶；有人曾经说过，“智慧就是懂得该忽视什么东西的艺术”。道理就在于此。

第四方面：目标引导我们发挥潜能。确认目标的关键是把你的目标制订出来，写在纸上。把原来在心里想的东西，变为每天耳濡目染的现实，从而加深头脑中的印象。一段时间之后，你自然会产生自信，激发出内在的潜能。

为什么这样说呢？这是由于潜意识的不断督促和指挥，神奇的创造力就从我们的身上不断地发挥出来。这么一来，要达到目标，就不再是一件难事了。我们应该把消极的，无所作为的想法尽量抛弃，而代之以

积极的、肯定的强烈信念来充实你的精神。毕竟潜在意识往往表现在行为上，也就是说我们的行动常受到潜意识的控制。如果能掌握潜意识并加以巧妙地运用，我们心中所梦想的目标终有成为现实的一天。

第五方面：目标使我们有能力把握现在。人在现实中通过努力实现自己的目标，正如希拉尔·贝洛克说："当你做着将来的梦想或者为过去而后悔时，你唯一拥有的现在却从你手中溜走了。"

虽然目标是朝着将来的，是有待将来实现的，但目标使我们能够把握住现在。为什么呢？因为这样能把大的任务目标看成是由一连串小任务和小的步骤组成，要实现任何理想，就要制订并且达到一连串的目标。每个重大目标的实现都是几个小目标小步骤实现。所以，如果你集中精力于当前手上的工作，心中明白你现在的种种努力都是为实现将来的目标铺路，那你就能成功。

第六方面：目标有助于评估进展。不成功者有个共同的问题，他们极少评估自己取得的进展。他们大多数人或者不明白自我评估的重要性，或者无法量度取得的进步。

目标提供了一种自我评估的重要手段。如果你的目标是具体的，看得见摸得着的，你就可以根据自己距离最终目标有多远来衡量目前取得的进步。有了目标，我们就不会像某个制作最新发明模型的发明家一样：他制作的模型有无数的飞轮、齿轮、滑轮和电灯，一按电钮，就动起来，而且灯会亮。有人问："这个机器是干什么的？"发明家回答说："它不干什么，但是，这机器的运转不是挺优美吗？"

第七方面：目标使我们未雨绸缪。成功的管理者总是事前决断，而不是事后补救的。他们提前谋划，而不是等别人的指示。他们不允许其他人操纵他们的工作进程。不事前谋划的人是不会有进展的。我们以《圣经》中的诺亚为例，他并没有等到洪水泛滥才开始造他的方舟。

目标能帮助我们事前谋划，目标迫使我们把要完成的任务分解成可行的步骤。要想制作一幅通向成功的交通图，你首先就要有目标。正如18世纪发明家兼政治家富兰克林在自传中说的：“我总认为一个能力很一般的人，如果有个好计划，是会有大作为。”

第八方面：目标使我们把重点从工作本身转到工作成果。不成功的管理者常常混淆了工作本身与工作成果。他们以为大量的工作，尤其是艰苦的工作，就会在某一天带来成功。（但任何活动本身并不能保证成功，且不一定有利。要一项活动有用，就一定要朝向一个明确的目标也就是说，成功的尺度不是做了多少工作，而是做出多少的成果。看看那些不成功的管理者，他们总是遵守着自己过去的本能、习惯、传统、经验、惯例，或者随便你叫它什么好了。他们干得很卖力，但毫无成果。许多不成功的管理者，他们自以为忙碌就是成就，干活本身就是成功。其实，这恰恰与成功的管理者形成了鲜明的对比。

目标有助于我们避免这种情况发生。如果你制订了目标，又定期检查工作进度，你自然就把重点从工作本身转移到工作成果，单单用工作来填满每一天，看来再也不能接受了。做出足够的成果来实现目标，这才是衡量成绩大小的正确方法。随着一个又一个目标的实现，你会逐渐明白要实现目标要花多大的力气，你还能悟出如何用较少时间来创造较多的价值，这才会反过来引导你制订更高的目标，实现更伟大的理想。随着你的工作效率的提高，你对自己，对别人也会有更准确的看法。

每天都有可以实现的目标

作为一个管理者，他在做事情的时候，既要有大目标，也要有小目标，因为任何伟大的事业都是从点滴小事做起来的。也就是说，一个人必须具备小的目标才能一步步走向成功。小的目标同样很重要，它能使你看到奋斗的希望，从而树立你的自信心。

很多人在制订目标时，不注意建立小的目标，他们只树立了长远目标。可随着岁月的流逝，看到实现目标的希望越来越渺茫，于是他们便放弃了自己制订的目标。这样往往做不成什么事。

所以，在事业的起步阶段，懂得具体而清楚地将自己的目标表述出来，不仅能产生出清晰的思路从而有利于你着手做出计划，而且能够帮助你始终关注自己的目标。我们中有太多的人盲目行事，或者将事情的成败托付给命运。你若向 10 个人发问："你是如何走到今天这一步的?"也许有 9 个人会这样回答："噢，靠偶然吧，我可从来没想到会是今天这个样子。"即使他们中间有一些在你看来算作成功的人士，实际上他们也从未把现在的处境当作一个目标来追求过，他们大多数是糊糊涂涂地走到了现在。

在一次对哈佛大学商学院的毕业生进行的调查中，曾有人提出了这样的问题："你们中间有多少人确定了一个具体的、已经书面化的目标，并且依据它做出了详细的计划，然后在离开哈佛之后始终不渝地为之奋斗？"答案却是出乎人的意料，3%的人回答他们写下了自己的目标；13%的人回答他们没有将自己的目标书面化；84%的人回答他们没有制订过目标。

时间转眼过了10年，这些同学在一次聚会上相遇了，那3%的人都获得了成功，他们的财富是另外97%的人的10倍。虽然这不是衡量成功的唯一标准，但却是一个重要的标准。

大多数目标的实现都需要你聚精会神地努力奋斗，有些目标的达成还要求你自身先发生某种改变，要求你掌握某些新的技能，要求你创造性地开展工作。在付出这些努力的时候，你或许会感到惊恐，感到是在冒险，或者感到过于艰难。然而，一旦你实现了目标，无论这一目标是大是小，你的自信会更加充分，你的自尊会更加坚定，你的生活会更加丰富而充实。

下面这件事听起来非常简单，也许事实就是这样。然而尽管如此，我们还是要向你强调，将你的目标变得越具体越明确越好。

例子：安姬有十足的理由埋怨命运对她不公平。她母亲在她还是婴儿时便去世了。她从来不知道父亲是谁，也不知道什么是家庭的温暖。安姬是个孤儿。八年级时，她被迫搬到阿肯色州和亲戚同住。此时，安姬的体重急剧增长，超过常人体重二十磅，以至许多衣服都不能穿了。

面对家庭特殊境况和糟糕的身体，安姬没有向命运低头，也没有怨天尤人，而是开始制订自己的人生目标：做一个长跑运动员。她决定首先练跑步以减轻体重，消耗多余的脂肪。渐渐的她愈跑愈体会出其中的快乐，体能也逐渐得到增强，之后她又经过刻苦的训练，终于成为一名出色的长跑运动员。她继续训练自己，并且开始参加长跑竞技比赛。

几年后，安姬，这个阿肯色州立大学四年级的学生，已经赢得三项马拉松及十公里长跑冠军了。其中包括两次奥尔良马拉松大赛、孟斐斯快捷马拉松赛，以及亚特兰大雅芳十公里大赛。

安姬不向命运屈服。她拟订人生目标，并不断行动，终于发挥潜能，获得了成功。

制订目标或许还不算太难，可是要能贯彻到底就不是件容易的事了。你可能以前就有过这样的经验，刚订好目标时很有摩拳擦掌的热情，可是过了三个星期后就没劲了，更别提达到目标的自信，那早已荡然无存了。所以，在你的管理生涯中，当你拟订一项目标后，首要的步骤就是把它写在纸上，这样才能使目标具体化，遗憾的是大多数人连这么简单的步骤都不做。

当你把目标写下来后，随之最重要的一步就是立即让自己行动起来，向着实现目标的方向拿出具体的行动，可别一拖再拖。一个真正的决定必然是有行动的，并且立即行动，此时你就要针对自己的那四个迫切要在一年之内达成的目标拿出实际的行动。你先别管行动到什么程度，最重要的是要动起来，打一个电话或拟订出一份行动方案都是可行的，只要在接下去的十天内每天都能有持续的行动。当你能这么做时，这十天的行动必然会形成习惯，最终把你带向成功。

如果你个人制订的目标是一年之内学好爵士舞的话，那么就“先让手指头动起来”，你不妨今天就去翻一翻电话簿找个训练班，然后就是注册入学，安排出学习的时间。

如果你的目标是一年之内买辆奔驰轿车的话，那么就请代理商寄一份有关奔驰汽车的各种资料给你，或者当天下午亲自跑一趟去了解一番。这并不是要你马上就买，只不过当你了解了价钱和性能之后，会更强化你要购买的决心。

如果你的管理目标是在一年之内要使自己所领导的部门的业绩有所增长的话，那么现在就立刻拟出必须采取的步骤。到底有哪个已经在这方面取得成功的管理人士可以为你提供建议？你是否应该去学习一些管理知识？你是否需要去寻找你的上司，以获得他的支持与帮助？别忘了，每天你至少得体验一下实现那四项目标的成功感受，当然最好是一天两次，一早一晚。每六个月你得重新回顾先前所写下的目标，以确定它们是否还“活生生”的。当你决心过积极奋发的生活后，你必须会有与以往不同的认识。很可能你会将先前的目标做某种程度的修改，那么就好好动动脑筋增减一番。

做事要有符合自身的目标

作为一个企业的管理者，他在管理的过程中肯定要不断遇到问题，分析问题，解决问题，只有这样，他才能成长起来。同时，管理者一定要心胸开阔，要不断学习，跟自己人学习，跟古代人学习，跟外国人学习，只有这样，他在工作的过程中，才能比他的下属更快地完成属于自己的工作。

那么，管理者与他的下属相比，为什么会在相同的时间，相同的工作岗位上首先完成工作呢？一位企业家曾这样作出解释：这是因为管理

者把目标建立在了以现实为基础之上。正是这样，他才能把那些吞噬他时间的琐碎事情排挤出去了。

不过，这样做比较困难，因为每个人的现实是不一样的，每个人的目标也有千差万别。这里我们希望你做到的是，既不要把目标定得太低，也不要把目标定得太高。目标定得太高当然对自己不利，而目标定得太低甚至放弃目标自然也不行，因为这样一来，你会失去许多可能创造奇迹的机会。那么，如何判断你的目标是否现实呢？有这样一个方法你可以试，即看看你的总目标能否分解为许多阶段性的、具体的、较易实现的小目标，而把这些小目标综合起来，又是否能累积成你的大目标。我们现在来看这样一个例子。

杨某现在 30 岁了，他进入了一家 IT 行业的知名公司，在这个公司里，他打算成为一名杰出的管理者。可是目前，他对这个公司的各个流程都不甚了解，甚至是任何条件他都尚未具备，所以他不得不先去了解这家公司具体的操作程序，不得不去与各个部门的经理去沟通。

在经过这样的一段时间以后，杨某很快从最初制订目标的兴奋中冷静下来，他觉得自己很难实现这一目标，因而显得有点儿灰心。对此，他去找他的上司，于是上司建议他将目标细化，也就是分解成阶段性任务，然后一个任务一个任务地去完成，最终实现成为一个杰出管理者的总目标。最后，上司对他说道：

你要这样做：把你下一个想法（不论看来多么不重要），变成迈向最终目标的一个步骤，并且马上去进行。时刻用下面的问题来提醒自己，用它来评估你做的每一件事："这件事对我的目标有没有帮助？"如果答案是否定的，就马上放弃；如果是肯定的，就要加紧推进。

我们无法一下子成功，只能一步步走向成功，所谓优良的计划就是自行确定的每个月的配额或清单。

请你想想看，怎样才能提高你的效率。请你利用下面的“30天的改善计划”来自我衡量一下。你可以在标题之下填入你一个月以内必须做到的事情，一个月以后再检查一下进度，并重新建立新的目标。请你经常留意那些小事，以便充实你承担大事的能力与实力。

坚定的决心是别的东西无法代替的。下决心将你的计划坚持到底，不要理会障碍、批评、不利环境，或别人会怎样想、怎样说、怎样做。以不懈的努力、专注及集中的力量来加强自己的决心。机会不会落在等待者的头上，只有敢于出击的人，才能抓住机会。而成功出击的能力取决于规划制订及实现目标的能力。正如牧师兼演说家罗伯特·H·舒勒所说：“目标绝对重要，不但调动着我们的积极性而且维持着我们的人生。”

今天就开始制订目标，规划未来的航向。罗伯特说：“如果你没明确的目的地，你很可能走到不想去的地方。”尽一切能力实现自己的理想，不要走到不想去的地方。

(1) 把你确定自己人生理想时写下的东西重读一遍。以这个理想为基础，写出一份陈述。要写得简单，但要包括你想做的一切。这是你需要记住的，写的时候一定要包括以下几点：

第一点：你生活的重点是什么。

第二点：你为什么想做这些事情。

第三点：你打算怎样做到这些事情。

写好目的陈述之后，在最初几周每天看一次，看看这份陈述是否准确代表你的人生目标。

(2) 花几个钟头时间定出你的目标。

从人生的总体目标开始，找到实现人生目标所必须达到的主要目标，你大概会想出2–10个目标。同样要花点儿时间从头看一遍这些人生目

标，看看你是否真的觉得它们很重要。

(3) 花一个钟头的时间阅读一遍每个人生目标。

把一个人生目标分解成几个必须达到的中长期目标，再把每个中长期目标分解成几个小的中短期目标，然后把中短期目标分解成每天、每周、每月可以执行的任务。这些活动将为你描绘成功的蓝图。

这样处理过每天的人生目标之后，你应该明确要成功就必须做什么，组织好每天、每周、每月的活动。

和许多人一样，杨某总要去算计一下，为自己的目标做出尝试将会付出多大的代价。也许他在最初阶段就会犹豫不决，因为在这一阶段需要他抱着强烈的欲望去刻苦学习，才有可能获得自己的职业发展。可是，如果他按照分阶段进行呢？答案是：第一阶段要集中精力做好自己的本职工作；第二阶段是对自己所管辖的各个部门有所了解，并获得这些部门经理的支持；第三阶段是与上司不定期地沟通，以便获得上司的支持。假使杨某能够成功地完成第一阶段和第二阶段的任务，他就能获得一个积极的信息，他离做一个杰出的管理者不远了。他和许多人一样，总是害怕失败。但他的上司却鼓励他，一定要给自己一个机会去试试。在尝试过程中他真的会付出代价吗？我们认为并不如此。不过即使他最终没有成功，但他在尝试的过程中获得的知识和经验依然有用，他在适应各种各样的环境中获得的感觉依然富有价值。他实在没有失去什么。

记住，作为一个管理者，虽然没有责任一定要去获得成功，但你却有责任抓住任何一次机会去进行尝试以证明自己的价值。这一点是非常重要的。

对目标专心管理才能得心应手

作为一个管理者，在管理的过程中，仅仅制订一个目标是不够的，还需要有专一的精神。不信你看看那些同样有着宏伟目标的人，为什么有的人成功了，有的人却失败了，这就取决于他是否专一于他所认定的目标。

在管理学中，“专心”就是把意识集中在某个特定的欲望上的行为，并要一直集中到已经找出实现这项个体的方法，而且成功地将之付诸实施为止。

赵某作为一家大企业的管理者，他曾经经历了这样一件事。赵某的一位朋友发现自己患了一般人所说的“健忘症”。他变得心不在焉，记不住任何事情。现在，引用他的话，让你明白他是如何克服他的这项障碍。他是这样叙述的：

我已经50岁了。十年来，我一直在一家大工厂担任某个部门的经理。起初我的职务很轻松。随着公司迅速扩大业务．使我增加了额外的责任。我管理的部门有几位年轻人已经表现出不寻常的精力与能力，他们之中至少有一位企图取代我的职位。

像我这种年龄的人大都希望过舒适的生活，我在公司已服务过很长一段时间了，因此，我觉得我绝对可以轻轻松松地工作，安心地在公司

待下去。但这种心理态度几乎使我失掉了我的职位。大约两年前，我开始注意到，我“专心”工作的能力已经衰退了，我的工作变得令我心烦。我常忘记处理信件，直到桌上的信堆积如山，令我大吃一惊。各种报告也被我积压下来，使我的部属大感不便。我人虽然坐在办公桌前，但脑中却想着别处。

其他的情形都显示出，我的心思并没有放在工作上。我忘了参加公司一个重要的主管会议。我手下的职员发现我在估计货物时犯了一个很严重的错误，当然，他也设法让总经理知道了这件事。

对于这种情形我真是惊讶万分。于是我请了一个星期的假，希望把这种情形好好想一想。我在一处偏远山区的度假别墅内严肃地反省了几天，使我深信自己是患了健忘症。我缺乏“专心”工作的力量，我在办公室的肉体及心理活动变得散漫无目的。我做事漫不经心，懒懒散散，粗心大意，这完全是因为我的思想未放在工作上的缘故。我在满意地诊断出我的毛病之后，就寻求补救之道。我需要培养出一套全新的工作习惯，我决心要达到这个目标。

我拿出纸笔，写下我一下的工作计划。首先，处理早上的信件，然后，填写表格、口授信件、召集部属开会、处理各项工作。每天下班之前，先把办公桌收拾干净，然后离开办公室。

我在心里问自己：“如何培养这些习惯呢?”获得的答案是：“重复这些工作。”我在内心深处的另一个人提出抗议说：“但是，这些事情已经一而再，再而三地做过千次了。”我心中的声音回答说：“不错，但是，你从未专心从事这些工作。”

我回去上班，立即把我的新工作计划付诸实施。我每天以同样的兴趣从事相同的工作，而且尽可能地在每天的同一时间内进行相同的工作。当我发现我的思想又开始想到别处时，我立刻把它叫了回来。

利用我的意志力所创造出的一种心理的刺激力量，使我不断地在培养习惯方面获得进步。后来，我发现，我每天虽然做同样的事情，但却感到很愉快，这时，我知道我已经成功了。

“专心”本身并没有什么神奇，只是控制注意力而已。所有的天才都深信，一个人只要集中注意力，就能调整自己的思想，使它能接受空间的所有思想波动。这样，整个世界都将成为一本公开的书籍，供你随意阅读。甚至在一种极特别的情形之下，只要我们能找着另一个专心的对话，我们仍是能保持泰然态度的。

像发生赵某朋友身上的事例不胜枚举。因此，你应该记住：做事时将注意力集中在专一目标是，是成功的保证。一个人，如果想实现自己的人生价值，却把精力分散到许多事情上，这样的人是不会成功的。要知道，没有任何一个获得成功的人不是把他所有的精力都集中于一个特定的事情上的。

但是，当我们认识这个重要事实时，我们却要注意到目标是专注的前提，凭借自己对人生的憧憬和事业的坚持，每个人都应该为自己树立一个坚定不移的目标。当你专注于这个目标，并锲而不舍地为之奋斗时，肯定会取得一些成绩。

威廉·皮特是目标专一、意志坚定的杰出典范。在他的儿童时代，大人们就教育他只有成就一番显赫伟业，才不辜负父亲对他的殷切期望。这是他所受一切教导的主旨。无论他身在何处，无论他做些什么，不管是在上学、工作还是娱乐，他从未忘记过父母赋予他的这一神圣职责——他应该出人头地，应该成为一个正直、睿智、有影响力的政治家。这个观念在他身体的每一个细胞中生根发芽，并鼓励着他锲而不舍、坚忍不拔地朝着这个明确的目标前进。

22 岁那年，他就进入了国会；在 23 岁时，他就当上了财政大臣；

而到 25 岁时，他已经成了英国首相。

他在少年时期就按着一个确定的方向目标接受了专门训练，在大学毕业以后，他没有像别人那样为了确定自己应该从事何种职业而瞻前顾后，他毫不犹豫地朝着自己的目标勇往直前。

皮特的一个对手曾经这样评价他：“这个人既不会冒进，也不会退缩，他一直都在飞翔。”开始，没有谁能真正看清希望企及的目标，就像马拉松比赛一样，即使是起跑以后，他所见的也只是前面不远的道路。

他不是靠挂在天空的星星引路，而是靠手上的火炬照亮脚下的路，这样可以使他信心百倍，毫不畏惧，一直跑下去。尽管远方的路笼罩在暮霭之中，但永不熄灭的火炬会让他看清眼前的路。

当然，在确定自己奋斗的目标之前，我们也应该审视自己一番，从自己的兴趣和专长下手，寻找突破口，然后，再据此确定工作和人生的目标。这样，在目标的引导下，专心致志，锲而不舍地为之奋斗，肯定会有所成就。因为，这样就能够顺利用自身的有利条件，极大地挖掘出自身的潜力。

成功者与失败者的最大区别不在于他们各自做了多少工作，而是在于他是否专注于自己的工作和人生目标，并从中挖掘出多少自身的价值，来为这个目标服务。如果你有所怀疑的话，你可能会发现成功人士中几乎没有谁能解释得清为什么会执著地追求事业，把全部的精力只集中于一点。好像有一股看不见的神秘力量在指引着他们，而他们的所作所为不过是顺应内心深处的启示而已。

毕竟一个人的精力是有限的，就像一碗水分别倒进几个杯子里，那么每个杯子里面都只有浅浅的一点水，如果把所有的水都倒进同一个杯子里面，那么这个杯子里的水就会很多，甚至整个杯子都会装满。把精力专注于自己的事业上，你会在事业上比别人取得更高的成就。

知道自己的管理目标

看看那些在管理工作岗位上取得杰出的成绩的人，他们都有两个共同的特点：一是明确的知道自己事业的目标；二是不断地朝着目标前进。他们知道，目标的意义不仅仅是目标本身，它更是我们行动的依据，信念的基础，力量的源泉，清高的核心，追求的境界。美国精神之父爱默生说过：“一心向着自己目标前进的人，整个世界都会为他让路。”

我们每天都行色匆匆、忙忙碌碌、疲惫不堪地在工作的道路上奔波，我们可能因为昨天没有完成工作而感到烦躁不安，也会因为同事的恶意挑衅而大发雷霆，为上司的不满意而心烦意乱，为同事之间的小小争执而愤怒，为上级的批评而烦恼，为能拥有一辆汽车而费尽心机，为孩子能够出国留学而劳神费力，为赚到一千万还想赚一个亿而每天想着拼杀、争斗……面对这些困惑我们不妨在夜深人静之时扪心自问：“我究竟要什么？”

“我要什么？”选择一个时间和地点，把你在管理中的问题找出来，这对你会有极大帮助的。你要什么？你知道你必须做什么事才能得到你想要的。当你还是第二名时，你是否想成为第一名？你究竟想成为一个什么样的人？弄清楚自己真正的需要，就是抛开那些可做可不做的事情，

认真地思考你一生中真正非做不可的事情，让自己所有的能量都集中在那件你非做不可的事情上面。就像那只丑小鸭，它最先的需要只是不被鸭子同伴嘲笑；后来的需要是能够同它们一样游水；直到有一天，它抬头看见从天空中飞过的一队美丽的白天鹅，才发现自己真正需要是在蓝天上展翅飞翔。弄清楚自己的真正需要是一个不断自我发现的过程。

弄清楚自己的真正需要，是一个管理者不断调整目标的过程。对于一个管理者来说，人生的目标往往并不是一开始就是清晰的，也是随着公司的不断发展而不断改变的，这其间你要不断地抛却你目标中那些不切实际的部分，补充进你的那些还可以做得更好的部分。

弄清自己真正的需要是一个人成熟的标志。你再也不会将时间与热情浪费在那些不会有结果的事情上，你开始学会让一切努力都服从于自己的管理目标。

所以说，在你的一生中，你就必须制订明确的目标，而且你制订的这个目标必须是长期的、特定的、具体化的、远大的。

1. 目标必须是长期的。没有长期的目标，你可能会被短期的种种挫折击倒。理由很简单，没有人能像你一样关心自己的成功。你可能偶尔觉得有人阻碍你的道路，故意阻止你进步，但实际上阻碍你进步最大的敌人就是你自己。其他人可以使你暂时停止，而你是唯一能让自己永远做下去的人。

如果你没有长期的目标，暂时的阻碍可能构成无法避免的挫折。在工作中，当你设定了长期目标之后，你就能克服所有的阻碍，这样会使你很快地在管理方面获得成功。

2. 目标必须是特定的。目标很重要，几乎每一个人都知道，然而，一般人在人生的道路上，只是朝着阻力最小的方向行事，这是那些平庸的管理者所做的事，而不是那些取得成功的管理者所做的事。如果你想成为一位杰出的管理者，你必须是一位意志坚强的特殊人物，而不是一位普通人。

面对公司的所有事务，不管你具有多少能力、才华或能耐。如果你无法管理它，将它聚集在特定的目标上，并且一直保持在那里，那么你永远无法取得成就。只有你为自己设定了特定的管理目标，你才能把你的管理知识应用到实际中去。

3. 目标要具体化。如果你不能具体而明确地确定你的目标，并清楚地表达出来，如："这就是我的目标，这就是我想要做的。"那么，你就没有将目标真正内化为自己的东西，你就不可能因此而产生强大的动力。

4. 目标要远大。目标远大会给人以创造性火花，使人有可能取得成就。正如约翰·贾伊·查普曼说的："世人历来最敬仰的是目标远大的人，其他人无法与他们相比……贝多芬的交响乐、亚当·斯密的《原富》，以及人们赞同的任何人类精神产物……你热爱他们，因为你说，这些东西不是做出来的，而是他们的真知灼见发现的。"

成功的管理者像成功人士一样，且都是这样取得成功的。奥运金牌得主不光靠他们的运动技术，而是还靠远大的目标为推动力，商界领袖也一样。远大的目标就是推动人们前进的梦想。随着这梦想的实现，你会明白成功的要素是什么。没有远大的目标，人生就没有瞄准和射击的目标，就没有更崇高的使命能给你希望。正如道格拉斯·勒顿说的："你决定人生追求的目标之后，你就作出了人生最重大的选择。要能如愿，首先要弄清你的愿望是什么。"有了理想，你就看清了自己想取得什么成就。有了目标，你就有一股无论顺境逆境都勇往直前的冲劲，目标使你能取得超越你自己能力的东西。

要有远大的目标。有了远大目标，才能有伟大的成就。

5. 构筑目标的实践。这一点非常适用于一个管理者制订职业和个人

生活的目标。没有明晰而坚定的目标，是对未来感到迷惘的首要原因。没有将目标付诸实践，则是无法走向成功的重要因素。对个人而言，目标混乱将导致情感从满足发展到厌倦和缺乏安全感，甚至会陷入深深的忧虑。对企业来说也是一样，对未来没有明确构想的企业会产生猜疑气氛，员工也会因此士气低沉。一个对未来一无所知的公司没有什么前途，而没有前途的公司不值得投资者考虑。从明确目标中会发展出自力更生的精神、个人进取心、想像力、热忱、自律和全力以赴，这些全都是成功的必备条件。明确目标鼓励你行动专业化，并使你的行动达到完美的程度。

你对于特定领域的领悟能力，以及在此一领域中的执行能力，深深影响你一生的成就。一旦你确定自己的需要和欲望之后，便应立即学习相关的专业知识；而明确目标就好像一块磁铁，它能把达到成功必备的专业知识吸到你这里来。

一旦你确定了明确目标之后，就应开始预算你的时间和金钱，并安排每天应付出的努力，以期达到这个目标。

由于经过时间预算之后，每一分每一秒都有进步，故时间预算必然会为你带来效益。同样的，金钱的运用应该有助于明确目标的达成，并确保你能顺利地迈向成功。

执行自己的管理目标

如果你是一位杰出的管理者，你就应该知道如何去调动全体员工的积极性，改善组织结构，提高企业效益，以达到提高管理水平和发展生产的目的。

如果你是一位企业的中层管理者，通过自己所确立的目标，你才能在企业组织中找到自己的定位，才知道如何去了解和缓解自己上下级关系的压力和情绪，矫正管理中的偏差，找到最佳的激励自我和下属的有效方法，从而发挥每一位员工的能动性，逐步成长为真正意义上的优秀职员和管理高手。

在管理的过程中，你还要知道，如果你要达到一个目标，你必须事先要有一个清楚的概念。因此，你要决定你在远期、中期以及近期真正所要的是什么。不要把目标悬浮在半空中。如果你现在还不能够决定你长期和中期的目标，你就要加油了。对你最有利的是你应该在这个时候决定你的一般目标是什么：要在什么时间达到一个符合自己的管理阶段，你需要通过学习哪些知识，才能更好地认识自我、完善自我、提高修养，才能纠正理智上、行为上的“错位”，才能在工作中充分体现出真实的人格与自我实现。

我们下面来看这样一个事例，也许对大家是非常有帮助的。

杨某想改变自己的管理工作。我们请她详细谈谈自己的想法，以便帮助她尽可能具体地确认她的目标。她说："我是一家大公司的行政经理，我非常喜欢我所从事的工作。公司里许多重要的工作都是由我独立完成，比如安排公司的生产流水线、组织市场销售活动等等。"她还说，"我特别喜欢公司全员性的娱乐和旅游活动。尽管如此，我还是想离开我目前的工作，因为我在工作中感觉孤独。我更愿意成为团队中的一分子。"

听完杨某的谈话之后，我们感觉到——其实你也可能感觉出——杨某想改变工作的原因似乎只有一个，那就是，她感觉很孤独，她想在团队中工作，或者她希望她的工作中有团队因素。对此，我们向杨某提出的问题是："有没有这种可能性：既不离开目前的工作，又使你的工作成为团队的一部分？为什么不把你的想法向公司的人事部门谈谈呢？"

我们不是想改变杨某的目标，我们想做的只是帮助杨某抓住目标的核心，然后能很好地执行下去。到目前为止，她想到的只是要离开这家公司，而不是去和人事部门沟通。当然，她的目标和人事部门的态度并没有必然的联系，这里最关键的一点是，杨某的目标中最核心的内容是什么？她有没有可能在追求改变的过程中把不该改变的内容也给改变掉了？也就是我们通常说的："在倒洗澡水时也将盆里的孩子倒掉了！"因此，我们还是建议杨某认真地与人事部门谈谈，看看能否出现两全其美的结果，毕竟她是很喜欢她所干的事情的！

如果你在管理的过程中，你的目标是要使自己跃上一个更高的台阶，那你就必须把这一工作具体描述出来，并自我限定准备哪一天得到这份工作。如果你的目标是使你自己所管理的企业组织充满和谐，那你就必须确切地描述一下如何使你所在的企业组织能够达到这种和谐的氛围。

如果你目前的理想和愿望还不够明确，不足以成为一个目标，那就这样试一试：想像5年后的你。你可以自问："我想受多高程度的教育？我想做什么样的工作？我期望得到他人什么样的尊敬？我喜欢什么样的领导？我认为我的自我价值如何得到实现？我想结交什么样的朋友……"

你还可以这样试一试：在一周内每天花10分钟列出所有你能考虑到的目标。一星期后你手头就会有几十个甚至上百个可能实现的目标。这样做会迫使你写出自己的愿望，这是开始把你的目标变为具体要求的最好方法。

树立目标的最大价值在于可以避免浪费时间，避免漫无边际地瞎干。而无论你采用什么原则，一定要运用积极的人生观才能实现你生命中的高尚目标。积极的人生观是一种催化剂，使各种成功要素共同发生作用来帮助你实现目标，而消极的人生观也是一种催化剂，却会造成罪恶、灾难等一系列悲剧。

这就说明了目标并不是成功，而只有去实践，去执行，才能有助于你走向成功。在我们的管理生涯中，之所以有很多人没有成功，主要原因就是他们往往不明确自己的行动的目标。

我们必须首先确定自己想干什么，然后才能达到自己预定的目标。同样，只有明确自己想成为怎样的人，才能把自己造就成那样的有用之才。

我们要怎样做，才能找出自己成功的目标呢？只要遵循着如下规则所示的要求点来做即可。

规则一：找出自己确实想要的事物、想去的地方——有形的，无形的。

规则二：将这些成功的目标排出先后顺序。也就是说，哪些目标会自动引出下一个目标，我们要确定哪一些是当务之急的目标。

规则三：一旦明确了自己的目标，便可以开始规划如何去完成它们。不要陷入“我要的不是它”这类游戏当中。你可曾看见你的朋友们玩这种游戏？他们买了部电脑，玩了一阵子后却说“我要的不是这个！”继之可能是一种艘船或别的什么东西，但永远以“我要的不是它”来做结论！如此的模式一次又一次地上演，只因他们从不花些时间来决定什么是他们真正想要的。

做一个好的管理者

第二章

作为一个好的管理者，他所做的一切合法工作以及能为公司创造利益的行为都是值得尊重的。任何人都不能贬低管理在企业发展中的价值，问题在于企业组织中的人是如何来看待管理工作的。那些一心只想着在短期内得到晋升，得到加薪的行为都是不可取的，尤其是对于那些不思进取的管理者，不管是对上司还是对自己，都没有多大价值，都是要受到批评的。只有把企业的利益放在第一位的管理者，才能称其为一个好的管理者。

做个无私的管理者

一名优秀的管理者首先应该把公司的利益放在第一位，无论什么时候，都要最大限度地维护公司的利益。只有那些时刻将公司利益置于首位的人才会赢得更多的机会，得到更多的赞赏。

管理者不可能离开自己的员工而独立存在。作为一名优秀的管理者，当你把公司的利益或者员工的利益放在第一位并实施时，你就会感觉公司的利益其实也是个人的利益。换句话说，维护公司利益就等于维护自己的利益，无论何人，无论何时都应遵循这一原则。

作为一名管理者，不论从个人利益或公司利益来说，维护公司利益是一个管理者必须遵循的基本职业道德。同时，一名优秀的管理者不但是公司利益的维护者，更是公司利益的创造者、形象宣传者与保护者。没有基本职业道德的管理者是不会成为好员工的。没有基本职业道德的管理者会失去很多发展的机会，使自己的生存空间越来越小。因此，管理者要从心理上认识到其工作的重点应该在员工身上，而不是工作本身。尤其是对于中层管理者来说更是如此，因为他们比那些高层管理者更多地接触到员工。既然是与员工接触，管理者必须首先做到心底无私，在自己的心里将员工放在同一个水平线上。管理者的心既不能偏左，也不

能靠右。如果一个管理者不能真正从心理上完成这样的自我管理，那么他就很难要求自己的员工，甚至引起他们心理上的反感。

木桶理论大家都不陌生，一个木桶能装多少水完全取决于木桶本身最短的那块木板。我们把员工的各项素质和技能看成一个木桶，那么他对企业的贡献大小就取决于他最短的那块木板，员工最短的那块木板是什么？不是知识，不是教育，不是智慧，不是能力，不是信心，如果没有责任心来支撑，再多的知识，再好的聪明才智，再强的能力，再大的信心，对公司来说，都没有意义。任何一个公司在选取员工的时候，首先欢迎的是有责任心的人。因为员工责任心的高低，代表着企业的未来。

在管理的过程中，我们也许会发现这样一种现象，有的管理者为了拉近和领导的距离，总是喜欢找领导沟通，而且领导也热情地接待了他，因此有的管理者就以为和领导之间是平等的，说话、行为等非常随便。但是经验告诉我们，和领导在一起，要时时刻刻注意自己的身份，说话也好，做事也罢，都要和自己的身份相吻合。无论你的领导怎样的平易近人，他终归是你的领导，而领导和下属之间不可能有真正意义上的平等。

某公司的一位部门经理王某，自恃才高，曾对公司作出过贡献，所以和总经理在一起的时候便常常忘记自己的身份，言语随便、行为随便，总经理对此颇有看法，但碍于情面又不好说什么。

有一天有客户来访，恰巧他也在总经理的办公室。于是，他抢先与来客握手寒暄，交谈时更是肆无忌惮，把本来是总经理应该说的话都让他一个人说了，根本无视总经理不满的神色。总经理从此对他更有看法，后来终因不大的一件小事而辞退了他。

王某之所以落到如此下场，就是因为没有弄清楚自己的身份，认为自己与领导是完全平等的。一副功高盖主的架势。他的被辞退显然也在情理之中了。所以，我们在与领导相处的过程中，一定要意识到为了工作的需要，管理者往往要抛开自己的心理偏向，比如对上司的错误，甚至是对手下得力员工的调动，都要采取公事公办的原则来对待，只有这样，才是你赢得领导认可和员工尊重的前提。

作为一个优秀的管理者，应该使你的下属都相信你是关心他们的。这就要求你必须采取行动，而不能靠在墙上挂广告办法来希望员工为你卖命，并毫无保留地奉献给企业。你应该用一种朋友的心态来对待员工，让他们感受到你是在真正的关爱他们。

你要让员工认识到你在管理他们的过程中本身并无善恶，但是管理的结果可能为善也可能为恶。有品格的管理者，会尽其个人能力为员工谋求福利。有品格的管理者，他们非常重视为员工做好对企业发展有益的每一个服务。相反，没有品格的管理者，只把手下看做追求一己私利的工具和手段。正由于有品格的管理者和无品格的管理者之间存在着这么大的差异，所以也就导致了不同的管理者身上所体现的价值就是不一样的。

作为一个优秀的管理者，你一定要让下属感到公平，你必须使下属确信，如果他们努力工作，他们将会受到表彰；如果他们不努力工作，他们将会受到处罚。你还要让员工明白，在一个企业组织中，上司并不是十全十美的人，他也有不足的地方。作为一个员工，你要相信你自己，并肯定你自己。只要你一如既往地做好你的本职工作，不去在意上司对你的偏见，你的工作能力肯定能够提高很多，你的工作经验也会相应地丰富起来，你还能成为一个有大气度的员工。最有能力的老板很少会出人意料地对他的员工进行提拔或降职。他们会不断地提醒自己：什么是员工所期望得到的，员工应该怎样做才能够得到这些东西。如果你认为

你的员工做错了，但是你并不向他们指出来，而且还让他们感觉是在做着一项非常重要的工作，那就会产生非常错误的诱导，其副作用无疑也是十分巨大的。

由此可见，一个聪明的管理者，或者说一个懂得自我心理管理的管理者，知道什么时候可以使用个人感情，更知道什么时候必须使用自我心理管理的能力来做出有利于事情向好的方向发展的决定，也就是一碗水端平。

管理者应该关爱自己的员工

一个好的管理者在关爱员工的同时，还应该让员工们相信，对于服务和产品，在本行业中自己是无人能及的。企业要经常召集所有员工，对他们解释自己的产品的最新状况，与对手的产品相比，自己有哪些优点、哪些不足，这样，每个员工都能够彻底了解自己的企业，提高企业竞争力。

一个好的管理者是一个善于协调好员工与企业之间的利益的人。如果你决定去关爱自己的员工，你就必须把企业的利益放在个人利益之上。例如，对于加班的问题，你可以这么想，加班是自己对企业的贡献，对自己也是一种促进，合理的加班，对个人事业的发展很有必要。

首先，现在自愿留下来加班，可以为自己的将来储存信用，而加班所产生的热情环境更能活跃工作的思维。

其次，加班是缓解压力的好方法。加班时你可以处理掉那些被一再推迟的琐碎小事，把平时积累下来的工作项目整理好，以利于自己的发展。这种调节加班的心态，就是把个人利益和企业的利益协调一致，达到双赢的境界。

加班对于你来说比较容易做到。但进一步说，假使要你必须把员工的利益放在你的利益之上，这一点恐怕就不太容易做得到：作为领导者，此时你就要进行换位思考，如果需要你知趣地靠边站时你会怎么做？如果其他人在工作中受到了表扬而你没有，你感觉如何？如果需要你为你的同事或者下属承担过错，你会不会辩解？从这里可以看出你是否是在真正的关爱自己的员工。

另外，作为管理者，在关爱员工的同时，你还要认识到关爱员工要从自己开始。要立志成为鼓励员工为企业作出贡献最大，而自己为他们做得最好的那种管理者。

考虑你的价值、优点、缺点和品行。对自己进行优点 - 缺点 - 机会 - 威胁分析(SWOT) 。一种重要的价值是诚实。如果你对自己诚实，那你对他人也会诚实。永远不要为那些价值观不能为你接受的组织工作。

作为一个优秀的管理者，你必须学会进行反馈分析，以便显示你的优点和缺点所在。测试你发展管理和被管理的能力，其中需要思考如下问题：

1. 我知道其他人做什么吗？
2. 我知道他们如何行事吗？
3. 我知道他们的贡献是什么以及他们期望得到什么吗？
4. 我信任一起工作的人吗？

5. 我把他们当做每个个体来对待吗？

6. 我知道他们的优点吗？

聪明的领导者明白，在现实社会中尊重对方就是尊重自己。只有做到互相信任，不怀疑对方，不干涉对方的行为，给对方充分的自由时间和空间，这样生活之链才能够把彼此的心连接在一起。那么怎么才能更好的尊重别人呢？这是许多人都很想知道的。

在美国南北战争期间，有位姑娘找到林肯，要求总统为她开一张去南方的通行证。

林肯说："战争正在进行，你去南方干什么呢？"

姑娘说："去探亲。"

"那你一定是个北方派，你去劝说一下你的亲友们，让他们放下武器。"林肯说。

那姑娘说："不!我是个南方派，我要去鼓励他们，要他们坚持到底，绝不失望。"

林肯很不高兴："你以为我能给你通行证吗？"

姑娘沉着地说："总统先生，我在学校读书时，老师就给我们讲诚实的林肯的故事，从此，我便下定决心要学习林肯，一辈子不说谎。我不能为了一张通行证而改变自己说话、做事都要有诚实的原则。"

林肯被姑娘诚挚的话语打动了，他在一张卡片上写道："请让这位姑娘通行，因为她是一位信得过的姑娘。"

通过这件事，林肯的领导威望进一步提高了，而不是下降了。因为他在面对压力的情况下，并没有忘记去尊重人，去关爱他人。

在我们的企业管理中，怎样才能尊重人才、发展人才呢？企业的经营思想要处处为人着想，为人考虑，给人以相应的地位，让人充分施展才能，发挥作用，充分调动人的积极性，在企业内部形成有利于个人全面发展的氛围，使人心情舒畅、健康成长。在这个思想的指导下，企业领导者要意识到对员工而言，他们关心的不仅是工资标准有多高，还关心在一个集体里干得好与干得不好是否有差别，是否能通过对自身智力资源的开发来获得等价的报酬。企业要有意识把人才看成是一种投资，我花了钱把人请进来只要能创造高过给他的价值，那就是一种值得的投资。在技术型企业里，技术是一种资源，人才是一种资源，团结一心协同工作更是一种资源。

在一个管理者的经营思想中，一定要认识到在竞争激烈的环境中，将一群最聪明、最富有创造力的人简单地组合在一起未必能成功，而当每一个人都成为合格乃至优秀的团队成员，具有团结协作的精神时，才会产生更大的力量，才能不断地创造奇迹，才能使领导者与团队密切配合，使人力资源最大化。

强调什么，你就去管理什么

IBM 前总裁郭士纳说过：“如果你强调什么，你就去管理什么，就去检查什么，你不去管理，不去检查，就等于不重视。”作为一个优秀的管理者，你必须利用一切机会，将自己的形象展现在大众面前，让大家都看到你的管理能力和管理水平，只有这样，你的领导形象才能极大的

提升。如果你能把你的管理能力和管理水平适度发挥，你的形象就会得到你的部属的维护。这是一个管理者必须具备的基本知识，正如管理大师德鲁克所说：“只有你对整个组织行为进行控制，把整个组织，把各种资源调动起来，围绕目标往前走，你才能在管理上得心应手。”

当然，管理并不是像这些大师所说的这样简单，还必须具备良好的心理素质，才能使你能够去和你的员工进行沟通，因为沟通对一个管理者来说是非常关键的环节，因为管理者容易受到对他不再着迷的追随者和竞争者的攻击。因此，为了保护自己，管理者需要有一个能够对出现的问题进行有效预警的沟通体系——就是你必须具备良好的心态。

拿破仑·希尔曾说过，人的身上有一个看不见的法宝，这个法宝的一边装着四个字：积极心态；另一边也装着四个字：消极心态。积极的心态，它有获得财富、成功、幸福和健康的力量，可以使人攀登到人生顶峰；消极的心态，是形成被消极环境束缚的人。

对于一个管理者来说，他们的心态，是由自身在管理过程中的经验和实践所形成的。所以人一生中最重要的一个过程，就是如何塑造一个宽阔的、忍耐的、能够适合自己一步步成长的平稳心态。培养一个很好的性格或品质，这对管理者来说非常重要。虽然企业领导者不能希望团队组织里的每个人和他的思维方式相一致，但它必须有真实的能力，把其影响力传递给周边的人，产生一个协作的团队。

同时，一个管理者还要意识到，一个好的管理者要不断地为团队创造机会，使团队成员敢想敢干，培养起敢为人先的开拓精神，树立起企业靠我来建设，我靠企业求生存的敬业精神；能征善战、敢打硬仗的拼搏精神；发愤图强、艰苦奋斗的创业精神；相互团结、相互支持的协作精神；不怕困难，勇于攀登的进取精神。不要一天到晚想入非非，“得过且过”、“做一天和尚撞一天钟”。

很多年前，我曾在我的专著《超越企业再造》一书中提到“无为而治”，其实我最想表达的思想就是“无为而治最有力”，但这种“有力”不是写在纸上，而是在行动中体现出来。为此，我曾这样阐述，一个管理者要使自己变得优秀，他必须意识到下列要素的重要性：

一是要看这个管理者是否正直、坦率、富有决策力。团队成员要毫不犹豫地表白自己的感觉，永远乐于倾听反对意见、乐于向真理低头；向真理低头只会提高自己的尊严，而不是削弱。

二是要看这个管理者是否具有开拓能力。如果团队成员缺乏进取心，不再有进取的动力，就要培养有激情的新人。换人也是一种爱，合理的流动有助于保持思维的新鲜和灵动。

三是要看这个管理者是否能把自己的观点倾述出来，而毫无保留。无论什么通道，能给自己提供有价值的观点倾述．在不同类型通道上说话的方式可以变化，但在判断事物的立场、观点上不能有变。

四是要看这个管理者是否能创新知识。一个模糊的概念可以提供一种思路，如果不经过创新，原则、经验、规律是不会赋予生命的。真正属于自己的，就是在原则、经验、规律的细节中进行创造。

五是要看这个管理者是否能对不同的应变事件做出反应。市场上有什么新动向，竞争对手有什么新招数，需要公司在尽可能短的时间内形成有效策略。为此就要养成随时学习，随时能够应对不同事件的能力。

六是要看这个管理者是否能做到永远比别人更努力。每件事都有更好的做法，每一刻都有被取代的可能。昨天已经过去，今天的努力才关系到自己明天的成就，这才是企业和自己成功的保证。

所以说，当一个企业有了领先的智力，就要考虑到在企业与员工之间、员工与企业之间建立起公平，并达成共识。公平虽然不是企业发展的最终目标，但不可否认的是，如果员工缺少公平感，其工作积极性将

受到影响，此时要谈“争做一个百年企业”毫无疑问是在建筑空中楼阁。此时应该把企业与整体战略结合起来。人们常说“兴趣是最大的推动力，热情是最大的行动力。”领导者应该是一个宣传家、鼓动家，他能鼓励人们用最佳的工作方法去实现预定目标，而不是鼓励人们忙忙碌碌而一事无成，或装作忙忙碌碌的样子，表演给上级看。

在企业界流传着这样一句话，“惩前毖后”、“治病救人”。我觉得一位企业管理者需要的就是这种精神，只有这种精神，才能鼓励人们更具创新精神，才能让他们知道如果行动与目标发生了偏离，通过工作追踪及时把这个偏离的情况进行评估，然后把这个信息进行反馈，并采取一定的调整措施，就能保证我们的目标能够按照原来的设定实现。工作追踪主要包括下面几点：

第一点：衡量工作进度及其结果。

第二点：评估结果，并与工作目标进行比较。

第三点：对下属的工作进行辅导。

第四点：如果在追踪的过程中发现严重的偏差，就要找出和分析原因。

第五点：采取必要的纠正措施，或者变更计划。

作为一个管理者，他就应该建立和创造一个良好的合作气氛。领导者应该有这样的姿态：“事情没做好，这是我做的；事情比较好，这是我们做的；事情非常好，这是你们做的”。“种瓜得瓜，种豆得豆”、“谦受益，满招损”、“廉生威，腐必败”、“水可载舟，亦可覆舟”、“得道多助，失道寡助”讲的就是这种情况。

我们在工作中就要不断地增强自信，大胆地试一试，不行了重来，权当交个学费，经受一次考验。这正如《激情生活》里所提示的一样：“我们的目的是在于让你充分利用自身的潜能来解决工作的问题，而不是靠外界的压力来‘挤牙膏’，相信自己吧，你是个非常有能力的人，这能力足以改天换地”。但是，一个人要做到这点，还必须具备几个基本前提：

第一，看这个人是否正直、坦率，能够毫无保留地把自己的观点讲出来；

第二，看这个人的技术能力与业务能力；

第三，看这个人能否认识到自身的不足，不断地去学习，不断地更新知识，利用自身的智力资源与文化去创造价值。

从这三点可以看出，谁能成功，比的是胸怀，只有企业领导者具备了这种常人没有具备的能力，才能做到“最好的企业吸引最好的人才”，才能选拔出既懂技术，又懂经营，同时又懂市场需求的人才。然后把这些人才分配到不同的部门，让他们实现对知识的控制和最大化地发挥知识的效用，让全体团队成员感受到企业的追求没有错，追求是有希望的。一个企业领导人肯定要不断遇到问题，分析问题，解决问题，这样才能使企业得到发展。

同时，企业领导人一定要心胸开阔，要不断学习，跟自己人学习，跟古代人学习，跟外国人学习。这样才能发现新的理念，新的知识、技能，从而在竞争激烈的市场中立于不败之地。

管理态度是第一位

不同的管理态度决定了不同的工作成果，积极的工作态度可以使你顺利地完成工作任务，并且可以使你获得成功。一个人只有充满激情地做好自己的本职工作，充分享受工作的乐趣和荣誉感，过不了多久，他就会发现生活和工作原来是如此的美好。有一个大家都很熟悉的故事正好说明了这个道理。故事内容是这样的:

一位心理学家在研究过程中，为了真实地了解人们对于同一件事情在心理上所反映出来的个体差异，他来到一所正在建筑中的大教堂，对现场忙碌的敲石工人进行访问。

心理学家问他遇到的第一位工人："请问你在干什么?"第一个工人没好气地回答说："在做什么？你没看到吗？我正在用这个重得要命的铁锤，来敲碎这些该死的石头。而这些石头又特别硬，害得我的手酸麻不已，这真不是人干的工作。"

心理学家又找到第二位工人："请问你在做什么?"第二个工人无奈地答道："为了每天50美元的工资，我才会做这件工作，若不是为了一家人的温饱，谁愿意干这份敲石头的粗活?"

心理学家又问第三位工人："请问你在做什么?"第三位工人眼光中

闪烁着喜悦的神采："我正参与兴建这座雄伟华丽的大教堂。落成之后，这里可以容纳许多人来礼拜。虽然敲石头的工作并不轻松，但当我想到，将来会有无数的人来到这儿，接受上帝的爱，心中便常为这份工作献上感恩。"

过了一些年后，前两个工人继续敲石头，因为他们没有远见，不重视自己的工作，不会去追求更大的成就。而第三个工人则成了小有名气的建筑师。为什么同样的工作，同样的环境，却有如此截然不同的感受。

第一种工人，是完全不可救药的人。可以设想，在不久的将来，他将不会得到任何工作的眷顾，甚至可能是生活的弃儿。

第二种工人，是没有责任心和荣誉感的人。对他们报有任何指望肯定是徒劳的，他们抱着为薪水而工作的态度，为了工作而工作。他们肯定不是企业可依靠和可依赖的员工。

该用什么语言赞美第三种工人呢？在他们身上，看不到丝毫抱怨和不耐烦的痕迹，相反，他们是具有高度责任感和创造力的人，他们充分享受着工作的乐趣和荣誉，同时，因为他们的努力工作，工作也带给了他们足够的荣誉。他们就是一个管理者想要的员工，他们也是一个企业组织中最优秀的员工。

同时，我们还可以看到，一个人的工作态度确实能显示出他是否有担负更大责任的可能。因为态度的不同，同样的工作会干出不一样的效果；而干同样工作的人，也会有不同的体验和收获。

赵伟和杨洋同时受雇一家店铺，拿着同样的薪水。可是一段时间后，杨洋青云直上，而赵伟却仍在原地踏步。

赵伟很不满意老板的不公正待遇。终于有一天，他到老板那儿发牢骚了。老板一边耐心地听着他的抱怨，一边在心里盘算着怎样向他解释清楚他和杨洋之间的差别。

“赵伟，”老板说话了，“你去集市一趟，看看今天早上有什么卖的东西。”

赵伟从集市上回来向老板汇报说，今早集市上只有一个农民拉了一车土豆在卖。

“有多少？”老板问。

赵伟赶快戴上帽子又跑到集市上，然后回来告诉老板说一共有 40 袋土豆。

“价格多少？”

赵伟第三次跑到集市上问来了价格。

“好吧，”老板对他说，“现在你坐在椅子上别说话，看看别人怎么说。”

杨洋很快就从集市上回来了，向老板汇报说，到现在为止只有一个农民在卖土豆，一共 40 袋，价格 12 美元一袋；土豆质量不错，他带回来一个样品让老板看看。又说这个农民一个钟头以后还会运来几箱西红柿，据他看价格非常公道。昨天他们铺子的西红柿卖得很快，库存已经不多了。他想这么便宜的西红柿老板肯定会要进一些的，所以他不仅带回一个西红柿做样品，而且把那个农民也带来了，他现在正在外面等回话呢。

此时老板转向赵伟，对他说：“现在你知道为什么杨洋的薪水比你高了吧！”

所以说，作为一个部门的管理者，我们一定要认识到做事平平淡淡的态度，只会在庸庸碌碌中了却此生。你的人生结局将和千百万的平庸之辈一样，流于平庸。你若从心底渴望成功，就请你对你的工作付出全部的热情。无论你从事什么工作，你都能在工作中找到满足和幸福。因为你选择了所从事的行业时，也就选择了服务、尊严和自豪。这就像一个经营“职业介绍所”的人所指出的一样：“我们在分析应聘者能不能适合某个工作时，经常要考虑他对目前工作的态度如何。如果他认为自己的工作很重要，我们就会留下很深的印象，即使他对目前的工作不满也没有关系。为什么呢？这个道理很简单，如果他认为他目前的工作很重要，他对下一个工作也可能抱着‘我以工作成就为荣’的态度。我们发现，一个人的工作态度跟他的工作效率确实有很密切的关系。”

就像你的仪表一样，你的工作态度也会向你的上司、同事、部属以及你所接触的每一个人展现你的内在。你必须时刻保持积极的工作态度，因为它可以帮助你提高工作效率，改进工作质量。

对职场新人如何管理

作为一个管理者，在管理过程中不应该对那些刚刚参加工作的年轻人在业绩上有过高的要求。但是对于职场新人来说，第一重要的就是端正自己的工作态度，不管自己对业界了解如何，也无论自己的能力是强是弱，都要对你的工作作出清晰的认识，你必须认识到上司让你承担什么职务，你就得做什么样的事情，要真正把自己看成是职业人而不是学生；你要让上司感觉到你是可塑之材，要让别人知道你完全有能力胜任现在的工作并可以做得更好！只有这样，你才能在自己的工作岗位上出色地完成任务。那么，对于刚入职场的新人，应该在自己的工作岗位上

如何做好自我管理呢?

1. 认真对待老板或上司交办的每一份工作

有些人进入职场以后，老想着自己一展宏图大业，对于老板或上司交办的工作，如果觉得能够锻炼自己的能力，在自己眼中是大事，就会认认真真地完成；而如果是一些打杂的小事情，就会马马虎虎了事，或者根本就不愿意做。这样的态度对刚进入职场的人是非常有害的。首先，你觉得以你的能力去干这些工作是大材小用，你就会把这些工作推给别人，但是这样的话，你就会被认为不服从上司的指挥。也许这些工作确实很琐碎、枯燥，但是也许是上司想让你从头学起、循序渐进，而这才是年轻人正确的学习和进步的方法。其次，同事们会觉得你自恃过高、骄傲自大，也许会觉得你是个被宠坏的孩子。对别人的评价你是无法视而不见的。如果你觉得像收发室的员工、秘书这一类的员工没有任何价值，无关你的前程，那你就大大低估了他们的作用，也许你在不得志的时候，只有他们才是你最可依靠的人。因此，不要小看工作中的小事，尤其对于刚参加工作的你来说，更应该从小事做起，这关系到一个人的工作态度问题。

2. 别让自己的小毛病影响工作

有些刚入职场的年轻人由于在大学期间养成了贪玩的习惯，开始工作后，如果任务没有完成，很有可能还得在晚上或周末加班。加班是非常普通的事情，但有些被“惯坏”了的年轻人，就只想着自己的休息和放松的时间，而不管单位的工作进展，这样的态度也是很糟糕的。

很多时候，即使公司的业务没有做完，需要员工加班，但是老板和上司也不会硬性要求你在晚上或是周末加班。相反，他们会以温和委婉的方式请求你这样做。千万不要傻乎乎地认为你真有选择的余地。如果你没有什么大不了的个人问题需要处理，那么最好留下来，完成公司的紧急任务，如果你识相，最好积极主动要求留下来把余下的工作做完。一定要记住，大多数公司都希望你为了工作不时地牺牲个人时间。对此，你应该尽量保持脸上的笑容，这种积极向上的态度会为你在公司的发展带来好运。

也许因为一些个人问题，如“头痛”需要请假，那么完全可以和老板或上司直接说明。但是你可不能因为“头痛”而趁机偷懒。尤其在你刚刚参加工作的头几个月，对你的请假、缺席这类事，你的老板或上司会比其他任何时候都要敏感。如果他与大多数上司一样，那他一定被那些以各种各样的方式佯装称病请假的员工欺骗过。所以，刚刚进入职场的几个月，即使你真有“头痛”的小毛病，也要谨慎，不要给上司留下一个“毛病多”的印象。

况且很有可能，你的头痛症状一会儿就会消失。因此，如果你向老板请假一整天的话，别人就会怀疑你请假的真实性。而且，如果你经常称病请假，用不了多长时间，你的这种行为就会引发同事们的不满情绪。

3. 要知难而进不能知难而退

人也许会在工作中遇到一些困难而不能按时或按质完成工作任务，面对这样的问题，你是在一开始接受工作的时候就说“这工作我恐怕做不了吧！”还是从一开始就清楚地认识到困难，并虚心向前辈请教，以及把可能遇到的困难想清楚，并向上司说明情况？你既不能因为你是新手而畏惧困难，也不能不懂装懂，不向其他同事请教，也不向上司说明可能遇到的困难，从而使工作不能按时按质完成。

例如老板或上司没有考虑到你是新手，一开始完成工作的期限可能就定得不合理。这个时候你既要看到按时完成工作的困难，也不能因为有难度而向领导说“恐怕我完成不了”这样的话。你应该明白地向领导讲出你的困难，要让老板或上司知道你所面临的困难和障碍，无论是需

要其他方面的支持、同事间的合作，还是你缺少处理复杂任务的经验。如果你能及早发出求援信号，老板和同事会关注你的困难，而且他们还会庆幸你还有时间重新确定期限。如果你面对困难无动于衷，只是一味地等着别人来帮助你，而不积极主动地寻找解决问题的方法，那你很有可能最终不能按时完成任务，而且同时使你陷入麻烦。一定要迎难而上，争取早日赢得老板或上司的信任。在工作中表现一种不求回报，虚心学习，上进心很强的状态。

现实生活中有这样一些人，他们对待自己的工作不是认真、负责的对待，而是抱着一种“混”的态度。他们认为，只要每个月将工作“混”过去，将薪水“混”到腰包里，将单位的上司或者公司的老板骗过去就行了，并得意地声称：瞧瞧，我并没有好好上班，可工资一分钱也没少拿。

为了可以不认真地工作，他们费尽了心机，找各式各样的借口，所花费的精力和“聪明才智”，很可能比真正地工作还要多。

这些人，可能都自以为是聪明人，因为他将别人骗了，还将工资骗到了手。但我们真该为这些人惋惜:因为他们实在算不上真正的聪明人。他们以为自己占了多大的便宜，其实他们骗的不光是别人的薪水，而且还骗了自己的青春和生命。到最后他们就会发现，原来吃亏最大的是自己，而不是上司或老板，更不会是那些认真工作的人。因为，一个人的工作态度在很大程度上能显示出他是否有担负更大的责任的可能，这同时也决定了他在事业上的成就。

因此，我们应该树立一种积极的工作观念，以积极、认真的态度去对待自己的工作。只要你这么做了，你就会发现，你从这种观念中受益匪浅。

与其绞尽脑汁地想着自己怎样能够“混”下去，还不如简单一点，将这些精力放在工作上，说不定你因此在工作中取得非凡的成绩!

一个对工作热忱、积极的人，无论他眼下是在挖土方，还是在经营着一家大公司，他都会认为自己的工作是神圣的，并对此怀着浓厚的兴趣。对自己的工作热忱的人，不论他在工作中遇到多大困难，或者需要多少努力，他都会用不急不躁的态度去进行。只要你抱着这种态度，你就一定会成功，就一定会达到你人生的目标。

从一定意义上来说，热爱我们的工作，对工作态度热心，认真，其实就是对我们的生命热心、认真，是一种热爱生命、热爱人生的体现。

所以，对于我们现代人来说，与其频繁地改变自己的工作，还不如改变一下自己的工作态度。因为改变工作需要一定的外界条件，而改变工作态度，用一种热心、认真的态度去对待工作，完全取决于我们自己。

在管理中体现自我价值

作为一个优秀的管理者，其生命的价值，就在于他能够领导自己的部属尽职尽责地工作，而最后的判断依据就是在其工作方面的成绩和成功。

对于一个员工来说，他需要学会对自己的领导负责，对领导的负责，换句话说就是尽职尽责，尽职尽责也是敬业的一种表现。只有他为自己

的领导负责，他才能和其他员工团结一致，共同完成上一级领导所安排的工作。那么尽职尽责是什么呢?尽职尽责是一种全心地付出，尽职是一种挑战困境的勇气，尽职尽责也是战胜一切的决心。尽职尽责是对工作职责的勇敢担当，是对工作环境的积极适应，也是对自己所负使命的忠诚和信守。在你为自己的领导负责的同时，你的主管领导也会为你负责，他会为你解决一切你不能解决的难题。在这种负责的情形下工作，你会得到许多东西。多年前，张其金先生在他的著作中提到过："一个尽职尽责的人，一个勇于承担责任的人，会因为这份承担而让生命更有分量。"事实的确如此，一个想在自己的工作岗位上有所成就的员工，就应该要为你的工作负责，当你的领导在管理中体现自我价值时，其实你在这方面也取得了成就。所以，为了你的生命更有分量，快去做一个尽职尽责的好员工吧!

一个聪明的管理者，一定要使他的员工树立起尽职尽责的观念，其方法是首先要在自己的心里描绘出一份工作宣言。在这份工作宣言里，应首先表明的是你的工作态度：你要以高度的责任感对待你的工作，不懈怠你的工作，对于工作中出现的问题能勇敢地承担，这是保证你的工作能够有效完成的基本条件。

许多年前，我曾在一本书上看到过这样的一句话："如果你能真正地钉好一枚纽扣，这应该比你缝制出一件粗制的衣服更有价值。"事实上的确如此，只有那些尽职尽责工作的人，才能被赋予更多的使命，才能更容易地走向成功。

尽职尽责让人坚强，尽职尽责让人勇敢，尽职尽责也让人知道关怀和理解。因为我们对别人尽职尽责的同时，别人也在为我们承担责任。

无论你所做的是什么样的工作，只要你能认真地勇敢地担负起责任，你所做的就是有价值的，你就会获得尊重和敬意。尽职尽责不在于工作的类别，而在于做事的人。只要你想，你愿意，你就会做得很好。

事实上，不管做什么事都需要全心全意、尽职尽责，因为尽职尽责正是培养敬业精神的土壤。如果在员工的工作中没有了职责和理想，他们的生活就会变得毫无意义。所以，不管从事什么样的工作，平凡的也好，令人羡慕的也好，都应该尽心尽责，在敬业的基础上求得不断的进步。

即使你的工作环境很艰苦，如果能全身心的投入工作，最后你获得的不仅是经济上的宽裕，还会有人格上的自我完善。

无论做什么事都需要尽职尽责，它对你日后事业上的成败起着决定作用。一旦你领悟了全力以赴地工作能消除工作的辛劳这一秘诀，你就掌握了获得成功的原理。即使你的职业是平庸的，如果你处处抱着尽职尽责的态度去工作，也能获得个人极大的成功。如果你想做一个成功的、值得上司信任的员工，你就必须尽量追求精确和完美。尽职尽责地对待自己的工作是成功者的必备品质。

我们人人都会做一件事，那就是烧热水，当水烧了一定时间后，看到热水器上面热气腾腾时，在你的心里你应该想差不多了，不再烧了，如果你怀着这种心理来烧水，那么，你永远喝不到真正的开水。因为，热气腾腾不能代表水烧开，也许你认为所烧的水达到了100摄氏度时，而实际上是99摄氏度，也正是在情况下，你所付出的努力终归等于零。所以尽职尽责是需要认真细致。

无论做什么工作，都要沉下心来踏踏实实去做。要知道，你把时间花在什么地方，你就会在那里看到成绩——只要你的努力是持之以恒的。这是非常简单却又实在的道理。

也许你是一个不错的员工，上司会信赖地指派你去办件小差事，你能保证把任务完成吗？如果你前往办事的地方是有名的旅游胜地或是你久未见面的朋友故乡，你会不会忘了尽职尽责呢？你会不会放松你的责

任心呢？你相信自己能完成任务吗？

事实上，人在接到一项任务时，大多都会有压力和厌烦感，有时他们不能克制自己，他们会因为外界的诱惑而不能把精力投入到工作中去。能否努力克制自己是尽职尽责的员工和平庸员工的最大差别。其差别就在于尽职尽责是一种全心地付出：尽职尽责是一种挑战困境的勇气；尽职尽责也是战胜一切的决心。

全身心投入工作

用心做好每件事，做每件事情都要用心，这是要求员工应该具有的职业道德。用心做与用手做不一样，只有用心做才能获得好的质量和效果，也才能不辜负客户和公司，工作中要牢记“不做便罢，做就做好”。在我每天上班经过的十字路口，有一个非常漂亮的建筑物。当然，在这里我要说的不是建筑物是如何的漂亮，而是在建筑物前面的石碑上刻着的一行字：“在此，一切都追求尽善尽美。”我被这句话打动了，我想，这句话值得做我们每个人一生的格言。如果每个人都能牢记这一格言，实践这一格言，无论做任何事情，都竭尽全力，用心去做，以求得尽善尽美的结果，那么，每一个人的成功将会是一件再容易不过的事情了。

京剧表演大师梅兰芳小时候拜师学艺，师傅说他长着一双鱼眼，不是学戏的料子。面对困难，梅兰芳毫不动摇，充满了激情。为了把眼睛练“活”，他全身心地投入到苦练中，他每天用双眼盯着飞翔的鸽子、紧随流动的金鱼练习眼神的灵魂，经刻苦的磨练，他终于练就了一双顾盼神飞的眼睛，使得他的演出更加精彩。

其实，很多事情在一开始就已经注定了，同很多事情在一开始就可以避免一样，这就是态度，如果你一开始就抱着这样的态度——我只是来打工的，为了拿到每个月的薪水，我必须完成自己的本职工作，其他的一切与我无关，那你最后一定连每个月的足额薪水都领不到；如果你把工作看成是自己的事业，在工作中每一件事都用心去做，那你的成就很可能会超出自己的预期。

“用心去做”是严谨的工作态度，或者说，它是最起码的职业道德，也是身在职场最基本的要求。你可以能力低于别人，但如果你连用心工作都做不到，那你真的就已经面临很大的危险了。我常听到一些企业的人力资源经理谈起选择人才时的一些想法，给我印象最深的是，他们常常会说到这样一句话：“一个人能力不够，公司可以对他进行培训，甚至送他去进修，加强培养来提高他的能力。但如果是态度不端正，那能力再强，对企业来说也是毫无意义的，因为他是不会把他的能力全部贡献在工作上的。”

其实，这个所谓的端正态度很简单，就是最基本的你要“用心”工作，而不是“用手”工作。所谓“用心”工作，就是凡事要认真。认真工作的态度，会为一个人既定的事业目标积累雄厚的实力，同时，还会给公司、老板带来最大化的实际利益。因此，在每一个公司里，认真“用心”做事的员工都是老板比较青睐的。

所以，从一开始工作，就要谨记“每件事情都用心做”这个职场原则，才能为你的事业发展创造有利的条件。

但是，并不是谁都是一开始就明白这个道理的，很多人是在得到一次教训后，才会改变自己以前在工作上散漫、敷衍的态度的。然而，有时候人们为此付出的代价却是十分高昂的。在美国宾夕法尼亚的奥斯汀镇，就是因为负责筑堤工程的承建者没有按照事先的设计去筑石基，结果导致堤岸崩溃，全镇都被淹没了，无数人死于非命。诸如此类的悲剧事件，总会不时地在我们的身边发生。而导致这一切的原因，并不是工程的难度，或者其他技术方面的原因，而仅仅只是一时的疏忽、敷衍，这其实从根本上体现了人们“认真”精神的缺乏，是在“用手”做事，而不是“用心”做事。

一旦养成了不“用心”做事的恶习，做起事来往往就会不诚实。这样，人们最终必定会轻视他的工作，从而轻视他的人品。敷衍的工作，不但降低了工作的效能，而且还会使人丧失做事的才能。所以，不“用心”做事的态度，实在是摧毁理想、堕落生活、阻碍前进的最大的拦路石。

要实现成功目标的唯一方法，就是在工作时，抱着非做好不可的决心，要抱着追求尽善尽美的态度。而所有为人类创立新理想、新标准，有重大发明创造、为人类创造幸福的人，都是具有这样素质的人。而那些无论做什么事，都只是做到“差不多”就止步，甚至半途而废的人，首先表明他根本就没有“用心”做事，更重要的是表明他是一个不负责任的人，他也必将为自己的敷衍行为付出代价。

许多人总是在渴望自己得到提升，得到加薪，但却在工作中依旧抱着为老板打工，只是完成任务，甚至敷衍、马马虎虎的工作态度，似乎他们并不知道职位的晋升是建立在忠实履行日常工作，用心做好每一件事的基础上的。只有尽职尽责、用心做好目前的工作，才能使你获得价值的提升。

许多人烦恼于工作的平凡、枯燥，但你要知道没有什么工作是永远充满刺激和乐趣的，关键在于你对待工作的态度，一样平凡、枯燥的工作，不一样的人、不一样的态度，是有着很大的区别的。

你觉得工作琐碎、简单，提不起兴趣，也毫无创造性可言。可是，就是在这极其平凡的职业中、极其低微的工作中，往往蕴藏着巨大的机会。只有把工作做得比别人更完美、更迅速、更正确、更专注，调动自己全部的智力，从旧事物中找出新方法来，才能引起别人的注意，使自己有发挥本领的机会，满足心中的愿望。这一切，都需要你用心去做，才能达到自己想要的效果，任何的敷衍可能一时欺骗得了别人，但永远也无法欺骗自己的良知和前途。

在做完一件工作后，你应该这样告诉自己："我愿意做那份工作，而且我已经竭尽所能、尽我的全力、用心来做了，我更愿意听取别人对我的批评。"

在优秀的管理者看来，成功者和失败者的区别就在于：成功者无论做什么工作，都会用心去做，并力求达到最佳的效果，不会有丝毫的放松；成功者无论做什么职业，都不会轻率敷衍。

也许你可能不喜欢你眼下的工作，甚至让你感到了厌烦，但你要记住，这并不是老板或公司的错。需要改变的是你自己，你要学着去爱你眼下的工作！你只有爱你的工作，你才会用心去做。这是一个人最起码的职业道德，职业素养。如果你想做一番事业，那就应该把眼下的工作当做自己的事业，应该有非做不可的使命感。你也许认为自己志向远大，要做轰轰烈烈的大事，而不适合做这些具体、琐碎的小事。可是，你有没有想过，如果你连这些琐碎、具体的事情都做不好，你又怎么可能去做轰轰烈烈的大事呢？一屋不扫，何以扫天下？

不管你的工作是怎样的卑微，你都应当以一种艺术家的精神去对待。

世界上没有卑微的工作，只有卑微的工作态度，只要全力以赴地去做，再平凡的工作也会变成最出色的工作，就像希尔顿说的："世界上没有卑微的职业，只有卑微的人。"

如果你对于你的工作具备了持之以恒的精神，——假使你对于工作能带来浓郁的趣味而贯注热诚——假使你决意做每一件事，必须竭尽你的全力；则你对于工作就不致产生厌恶或痛苦的感觉，而这一切的实现都要看你的精神和你的态度。充沛的精神，可以使最卑微的工作变得趣味横生。颓废的精神，可以使人对于最高尚的事务，产生厌恶的感觉。

所以，你要考虑的不是什么样的工作，而是自己应该以什么样的态度来对待自己的工作。在工作中你应该严格要求自己，每一件事情都要用心去做，能做到最好，就不要允许自己只做到次好；能完成百分之百，就不能只完成百分之九十九。不论你的薪水和职位是高还是低，你都应该保持这样的工作作风。每个人都应当把自己看成是一个艺术家，而不是一个工匠，应该用心、用创作的态度去对待每一件事。

找准真属于自己的管理

很多管理者在管理的过程中，并不了解自己的长处在哪里，而是只凭自己一时的兴趣和想法来选择行业，结果就会发生失误。对此，每个人都千万不要掉以轻心。

比如身兼联想集团董事局主席和联想投资公司董事长的柳传志，除了有 20%的时间要忙于社会事务外，剩余的精力在这两个公司对半分。

但是在这两个公司中，柳传志扮演的角色却不同。

在联想集团，他自称与杨元庆的关系就像是制片人和导演：自己是制片人，杨元庆是导演。“电影制片人应该做的事有四个：第一是预算的审批；第二是战略方向的制定；第三是对总裁和高级副总裁的任命和考核；第四就是重大的兼并收购等涉及股权方面的事情。”

柳传志强调，除了授权，考核也挺重要。“这点我和元庆说得比较清楚，我们希望制定一套双方都认可的考核方式。它不是很细微，但是一套宏观的考核体系，这有点像制片人对导演的评价。”

由于与杨元庆的默契和熟悉，柳传志的放权收到良好的成效。“关键是做出来，而且能真正的实现。”一位业界人士说：“战略方向由董事会来定，而具体的战略部署就由总裁来做，说起来容易，做起来难。”

这就是平庸与完美的区别。假如你是领导的话，你也该知道哪一个做得更好，更应该得到提升，我们周围也有很多人会有这样的想法：认为对待工作差不多就行；对得起那点工资就够了；到点上班，准时下班；不主动做一些职责以外的事情；稍遇挫折就抱怨、退缩，结果如何呢？只能是平庸。抱着不愿作为的态度做事，结果也只能是无所作为。永远不要满足于目前的工作表现，要做到最好，你才是最重要的。可能很少有人能把工作做到完美无缺的，但是在我们不断增强自己的力量、不断提升自己能力的时候，我们对自己要求的标准会越来越高。这是人类精神的永恒本性。

许多刚刚跨出校门，步入职场的年轻人，往往都坏在一种更小的毛病之上——拖拉，草率，失误。任何事情，一经过他的手，别人就再也

不能放心，不得不再去复核一次，他做事情永远是错误多端，粗糙拙劣。但是，当他们看到别人凭心力赚了大钱时却是又羡慕又嫉妒，而这正是他们的缺点。

其实，没有人天生是赢家。财富、成功和幸福的获得是长久努力的结果，而不是单靠运气。在人生的成功上获胜的人个个都是勤奋工作，而且通常费时甚久才达到目标的。所以，管理者一定要让下属认识到：在工作中千万不要被“差不多”精神所感染，而应该抱着诚实的态度去踏踏实实地完成自己的工作。

不管是谁，都不会信任一个做起事来拖拖拉拉的人，因为他们在精神与工作上含糊粗拙，一点也靠不住，只要一看见他那粗拙的成绩，就会想到他的为人。毕竟企业是由许多不同的个人细胞所组成，由于不同的人具有不同的人生取向，就会表达出不同的期望值。此时就要通过深化意识，利用自身发动一次新的变革。只有意识深化了，才能高度集中注意力去解决问题和利用机会；只有变革，才能更有效地解释选择事例，积极主动地采取正确行动。正如杨吉平对我讲的一样，“树林大了，什么样的鸟都有，一句话，就是有人的地方就有烦恼”。但怎样才能修炼自己呢？谈“静以修身”、“兼以养德”，在知识经济时代是做不到的，我认为只有不断提高自己的内在品质，做到一是知足常乐；二是自己寻乐；三是苦中作乐。不要跟自己过不去，我们已经被生活压得很累，为什么还要为了某些“名”和“利”去争个你死我活呢！

管理中的付出

成功的管理者常要换位思考，永远思考别人的利益点，就是在想获得之前，先去想付出。管理中的最大乐趣是什么，就是找到一个值得为之付出的团队，并且做到全力以赴。这样，你会养成一个非常好的自我品质。

在商业实践中，以超常思维改变定式，对于企业管理的成败具有非凡意义，其功效在于出其不意，独辟蹊径，而这恰恰是现代管理者所应具备的思维品质。上个世纪“二战”胜利初期，联合国决定将总部设在纽约市，但一直苦于找不到交通便利的好地段。这时，大银行家约翰·洛克菲勒慷慨解囊，主动提出把曼哈顿岛上的一块土地捐赠给联合国总部。一时间，约翰·洛克菲勒的反常举动引来不少的议论，一块好端端的地皮为什么要白白送人呢？随着联合国总部的建成，在其周围， 富丽堂皇的外交家公寓、一流的大旅馆、酒家、商场……一座座围绕着这个世界组织的中心大厦拔地而起。与此同时，曼哈顿岛上洛克菲勒财团的一大片原本颓败的地皮也成倍成倍地涨价，变成了纽约最昂贵的街区。这时候，人们才恍然大悟洛克菲勒的“慷慨”，惊叹其与众不同的谋财手段和超常的“先见之明”。

艺术大师毕加索指出："创造之前必须先破坏"。破坏什么？传统观念和传统规则。面对瞬息万变的市场环境，只有敢于挑战规则，打破常规，才能有所作为，才能摆脱危机，使企业立于不败之地，获得商机无限。

不管我们眼下做哪一种工作，我们都可以通过比别人要求的做得更多——通过奉献自己，最大限度地体现价值最大化，并增强我们的道德意识。要走向生活的繁荣、昌盛，关键的一点是要认识到繁荣、昌盛并非是由更多地获得取得的，而是由更多地奉献取得的！通过将我们的注意力放在我们能够为他人做什么而不是向他人索取什么上，我们的生活自然就会一天天繁荣起来。

倘若你热爱你选择的公司，你就会把自己全部的精力用在工作上，充分地发挥自己的能力，当你为公司奉献了你的全部精力；当你为工作上取得的成就而欢欣；当你与他人共享你的成绩时；有形与无形的报酬就成了你的回报。无形的报酬包括个人能力的提升及你所获得的名望。另一方面，如果你仅为工资单而工作，而不肯为公司多做一点奉献，那么，你就会慢慢地轻视自己的公司，继而轻视你的工作。

凡是不被我们重视的事情，我们常常不能将它做好。从这个角度看，奉献与资产投入颇为相似，倘若你在投资上毫不用心，不肯花精力，那么，从长期来看，你的投资多半会失败。相反，若你将自己的精力、热情和才智都奉献给你的投资产业，你当然可能会获得成功。通往成功的路或许很远，而你每一次无私的奉献行为，都是在那条路上前进。

有这样一个故事，我觉得对于理解付出与回报之间的关系很有帮助。故事说的是有两个准备投胎转世的人被召集到上帝的面前，上帝说："你们当中有一个人要做个只有索取的人，另一个人要做付出的人，你们商量后自己选择吧。"

上帝的话音刚落，第一个人就抢着说："我要做索取的人。"这人想，索取也就是一生什么事也不用做，坐享其成的人生那可真是不一般的幸福。他甚至为自己的抢先一步感到无比幸运。另一个没有其他的选择，于是，他做了那个甘愿付出的人。

多年以后，人们看见了这样的结果：那位选择付出的人成了一个大富翁，他乐善好施，给予他人，成了一位有名的慈善家，备受人们尊重。而另一位则做了乞丐，他一辈子都在不停地索取。原来，上帝是这样满足他们的要求的。

另外一点就是在我们谈到从点滴做起的时候，还要消除心中的顽石，因为阻碍我们去发现、去创造的，仅仅是我们心理上的障碍和思想中的顽石。

从前有一户人家的菜园里摆着一颗大石头，宽度大约有四十公分，高度有十公分。到菜园的人，不小心就会踢到那一颗大石头，不是跌倒就是擦伤。

儿子问："爸爸，为什么不把那颗讨厌的石头挖走？"

爸爸这么回答："你说那颗石头呀？从你爷爷时代，就一直放到现在了，它的体积那么大，不知道要挖到什么时候，没事去挖那颗石头，不如走路小心一点，还可以训练你的反应能力。"

过了许多年，这颗大石头留给了下一代，当时的儿子娶了媳妇，当了爸爸。

有一天儿媳妇气愤地说："爸爸，菜园那颗大石头，我越看越不顺眼，改天请人搬走好了。"

爸爸回答说："算了吧！那颗大石头很重的，可以搬走的话在我小时候就搬走了，哪会让它留到现在啊。"

儿媳妇心底非常不是滋味，那颗大石头不知道让她跌倒多少次了。

有一天早上，儿媳妇带着锄头和一桶水，将整桶水倒在大石头的四

周。

十几分钟以后，儿媳妇用锄头把大石头四周的泥土搅松。

儿媳妇早有心理准备，可能要挖一天吧，谁都没想到几分钟就把石头挖起来了，看看大小，这颗石头没有想像的那么大，人们都是被那个巨大的外表蒙骗了。

由此我们可以想到，很多人在公司里都在尽力回避自己分外的事情，其实这就是心中存在着一种顽石，他们认为做好了本职工作就是完成了自己的工作任务，而其他的付出就意味着要多承担责任，给自己多一分压力，但我们应该知道，只有有能力的人才能多做事情，才能比别人更多一点付出，这是一种对自我的肯定，是一种对自身价值的确认。能够为公司多付出的人，一般来讲，都是比别人更有承受力或更有创造能力的人。如果你和别人一样，你也不可能担当什么责任了。所以你该为自己能够多一点付出而感到自豪，因为你已经向别人证明，你比别人更突出，你比他们强，你更值得公司信赖。一个人能承担责任多少，证明他的价值就有多少，想证明自己的最好方式，就是能比别人做得多一点。换一个角度来理解，你会发现你的努力不是单向的，你会因此而得到更多的回报。

所以说，世间没有免费的午餐，我们心中所追求的一切无不需要付出。付出与回报是双向的，没有得不到回报的付出，也没有不用付出就能得到的回报。我们在公司也是一样，公司是个讲求经济效益的地方，它不可能在你没有付出的时候给你更多的回报，当然，它也不会让你的努力白费气力。

你能为公司付出，领导也会对你刮目相看，同时会给你更多的机会做更多的事情，且不论我们会因此而加官晋爵，这对于锻炼自己的能力和提高自己的水平也是不可多得的。还有，一个能为别人付出的人，一个勇于担当的人，也会因为自己的高尚行为而感到自豪，它也是一种快乐和幸福，你会因此而不觉得自己的付出是一种压力，你会进步得更快。你会发现这是一种双向的平衡，或者我们得到的比付出的会更多。

管理同样需要下属支持

无论是一个管理者，还是一个小职员，假如你经过一段时间的努力，你已经找到了自己的位置，也有了自己的管理职责，就应当无条件地去支持你的领导！

很多员工只要求老板把事情做好，而他自己在出现问题后，往往喜欢推卸责任，把责任甩给老板，并变得相当顺从，对公司的决定一概服从。这种员工甚至在其行动遭到质疑时，总把罪责推到别人身上。这种做法无益于其现状的改善，倒是会恶化已经存在的负面状况。相反，具备责任感的员工根本没有把自己的过失归咎于外在环境和别人的想法，他们不会逃避自己应该承担的责任，他们懂得根据自己的价值观作出相应的选择，知道自己有责任为自己和别人创造一个良好的外部环境。在他们的言语中，从来听不到把自己应该负责的事情推卸给他人、归咎于客观环境或者是找一些借口来遮盖自己的过失。

当然，这种情况的出现不仅发生在员工的身上，有相当多的管理者

也有此行为，当公司出了问题的时候，他们不敢承担责任。这种行为不是后天才形成的，而是从他们小时候就养成的。毕竟每个人都拥有自己独特的人格特质，在公园游人身上我们可以看到我们希望看到的东西。每个人的身上缺点和优点并存，只有通过观察才能加以说明。也许你的领导并不比你高明，但只要他是你的领导，你就应该在任何时候都全力以赴，支持你的领导，服从他的命令。即便他的命令是错误的，你也该表现出服从，而在背后向他指出错误的地方。你要努力去发现那些优越于你的地方，尊敬他、欣赏他、向他学习。

所以，当你面对你的领导时，应清醒地认识到，领导首先也是一个人。领导作为公司的管理者，他当然会时常对我们在工作中发生的问题提出批评，也时常会否定我们的很多想法，这些因素会影响我们对他所做出的客观评价。

你也可以换一个角度想问题，领导之所以能成为我们的领导，必然有他的过人之处，在他身上有着我们所没有的特质，也就是这些特质使他超越了你，而这个特质也就是我们常说的过人的个人魅力。

当然，现实社会生活中也不乏失败的管理者。现在我们谈谈管理失败中的主要错误，因为知道什么不能做与知道什么能做同等重要。

1. 不能组织详细的情况。有效率的管理者需要有能力组织和掌握详细情况。没有真正的领导总是“太忙”，没有时间去做可能要求领导者去做的事。不论他是领导者还是跟随者，当他承认他“太忙”，不能改变他的计划或不能花精力去应付紧急情况时，他已经承认了他的无能。成功的管理者必须掌握与他的职位相关的所有详细情况。当然，他还必须养成将详细情况移交给能干的副手的习惯。

2. 不愿提供低卑的服务。事实上，优秀的管理者在需要的场合，愿意去做一些低微的劳动，而这样的劳动平时他们是让别人去做的。“你们之中最伟大的人将是大家的仆人。”这是所有的管理者受尊重的事实。

3. 只想着从他们的所知中得到报酬，而不是用他们的所知去做出成绩而得到报酬。这个世界不会付给任何只知道说的人报酬，它只付给做了事或引导别人做了事的人报酬。

4. 害怕来自下属的竞争。担心他的手下取代他的领导位置，实际上这种害怕迟早会变为现实。能干的管理者懂得培养接班人，并会把有关他的职位的任何有关详细资料移交给他。只有这样，管理者才能加强自己，从各方面培养自己。人们凭自己的能力促使别人去干工作而获得的报酬多于自己亲自去干所获得的报酬，这是永恒的事实。一个有才干的管理者通过他的专业知识和有吸引力的性格可极大地提高他人的效益，诱导他们提供更多更好的服务。

5. 缺乏思维。没有思维，管理者不能应付紧急情况，不能制订出有效地引导下属的计划。

6. 自私。管理者将所有下属工作取得的荣誉据为己有时，肯定会遇到下属的不满。真正伟大的管理者不把任何荣誉据为己有。看到荣誉时，他感到高兴，将它归功于下属，因为他知道，大多数人为了得到表扬和承认，而愿意加倍努力工作。

7. 无节制。下属不会尊重一位无节制的领导。另外，任何形式的无节制都会毁灭掉放纵者的毅力和活力。

8. 不忠实。也许这一点应列在最前面。不守信用的领导，对上级和下级不忠实的领导，不可能长久地维护他的领导职位。缺乏忠诚是各行各业的人们失败的重要原因。

9. 强调领导的“权威”。有能力的领导是通过鼓励，而不是靠向下属在心理上施加威胁进行领导。试图用“权威”给下属留下印象的领导属于凭权力领导的这一类。如果他是一位真正的领导，他就没有必要为

那个事实做广告，除非他是用自己的实际行动，他的同情、公正、理解等证实他知道他所在的职位。

10. 注重头衔。称职的管理者不要求任何头衔来使他得到下属的尊重。在头衔上花太多精力的人很少注重其他东西，真正的领导的办公室的门对所有愿意进来的人是开着的，他的工作方式不拘泥形式或风头主义影响。

这些是管理人员失败的较普遍的因素。这些错误中的任何一个错误都可以造成失败。故此，我要大家注意到这样一个事实：一个真正的管理者，在今日物竞天择、适者生存的社会，其实就是一个将军，带领着一个部队在作战。我们可以看到这样的情况：在某一部门，甚至是整个企业都陷入了真正的灾难的情况下，出现一位充满传奇色彩、目光远大的领导者力挽狂澜，使企业起死回生。

就我所知，第一位有能力以他的职位为基础建立起人格崇拜的企业领导人是李·艾柯卡。当他 1978 年接任克莱斯勒汽车公司的董事会主席和 CEO 之际，该公司正临近破产。克莱斯勒求助于他，就如同一个国家在战争时期求助于一位极有性格魅力的领袖。艾柯卡恰恰也把克莱斯勒的竞争处境描绘成一场战争。艾柯卡说，日本人正在吞食我们的午餐，而他将成为战时重新集结部队的将军。问题就在于，在这样的时候，你真的需要求助于一位领导人，他能提出一个眼界开阔、深入人心和令人振奋的愿景——这能让一种新的经营方法具有神奇的力量。

所以说，支持你的领导，时时想着他的优点，这是一个员工，或者是一个管理者所应具备的人生态度和敬业精神。只有这样，你才会得到领导更多的信任和支持，也更有利于你的职业生涯发展。

管理也需要提倡敬业

第三章

敬业，就是尊重并重视自己的职业，把自己的工作做好，对此付出全身心的努力，加上认真负责，一丝不苟的工作态度，即使付出再多的代价也心甘情愿，并能够克服各种困难做到善始善终。

管理离不开敬业

敬业是什么？“敬业”在我国古代典籍《礼记·学记》中就以“敬业乐群”的说法明确提了出来。中华民族历来有“敬业乐群”、“忠于职守”的传统，敬业是中国人民的传统美德。早在春秋时期，孔子就主张人在一生中始终要勤奋、刻苦，为事业尽心尽力。他说过“执事敬”、“事思敬”、“修己以敬”等话。北宋程颐更进一步说：“所谓敬者，主之一谓敬；所谓一者，无适（心不外向）之谓一。”

敬业就是有工作使命感、忠于职守、认真负责、全心全意、善始善终、一丝不苟。把这些特点概括起来，用三个字来形容，这就是：责任心。

责任心，就是使命感，就是敬业。两年前，我曾经用心的去读一本名字叫《致加西亚的信》的书，读完之后，给我最大的震惊就是书中主人公罗文的敬业精神，他在接到麦柯金总统的信时，并没有问加西亚在哪，怎么去找他？他要做的就是一件事，如何把任务顺利完成。有人说，人生最大的财富有两个，其中之一就是敬业。人与人之间的能力其实差不多，但是，人与人之间的品格却相差很大。正是这种品格的差异才产生了成功与失败，产生了贫穷与富有。在表面上看，敬业是有利于公司，有利于老板，其实，最终获益的却是我们自己。从敬业中，你将获得新的

知识、能力、经验、快乐，尤其是养成的敬业的习惯，你更会受益终身。

任何一个机关、企业或公司，都想自己能顺利发展。这样，他就自然需要有敬业精神和责任心的下属。从这一点看，敬业的员工永远是受领导欢迎的员工，也是最容易成功的员工，假如你的能力一般，敬业可以让你走向更好；假如你本身就很优秀，敬业则会将你带向更加辉煌的领域。

小王毕业后分配到研究所供职，刚开始的时候他感到工作压力很大，因为他是这里年龄最小，学历最低、最没有工作经验的研究人员。

工作一段时间后，小王发现所里大部分人虽然有能力但并不敬业，对工作不认真，上班混日子。小王终于找到了脱颖而出的切入点，他一头扎进工作中，从早到晚刻苦钻研，还经常加班加点。小王的业务水平提高很快，不久成了所里的“顶梁柱”，并逐渐受到所长的重用，时间一长，更让所长感到小王对所里真是无比重要。不久，小王便被提升为副所长，老所长年事已高，所长的位置也在等着他。

假若老板的周围缺乏实干敬业者，你如果具有强烈的实干敬业精神，你自然能得到重视，受到重用，脱颖而出。

敬业，体现着一个人的能力、才干，体现着一个人对社会、对集体、对家庭的责任感和奉献精神，还体现着一个人对人生的热爱、追求、积极的态度。因此，敬业既是社会检验一个人价值的重要标准，又是一个人实现自己人生价值的重要途径。试看古往今来，在家里、在单位中、在社会上，哪一个敬业的人不受尊敬？而一个对工作不负责的人，他用什么来对家庭、对社会负责呢？他得到的只是轻视和鄙视。这正如俗话所说的：种瓜得瓜，种豆得豆。

只有你有了敬业精神，才能更好地来执行上级的安排，你才是一位优秀的员工。在我们这个奉行“不劳动者不得食”原则的社会主义社会，不敬业的人是没有前途的，不敬业的人是难有事业的。在当今社会主义市场经济的环境下，竞争激烈、优胜劣汰，不敬业的人随时都可能被淘汰出局。有了敬业的观念，就会使你走上致富之路。

有些人认为，伟大的工作自然能够激发一个人的敬业精神，但是，如果让你几十年如一日地从事一些极其普通的工作，怎么可能做到一直敬业呢？事实上，敬业是积极向上的人生态度，不管做什么工作，只要爱岗敬业，就一定能够做好。李素丽是一名普通的公交乘务员，但是，她非常敬业，在平凡的岗位上作出了不平凡的业绩。你能说她的人生是没有意义的吗？你能说她是不成功的吗？海尔总裁张瑞敏说过一句话："把每一件简单的事情做好就是不简单，把每一件平凡的事情做好就是不平凡。"这真是一句至理名言。

其实，一个人只要有理想，不辞辛苦地努力奋斗，就一定能够实现自己的愿望，得到自己想要的那颗果实。默默工作，为自己打下基础，这不是平庸的表现，而是一种财富的积累。

在任何平凡的职业中，在任何低微的岗位上，都会蕴藏着巨大的机会，这种机会等待着你去发现。只要你勤勤恳恳地把平凡的工作做得比别人更迅速、更正确、更专注、更完美，调动起自己全部的智慧，全力以赴，就能及时地发现机遇，抓住机遇，直到推开通往成功的大门。

很多人在刚开始到公司打工的时候，心里想的是：自己所做的一切都是在为老板挣钱，对自己没有什么好处，为什么要那么敬业呢？实际上，这种想法是错误的。敬业应该是一种人生态度，是一种工作习惯。不管你是为谁工作，为老板，或者是为自己，你都会在工作中学到许多东西，尤其是从那些敬业工作的人那里。

浙商天生就具有敬业的精神，他们做任何工作都会废寝忘食。那些从小生意开始做起的浙商如此，做成大公司的浙商更是如此。因为他们

明白，不敬业工作，自己就会被工作所抛弃。正如李嘉诚所说："我在创业初期，几乎百分之百不靠运气，而是靠工作、靠辛苦、靠工作能力赚钱。你必须对你的工作、事业有兴趣，更要全身心地投入工作。"

在现实生活中，要真正做到敬业，却不是一件容易的事。一般来说，条件好、工作轻松、收入高的岗位，做到敬业容易。相反，条件较差、工作艰苦、收入不高、又远离城市的岗位，做到敬业就不易。另外，有些人，特别是青年人，心情比较浮躁，这山望着那山高，往往对自我缺乏正确的评价。

一个不敬业的人，往往是不自信的人，因为他无法全身心地投入工作，无法从工作中获得成就感，对他来说，每天的工作就是混日子，毫无工作计划，更不要说人生目标了。

培养管理中的敬业精神

先人朱熹曾经说过，"敬业"就是"专心致志以事其业"，即用一种恭敬严肃的态度对待自己的工作，认真负责，一心一意，任劳任怨，精益求精。敬业精神是个体以明确的目标选择、朴素的价值观、忘我投入的志趣、认真负责的态度，从事自己的主导活动时表现出的个人品质。敬业精神是做好本职工作的重要前提和可靠保障。

当一个人喜爱他的工作时，你可以一眼看出来。他非常投入,其表现出来的自发性、创造性、专注和谨慎,十分明显。而在那些视工作为应付差事、乏味无聊的人那里，是根本看不见这些表现的。

在办公室、商店、工厂里我们会经常见到：一些职员拖拖沓沓，似乎连走路都费很大的劲，让人觉得生活仿佛是个沉重负担。他们讨厌自己的工作，希望一切都快些结束，他们根本就不明白，为什么别人能充满热情，干劲十足，自己却总是觉得什么都单调乏味。看着这样的职员做事，简直就是受罪。而那些充满乐观精神、积极向上的人,总有一股使不完的劲，神情专注，心情愉快，并且主动找事做，期望事业越做越大。

作为企业家，爱迪生是实干型的人才。23岁时他办工厂，招募了一批工程师、工匠，层出不穷地推出各种电气发明，这些人都热爱自己的工作、迷恋自己充满创造力的头脑和双手，都是工作狂，而爱迪生是“总工作狂”。他每天的睡眠时间不到四个小时。他的办公桌就在车间一角，每当完成一项发明，他就站起来，跳起非洲大陆的原始舞，嘴里还念念叨叨：“这么简单的解决办法，怎么原来没想到。”这已经成了一种标志、一种信号，工人们一看到老板跳舞，就围过来，他们知道又有新鲜事可做了。订单像雪片一样飞来，在不断增加人手的情况下还要日夜开工。工人们没有抱怨，共同的兴趣在他们和爱迪生之间建立了友谊，何况这个不吝惜金钱的老板经常用金钱奖励他们。

当伊雷尔把开火药厂的想法告诉父亲皮埃尔时，皮埃尔以为他在异想天开，在大家印象中，这孩子从小就是个沉默寡言的书呆子。皮埃尔对伊雷尔的计划不感兴趣，让他自己解决资金、厂址和其他问题，一切由他自己张罗。随后，伊雷尔以出色的实干精神证明自己不是个空想家。他干得井井有条。他被生产世界上最棒的火药的狂想鼓舞着，一心扑在上面，东跑西颠。

他手头的钱不够，一流的设备都在法国,厂址不知道安在哪儿合适，一切都没有着落，他知道自己不可能像小时候那样用试管和药匙把火药生产出来。但他一件事一件事地落实。

首先选厂址，为了争取政府的订货，他想在华盛顿附近找地方。但是，经过一番实地考察后，他发现这里没有火药厂需要的激流、森林和花岗岩。在美国转了一大圈，他终于看中了特拉华州的白兰地河畔，这里水流湍急，蕴含着动力，河边的大片森林是未来的燃料，山上的花岗岩可用于提炼硝石。伊雷尔站在白兰地河边，抑制不住内心的激动，大声喊道："我找到了!找到了!"就像哥伦布发现新大陆、阿基米德发现浮力定律时那样叫喊。

这里还有大量廉价的劳动力，无数的法国难民聚居在这里，要求的报酬比美国人低得多。他还认识了刚刚被法国政府驱逐出境的富翁彼德·皮提，并说服此人入股。就连法国政府也得知了伊雷尔的活动，为了增加火药来源以便与英国开战，法国政府火药局向伊雪尔提供了先进的生产技术和设备，还督促银行家投资……总之，坚持不懈的努力渐渐把各个环节的设想变成了明朗的现实。

1802 年 4 月，生产火药的杜邦公司成立了。这只是个开头，生产和经营中需要解决的问题还很多。伊雷尔亲自设计厂房的结构，让它最大限度地减轻爆炸的可能性；他夜以继日、废寝忘食地指挥基建和设备安装。经过一年紧张的准备工作，火药厂开工了。由于动力不足，试生产失败了。当伊雷尔打算在白兰地河上游修建水坝时，有人正抢着干这件事，这些人想控制火药厂的动力源，伊雷尔通过法律手段驱逐了他们。又过了一年，火药才成功地生产出来，它们的质量是上乘的，但它们没有名气，被经销商退了回来。伊雷尔在《华尔街日报》上向整个美国宣传：特拉华州是个狩猎的好地方，这里还有杜邦公司的狩猎俱乐部，来这儿打猎的人，都会得到免费的火药。在一阵喧嚣之后，订单像雪片般飞来了。

1805年，美国政府将杜邦公司定为军方火药的定点生产企业。伊雷尔就这样掘到了第一桶金。

诗人朗费罗则说：“日常生活看似枯燥乏味却非常重要，就像时钟的发条一样，可以让钟摆匀速地摆动，让指针指示正确的时间。当发条失去动力时，钟摆就会停止，指针也不再前进，时钟静静地躺在那里，不再有任何价值。”

所以说，敬业就是敬重自己的工作，将工作当成自己的事，其具体表现为忠于职守、尽职尽责、认真负责、一丝不苟、善始善终等职业道德，其中糅合一种使命感和道德责任感。这种道德责任感在当今社会得以发扬光大，使敬业精神成为一种最基本的做人之道，也是成就事业的重要条件。这就好像经商、创业的成功，尽管有一些运气的成分，但勤奋、努力工作是绝对起主导作用的，只有从小事做起，把小事做好才能够积累经验，做成大事。

管理成功的基础是敬业

一个人不管做什么事都要敬业，做大事如此，做小事也是如此；一个人不管为谁工作都要敬业，为自己工作如此，为他人工作也是如此。唯有敬业，才会事业兴旺。敬业者的特点是即便遇到很普通的工作，也会竭尽全力去把工作做好，这是一种成功者的态度。事实上，人与人之间的能力其实相差不多，但是，人与人之间的品格却相差很大。正是这种品格的差异才产生了成功与失败，产生了贫穷与富有。在表面上看，敬业是有利于公司，有利于老板的，其实，最终获益的却是我们自己。从敬业中，你将获得新的知识、能力、经验、快乐，尤其是养成的敬业习惯，你更会受益终身。

《把信送给加西亚》的作者哈伯德曾在文章中写道："年轻人所需要的不只是学习书本知识，也不只是聆听他人的种种指导，而是更需要一种敬业精神，对上级的托付立即采取行动，全心全意去完成任务——'把信送给加西亚'。"这说明了什么呢？这说明敬业是一个人最应该具备的要素之一。只有我们对自己的理想敬业，甚至是对我们肩负的使命敬业，我们才能将成功的福音，变成眼前的现实。

如果有敬业精神，甘愿并且有能力为此付诸行动，如把上司交给我们的工作完成，那我们就可以算是一个敬业忠诚的人。看看那些具有坚强性格的人，就是全身心献给理想的人，这些人能忍受苦难，直到最后。而把自己放在第一位的人，迟早会半途而废，成为一个无所作为的人。

当罗文把信送给加西亚将军时，他表现了坚强和敬业的品质。在把理想变成现实时，我们又表现了多少忠诚、守信、可靠、献身、决心和机智呢？我敢肯定的说，能做到这一要求的恐怕寥寥无几。

敬业是所有企业员工必备的职业素养。只有具备了敬业的素养，才会以企业为家，真正关心企业的兴衰成败，认真思考企业的发展之道，才能把自己的聪明才智奉献给企业，才能为了企业的成长作出一份努力。

敬业不能只停留在口头上，而要付诸到具体的实践中去。敬业，就能够树立远大的奋斗目标，追求自己最高的人生价值。敬业，就是能处处严格要求自己，从小事做起，做到一丝不苟。敬业，就是能够坦然面对自己的得失，“吃亏”是福。敬业，就是能够充分展现自己的人格魅力，身教胜于言教，用高尚的品德去影响、教育周围的人。

道格拉斯在来到现在的公司之前，曾经花了很长的一段时间，学习和研究怎样使本公司赚钱，怎样用最便宜的价钱把货物买进。他来到公司的采购部门后，就非常勤奋而刻苦地工作，千方百计找到价钱便宜的供应商，买进上百种公司急需的货物。道格拉斯所干的采购工作也许并不需要特别的专业知识（其他部门提出需求，他只要决定到哪儿去买就行了），但他兢兢业业地为公司工作，节省了许多资金，这些成绩是大家有目共睹的。在他 29 岁那年，他为公司节省的资金已超过 80 万美元。公司的副总裁知道了这件事后，马上就加了道格拉斯的薪水。道格拉斯在工作上的刻苦努力，博得了高级主管的赏识，使他在 36 岁时成为了这家公司的副总裁，年薪超过 100 万美元。

道格拉斯的这种对待工作的狂热的激情，不一定适用于每一个人，

但在很多情况下，他的敬业精神是值得我们每一个人效仿的。

所以说，敬业是许多良性行为的综合，我们把它归结为几种态度。敬业首先就要勤奋，因为勤奋就是一个实施行为的过程。但是，这个过程又受我们的思想所支配，在一个企业组织里，在大部分员工的思想深处，他们可能会说，勤奋，干吗要勤奋，老板就给了我那么一点工资，我怎么勤奋得起来？给多少钱，就做多少事。以他的观点，我们是为工资工作的。讲到这，我想起有人说过的一句话，拿多少钱，做多少事，钱越拿越少；做多少事，拿多少钱，钱越拿越多。此话的确为真理。如果你选择前者，你的钱只会越拿越少。这就是为工资工作的结果。你愿意工资越拿越少吗？如果你不愿意，我们就得首先确立对工作敬业的第一个态度是千万不要为工资，也就是为薪水而工作，而是要为了解本性、超越本性而工作，这样，我们就会无所不能。

对于这句话的理解，我们举个例子来加以证明。有人说，一个人的人生如果分为两个阶段，30以前和30岁以后，那么，30岁以前是用金钱买智慧，30岁以后是用智慧换取金钱。工欲善其利，必先利其器。我们一定要趁自己年轻的时候，利用一切工作机会来学习，来锻炼，来提高。如果眼睛盯着的只是那么一点工资，那么，你的收入就永远无法得到提高。如果一个人的工作目的仅是为了工资的话，那么，我可以肯定，他注定是一个平庸的人，也无法走出平庸的生活模式。所有的有心者，成功者，他们工作的目的绝不是为了那一份收入，他们看到的是工作后面的机会，工作后面的学习环境，工作后面的成长过程。当然，工作固然也是为了生计，但比生计更重要的是什么？是品格的塑造，能力的提高。疯狂英语创始人李阳最喜欢说的一句话是，只要你有三餐饭吃，你就可以把除此之外的时间和精力用于学习和提高。

敬业的第二个态度是将你手边的工作努力做到最好。每一个人都有一份工作或者是自己应该做的事情，为了生活或者为了更好的生活，我们有理由在做这些事情的时候让自己开心，因为我们做事就是为了让自己和别人都生活得更好。工作肯定是件辛苦的事，不自己寻找其中的乐趣，谁还会给你乐趣呢？承担责任肯定不是件很轻松的事情，这就要看你怎么想，首先承担责任是对你价值和能力的一种肯定和证明，如果你不具备承担责任的能力或者做不好一件事情，别人会让你承担责任吗？能够想到这一点，你就应该感到骄傲，因为你的存在是有价值的。还有，对责任的承担肯定会让别人从中获取到幸福和满足，一个能让别人幸福和快乐的人，他就是值得尊敬的人。同样，这可以满足你自尊的需要。再次，如果你能把承担责任想像成是一种快乐和幸福，你就不会因为压力而感到郁闷和沉重，你同样会从承担责任中获得幸福和快乐，这是一种双向的平衡，你为什么不这么做呢？把一件原本沉重的事，想得轻松一些，不但自己的情绪因此得到了释放，而且在一种轻松快乐的情绪下做事，会把事情做得更好。

第三个敬业的态度是绝不拖延。世界上最不费力的事就是拖延时间。大多数失败者犯的致命性错误就在于此，也没有比拖延更能耗费宝贵的生命了。有人统计过，失败的数十种因素中，拖延位居前三名。有人也就说，对成功来说，拖延最具破坏性，是最危险的习惯。拖延的表现是什么？就是今天的事明天做，现在的事以后做，自己的事等待别人做，能做的事一直拖着不做，而且，总是能为自己找到理由。拖延和懒惰是兄弟，两者总是同时出现。有句古话，业精于勤，荒于嬉。拖延和懒惰只会带你坠入贫穷的深渊。拖延的反面是什么？就是马上行动。所以，如果你有拖延的恶习，克服的方法只有一个，马上行动。

第四个敬业的态度是主动。没有成功会自动送上门来，也没有幸福会自动降临到一个人身上。这个世界上所有美好的东西都需要我们主动

去争取。婚姻如此，财富如此，快乐如此，健康如此，友谊如此，学习如此，机会如此，时间如此，工作如此。天上绝对不会掉下馅饼。只有主动去争取，没有一样东西你可以轻易得到。在公司里，如果你想有好的人际关系，你就必须选择主动问候，如果你想受人欢迎，你就必须主动承担责任，如果你想有机会晋升，你就必须主动争取任务，如果你想提高自己的演讲能力，你就必须主动发言，如果你想要在工作中取得成就，就要主动的工作。

第五个敬业的态度是努力苦干。所有的工作没有捷径，只有苦干。书山有路勤为径，学海无涯苦作舟。学习是这样，工作同样是这样。99%的汗水加1%的灵感等于成功。这是爱迪生的话。有人问牛顿，他是怎么发现万有引力定律的，他回答说，我一直都在想这件事。关于这方面的故事有很多，从小开始，我们接触的教育就是从努力开始的。在家中，父母告诫我们，要努力学习；在学校里，老师也会告诉我们，要努力才能考得上大学，上了大学才会出人头地。今天，在工作中很少有人会告诉你，要努力，只有自己不断提醒自己，才能使自己努力苦干。以前有一个国王，发布诏书，要求把全国所具有的智慧、哲理编辑起来，三年后，这些智慧和哲理共编了十本书，国王认为太烦琐，于是精简到一本书，国王还嫌不够精炼，于是又精简到一页，国王又要求修改，最后只剩下一句话，这句话就是：天下没有免费的午餐。

把敬业当成习惯

敬业表面上看起来是有益于公司，有益于老板，但最终的受益者却是我们自己。当我们将敬业变成一种习惯时，就能从中学到更多的知识，积累更多的经验，就能从全身心投入工作的过程中找到快乐。这种习惯或许不会有立竿见影的效果，但可以肯定的是，当“不敬业”成为一种习惯时，其结果可想而知。工作上投机取巧也许只给你的老板带来一点点的经济损失，但是却可以毁掉你的一生。

一个从业人员只有在自己的工作岗位上兢兢业业，精益求精，才能在激烈竞争中立于不败之地。否则，就是有了新的工作岗位，如果没有敬业精神，偷懒耍滑，得过且过，还是会被社会所淘汰。

有人说，人生最大的财富有两个，其中之一就是尊重自己的工作，也就是具有敬业精神。那些工作做不好，对工作感到烦闷的员工，很大程度上就是因为他们看不起自己的工作。他们往往视工作为衣食住行费用的提供者，认为工作是谋生的手段，是无可奈何的劳碌之举，而不是把它看作创业的必由之路和获取健全人格的手段。

一个勤奋敬业的人也许并不能获得上司的赏识，但至少可以获得他人的尊重。那些投机取巧之人即使利用某种手段爬到一个高位，但往往

被人视为人格低下，无形中给自己的成功之路设置了障碍。不劳而获也许非常有诱惑力，但很快就会付出代价，他们会失去最宝贵的资产——名誉。诚实及敬业的名声是人生最大的财富。

现在很流行一句话："今天工作不努力，明天努力找工作。"所以，敬业精神是时代的呼唤、社会竞争的需要、社会发展的需要，也是自我生存的需要。任何一家想竞争取胜的公司必须设法使每个员工敬业。没有敬业的员工就无法给顾客提供高质量的服务，就难以生产出高质量的产品。推而广之，一个国家如果想立于世界之林，也必须使其人民敬业。警察应该尽职尽责为民众服务；行政官员应该勤奋思考并制定和执行政策；议员代表应该勤于问政；只有每个人做一行爱一行，才能被称为敬业的社会。

然而，无论我们从事什么行业，无论到什么地方，我们总是能发现许多投机取巧、逃避责任、寻找借口之人，他们不仅缺乏一种神圣使命感，而且缺乏对敬业精神的理解。

任何行业，如果没有一批人以奉献乃至牺牲作为自身的本能，就无法超越自我，就不可能成为竞争中的强者，只有在执行中对工作心怀敬意的人，才会赢得事业的丰厚回报。

可是，总有人为自己不敬业辩解，说他不努力工作，是因为这份工作、这种职业不符合他的理想。人确实有权选择自己所喜欢的职业。当今我国发展社会主义市场经济，为人们选择职业提供了充分的自由。但是，生活的道路是不平坦的，人生并不是"心想事成"那样简单。当一个人在求职、就业上暂时没有如愿，或者他还不具备那种职业所需要的条件，或者他实际上缺乏从事那种职业的才能时，他可以加倍努力，创造条件，提高素质，寻找机会实现他的理想。但是他却不应该以职业不理想为理由，不好好工作，甚至逃避工作，赖在一边怨天尤人。如果那样做，可以断定，他一辈子也不会有理想的职业，更不会有他梦想的辉煌的事业成就。

无论各行各业，要使执行力有效地实施，最基本、最有力的保证必须要敬业乐业。敬业是一种责任，一种不断创新、乐于奉献的主人翁意识，敬业是执行力的有效保证。无论是哪一个层次的执行者，都要明确自己的岗位、责任和权力，知道自己该做的事，做好自己该做的事，这样任何事情执行起来才会有序，每一个环节才会到位。领导是决策的制定者，同时也是决策的执行者，领导者的身体力行和操守严谨，是决定决策能否有效执行的关键。同时，还要具有主人翁的意识，把企业看成是自己的家，能够顾全大局，不计较个人的得失。主人翁是一种使命、一种责任，具有主人翁意识的人在逆境中亦能爆发潜力，充分地展示出完成使命而具备的执行力。

作为一名员工要时时处处考虑企业的利益，时刻关注企业的发展，把自己的工作干好，积极参与企业管理。在领导的心目中，好员工应该具有强烈的主人翁意识，关心集体，关心企业的发展；在工作中及时发现并反馈生产、技术、管理等各方面有待改进的信息，能提出合理化建议。另外要做一个《把信交给加西亚》的故事里像罗文一样认真的人。罗文接到了“把信带给加西亚”的任务后，并没有问“他去什么地方了”、“怎么去找”，而是充分发挥主观能动性，最终不折不扣地完成了送信的任务，而且还带回了加西亚的信。作为一名优秀的员工就要具备这种高度的敬业精神。

同样，敬业和乐业都是对待职业、对待工作应有的态度，不过两者又不完全相同。或者说，敬业和乐业属于两个层次，两个境界。敬业是指一种严肃认真、兢兢业业、一丝不苟、努力做到最好的工作态度；乐业则是指一种从心里热爱的感情，是我们中华民族的优秀传统，也是当今社会值得大力提倡、弘扬的高尚品质。

敬业的人更容易有所成就，因为他能从工作中学到比别人更多的经验，并提高自己的能力，而这些正是你向上发展的踏脚石，就算你以后换了地方，从事不同的行业，丰富的经验和好的工作方法也会为你带来帮助，你的敬业精神也会为你的成功奠定基础。因此，把敬业变成习惯的人，从事任何行业都容易成功。

敬业精神不是与生俱来的，它需要我们不断地培养和锻炼，时常检测自己，看看自己与敬业还差多少。平日以认真负责的态度做工作，让敬业精神逐渐成为你的习惯。当敬业成为习惯之后，它不会立竿见影地给你带来可观的收入，但可以肯定的是，如果你养成“不敬业”的不良习惯，你的成就一定会相当有限。因为你的那种散漫、马虎、不负责任的做事态度已深入于你的意识与潜意识，做任何事都会有“随便做一做”的直接反应，其结果可想而知。如果一个人一直保持这种工作态度，很容易蹉跎一生。当然更谈不上改变自己的命运了。

敬业就会卓越

从短期看，敬业好像只是老板得益，但长期来看得益的还是我们自己，每一个职场中人，都应该磨炼和培养自己的敬业精神。因为无论从事什么工作，或做到什么职位，敬业精神都是走向成功的最宝贵的财富。当敬业成为习惯，我们任何人都能取得成功，或者至少会改变目前的状态。

我们为什么要敬业？答案无非是这两个：为了提高自己的能力，着眼于未来的发展；二是为了把工作做好，得到领导的承认和关注。

要做到敬业，就要求我们有所谓的“三心”，即耐心、恒心和决心。任何事情都不是一蹴而就的，不可只凭一时的热情，三分钟的热度来工作，也不能在情绪低落时就马马虎虎，应付了事。特别在平凡的岗位上要做到长期爱岗敬业，更需要坚忍不拔的毅力。

具体地说，敬业有以下几种表现：

第一，忠于职守。什么是忠于职守？世界上有三种事，第一种事是想做的事，也就是希望做的事；第二种是能做的事；第三种是应该做的事。在竞争如此激烈的现代社会，毫不夸张地说，一个公司的存亡，就取决于其员工的敬业程度。只有具备忠于职守的职业道德，才有可能为顾客提供优质的服务，并能创造出优质的产品。如果把界定的范围扩大到以国家为单位，那么一个国家能否繁荣强大，也取决于人民是否敬业。

第二，尽职尽责。尽职尽责是对工作职责的勇敢担当；它是对工作环境的积极适应；它也是对自己所负使命的忠诚和信守。一个尽职尽责的人，一个勇于承担责任的人，会因为这份承担而让生命更有分量。无论一个人担任何种职务，做什么样的工作，都应当尽职尽责去完成，这是社会法则，也是道德法则，还是心灵法则，我们每个人都在自己的工作中饰演着不同的角色，从某种程度上说，对角色饰演的最大成功就是对责任的完成。尽职尽责的态度，会让我们在困难时能够坚持，让我们在成功时保持冷静，让我们在失望时懂得不放弃。因为我们的努力和坚持不仅仅为了自己，还因为别人。

第三，努力学习，提高、完善自己的能力和素质。学习是伴随一个人一生的历程，不断学习，珍惜每一次实践和学习的机会，提高工作技能，业务精益求精，才能适应不断变化的市场行情，适应新形势、新要求。企业要成功把握时代的变革，掌握瞬息万变的市场，就必须拥有一大批高素质的员工。每个员工都要具有危机意识，不能懈怠，要迫使自己终身学习，时刻准备应对各种挑战和执行的能力。学习不仅是自己的事，也是公司的事。能力的提高，会反映在工作的结果上，最终会在你的收入上体现出来。

第四，重视团队合作。工作已不再是一个人的事。团队合作是取得成功的必要条件。尽职尽责就要确保自己能融入到团队中，为团队目标的完成尽自己的努力。

第五，做到精通。人的知识有两种，普通知识和专业知识。决定我们命运的并不是前者，而是后者。生存的工具是你的专业，只有精通才能胜任工作，如果不是，说明你还不够敬业。在这里我们所提到的能力是知识与技能的体现，它可以从教育、培训或经验中获得。而敬业精神则是信心与激励的结合。信心是自信的量度，一种不靠监管而完成任务的感觉；激励则是兴趣以及想把任务做好的热情。

第六，一丝不苟。有人说，成功取决于细节。对此，我非常相信。我们学数学，就是从1开始的，我们学英语，是从字母A开始的。对细节关注的人，本身就是一个有心的人。“蒙牛”的老板牛根生说：“这个世界既不是有权人的世界，也不是有钱人的世界，而是有心人的世界。九层之台，起于垒土，千里之行，始于足下，成功本身就是一种累积，罗马也不是一天建成的。”对工作一丝不苟，就是对自己一丝不苟，就是对自己的前途和未来的一丝不苟。如果你认为你的前途一文不值，你就可以不选择一丝不苟。如果你觉得天上有一天会掉下馅饼，你也可以选择得过且过。

第七，自动自发。什么是自动自发？就是两个字：主动。没有成功会自动送上门来，也没有幸福会自动降临到一个人身上。这个世界上所有美好的东西都需要我们主动去争取。婚姻如此，财富如此，快乐如此，健康如此，友谊如此，学习如此，机会如此，时间如此，工作如此。天上绝对不会掉下馅饼。只有主动去争取，没有一样东西你可以轻易得到。如果不主动争取，共产党会得天下吗？如果不主动争取，美国黑人会有今天的地位吗？如果不主动争取，中国能加入 WTO 吗？如果不主动争取，你能考上大学吗？在公司里，如果你想有好的人际关系，你就必须选择主动问候，如果你想受人欢迎，你就必须主动承担责任，如果你想有机会晋升，你就必须主动争取任务，如果你想提高自己的演讲能力，你就必须主动发言，如果你想别人对你好，你就必须主动对别人好。记住，除了你自己，没有人可以阻挡你。当你主动的时候，一切将变得容易，世界将变得和谐，人生自然会变得美好，不信，你可以试一试。主动也就是每天多做一点，不要对自己说，我必须为公司做什么，而是要对自己说，我能为公司做什么。当你选择主动的时候，从竞争中脱颖而出将是迟早的事。付出与回报是必然的因果关系，它就像在银行里存钱一样，存得越多，得到的利息也会越多。

从上述七点我们可以看出，任何一个机关、企业或公司，都希望自己能顺利发展，就自然需要有敬业精神和责任心的下属。从这一点看，敬业的员工永远是受领导欢迎的员工，也是最容易成功的员工，假如你的能力一般，敬业可以让你走向更好；假如你本身就很优秀，敬业则会将你带向更加辉煌的领域。敬业是积极向上的人生态度，而兢兢业业做好本职工作是最基本的一条。有人说，伟大的科学发现和重要的岗位，容易调动敬业精神；而一些普普通通的工作，想敬业也敬不起来。道理

并非如此。在这些人眼里，房屋维修工作和公共汽车售票员的工作再普通，再平凡不过了，但徐虎、李素丽同志并没有看不起这份工作，他们发扬敬业精神，在平凡的岗位上做出不平凡的贡献。只要你有敬业精神，任何平凡的工作都可以干出成绩。

假若一个管理者的周围缺乏实干敬业者，而你如果具有强烈的实干敬业精神，你自然能得到重视，受到重用，脱颖而出。敬业的人更容易有所成就，因为他能从工作中学到比别人更多的经验，并提高自己的能力，而这些正是你向上发展的踏脚石，就算你以后换了地方，从事不同的行业，丰富的经验和好的工作方法也会为你带来帮助，你的敬业精神也会为你的成功带来一路顺畅。因此，把敬业变成习惯的人，从事任何行业都容易成功。敬业精神不是与生俱来的，它需要我们不断地培养和锻炼，时常检测自己，看看自己与敬业还差多少。平日以认真负责的态度做工作，让敬业精神逐渐成为你的习惯。

管理中的信任情结

第四章

作为管理者，你信任过你的员工吗？如果没有，你最好改变以前的态度，从现在开始信任你的员工，因为信任你的员工会给你带来很多的好处。

诚信是一个管理者必备的素质

我们今天面临的这个时代，是讲能力、讲实力的时代；是经济管理的时代；是专家支撑公司的时代；是以对公司的贡献来决定工作基础的时代；是没有工作能力就必须离开职位的时代。我们这个时代，也是事业须再重新编排、经营构造有再构筑必要的时代。因此，为了成功，每个人、每项事业都需要积极地推进诚信战略。罗赛尔·赛奇说："坚守信用是成功的最大关键。"诚信这东西是易碎品，打造起来要花大功夫，毁坏它却不费吹灰之力。

美国成功学大师奥里森·马登说："任何人都应该拥有自己良好的信誉，使人们愿意与你深交，都愿意来帮助你。"但是，不少人都有这样的看法，即认为一个人的信誉是建立在金钱基础上的，只要有钱，就有信用。事实是，良好的信誉、高贵的品质、聪明的才干、吃苦耐劳的精神相比，亿万财富实在算不了什么。

在没有竞争的环境下，信任是可有可无的，但有信任总比没有的好。一个企业中人与人的关系如果是建立在信任的基础上的，那么和这个企业有关的人都会感到非常愉快。随着科技的发展，竞争力的日益加剧，信任成了企业所"必须拥有"的东西。

全新的时代，全新的经济。由于全球经济化的原因，很多公司的组织结构发生了变化：组织结构扁平化，不再采用传统的职能化的组织结构，而是以业务流程来对组织进行划分；团队合作十分普遍，除了企业的核心业务，其他部分都以合同的形式外包给供应商或者合伙人；权利关系不再适用，以信任为基础的关系成为唯一的选择。这些只说明一点，那就是如果你不利用信任来有效地完成你的工作和降低成本，而你所在的行业内的其他人却这么做的话，其结果是你将被赶出这个行业。为了你，也为了你的企业，让我们来了解信任吧！

1．信任是一种人际关系

信任反映的是组织中人与人之间的关系。我们换句话来说：其实信任就是一种人际关系，虽然组织中的人决定了组织是非凡的还是普通的，但是，人际关系比组织更重要，因为关系的质量，意味着组织的成功或者失败。

关系对组织来说是至关重要的，以至于我们从来不对它多加考虑。我们在自己的组织中会有一些人很好相处，也会有一些人不好打交道。那么是什么原因造成的呢？如果我们再仔细考虑一下其结论，往往是因为人的不同，例如李某某很好相处，因为她很果断；王某某很难一起共事，因为他永远作不了决定。但是这样的分析方法让你漏掉了重要的一点：两个人之间的关系，他们的合作精神，信任精神，如果你想弄明白什么行得通而什么行不通，你不能只看个人，而是要更加注意人与人之间的关系。

信任的关系中，人们完成一件任务的原因是他们愿意去做。但是如果他们不愿意呢？或者说在信任的关系中是否存在控制呢？答案是确定的，而且对责任心的强调是信任的关系中非常重要和与众不同的一点。在权利关系当中，控制是大强度和频繁的。但是在信任关系中只有一种制裁：如果信任破裂了，关系也就终止了。

在我们的长期观察中，信任的关系比权利关系更加有效，并且信任关系所带来的维持的成本比较低。虽然信任的关系需要花更多的努力去维持，但它可以得到更好的结果。信任、权利是两种不同的关系，但是一种关系会向另外一种关系逐渐演变。在正式合约基础上的权利关系会由于合同双方的相互熟悉演变为信任的关系。相同地，如果合同的双方发现对方的信任有问题的时候，信任的关系会转变为权利关系。

2. 在信任中工作

在现实中，我们会遇到许多关于信任的问题，其中大部分都是关于工作中的信任。那么信任是如何在残酷的商业关系中帮助公司降低成本和取得好的成绩的呢?这就是领导者要处理的问题。所以任何一个领导者想要成功，都必须处理好以下四种关系：

- 企业中管理者和员工之间的关系；
- 企业中团队和部门之间的关系；
- 企业与供应商和其他合作伙伴的关系；
- 企业与客户之间的关系。

以上四种关系只要任何一种关系没有处理好，对你的企业都有很坏的影响。

这种看问题的方法在任何规模的企业都适用，无论你的企业是巨型的跨国公司，还是羽翼未丰的新公司。而且对整个公司或者公司中的某个部门也适用，不仅是因为你是首席执行官才需要了解它的重要性，在你的团队中，你也必须注意上下级和横向的关系，你的团队也有供应商和合作伙伴，只不过他们的名字和你的名字在同一张工资表中而已。

3. 领导者与员工的信任

举一个例子，某一家公司里有四个员工，他们都很有能力，并且热

情地为客户提供各种服务。另外一家公司也同样有四个员工，但只有三个员工在为客户服务，另一个人在监督和指导其他三人的工作。我们就以上面两家公司来说，你认为哪一家公司更加有竞争力呢？确定地说，第一家公司有竞争力，因为检查和监督的体系在双倍地降低着企业的竞争力，这一体系不仅将资源配置到不应该去的地方，还使那些真正完成工作的人感到非常的沮丧和缺乏工作的动力。

管理要诚信为本

中国五千年传统文化中讲求“信”，“人无信不立”；讲究“诚”，以诚待人，以诚信为本。现在市场上许多书，都有着一些共同的观点，从这些共同的观点中我们可以看出，现在的企业家最看重的财富品质依次为：诚信、把握机遇、创新、务实、终身学习等等。几乎所有的企业家都认为诚信非常重要。不管什么行业、不管什么年龄的人，诚信都是最重要的品质。

的确，诚信是个很严肃的概念，它可以给人以光明。同样，诚信也是公司的生命。在一本叫《百万富翁的智慧》书中，作者对1300个成功企业家所进行的一项问卷调查，其中有一个问题是：你为什么会取得成功？而得到的普遍回答是：成功的首要因素是诚信。

对于一个企业来说，靠欺骗消费者来实现利润的扩大只能维持一时，而不能长久生存。在现实中常会上当受骗的人不会很多，顾客是最聪明的、也是最公正的。只要他觉得在你的公司里上过当，他日后定会敬而远之，而且会将他上当受骗的经过告诉他所认识的所有人，其结果必是，你的生意清淡。真正懂得营销管理的人，就会把产品优缺点的真相告诉给顾客，而且做到：站在消费者的立场去考虑问题；诚信要拿出勇气，企业要有效地贯彻诚信的理念，在这一方面，韦尔奇做得非常的好。

韦尔奇对通用公司的员工都做出了诚信的要求：“每个人都要做到诚信，实际上每个人从加入通用公司的第一天开始，就要遵守诚信。通用公司在中国有 8000 名员工，大多数在通用公司工作都不到 5 年，都是新加入公司。不论在中国，在印度，还是在美国，当员工加入公司时，他们进入通用后的第一件事就是要进行诚信的培训，每年都是如此。通用公司跟合作伙伴，也做诚信的培训。公司各个部门都要做这个事情，所以这是从自始至终贯穿全公司的事情。我认为公司应该是有人性的一面，它是由人组成的，人们希望在一个有诚信的环境里工作，人们希望同有诚信的人打交道。所以你领导一个公司必须要先尊重人，因此诚信是非常重要的。那么怎么来实施诚信的培训呢？通用公司的培训包括面对面的培训，还包括互联网上的培训。通用公司公司领导亲自来做诚信的培训，讲解公司的政策。通用公司还坚持用互联网培训，来进一步加强员工的理解，这样员工就可以在家里或者在工作岗位上再学习。但是我觉得最重要的一点是，在过去的五年里，在亚洲和中国，通用公司要求各部门的负责人来负责诚信培训。就是说，通用公司并不是让人力资源部或律师来负责诚信培训。通用公司要求各部门领导、各项业务部门的 CEO、总经理、销售总管来负责诚信培训。通用公司做的最好的事情就是不把诚信作为一个法律范围的事情，诚信并不只是法律规则。诚信政

策必须符合法律规则，但是你要把它做成一个由业务领导主抓的事情。

文化的差异或者语言方面的障碍，对通用公司的诚信制度构成了挑战。因为中国人讲中文，美国人讲英文，文化也不同，要解决这些障碍问题，使诚信真正扎根于每个人的心中。

首先从基本抓起，用当地的语言，当地的培训的能力，必须建立起信心。当然会面临一些真正的挑战。我在通用公司医疗系统部门工作的时候，通用公司很重要的一个策略，就是在中国境内使用数百个代理商，通用公司必须慢慢来推进，这样才能对每个代理商进行诚信的培训，按照通用公司的政策对他们进行监督。这意味着每年有一些代理商会被通用公司放弃，因为他们不能遵守通用公司的诚信规则，所以非常有必要设有一个监督，衡量业绩，并去除不合格的人。所以通用公司必须很慢地推进，必须有条理地来做这个事情，通用公司必须考虑做这个事情的结果。所以通用公司发现，在全球通用公司开展业务的任何地方，通用公司不必放弃它的原则或者价值观。”

韦尔奇认为诚信在通用公司是统一的，而不能本地化：“通用公司的诚信标准是坚决的，全球是绝对一致的。通用公司不会在任何一个国家为了方便而放弃原则，通用公司为此可能会损失业务。实际上，在全球的法律基础上来说，美国公司和欧洲公司衡量的标准是不一样的，通用公司在很多情况下不会失去业务。通用公司也许不能参与和政府有关的一些业务等。但任何时候我都会很高兴地做这种选择，因为我最终认为，在座的人也会认为，竞争是很重要的，在全球竞争更要有透明度，我觉得全球的做法会越来越趋同。我非常尊重国家的不同法律，我觉得是很重要的一点，中国的法律很好，印度的法律也好，通用公司都应该尊重。而且成为本地的供应商更应遵守法律。当我到中国来的时候，我就跟我的销售队伍见面，确保通用公司的行事方式一定要尊重当地的文化、当地的法律，而且必须在当地进行客户的发展。

韦尔奇认为诚信是通用公司“唯一成功的方式”：“我今天并不是来向大家布道，并不是说只有一种方法有效。我觉得很多方法都很有效，但是我觉得对通用公司来说这是唯一成功的方式。通用公司最重要的是通用公司的品牌、通用公司的名誉、通用公司的客户。所以在漫长的职业生涯中通用公司一直是根据这样的价值观来行事的。纸上的东西是空的，落实到行动上才是真的。”

这就是韦尔奇或者通用公司对“诚信”和公司品牌、通用公司的名誉的认识。没有任何企业领导人会忽视品牌建设，制造公司的品牌也许是他们最为快慰的事，然而，如何进行品牌建设则是个不易解决的问题。韦尔奇认为，诚信才能创造出公司的声誉，而且必须将其制度化，与员工的评估结合起来进行方能落实。也正是因为如此，通用公司在《财富》杂志第三届“全球最受推崇的公司”评选活动中再次名列榜首，使通用公司在日后的发展中更加游刃有余。

诚信是做人做事之本

我曾经在一本书上看到这样一个故事，这个故事讲的是一家电信公司在招聘员工时独出心裁，公司发给每一个应试者几粒绿豆种子，并说：

“客服是最需要耐心和恒心的，谁种出来的幼苗最具生命力，谁无疑就最适合这个职位。”一个月过去了，应试者都捧着自己“精心”栽种的绿豆苗来到公司。大家的绿豆苗都长势茂盛，招聘人员看了却直摇头。经核对，发现有一个应试者没有来公司，于是，公司就打电话问他没有到公司复试的原因。这个应试者显得非常沮丧，他说：“我的种子还没有发芽——虽然我已经够精心地照顾它了，我想我失去了这份工作机会。”但他得到的回答却是：“你被录用了，因为你的诚信。种子是被我们处理过的，它根本就不可能破土而出。”

由此可见，财富品质的核心是诚信，诚信立业，诚信致富。大凡是一个成功的商人，一个成功的企业家，在创业之初，都需要经受诚信的考验。诚信支撑着生意越做越红火，支撑着企业规模越来越大，实力越来越强。我们来看几个例子，华人首富李嘉诚、船王包玉刚、青春宝集团董事长冯根生等人所说、所做的。

李嘉诚曾说过：“一个事业的开始意味着一个良好信誉的开始，有了信誉，自然就会有财路，这是必须具备的商业道德。就像做人一样，忠诚、有义气，对于自己说出的每一句话、作出的每一个承诺，一定要牢牢记在心里，并且一定要做到。当你建立了良好的信誉后，成功、利润便会随之而来。”从这句话中，我们看到了李嘉诚作为一个华人首富，他不仅是财富超人，而且还是一个诚信超人。

在李嘉诚创业初期的几年，他的创业资金极为有限。有一次，一位外商希望大量订货，但他提出需要富裕的厂商作保。李嘉诚努力跑了好几天，仍一无着落，但他并没有捏造事实，或是含糊其辞，而是一切据实以告。那位外商深为他的诚信所感动，对他十分信赖，说：“从阁下言谈之中看出，你是一位诚实君子。不必其他厂商作保了，现在我们就签约吧。”

虽然这是个好机会，但李嘉诚感动之余还是说：“先生，蒙你如此信任，我不胜荣幸。但我还是不能和你签约，因为我资金真的有限。”外商听了，极佩服他的为人，不但与之签约，还预付了货款。这笔生意使李嘉诚赚了一笔可观的钱，为以后的发展奠定了基础。由此，李嘉诚也悟出了“坦诚第一，以诚待人”的原则，并获得了巨大成功。

对于大家来说，世界船王包玉刚一点不陌生，包玉刚做企业最为重要的一点是，把讲信用看做企业经营的根本。他说过：“纸上的合同可以撕毁，但签订在心上的合同是撕不毁的，人与人之间的友谊应该建立在相互信任的基础上。”

包玉刚一生的经商生涯中，奉行的是“言必信，行必果”的优良作风，也正因为如此，他为自己树立了良好信誉，从而获得了银行的信赖，为 1979 年收购九龙仓提供了机会，为企业的发展获得了坚强的资金支持。

20 世纪 70 年代后，包玉刚决定进入房地产业。房地产行业是风险与利润并存的行业，尽管利润较高，但是，风险也是相当大的。

1979 年，包玉刚看准时机，决定收购当时属于英国人的九龙仓。他与李嘉诚达成君子协议，他不干预李嘉诚收购和记黄埔，李嘉诚则不干预他收购九龙仓。然后，包玉刚便开始大量买进九龙仓股票，没过多久，英国人就发觉股票市场出现的异常波动，为了防止九龙仓被收购，赶紧采取了反收购的办法，调集许多资金把九龙仓的股价越炒越高。

最后，包玉刚还需要 30 亿元资金才能通过收购实现控股的计划。原九龙仓的几个大股东认为，包玉刚已经没有资金了，30 亿对他来说完全不可能筹集到，因此，包玉刚根本不可能再收购九龙仓了。当时，包玉刚自己也对媒体记者说，现在的股价太高，收购太困难了，因此，自己暂时想出去玩玩。接着，他真的坐飞机离开香港去欧洲游玩。从周一到

周五，媒体一直追踪报道包玉刚的游玩。大家都认为包玉刚已经放弃了收购计划。但是，在周六和周日两天，包玉刚却不知去向了。

到了周一，包玉刚却带着30亿元资金又杀入了香港股市，一举收购了九龙仓，成为九龙仓第一大股东，轻松实现了收购控股计划。

原来，“失踪”的那两天里，包玉刚请了几个银行家吃饭，凭借自己的信誉，轻轻松松地获得了这些银行家的贷款。正是长期建立起来的诚信让包玉刚在这场收购大战中获得了胜利。

做企业要有信誉，做人也要讲诚信，这是做人的根本。对于浙商来说，他们深深懂得诚信的含义，他们认为，诚信往往能够给自己带来无穷的财富。

青春宝集团董事长冯根生说：“凡是浙江出去的商人都讲诚信，我认为这个就是浙江精神。在杭州的胡庆余堂，至今仍然挂着130年前胡雪岩制定的堂规：戒欺。我曾经是胡庆余堂的学徒，就我个人来说，我认为，戒欺就是诚信。我至今已工作了57年，也当了三十多年的国有企业老总，但我从来就是讲诚信，不骗人。我认为这是最主要的浙江精神。”

下面是冯根生的一段讲话，从这段讲话当中，我们不难看出诚信是创业之本，更是做人的根本。不守诚信，或许可“赢一时之利”，但一定会“失长久之利”。

“我认为浙江企业的发展与诚信是分不开的。其实在生意经中的规矩就体现了我们浙商的精神，第一是戒欺，戒掉一切欺骗；第二是诚信，对待所有顾客都应该诚信；第三是不得以次充好；第四是不得以假乱真；第五是童叟无欺；第六是真不二价，没讨价还价的，反过来叫价二不真。因此，这几年浙江的民营企业发展迅猛，令世界刮目相看。

胡雪岩实际上是过去浙商的代表，虽然他是安徽人，但很小就到浙江来了，他把徽商的精神融进了浙商，并在胡庆余堂整个经营思路中体现了浙商精神。近 3 个世纪以来的中国历史上，有过晋商，有过徽商，但更主要的是浙商。晋商和徽商随着时间的流逝现在是越来越体现出他们的精神。为什么讲胡庆余堂是过去浙商的代表呢？在它的营业大厅写着两句话：虚假无人晓，诚信有天知。我小时候就是在这个教育熏陶下成长起来的。”

是的，最早进入市场的浙商们，在市场经济初期的一路摸爬滚打中，深刻地体会到诚信的重要作用，更加珍惜诚信的品质。

在风险投资界有句名言：“风险投资成功的第一要素是人，第二要素是人，第三要素还是人。”这说明风险投资家非常重视创业者的个人素质。在他们看来，创业项目、商业计划、企业模式都可以适时而变，唯有创业者的品质是难以在短时间内改变的，而且决定着创业企业的市场声誉和发展空间。

学会取得他人的信任

我们应该怎样来建立起信任呢？这个问题可以从以下几个方面来回答：

第一方面：任何信任关系的建立都是需要时间。换句话说就是首先需要投资建立信任关系。无可置疑，一旦信任的关系建立了，你所做的这些信任关系投资就会有可观的回报；但是如果信任的关系无法建立，那么投资同样存在问题。对于一些人来说，这个问题十分简单：第一，问问自己确信建立信任关系是必要的吗？第二，问问自己是否愿意花费时间和精力去建立这样一种关系，并确认你这样做，这样努力是正确的吗？

信任的建立最重要的是要把维持和培养信任的关系作为一项事业来做。但是这并不意味着只有经过许多年的努力才能建立信任的关系。我们在许多书或资料中都可以看到，有一些企业可以将一个低信誉度的组织在很短的时间之内转变成为一个高信誉度的组织。即使是在某些特定的条件下，也可以将信任的关系迅速建立起来。在一个组织中，如果组织成员对组织的目标有非常清晰的认识，并且也明白如果达不到目标会有什么样的后果，在这种情况下就有可能很快地建立起信任的关系。

但是这种信任关系很脆弱，当挑战过后就很难再维持。它就有点像在非常渴的情况下希望得到水一样，当时的感觉是非常真实和强烈的，但是之后这种渴望得到水的感觉却不能传递到另外的一个环境中去。这也是为什么“团队建设”的尝试往往以失败告终的原因。当你把人们从他们的日常工作中拉走，并让他们面对很大的挑战的时候，很容易让他们彼此信任，但是当他们回到真实的工作中的时候，这种刚刚出现的信任就很难继续了。

第二方面：建立信任关系要有严格的要求。无论从哪个角度说，低信誉度组织通常都可以容忍低效率的表现，让人觉得意外的是，这些低信誉度组织往往可以特别地容忍高层较差的表现。高信誉度组织尽量使员工可以达到高的标准，但是如果最后分析出某个人并不能达到要求，高信誉度组织会迅速地、坚决地将这个人从组织中剔除。

第三方面：建立信任关系需要训练。不是所有的组织都是高信誉度组织的第三个原因和并不是所有的运动员都能拿到奥林匹克运动会奖牌的原因一样，他们需要很多的技巧、练习，要凭借坚定的意志力才能取得成功。

第四方面：信任别人。我们要想建立信任的关系还需要了解到信任的关系是包括两个方面的：一，你必须信任别人；二，别人也要信任你。

信任别人我们可以从下面的四点说起：

第一点：选择可靠的人。在以权利关系为基础的组织中，人们经过许多的监督和检查。这样的方法除了增加很多成本和极大地降低工作士气以外，还让人们分不清工作的轻重缓急。在高信誉度组织中他们关心的是结果。如果你要求员工是可信和可靠的，你必须确保他们有足够的资源去完成工作，同时让他们为结果负责。

第二点：选择有能力的人。并不是每个人在任何情况下都能胜任工作：你可能会信任一个人能成为你最好的朋友，但是你不会信任他做你的会计。所以，信任是非常依赖特定情况的。因此，高信誉度组织并不欢迎所有人，他们根据特定的商业性质而选择值得信任和有能力的人。低信誉度组织往往选择了不合适的人并且用不正确的方法评估他们。有一家公司招聘员工，在招聘当中为了能够选择到合适的人，专门做了一个调查，他们发现，通过专门挑选所选出的合适的人所占的比率仅仅比随便点名挑选出合适的人的比率高出 3%。

在选择合适的人的同时，高信誉度组织会毫不留情地将不合适的人从组织中剔除。如果员工没有能力完成他们的工作，那么组织就不能为客户提供可靠的服务，也正因为这样他们将会把整个组织的信誉毁于一旦。

第三点：了解他们关心什么。如果你想信任别人可以完成某项工作，你得对他们愿意去做这项工作有信心。如果你希望他们有信心完成这项工作，他们必须相信你会公正地对待他们。但问题在于，对你而言是公

正的，对他们而言并不一定是公正的。如果这样的情况发生，公司将会非常危险。

保证公平关系的唯一方法是发现对方到底需要什么。在高信誉度组织中，公司高层花费很多的时间在做这些事——他们走出办公室去倾听员工、客户、供应商和合作伙伴关心的事情。

第四点：对他们要公开。假设你正在地势非常艰险的地方进行探险。每天你会被清晰地告知你应该前进多少千米，你需要完成哪些科学实验。这次探险的装备很好，有很多资源。但唯一的问题是，你不知道为什么要进行这次探险，也不清楚未来将会怎么样，现在进行到了哪一步。当你就这些问题询问探险队长的时候，他的回答是："我不会告诉你，因为这是秘密，而且就算我告诉你了，你也不能理解。"这样会对你的工作热情产生什么样的影响？你会信任探险队长吗？

但是很多组织就像例子中的探险队那样运作。他们不会告诉员工公司完成目标的情况。虽然一般公司都有目标，但是他只是告诉你公司将来会怎么样，并没有告诉你，怎样朝着这个方向努力，公司现在的进展情况如何。高信誉度组织会用数字分析的办法公开地告诉员工有怎样的进步。

信任别人只是故事的一半。别人是否信任你？为了获得别人的信任我们需要从下面有四点做起：

第一点：他是否行为正直。现在设想一下，如果你可以确信别人都是遵守承诺的，那么世界会是怎样的呢?如果一个帮你装修房屋的人说："我会星期二到这里，并且在这个星期之内完成工作。"他说到并做到了；如果你的同事告诉你："我会找到它的，并且会马上通知你。"他这样做了；如果和你说"明天你将会收到支票"的人履行了他的承诺；等等，那么这个世界应该是多么美好。

如果个人、团队或者组织能够按照这样的方式运作，会获得很大的竞争优势。正直并不只是履行承诺的问题，它还代表了最高的伦理标准。

第二点：你是果断的领导。你建立关系的基础是不是公正的，他们会通过你的行动来进行判断，而不只是你的言语。只是倾听他人的意见是不够的，你必须有所行动。在工作中人们往往根据一种行为作出判断，这就是他们决策的方式。大众公司在墨西哥采用了错误的决策方式，他们应该只和工会谈判，而没有必要和工人直接沟通。在高信任的关系中，通过正确的决策方式来使决策看起来很公正是重要的技巧。

第三点：要不断学习。在这个快速变化的世界中，有能力的人并不一直有能力。使自己保持有能力的状态的唯一方法是不断地学习。这是为什么高信誉度组织并不满足于传统的学习方式的原因，例如培训课程。他们狂热地寻求能使组织中的所有人每天都能有学习和发展的机会。

第四点：告诉他们及时反馈。如果你希望别人相信你真的很公开很诚恳，只是与他们分享旧的信息是不够的。你得告诉他们，你对他们的看法，或者更正确地说，你必须告诉他们，你对他们行为的看法。这样非常直接的谈话在很多组织中是很少见的。在一些文化中，这样的行为被认为是不礼貌的和不能接受的。很多人都愿意更公开和透明，但是他们担心过于公开会伤害人与人之间的关系。高信誉度组织认为事实恰恰相反。给予诚恳的反馈可以提高以信任为基础的关系的质量——也就是告诉他们，你们做得很好。

从信任的角度看，确定一个团队或者组织的信任水平的快速方法是询问他们的成员的看法。如果所有的人都说情况很好，你就应该觉得有问题。但是如果你听到的是他们做得很好，但是还可以改善，那么这个组织的信任水平很高的可能性就很大了。

信赖是信任效用的一部分

被人信任与信任他人是建立良好关系的基础和纽带。同时与人分享彼此间的情感和动机也是十分必要的。哪里有诚信，哪里就有完善的人际关系。没有这些原则，是很难有所成就的。无论是企业要在竞争激烈的市场上站稳脚跟，求得发展，还是员工要实现自己的工作目标，都需要以诚信为基础，广交朋友，赢得同事和客户的信赖，并获得来自外来的帮助和支持。

对某些人来说，信任其实就是信赖：你信赖别人，因为你觉得可以依靠他。信赖也是任何企业成功的关键因素。你只有持续地为顾客提供他们需要的东西，他们才会一次次回到你身边。20 世纪 50 年代提全面质量管理正是基于这一认识，且已为当今大多数成功企业所认同。全面质量管理的一个核心理念是，如果你想将产品或服务可靠地交付到外部顾客手中，那么组织内部的每个人相互之间的交接都应可以信赖，你的供应商也应做到可信赖地交货。那么怎样才能达到这种理想状态呢?

低信誉度组织自认为知道如何使员工可以信赖，做法是告诉员工每一步具体该做什么，并监督控制员工以确保工作得以完成。工人来上班，在工厂大门旁的更衣室换下来时穿的外套，同时也把自己的大脑留在了那里，直到下班时把外套和大脑取走，他们根本不需要用大脑工作，只要按吩咐做就行了。

弗雷德里克·泰勒，人们都公认他是“科学管理之父”。他常常对自己的员工说：“不用你们思考，已经雇了人专门思考。”对20世纪初提出自己管理思想的泰勒来说，有效管理企业的最重要原则是专业化，即每个员工都有自己的非常详细的工作分工。工人们不要思考，也不用作决策，思考与决策是经理人的职责。直至今天，泰勒的思想对许多公司的管理仍有着深远的影响。

使用专人负责这种方法固然有一定的作用，但是这样的企业管理成本也非常高。高信誉度组织则有另一种方法能确保组织中每个人的行为都可信赖——使每个人对自己的行为负责。这并不是说经理们放弃自己的责任，简单地让员工担负起责任（正如一些分析权威所建议的那样），而是经理应当确保其员工拥有完成工作所需的各种资源，这样让员工负责这一提法才能够公平合理。

1. 你认为这可能吗

信任员工可以带来丰厚的回报。在高信誉度组织中，员工对工作投入更多，决策更好，成本更低。能真正使员工负责的经理面对的压力更小，取得的结果更好。想一想，如果你的老板不停地检查你的工作情况，并坚持认为你所做的每件事他都有份，这该多令人心烦啊；如果你知道他真的很信任你，那是很轻松的。

既然让员工多分担点责任有这么多好处，为什么很多管理者在实施起来却觉得困难重重呢？因为他们热衷于保留权力吗？实际上大部分经理并非如此。大多数经理都很关心手下的员工，希望客户能享受到好的服务，也确实盼望公司能成功、兴旺发达。使他们不信任员工的是他们的信念。

2. 我是不可缺少的

如果信任别人，那么你花在检查监督上的时间就会减少，这意味着你可能会没有以前那么忙碌，对一些人来说，这很好，而对另外一些人来说却令人沮丧，因为他们深信："如果我忙忙碌碌，那么我对公司来说一定是不可缺少的。"在一个职位安全性不太稳定的工作环境中，许多经理都给自己加大工作量，以显示自己对公司的价值。但是这种信念有用吗？你到底需要工作多少小时才能够保住自己的职位呢？你知道吗，有人尽管十分卖力可还是丢了工作。难道如今人们看重的不是功劳而是苦劳吗？在弥留之际，你会说"我真该多花些时间工作啊"，还是会说你真希望当初多花些时间与家人在一起，多点时间玩乐、学点新的运动方式或干点其他别的什么？

3. 没人值得我信任

我听到有人说，我并不认为自己是不可缺少的——我之所以努力工作是因为我别无选择，我没人可以授权或委托，没人值得我信任。这也是一种失之偏颇的信念，这种信念能说明什么？如果你度假去了或是生病了怎么办？如果由于某种原因你几个月都没去上班，又会发生什么？你部门的工作会因此而停止吗？还是说部门中的某位员工会挺身而出迎接挑战？

4. 我存在就是做这个的

有些信念在人心中已根深蒂固，成了一种身份的象征。我曾经与这样一群经理人打过交道，他们的工作角色因公司重组而发生了变化，新岗位要求他们放权——也就是说，让员工对各种事务负责，而这些事在以前只有经理说了算。这些经理觉得很难接受，我问他们为什么，他们回答道，因为我存在就是做这个的。这也是一种大可置疑的信念。有些人的自我认识与其工作角色的联系过于紧密，因而使自己处于较为危险的境地。这种情况带来的最佳结果是，他们在换到新工作岗位时会觉得难以适应；最糟的结果是他们在退休或被解雇时会遭遇一场巨大的自我认识危机。你还是趁早将自己与工作角色分离开来好。

5. 我需要作贡献

想一想这种信念：只有承担起部门工作的所有责任，我才真正算得上称职。按照这种逻辑推断，在使团队成员分担责任方面你不可能做得太好。但这种信念背面隐藏的内容十分有价值——即想要作贡献。如果作贡献对你来说很重要，那么信任了别人，你就不能作贡献了吗？当然能！如果能使别人拥有与你一样的技巧和责任感，你就可以为公司作出更大的贡献。这对公司好，对你部门的成员好，对你职业的长期发展也大有裨益。

诚实是我们做人的一条基本准则，是我们前进道路上的通行证。

我在读《小故事大智慧》一书时曾看到这样一个故事：在很久以前，有一个老国王，他的身边没有子女来继承他的王位。于是，他想了一个主意，他决定从他的国家所有的孩子当中选出一个人来作为他的继承人。一开始他选择了许多优秀的孩子，最后在这些孩子当中挑出了十位。国王给他们每人发了一粒花的种子，让他们回家种在土里。对他们说“一年以后，你们谁培养的种子开的花最漂亮，谁就可以继承我的王位。”

很快一年的时间到了，这些孩子们都拿着自己的成果到了王城来见国王。孩子们花盆里的花都非常漂亮，有的是玫瑰，有的是牡丹。但是，国王的脸色一点也不好，而是越来越难看。

到了最后一个小孩子时，国王看到了一位满脸沮丧的小孩子，他的花盆里什么也没有，因此受到了其他小孩的嘲笑。为什么会受到嘲笑呢？原因是他是唯一一个只拿空花盆的人。国王向他走过去，好奇地问：“孩子，你花盆里为什么什么也没有？”小孩伤心的回答道：“我把种子

种到土里，每天都精心的浇水呵护，可它就是不发芽，我想是我太笨了，所以种不出花来。”

没想到国王却笑了起来，他拉着小孩的手走到王座边上，向众人说：“我现在宣布，这小孩就是未来的国王。”

其他人都忿忿的，不服气。国王说道：“我给你们的种子全是炒过的，根本不会长出任何东西，而你们却拿着美丽无比的花朵，这是什么原因？我给你们的种子唯一能种出的只有诚实，也只有诚实的人才能坐上王位。”

所以诚实是金，只要我们拥有了诚实，我们便是在自己前进的道路上加了一个成功的砝码。同时诚实的人也能非常容易获得其他人的信任。

自信会让你得到信任

为什么说自信会让你得到信任呢？其实很简单。原因是自信能让你成功，能让你对自己的专业技能更加肯定。与金钱、势力、出身、亲友相比，自信是更有力量的东西，是人们从事任何事业最可靠的资源。自信有排除各种障碍，克服种种困难，能使事业获得完满的表现形式。作为一个管理者，由于你的自信，你也会得到领导或者员工的信任。

红顶商人胡雪岩有一句名言是这样说的“立志在我，成事在人”。胡雪岩的这句话跟带有宿命论色彩的“谋事在人，成事在天”有本质上的差别，一个成功的商人必然有“立志在我，成事在人”的大自信。胡雪岩正是具备了这种非凡的自信。

如果我们展示给人的是一种自信、勇敢和无所畏惧的印象，如果我们具有那种震慑人心的自信，那么，我们的事业就可能会获得巨大的成功。

如果我们养成了一种必胜的习惯，那么在别人看来，我们就会比那些丧失信心或那些给人以软弱无能、自卑胆怯印象的人更有可能赢得未来，更有可能成为一代富有者。换句话说，自信和他信几乎同等重要，而要使他人相信我们，我们自身首先必须展现自信和必胜的精神。

胡雪岩创办阜康钱庄，从外部环境来说，当时由于太平天国起义，国家正处于战乱之中，而且太平天国起义军活动的主要区域，也正是长江中下游地区的东南一带。而当时国内的金融业主要还是山西“票号”的天下，在东南地区后起的宁绍帮、镇江帮经营的钱庄业，无论业务经营范围，还是在商界的影响，都远逊于山西“票号”。从自身条件看，胡雪岩此时除了在钱庄学徒的经验外，实际上是一无所有。但他踏入商界之初第一件为自己考虑的事情就是创办自己的钱庄——即使当时还是两手空空，也要热热闹闹先把招牌打出去。当时的胡雪岩所凭借的就是他的那份自信。他相信凭自己钱庄学徒的经验，凭自己对于世事人情的了解，凭自己精到的眼光和过人的手腕，当然也凭借已入官场可做靠山的王有龄的帮助，他足以支撑起一个第一流的，可以与山西“票号”分庭抗礼的钱庄。就凭着这股子自信，他开钱庄的愿望实现了。

在他的生意面临全面倒闭的最危急的时刻，他却不肯做坑害客户隐匿私产的事情。因为他相信自己虽败不倒，胡雪岩曾经豪迈地说过：“我是一双空手起来的，到头来仍旧一双空手，不输啥。不仅不输，吃过、用过、阔过，都是赚头。只要我不死，我照样一双空手再翻过来。”

这更是一种能成大事者的大自信。

一个有大成就者必须具有这样的大自信。当然，我们并不能以为只要有了自信就一定能够成功，有大自信就必定有大成功。能不能真正获得成功，确实还需要许多方面的条件，比如主体是否真正具备能成就大事业的能力，比如是否具备某种必不可少的成就一番事业的客观情势，也就是人们通常所说的地利、天时或时势、机遇。但是，不可否认，自信，无论如何也是一个人成就一番事业的必不可少的前提条件。

一个人的成就，决不会超出他自信所能达到的高度。如果拿破仑在率领军队越过阿尔卑斯山的时候，只是坐着说:“这件事太困难了。”那么，无疑拿破仑的军队永远不会越过那座高山。所以，无论做什么事，坚定不移的自信心，都是达到成功所必需的和最重要的因素。

如果有坚强的自信，往往能使平凡的男男女女干出惊人的事业来。胆怯和意志不坚定的人即使有出众的才干、优良的天赋、高尚的性格，也终难成就伟大的事业。

坚强的自信，便是大成功的源泉。不论才干大小，天资高低，成功都取决于坚定的自信。相信能做成的事，一定能够成功。那么如何培养个人的自信呢?

自信的培养是一个很慢的过程，它不是一天两天就能培养的，它需要经过我们的不断努力，不断学习。自信是一种精神状态，它是靠调整你的内心，去接受无穷智慧的方法发展而成。运用自信是使无穷智慧来配合你明确目标的一种适应表现，自信是成功者的发电机，也是将你的想法付诸实现的原动力。

自信是一种必须经过培养才会产生的精神状态。每天腾出一小时的空隙，来思考你和无穷智慧之间的关系，找出可在你的生活中，以及在所有的地方应用无穷智慧的方法。

有许多人这样想，世界上最好的东西，不是他这一辈子所应享有的。他认为，生活上的一切快乐，都是留给一些命运的宠儿来享受的。有了这种自卑的心理后，当然就不会有出人头地的观念。许多青年男女，本来可以做大事、立大业，但实际上竟做着小事，过着平庸的生活，原因就在于他们自暴自弃，他们胸无大志，缺乏自信。

曾有人对一家著名保险公司的雇员进行过调查和统计，结果发现；老雇员中自信乐观的人出售的保险额比起那些缺乏自信的人要多出37%新雇员中自信乐观的人出售的保险额，也要比那些缺乏自信的新雇员多20%。后来，美国大都会人寿保险公司根据这一情况，在招聘保险员时，有意雇佣那些业务能力测试未必非常出色，但在乐观自信测试中成绩较好的人。他们的这种做法后来真的收到了极好的效果，公司的业绩因此而提高了10%以上。

自信方能自强。能自信，才能有知难而进的斗士勇气，才能有处变不惊、临危不惧的英雄本色。说到底，一个人的自信心，实际上是他能为某个高远的人生目标发愤忘食、奋力拼搏的内在支撑。

诚信同样需要信心来扶持

拉塞尔·康维尔曾经在演讲中这样说道:信心是生命的力量；信心是奇迹。

信心是创立事业之本。只要有信心，你就能移动一座山。只要你相信成功，你就一定能赢得成功。这是因为:信心是心灵的第一号化学家。当信心融合在思想里，潜意识会立即感受到这种震撼，把它变为等量的精神力量，再转送到无限的智慧的领域之中促成成功思想的物质化。

成功的大商人在掌控商道的过程中，都是欲望强烈且信心十足的人，他们靠实力证明自己的才能。一个人活在世上，必须在重要场合显得自信，才能让人佩服。这是包玉刚作为一流船王的性格特点。的确，人有大自信才会有大志向，才可能有大成功。

包玉刚一条破船闯大海，当年曾引起不少人的嘲弄。包玉刚并不在乎别人的怀疑和嘲笑，他相信自己会成功。他抓住有利时机，正确决策，不断发展壮大自己的事业，终于成为雄踞“世界船王”宝座的华人巨富。

回顾一下他成功的道路，他在困难和挑战面前所表现出的坚定信念，对我们每个人都是有益的启示。

包玉刚不是航运家，却信心十足。他看好航运业并非异想天开，他根据在从事进出口贸易时获得的信息，坚信海运将会有很大发展前途。经过一番认真分析，他认为香港背靠大陆、通航世界，是商业贸易的集散地，其优越的地理环境有利于从事航运业。37岁的包玉刚正式决心搞海运，他确信自己能在大海上开创一番事业。于是，他抛开了他所熟悉的银行业、进口贸易，投身于他并不熟悉的航海业，当时人们对他的举动纷纷讥笑讽刺。的确，对于穷得连一条旧船也买不起的外行，谁也不肯轻易把钱借给他，人们根本不相信他会成功。他四处告贷，但到处碰壁，尽管钱没借到，但他经营航运的决心却更加强了。后来，在一位朋友的帮助下，他终于贷款买来一条已有20年航龄的烧煤旧货船。从此，包玉刚就靠这条整修一新的破船，扬帆起锚，跻身于航运业了。

包玉刚的成功不也正是告诉我们有信心就会致富这条道理吗?

所以说，信心不但可以使你成功，信心还可以让你更加的乐观。这个世上，人会碰到很多麻烦、很多悲伤与烦恼，乐观的人会自信地面对这一切，从而走过去，寻找另一片天空。相反，自认为“丑小鸭”的人，正是悲观而失落的人，只有养成了乐观自信的好习惯，才能使自己在事业之途的跋涉中勇于面对困难，并战胜它们。

确实如此，一个人成长的环境往往会对他产生某种程度的影响。但这并不代表全部，只要你稍微改变自己的想法，随时都会有一条大道展开在你面前。因此，你要学习适时纠正自己的想法与观念。只要能够改变观念和想法，你的立场和情况自然就有天壤之别。

世界上不知有多少人讲述过信心带给人类很多力量的故事。成功者与失败者的信心是截然不同的。有些人虽有热情，但对自己的能力怀疑期许不高，因而从未采取行动让愿望实现。但成功者不然，他知道所追求的并且相信能够获得，他们有足够的信心让自己成功。信心犹如汽油，推动你的人生之车驶向卓越之境。

成功，永远是美丽的。成功的快乐，永远只属于那些获得成功的人。快乐可以成为一种习惯，一种成大事所必备的习惯。你有信心，你就会有成功的机会，你就会有快乐的源泉。乐观的人是自信的，有信心的人才是真正的乐观主义者。

亚伯拉罕·林肯曾说过一个非常动人的故事：有个铁匠把一根长长的铁条插进炭火中烧得通红，然后放在铁砧上敲打，希望把它打成一把锋利的剑。但打成之后，他觉得很不满意，又把剑送进炭火中烧得透红，取出后再打扁一点，希望它能作种花的工具，但结果亦不如他意。就这样，他反复把铁条打造成各种工具，却全都失败。最后，他从炭火中拿出火红的铁条，茫茫然不知如何处理。在无计可施的情形下，他把铁条插入水桶中，在听到一阵嘶嘶声响后说：“唉!起码我也能用铁条弄出嘶

嘶的声音。”

你是否像那个铁匠一样，在屡遭挫败后放弃梦想，或不再梦想呢？其实，你可使梦想不像那阵嘶嘶声般一纵即逝，你可以克服诸多问题，而坚持自己生命的方向。但唯一的条件是，你要学会掌握自己命运的方向，自己主宰自己的命运。

信心是成功不可少的条件。当机会来临的时候，我们是否能把握住，往往取决于我们是否有足够的信心，这儿有一个很好的例子。

威廉·麦克劳德是《纽约时报》的一位著名记者。他总是津津乐道地述说他是怎样找到第一份工作的。

当时，他紧张兮兮地等在办公室门外，申请材料已经送进去了。一会儿门开了，一个小职员出来对他说：“主任要看您的名片。”可他从来就没有准备过什么名片，灵机一动，他拿出一副扑克牌抽出一张黑桃 A 说：“给他这个。”

半个小时后，他被录取了。黑桃 A 真是一张好牌。麦克劳德若是没有足够的自信，怎敢用它当名片？

罗纳德·里根青年时代就立志要当总统，并相信自己一定可以成为总统。

从 22 岁到 54 岁，里根一直在文艺圈中，对于从政完全是陌生的，更没有什么经验可谈，这可以说是个拦路虎。但当机会到来时，也就是共和党的保守派和一些富豪们竭力怂恿他竞选加州州长时，里根毅然决定放弃大半辈子赖以为生的职业，坚决地投入到从政生涯中。又经过多年努力，里根终于成为美国第三十九任总统。

任何一个成功的人都对自己的能力、实力等有一个准确的定位，他对自己所具备的能力非常的信心，也有足够的能力说服自己，认可自己。

英国历史学家弗劳德说：“一棵树如果要结出果实，必须先得在土壤里扎下根。同样，一个人首先需要学会依靠自己、尊重自己，不接受他人的施舍，不等待命运的馈赠。只有在这样的基础上，才可能做出成就。”

获得成功的欲望和将梦想变为现实的信心，对于每一个渴望成功的人都是非常重要的。威尔逊曾经说：“要有坚强的自信，然后全力以赴——如果能具备这种良好的心态，无论任何事情，十之八九都能成功。”确实，自信、自尊和自强是决定一个人能否成功的关键因素。

罗斯福的业绩是巨大的，他实现了人生的最大价值。特别是他以残疾之身履行总统之职，这充分体现了他的顽强意志和矢志创业的伟大精神。一般情况下，患了“小儿麻痹症”就意味着一个人永远地丧失了行动的能力。但是，罗斯福却发誓说：“我还要走路，我要走进白宫。”第一次竞选总统时，他对助选员说：“你为我布置一个大讲台，我要让所有的选民看到这个得麻痹症的人，可以走到前面演讲，不需要拐杖。”是的，罗斯福走到了前台，走进了白宫，走出了事业的辉煌道路。

金钱是有形的财富，易得也易失，只有乐观自信的生活习惯才是你一生最宝贵的财富。

执著地对待生活，紧紧地把握生活，但又不能抓得过死，松不开手。人生对于财富，也应有一种能够“舍”的态度：我们必须接受“失去”，学会怎样松开手。少追求一些物质利益，多积累些精神财产。

我们在经受“失去”中逐渐成长，经过人生每一个阶段。我们是在失去娘胎的保护才来到这个世界上，开始独立生活的；而后又进行一系列的学校学习，离开父母和充满童年回忆的家庭；结了婚，有了孩子，等孩子长大了，又只能看着他们远走高飞。我们要面临双亲的谢世和配偶的亡故；面对自己精力逐渐地衰退；最后，我们必须面对不可避免的自身死亡。我们过去的一切生活，生活中的一切梦想都将化为乌有，我们的财富会成为云烟散去。

人生绝不仅仅是一种作为生物的存活，它是一些莫测的变幻，也是一股不息的奔流。我们的父母通过我们而生存下来，我们也通过孩子而生存下去。我们建造的东西将会留存久远，我们自身也将通过它们得以久远的生存。我们所造就的美，并不会随我们的湮没而泯灭。我们的双手会枯萎，我们的肉体会消亡，然而我们所创造的真、善、美则将与时俱在，永存而不朽。这样的东西，也只有充满信心的人才能创造出来。

请接受前人的告诫：不要枉费了你的生命，要少追求物质，多追求理想，做一个乐观自信的人。因为只有理想才赋予人生以意义，只有理想才使生活具有永恒的价值。

快乐是一种比金钱还要宝贵的财富，乐观自信的人生，是充实而又富有的，是另一种别样的财富，这种财富只有拥有了乐观自信的人才会拥有它。

信任的力量

当今企业中许多人都在说同样的一句话："战略决定成败、执行决定成败、细节决定成败。"那么，究竟是什么决定了成败?

对于这个问题我们大家仔细琢磨，战略、执行、细节都重要，但是哪一条执行不好都关系到企业的成与败。不过，总的来说他们都在强调自己的重要性。

随着科技的发展、市场的竞争，我们生活的这个时代，已经发生了翻天覆地的变化，例如我们非常熟悉的游戏规则已经悄然发生改变，这个改变正在向纵深地蔓延，这个改变越来越显现。但是在这个改变中，人也变得越来越重要，人心和人性也同样变得越来越重要，组织中人与人的关系越来越重要。所以，反映人际关系的信任也变得越来越重要。

我们记得一句话：“害人之心不可有，防人之心不可无”。小的时候大人们常常会说“不要与陌生人说话”、“陌生人给的东西不要吃”等等话语，而另外一个狼与小白兔的故事也反映出了这一点，对于这种教育形成了根深蒂固的传统文化，它也给了我们一个做人的基本规范，同时，也成为我们今天建设信任的一个障碍。

很多人不知道信任是什么！那么信任是什么意思呢？信任是你相信他人的言行举止是好意。信任反映出组织内部人与人、组织外部企业与企业、企业与顾客之间的关系。这个关系的重要性超过了人和企业自身的重要。信任的理解很简单，但是要达到信任的目的却非常难。这不仅仅是因为人们的心理习惯思维，更因为信任是需要时间、技巧和实践的。

惠普公司的大名很少人不知道，在惠普，他们的管理人员认识到管理层和员工之间的关系，对公司的价值到底有多大的影响。这个行业中的其他公司都经历过大起大落——IBM 和苹果是非常著名的案例。自从 1939 年戴夫·帕加（Dave Packard）和比尔·惠利特（Bill Hewlett）两人在帕洛阿图（Palo Alto）建立了惠普公司以来，公司从规模上和利润上一直持续增长。公司成功的核心是被称为“惠普之道”的管理手段。实际上，“惠普之道”就是建立在信任基础上的关系，而不是权利关系。戴夫·帕加曾经用下面的故事来说明这一点：我们曾经提拔了一位很优秀的工人成为我们的一家设备商店的经理。几天以后他来见我，他说这几天的管理工作对他来说实在太难熬了，他希望我去他的商店并对他的下属声明，他是他们的老板。我的回答是："如果我真的必须那样做，你就不配做他们的老板。"

上面的只是其中一个，除此之外还有很多惠普如何让员工学会自己作决定的故事，但是这些经典的故事却忽略了一点：惠普公司之所以成功，不仅因为它是一个会引导和关心员工的雇主，更重要的是因为这样的事件给员工提供并加强了一种信息——公司信任它们的员工。

所以说在一个企业里，信任是非常重要的。没有信任，就没有团队成员团结合作的基础；没有信任，就没有团队成员之间的优势互补、协同增效；没有了信任，就没有融洽、没有快乐、没有默契、不能借力、不敢借力、沟通成本加大，也就没有效益。

而在企业的外部，信任同样是重要的，企业与顾客之间的信任会带来顾客的忠诚，这个忠诚会带来成本下降与价值增值；企业与合作商的信任会带来长期稳定的关系，这个关系会帮助企业完成永续经营的事业；企业与政府部门的信任会带来和谐的外部环境，这个和谐的环境会为企业带来良好的声誉与更多的资源。

信任对于我们个人而言，也非常重要。我们生活在社会中，必须与社会发生关系，而建立这种关系的基础就是信任。信任不仅仅是一种生活的态度，更是种智慧。没有信任，就会猜疑，就会自生烦恼。

通过以上的阐述我们应该有一个大概的结论，这个结论就是：今天的世界有一种关系的质量决定着企业的成与败，而这种关系就是信任。

作为一个管理者，要想得到部属的信任做到相知相融，必须学会如何赢得他人的信任。作为员工的领导，如果你要求手下的员工和同事信任你，首先你要学会信任他们、尊重他们。信任是通过一次又一次的交往，在很长时间里形成的，因此你要建立和保持大家对你的信任。为了保持和建立信任作为老板以下五点是必须要做的和遵守的。

第一点：让员工和部下知情

在“奉行旧秩序”的组织机构中，保密是一种规则。对人性特点有着较好理解的管理者们的观点十分明确，他们认识到一种保密的氛围会助长怀疑，还会破坏人们在工作中相互配合去追求更高的能力，保密也会损害组织中的信任，损害管理本身的信任。许多现代管理者已经觉察，如果对员工和部下有利，就应该让他们知道，如果员工和部下能够尽一份力量，就应该让他们“共同参与”。

在“奉行旧秩序”的企业中，通常认为知道关于公司预算和财政收支的信息是管理者的特权，然而在最现代的组织机构中，这些信息是公司的人都可以分享的，并且员工和部下还会为公司的预算出谋划策，并且把握每一个细节节省开支，把握每一个机会为公司争取效益，因为透明的财务制度表示公司对他的信任，使每个人都有主人翁的意识。

第二点：不要自食其言

不要轻易承诺别人升官、加薪、发奖金等鼓励性的言语，像一些空洞的承诺短期能够激发士气，但到期之后却实现不了而造成被动。因为许多情况发生了改变，不可预期的情况会很多。如果真的有承诺的事情无法实现，那么就让别人知道事情的真相，诚挚的向他们解释。

德国的大众汽车公司墨西哥普布罗（Pueblo）汽车厂曾就有关将工资提高 20%的问题与工人谈判。厂方认为提高工资的同时对工作内容进行略微的调整很公平。但是他们错了，工人认为这样的改变是完全不公平的，而且他们不愿意用改变工作内容换取增加工资。后果是罢工给企业带来了 3 亿美元的损失。

第三点：要言行一致

如果员工和同事有事求你，你答应了他就一定要做到，如果没有把握，就要直接明确的告诉对方，不要让对方有期望，最好是言出必行，而且要十分及时。

第四点：最先告诉员工和部下消息，不论好坏

要承受一些坏消息是很困难的事。但是有些时候，告诉员工和部下不想听到的消息这一任务却会落在你的肩上。但是宁可让他们从你这儿听到也不要去听信那些流言蜚语，因为流言蜚语是对事实的扭曲。

第五点：坦诚是相知的首要条件

大家并不希望什么都得知道，他们只是认为你对他们应该坦诚相待。

如果管理者被问了一个不知道如何作答的问题，那么用尽可能最适合的方式来应对。你可以明确告诉他“现在这个问题，暂时还不能回答你”，而不要欺骗，或者瞎扯。或者还可以由你自己亲自解决，告诉他们你给出答案的时间。

管理者和被管理者的相知度不仅决定于言谈，还决定于行动。记住一句老话“事实胜于雄辩”，兑现自己的诺言会赢得最大的信任，相互的信任才能达到知己，相知才能得到理解和支持。

学会信任

信任是施加影响和保持威信的关键。同时信任能够创造成功，因为好的业绩往往是在信任中得到的。研究表明，信任的组成部分（比如沟通的效果、冲突管理与和谐）与生产率之间有很大的相关性。文化差异在建立信任关系的过程中发挥着关键作用，因为信任是以不同方法建立的，并且在不同的文化里意味着不同的事情。

如在美国，信任就是“经过时间洗礼的业绩表现”。在那里，你可以通过“持之以恒”并且及时地做出你的贡献来博取你同事的信任。在世界的其他许多地方，包括阿拉伯、亚洲和拉丁美洲许多地区的国家，建立关系是职业之间相互作用的先决条件。在这些国家建立信任关系经常牵涉到非专业话题马拉松式的讨论以及在宾馆里进餐。只有当你的对手与你相处融洽后，与工作相关的讨论才正式开始。

作为一个企业的领导者，如何根据人的本性来抑恶扬善，就得看领导者的能力了。然而这个能力的背后隐藏着一种非常重要的东西，这个东西就是“信任”。因为只有学会信任，学会信任自己的员工，放手让员工去干才会得到更多的惊喜，更多的成功。

大家都知道在政府有许多部门，监督部门、检查部门、审计部门、

检验部门等等，在一家企业里也需要这些部门的存在，比如监督部门，我们举个小例子，一家企业要招收一批员工，在招收的过程中为了管理这些员工，对这些员工进行考核，就需要有专职的部门来负责考核事务，而为了考核这些人的工作质量，就需增加一个质检部门或质检人员。由于增加了这些部门，所以也增加了许多管理成本。那为什么设这些部门或人呢？因为这是出自于一种需要，这就是信任关系。这正是上面所说的两种理论。也正因为这两种理论中的人性本恶，所以使我们所有的管理策略、方法与手段都建立在不信任的基础之上。由于不信任，我们增加了许多部门；由于不信任，我们增加了许多程序，许多员工；最终也导致了我们的成本增加而失去更多的资源。

曾贝瑟尼·麦克莱恩（Bethany HcLean）在《财富》杂志发表了《安然为什么会破产?》一文，安然是世界排名500强的企业，为什么会崩溃呢？得出的结论是，安然的崩溃源于自负、贪婪与欺诈。在安然，员工们不仅欺负外人，同时也相互倾轧，安然公司的业务员会害怕上洗手间，因为他害怕坐在他身边的同事可能会偷看他的资料，把自己的生意抢走。

信任与不信任之间有很大的区别，不信任带来的是巨大的成本，不信任带来的是巨大的风险，但是信任可以创造优秀绩效，同时这也正是信任最迷人的地方。万科的王石在攀登完珠穆朗玛峰后，说了一段话，他说："我创建万科20年了，我1999年就辞去了总经理职务。我是48岁交的班。一个企业家最不容易做到的就是当你有权利去驾驭，但你不去驾驭，这是非常非常难做到的。比如你要培养年轻人，你明明知道他们有缺点，你明明知道他们经验不够，但是你放手让他们去做，你必须信任他们。万科成功不成功不是看我王石在的时候，而是要看我王石不在的时候。"

看到王石这段话，我们知道了什么叫做信任，也能够理解为什么在王石登上珠穆朗玛峰时，公司业绩增长了40%的原因了。所以作为领导你要信任你的员工，因为信任带来的是成果是巨大的。

老板和员工都要学会信任，如果老板和员工之间都没有了信任，那么，你们的事业也别想做好了。

很多老总都希望自己的员工信任自己。但采取什么样的方法让他们信任自己呢？其实这并不是一件容易的事。首先，每一个人都是信任自己的，因为人都有自我保护的本能，但一个人并不是仅仅保护自己，当一个人能够想到为别人付出时，同样信任于别人时，这就是人之所以伟大和高尚的地方了。

老板和员工荣辱与共不是不可能的，有许多人都做到了这一点，这是为什么呢？因为他们都知道，一个人只有保持信任他人时，他才能够获得别人的信任和忠诚，并且获得更多的成功机会，无论是老板还是员工同样是这样的。

作为管理者，一定要意识到在现实中强调老板要信任员工，企业要信任员工，这样才能获得员工的信任，因为每一个人都需要归属感和满足感，想获得自我实现的价值，就是一个人更高的需要，当一个人的这些需要得到了满足，他才能尽心尽力的去做自己应该做的事，把对工作的自觉性、主动性、持久性和责任心转化在个人的自觉行为中，全心全意的为公司，为老板的利益着想。

有一家公司时常关注着公司领导者与员工之间的信任度，在关注中他们发现随着信任度的提高，客户满意度、销售额都随之提高，在这三者之间是互动的。

南方“李锦记”是经营中草药健康产品的公司，成立于1992年，投资方是在香港有着117年历史的家族企业李锦记集团，公司以传播中国优秀的养生文化为使命。在1999-2004年期间，成长了近20倍，成为中

国保健品行业的龙头企业。

公司发展这么快，但在公司却很少见到董事长李惠森的影子，下属的总经理，甚至总监的办公室也经常是唱“空城计”——他们不是出差就是开会。经理们也从来不需要考勤。但整个公司紧张而有序的运转一点也不会受到影响，到公司应聘、参观，还有媒介的采访者都对这种氛围有着深切地感受。这就是信任的力量，因为领导者信任自己的员工，相信员工们会努力做好自己的工作，同时员工也对企业、领导产生了信任，他们知道领导时刻都在信任着他，注视着他。

我们再来看看“蒙牛”，“蒙牛”创造了连续三年中国乳业“第一速度”的奇迹，一路高歌猛进，从“蒙牛”变为“中国牛”，进而成为“世界牛”！“蒙牛”之所以取得这样惊人的成就，是与其掌门人牛根生的“散权集人”、“散财聚人”的双重努力分不开的。

这位当年因为“功高盖主”而被挤出局的伊利副总，作为权力欲和财富欲的受害者，自己一直在创业中努力挣脱贪权、贪财之恶，2004 年牛根生在将自己的个人股份（市值 10 亿人民币！）全部捐出来成立“老牛专项基金”后，又在筹划让出总裁位置，并准备到 2008 年连董事长的宝座也不要了。散权与散财的结果，带来的是人才的集聚，员工潜力的极大发挥。

蒙牛大手笔成功整合营销传播“超级女声”，在举国上下引起了不小的轰动，被媒介热炒为“超女”现象，也成了著名大学 MBA、EMBA 营销管理课堂上必讲的案例。这么大的一件好事儿，牛根生居然事后才知道。在老牛的手下做事就是这样，不必事无巨细都要向他汇报，你就有这么大的自主权！只要一条，一条就够，那就是老牛对你的信任！你得到的是老牛的信任，回报给他的当然是工作绩效上的惊喜。

宏达制衣有限公司董事长徐国生在一次谈话中，有人问他一个问题，

“作为企业、企业家最重要的品质是什么?”他毫不犹豫地回答：“诚信。我认为最重要的就是诚信做人、诚信做事。平时我对员工也是这么要求的。做企业不是一天两天的事，做企业需要别人的帮助，只有诚信才能维持长期的合作。”

正泰集团公司董事长南存辉说：“正泰集团之所以用‘正泰’这个名字，目的是体现‘正气泰然’的思想。经营要走正道，为人要讲正气，产品要有品质，要讲信誉。也正是这种“正气泰然”的思想一直影响着正泰的发展。”

在“阿里巴巴”为诚信通举行三周年庆典仪式时，CEO 马云感慨地说道：“为这一天，我们等待了 6 年。3 年前，“阿里巴巴”决定开发诚信通时，就希望诚信通能够让诚信的商人先富起来。诚信通是给诚信的商人特有的服务，只有诚信的商人才能富起来。”

马云还说：“依靠市场而不是依靠‘市长’发展起来的浙商，在我看来是全国诚信度最好的商人。以前，浙江商人曾经因假冒伪劣产品而受到大众关注，但这是计划经济下出现的社会现象，而非浙江现象，更不是浙商现象。假冒伪劣不是浙江创造出来的，而是经济发展中的一个必然过程。事实上，在这一过程中，浙商是最早醒过来的，现在更多的浙商在讲究产品的质量和品牌，清楚地明白这才是核心竞争力。”

由此可见，信任对于企业的发展是多么的重要，信任所带来的机会、利益是多么的巨大。

企业的成功在于信任

对于企业来说，只有信任才能促使企业成长，信任使领导者与员工很容易地结合在一起。如果一个企业领导者的信任度慢慢地被破坏，他领导的企业就会有问题，人们就会隐藏他们的利益，人们也不会把他们看重的资源向那些不相信的人泄露。团队合作不仅改变了组织内部的动态关系，转移了责任，还涉及到由于各自的经验、管理、智慧、品行、观念、勤劳等无形观念。从而造成了不同程度的影响。如果对人不信任，团队成员就会承担起严重的心理负担。为了助长良好的团队合作，领导者必须交出控制权，包括对任务结果和团队动态的控制权。领导者放弃控制权并不意味着控制权没有了，而是变成由另一种方式控制。控制的根基由领导人转移给团队，让团队具有协调和控制的能力，才能创造自己存在的目的，在决策过程中自我规范，并建立团队成员间的互动关系就非常重要。

对于一个企业，其经营者的工作之一，就要在对外交流中以及在与员工的交往中，建立一种心心相通的良好关系。纵观国际各著名企业，其所以能够在激烈的国际竞争中长期立于不败之地，一个重要原因就是他们的企业是建立在“诚信”的基础之上的，在他们看来，一个企业之所以能够做到诚信，是因为他们强调了以下原则。

信任是以人为本的基础。以人为本是一个连续实施的过程，而这个过程的核心就是信任人，只有信任人，才能延伸到尊重人、关心人、培养人，促进员工的创新，构建团队精神。

不过这个连续实施的过程，明显存在着一个问题，就是提倡“以人为本”的口号很容易，但真正要实施下去却不是一件容易的事情，必须要有与之相适应的企业文化。很多人认为企业文化是制定出来的，实际上，企业文化是许多员工参与和不断发展起来的，是在大家共同认可的情况下形成的。众多企业管理者相信：在高度竞争的环境里，文化软件可能比组织结构、系统和战略等硬件对绩效和盈亏有更显著的影响。此时，就要以信任为基础，促使每个员工在思维、观念和理念上把共同的追求凝聚起来，让团队成员以领导的信任来支撑企业的发展。当企业领导者、员工、对外合作伙伴都处在一个共同信任与理解的平台上时，才能把个人意识统一起来，形成团队意识。

尊重人，是企业不断发展的重要环节，是信任的前提。一个在过于放纵和娇惯的环境里成长的人，是缺乏社会竞争力的。连接企业领导者与员工共同奋斗的基础是建立信任，信任是促进企业领导者与员工的连接纽带，当一个企业领导者通过自己办事风格取得员工的信任时，这种相互作用就产生了。

当然，企业领导者要达到信任人、尊重人，就必须建立起一个共同的基础，即：

- 构成大家的相互联系：了解他人背景、爱好和目标。
- 确定员工经历中可共享的一面。
- 面对真实的自我。
- 相互联系与相互理解。

以人为本的具体体现是关心人、重视人、尊重人和为员工提供成就事业的舞台。同时也有这样一种说法：以人为本也存在着一种诡诈，他在诱导员工走向愚昧与无知，默默无闻地在那里工作，使自己的大脑进入迟钝的状态，这样的人反而被领导者认为忠厚诚实。

事实上，讲求以人为本，也要为员工灌输新的知识，使他们拥有通权达变的智慧。一位老总说过：将心比心，有你的自我剖析就有别人的自我剖析。你对每个职员讲的事情很重要，换取的将是他人对你的回报，这就叫做人格魅力。作为企业领导者，团队成员觉得跟你做事很轻松，他就愿意与你一起共享困难与成功。总而言之，团队没有协调好，责任没有划清，主要就是领导者的领导风格出了问题。此时，领导者就应深入工作现场，进行现场管理，与职工面对面地进行交流，使企业领导者有意识地对员工背景、爱好和目标发生兴趣，倾听员工的交谈和提问，并且观察周围环境以了解更多信息，让领导者能够与团队成员彼此相互融合、彼此信任。

确定经历中可共享的一面。一个企业领导者，当你与他人没有什么共同基础时，可以寻找一个相同的部分，或寻找人们的相关信息，从而激发经历的相同部分，这种激发看来似乎与有联系的信息作为形成共同基础的手段。但在信息企业里，人们之所以追随领导者，原因之一是相信领导者有自己不具备的信息处理能力。对于那些感到自己不具备信息处理能力的人来说，只要明白信息处理能力是一个收集信息、分析信息和运用信息的复杂工程，需要团队全体成员共同参与。如果领导者过于迷信自己的聪明才智，不重视下属的信息处理能力，就会丧失信息处理能力，从而削弱领导能力。在这种情况下，就要制订一个营造共同基础的社交活动计划。制订一些专门的约会，参加定时的聚会，以及给自己规定议程来营造共同的基础，在以后的共事和交往中，认清和接受他们是比较容易的，我们容易与那些已经具有雄厚基础的人在一起工作。因为他们已经明白了个人的信息处理能力不能变成整个团队的信息处理能力，就无助于团队整体的提高。

面对一个真实的自我。如何去信任他人，首先要正确认识和处理人才、企业文化、管理和市场四者之间的关系是最重要的。信任人不要超出使人们分离的界限，要使他们与领导者的关系一致，领导者才能带着深深的敬意去接受他人，而不是评判他人。一位领导者说："我们应该获取股东的信赖，虽然有时员工在公司整体基础差、底子薄的时候，表现出了极强的事业心，通过他们的努力，把公司的发展推到了现在的水平，从这方面来看，也证明了他们的能力。现在我所担心的是，公司在追求高速发展的时候，管理人员的能力也要有所提高，这种能力的提高，除了有信心和信念外，还需要加强获取知识的能力。"只有这样才能不断加强管理者的能力，让他们在各个方面得到培训；才能成为某方面的专家，包括成为咨询顾问、财政、企业管理等方面的专家。他们希望精通管理，掌握管理对象和管理业务的内容，这就需要有针对性的制订新的学习计划。

对信任的透视有利于巩固团队。当一个人受到别人的信赖，别人就信任你这个人，感觉这个人是可信赖的、可交往的，你就会获得支持。

以信任去建立你的影响力

当你充分信任一个人，让他带领一个队伍，给他权力，相信他能够做得好的时候，这个人可能会有无限的激情，会有一种表现自己价值的野心。在这种情况下，他构造了一种相对稳定的环境，你就应该信任他，给他一个发展的空间，在这个空间里可以体现出他的价值。正如刘积仁在《看人与用人》一文中指出的：

我觉得要用人不疑。用人的第一步就是选择人，根据一个系统的角色做出选择。任何人都不是完美的，但每个人都会有他的优点，就像盖一幢房子和装修的房子一样，材料不一定贵的就好，也不一定单体材料拿起来必须好看，真正装修出来的时候，整体上的和谐完美才是最重要的。在这个世界上，有各种各样的人在某些方面都是很优秀的，如果我们能够做恰当选择和组织的话，就会获得整体的完美。所以，用人首先需要合适的选择，让每个人充分体现他的价值，每个人都能通过把他最优秀的东西表现出来而产生自信，而不是放在别人都不满意的地方，如果认识到这点，大家在一起工作就会感到很愉快。

一旦做出选择，就要信任他，信任他在这个方面能够做好。有时候，一个人的工作能力和工作表现很难被另外一个人认可，可能是在不同的位置上，不同的形式上，或者是每个人的做法，或者是性格不同，这时，作为一个企业的管理者，如何让每一个具有不同性格、不同文化背景的人在不同范围内达到和谐，建立信任，这是团队工作的基础。

有句话叫做"书生多疑"，尽管在企业界我被大家称为儒商，但我不多疑，因为我觉得从做企业来看，所谓的"书生多疑"主要是说他的思维是比较敏捷，对事情比较敏感，看待一个事物的时候容易产生较多的联想，因为他有知识背景在那。我觉得这种多疑，会有两种结果：一是所谓的疑是计算的结果，他在计算的过程中产生疑，也可能在计算的过程中产生信赖。一个读过很多书的人，有很多知识的人，会更客观地分析一个事物，从各种各样大量的数据中，用短的时间做出一个判断，产生一种公平，而不是一种疑。如果把疑作为信息收集，把判断作为快速计算的话，我觉得有文化的队伍，受过好的教育的队伍，应该是和谐的队伍，更具有凝聚力的队伍，因为大家都懂道理，容易就一个道理达成共识。

我觉得这种共识取决于三点：第一是大家喜欢"东软"的环境。因为这是一个相对的稳定的环境，大家都有自己发展的空间，在这个空间有表现自己价值的地方。

另外，要有一种能够调解矛盾、处理矛盾的文化。当公司高层管理者每个人都有很强能力，在一起工作的时候，一旦出现问题，互相之间不协作的问题就会出现。此时如果能在共识的文化下解决问题，就会形成一个健全的价值体系，至少在形式上大家不会说公司追求的东西与他所想的相悖。如果有一个基本的环境，使大家能够在一起解决这些矛盾，在这些矛盾没有明显暴露的时候，就不会产生刚才所说的问题。"东软"一直在矛盾中发展，跟其他企业一样也存在矛盾，包括我们管理者之间的认识，我认为这是很正常的。但是，决不能让矛盾演变为破坏公司发展的因素，产生不同的理念，或更严重的分裂，甚至重新组成几个公司，等等。

在信任人方面，我觉得首先是品德。过去我们讲做事先做人，特别是领导干部，如果他做人不好，就没有人跟他在一起共事，没有人愿意跟他一起共同推进这个事业。如果把他放在领导者的位置上，员工就会对公司产生不满。所以“东软”的价值体系是：第一是发展员工；第二是发展核心竞争能力；第三使客户得到满意；第四为股东获得回报。发展员工是我们的基础，发展员工的关键是负责人，这个负责人如果没有宽广的胸怀，没有好的态度，没有愿意发展员工的精神，特别是在做人方面，没有吸引部下一起工作的魅力，大家就不会信任他，那么这个领导人就是不称职的，我们应坚决地把他从这个舞台上赶下去。

成功的人要防备自己用经验或自己过去的成功影响、甚至左右下属。所以，首先要打破这种对自我的认识，特别是一个领导人要忘记自己过去取得的成功经验，只有打破过去的经验，才会体现出自己的领导力。领导者如果用理想的模式要求他的部下，告诉他们一定要达到这个目标，在执行的时候就会遇到很多具体的困难。当领导人不理解这些困难的时候，他会认为下属的能力不行，但是让他去做，可能还不如部下做得好。所以，上下必须进行一种沟通，互相理解，特别是领导人通过对实践过程的感悟和总结，理解别人，建立信任。有时候信任建立不起来，主要是因为领导者根本不理解这个事物，同时又一味地用理想模式要求现实的事物。

在大多数情况下，导致双方互不信任的首要问题是看法不一致。比如做一个经营计划，领导者希望往这边走，员工要往那边走，两个人目标不一致，达不成共识，就很容易产生分歧，达成共识非常重要，只有达成共识，企业才能健康发展。

当然，仅有信任是不够的，还必须要有信用，信用是理性的，信任是内心的。只有把二者结合起来，才能明白作为领导者要信任员工的重要性，我们才能表达我们的意愿：

1. 向员工表示我们对他们的信任，并且证明我们是值得员工信任的。

2. 决不要允诺我们不能或不想去遵守的事情。

3. 决不要求别人去做我们自己都不愿意做的事情。

4. 确保我们的员工知道他们得到的尊敬和信任，除非事实证明他们不值得。

坚守诚信才能成功

诚信待人必须要信守承诺，俗话说：“无信则不立！”

和田一夫对此深有感触！他曾说：“其实经营者的工作之一，就是要在对外交流中，以及在与职工的交往中，建立一种心灵相通的良好信赖关系——诚信。”

“在人际关系上，不管手段多么高明，也不一定保证事实上能处理得很好。人们会观察你是讲真话，还是讲假话，是奉承客套还是心怀诚意。”

和田一夫始终认为，经商者做人要有诚意，如果一个商人做人不诚实，人家往往会给你设好几层防线。“诚”和“信”是紧密联系的，没有“诚”就建立不了“信”；没有“信”，你的产品就没有经销商，就没有消费者，这样你的生意是做不起来的。没有“诚”就建立不了“信”，没有“信” 一切都是镜花水月，一切都是竹篮打水一场空。你千万不要

天花乱坠地向客户许诺太多，因为这样导致的最后结果，只能是人们会抱怨更多；大家只有以诚相见，事情就会好办得多，诚信是成就事业的关键。

与这一思想一致的是要信守承诺。信守承诺就是要讲信用，是忠诚的外在表现。人离不开交往，交往离不开信用，无论是治国持家还是做生意，讲信用在其中必不可少。一个讲信用的人，能够前后一致，言行一致，表里如一，人们可以根据他的言论去判断他的行为，进行正常的交往。守信是取信于人的第一方法。和田一夫历来坚持正当的商业行为。在风传“香港的大企业在与中国进行经济往来的时候，都要向重要官员行贿”的环境中，和田一夫仍坚持自己的观点。

他在回答记者提问时胸怀磊落毫不掩饰：“我认为这样做是不正确的，八佰伴没有用过一分钱进行贿赂！正确的商业道德不允许使用这样的钱！经济哲学告诉我们，诚意是取得成功的关键。”

和田一夫真正做到了不管风吹浪打，心之所系是一个“诚”字，以诚信去从事正当的商业活动。

诚信之人都是讲信用的，也就是说，他们说过的话一定算数，无论大事小事，一诺千金。

东汉时，汝南郡的张劭和山阳郡的范式同在京城洛阳读书，学业结束，他们分别的时候，张劭站在路口，望着长空的大雁悦：“今日一别，不知何年才能见面……”说着，流下泪来。范式拉着张劭的手，劝解道：“兄弟，不要伤悲。两年后的秋天，我一定去你家拜望老人，同你聚会。”

两年后的秋天，落叶萧萧，篱菊怒放，长空一声雁叫，牵动了张劭的情思，他不由自言自语地说：“他快来了。”说完赶紧回到屋里，对母亲说：“母亲，刚才我听见长空雁叫，范式快来了，我们准备准备吧！”“傻孩子，山阳郡离这里一千多里，范式怎么会来呢？”张母不相信，摇头叹息，“一千多里路啊!”张劭说：“范式为人正直、诚恳，极守信用，不会不来。”张母只好说：“好好，他会来，我去打点酒。”其实，老人并不相信，只是怕儿子伤心，宽慰宽慰儿子而已。

等到约定的日子，范式果然风尘仆仆地从山阳赶到了汝南。张母感叹道：“天下真有这么讲信用的朋友!”范式重信守诺的故事一直被后人传为佳话。

信守承诺不仅是立身处世的一种高尚的品质和情操，更是在体现对人尊重的同时，尊重了自己。信守承诺，讲究信誉，是一个人应当拥有的基本素质之一。应诺的人，守信，守时，执著于信誉甚于一时之功利。应诺的方式随人的精神、修养品位而异，可以是常规的、一般的信守协议、合同或“君子协定”之类，也包含十分巧妙的其他应诺的方式。

只有诚信的人，才会得到别人的信任。只有做到一诺千金，你的事业才有望发展、壮大并蒸蒸日上。

所谓恪守信用，即对许诺一定要承担兑现。“人无信不立”，答应了别人的事情，对方自然会指望着你;一旦别人发现你开的是“空头支票”，说话不算数，就会产生强烈的反感。“空头支票”不仅仅增添他人的无谓麻烦，而且也损害了自己的名誉。对别人委托的事情要尽心尽力地去做，同时不要应承自己根本力所不及的事情。华盛顿曾说过:“一定要信守诺言，不要去做力所不及的事情。”这位先贤告诫他人，因承担一些力所不及的工作或为哗众取宠而轻诺别人，结果却不能如约履行，是很容易失去信用的。

我们与别人合作，一个基本前提就是要守信用。假如甲有管理才能，乙有一笔资金，有了这两个条件，两人就有合作的可能了。但是两人未必就能合作成功，还必须相互信任。比如甲拿了钱，得让乙相信他不会挪作他用，更不会逃之夭夭。

守信做人，别人就愿意与他合作。有一个美国孩子，他父亲早逝，他父亲去世时留下了一堆债务。若按常规，欠债人已去，把他的财产拍卖分掉，债务差不多也就算了。但这个孩子一一拜访债主，希望他们宽限自己，并保证父亲留下的债务分文不少地还掉。后来这孩子竟然历 20 年之功，把父亲留下的债务，连本儿带息，分文不差地全还了。债主们都非常感动，知道他是一个可靠之人，也都非常愿意和他做生意。结果他不但赢得了别人的合作，也博得了他人的尊敬。

诚信才有发展

诚信是言行一致，心口如一，忠于自己所承担的责任使命，是赢得他人信任和忠诚的条件。诚信也是对于一个人的正确角色、行为和恰当的人际交往的一种意识。拥有诚信的人，就不会虚伪和做作，不会使别人产生迷惑和不信任感。诚信才会有所发展。“以诚相待、以心换心”永远都是对待他人的基本原则，也是成功的基本要素。

日本证券公司的创立者、小池银行和东京瓦斯公司的董事长小池国三，就是靠诚信起家的一位企业家，小池 13 岁时就开始在一个小商店做店员，同时又兼职替一家机器公司做推销员。一次，他推销机器十分顺利，半个月就与 33 位顾客签订了销售合同。不久后，他发现他卖的机器，比其他公司出品的同样性能的机器价格高，他想与自己订约的客户如果知道了，一定会感到后悔。于是他立即带着订约书和定金，用了三天时间，走访了那33位客户，并向客户做了说明。这种诚信的做法，使客户深受感动，结果，33户之中没有一个因价高而终止合同，反而加深了对小池的信任。由于小池的诚信态度深深地感动了客户，他们纷纷前来与他订货，几年后，小池就创立了山一证券公司。

牺牲一些眼前的利益，以诚信的态度对待公众，有时看起来似乎吃了很多眼前亏，但我们应该知道，如果要想拥有长远的利益，先需要有长远的目光。

一个店主向顾客宣布，他的店里绝对没有假货，但顾客从他店里买回的，恰恰是假冒伪劣产品，请问，那个顾客会再次光顾那家商店吗？

假若一个人标榜自己如何不得了，但真正做起事来却总是眼高手低，经常不能按质按量的完成任务。那么，下次再有重要任务的时候，领导会信赖你吗？

在市场经济发展的进程中，信誉交易大大降低了交易成本，扩大了市场规模，也使每个交易者都有了自己的权益。失去了信誉，不只是交易双方合法权益得不到维护和尊重，交易的链条也会断裂，市场经济也会无法运转。因此，普通的守信行为不仅是交易能够进行、经济能够运转的前提，也是个人和企业立足于社会的首要条件。

人们对台湾台塑集团董事长王永庆的成功很感兴趣，当被问及什么是他创造了亿万财富的秘诀时，王永庆答道：“我啊，其实长得也不英俊，最要紧的是以诚待人，以信待事。如果你没有诚意，你周围的人迟早都会离开你。一个企业不只是靠一个人，是靠大家的。单单你一个人，再有能力也没有用。历史上项羽力能扛鼎，非常能打仗，但最后还是失败了。这就告诉你，一个人再有魅力，也成不了事。你要以诚待人，以信待事，有好的管理，有好的人员，有好的制度，每个人都帮助你的话，

你一定能成功。”

1835 年，摩根先生成为一家名叫“伊特纳火灾”的小保险公司的股东。因为这家公司不用马上拿出现金，只需在股东名册上签上名字就可成为股东。这种没有现金但却能获益的设想恰中摩根先生下怀。

但还没等公司有所发展，就有一家投保公司的客户发生了火灾。按照规定，如果支付全部赔偿金，保险公司就会破产。股东们一个个惊慌失措，纷纷要求退股。

摩根先生斟酌再三，认为诚信的态度比金钱更重要，他四处筹款并卖掉了自己的住房，低价收购了保险公司大部分股份。并将赔偿金如数付给了投保的客户。

这件事过后，伊特纳保险公司的信誉大大提高，人们都知道这家公司讲诚信。

已经身无分文的摩根先生成了保险公司的所有者，但保险公司已经无法正常运转了。无奈之中他打出广告：凡是再到伊特纳火灾保险公司投保的客户，保险金一律双倍收取。

不料客户很快蜂拥而至。原来在很多人的心目中，伊特纳公司是最诚信的保险公司，这一点使它比许多有名的大保险公司更受欢迎。伊特纳火灾保险公司从此声名鹊起。

现在，摩根的公司已成为华尔街的主宰。而当年的摩根先生正是美国亿万富翁摩根家族的创始人。

当初，他的成功仅仅是因为他比其他股东多了一份诚信。新经济社会有新的规则，一名员工若只有能力而没有职业道德，领导不会重用你。一家资本雄厚的公司，如果信誉不好，银行不会贷款给它。而一名诚信的员工，既便能力不是最好，也会得到领导的信任。一家规模不大的公司，因为信用记录良好，却能得到金融界的支持。

所以说，作为一个管理者，必须能高瞻远瞩、把握全局、权衡利弊、着眼于未来。如果只图眼前利益，而失去了信誉，那就不可能有长远的发展，只有广交朋友，建立信誉，才是最可靠的长期投资。只有树立起以诚为本，以长远利益为导向的正确经营观才是以后成功的起点。只有获得众人的信任，才能铸就自己的信誉，不论采取何种方法，但笃诚、守信及勤劳是最根本的要诀。诚信是构筑成功的基本路径。

合作离不开诚信

与人合作，守信是第一原则。守信，会使人对你产生敬意，也因之会使人愿意公平地与你合作。和一个不守信用的人合作，考虑到失信的危险，人们通常会把合作的费用提高，以防万一。比如你是一个信用度不是特别高的人，那你要买别人的货物，一般是要先付款，但是如果别人知道你很讲信用，或者另一个商界同行出面说你非常可信，那么打交道的对方就可能很放心地让你把货先拉走，卖完货后再付款。一个要占用大量资金，另一个近似于白手赚钱，这中间的出入，就是信用的价值。

格耶·安塞姆是赫赫有名的罗特希尔德家族财团的创始人。18 世纪末他住在法兰克福著名的犹太人街道时，他的同胞们常常遭到残酷迫害。虽然关押他们的房子的门已经被拿破仑推倒了，但此时他们仍然被要求

在规定的时间回到家里，否则将被处以死刑。他们过着一种畏缩和屈辱的生活，生命的尊严遭到践踏，所以，一般的犹太人在这种条件下很难过一种诚信的生活。但实践证明，安塞姆不是一个普通的犹太人，他开始在一个不起眼的角落里建立起了自己的事务所，并在上面悬挂了一个红盾。他将其称之为罗特希尔德，在德语中的意思就是“红盾”。他就在这里干起了借贷的生意，迈出了创办横跨欧陆的巨型银行集团的第一步。

当兰德格里夫·威廉被拿破仑从他在赫斯卡塞尔地区的地产上赶走的时候，他还拥有500万的银币。兰德格里夫把这些银币交给了安塞姆，并没有指望还能把它们要回来，因为他相信侵略者们肯定会把这些银币没收的。但是，安塞姆这位犹太人却非常聪明，他把钱埋在后花园里，等到敌人撤退以后，就以合适的利率把它们贷了出去。当威廉回来的时候，等待他的是令他喜出望外的好消息——安塞姆差遣他的大儿子把这笔钱连本带息送还了回来，并且还附了一张借贷的详细账目表。

在罗特希尔德这个家族的世世代代当中，没有一个家庭成员为家族诚信的名誉带来过一丝的污点，不管是生活上的还是事业上的。如今，据估算，仅“罗特希尔德”这个品牌的价值就高达4亿美元。

波士顿市长哈特先生说，他目睹了诚信和公平交易的深入人心，90%的成功生意人都是以正直、诚信著称的，而那些没有诚信的人，他们的生意最终都走向破产。

诚信是一条自然法则，违背它的人会得到报应，受到应有的惩罚，就像万有引力定律不可违背一样，诚信的定律也是不可违背的。违背的结果就是受到惩罚，不可逃脱的惩罚。或许他们可以暂时地逃避，但最终却无法逃避公平。商人拥有顾客们所需要的东西，同时商人也需要顾客所拥有的东西。当交易发生的时候，如果双方都是诚信的，那么双方都会受益。对资本家和工人来说，诚信对双方都是有利的。如果资本家不能诚信地对待工人，那么资本家不会赢得利润；反之亦然。就像90%的成功人士的经验所证明的，这是一条在生活中的方方面面都行得通的法则。

“说老实话，办老实事，做老实人”，这是老一辈人的为人信条。但在今天，这一信条已经被逐渐打破了。说假话，办假事，以至制假贩假，用假农药、假化肥坑害农民，用假酒、假烟牟取暴利，成了现今社会的一大痼疾。有一则民谣说：“记者署假名，歌星演假唱，球星踢假球，百姓喝假酒——有人乐于假，有人苦于假。”报载，有一所学校发动学生为灾区募捐，在收上来的捐款中，竟然发现有多张假钞。这真叫人要问一句：今天，做人还需不需要诚信？

清人王永彬在《围炉夜话》里说：“世风之狡诈多端，到底忠厚人颠扑不破。世俗以繁华相尚，终觉冷淡处趣味弥长。”意思是说尽管社会上盛行尔虞我诈的风气，但说到底还是忠厚老实人能永远立于不败之地。腐朽的社会习俗争相以奢靡浮华为时尚，但毕竟还是在清净平淡之中体会到的淡泊趣味更为持久绵长。

这一段古人的话，似乎是专为今日的我们而说的。是的，尽管社会上“假”字风行，但我们绝不能因此而丢弃诚信这一做人的美德。诚信不但于整个社会的良性发展有利，也对完善我们自己的品行，使我们能正确与人交往大有好处。做人为什么要诚信？

首先，诚信才会取信于人。中国古代的思想家认为，诚信是信用的基础，信用出于诚，不诚则无信，这就是诚信。诚信不仅是社会中每个人所应遵从的最基本的道德规范，而且也是处理好人与人之间关系的准则。诚信待人才能感动他人，而说话不算数，处处欺骗别人，就算是在家门口也寸步难行。其次，诚信会使我们内心坦然，而说谎、虚假、欺瞒，都会使你的良心受折磨，让你的心境处在一种灰暗、忐忑不安、时

刻紧张的状态中。这种自我折磨正是不诚信的必然结果。

许多人把说谎、欺骗视为一种手段，他们相信说谎、欺骗会给自己带来好处。很多信誉很好的商店，也往往掩饰自己货物的缺点，用动人的广告来哄骗消费者。有很多人认为，在商业上，欺骗如同资本一样，是十分必要的。他们认为，在商业上处处讲实话几乎是件不可能的事情。

现代新闻学上也有一个很不好的现象，就是新闻界常有偏离事实、渲染事实、牵强事实、颠倒事实的倾向。其实，一家报社的声誉和一个人的声誉是一样的。如果这家报社所做的报纸老是故意欺骗人，不久便会获得一个说谎者的名声。而只有那些立足于事实、诚信不欺的报纸，才是新闻界的中流砥柱，它们最终的销量要比那些经常欺骗读者的报纸的销量多出数百倍。

如果将诚信的声誉与由欺骗暂时所获得的好处相比较，其价值高出千百倍。商业社会中，最大的危险就是不诚信和欺骗。商人往往在他本身的事业毫无起色时，喜欢利用投机取巧的方法，欺骗顾客，不讲真话或是把应当说的真话秘而不宣。这是由于他们还不明白，他们的钱袋里暂时固然增加了一些钱，但他们的人格和信用也丧失殆尽，这终将损害他们的长远利益。

真正的商人懂得，偷奸耍滑只能蒙混一时，却无法长久盈利。很多商店在开业时通过大肆欺骗的方式吸引了许多顾客的注意，固然繁华一时，可是因为它们的繁华是建立在不诚信和欺骗的基础上的，过不了多久，这些商店便关门大吉了。他们只知道从欺骗顾客中获得了好处，却不知道到了后来，他们的欺骗手段终究会被顾客所觉察，因此他们的结局只能是停业破产了。

所以说，诚信的名誉是世界上最好的广告，无论是一个公司，还是一个人，只要你树立了诚信，你的品牌价值就是一个无价之宝。

提高管理中的忠诚度

第五章

忠诚是所有企业员工必备的职业素质。作为员工，只有具备了忠诚的素质，才会以企业为家，真正关心企业的兴衰成败，认真思考企业经营发展之道，才愿意将自己的全部身心奉献给企业，以自己有能力为企业的发展壮大添砖加瓦为荣。这是一个人的职业素质和操守的集中体现，而与职位高低和薪资多少没有多大关系。你的员工，因为信任，你的员工会给你带来很多的好处。

忠诚促使你成功

一位成功学家说："如果你是忠诚的，你就会成功。"那么，忠诚是什么呢？有人说忠诚是绝对的服从；也有人说忠诚是死心塌地的为某一人或某一项事奉献自己。其实忠诚不是叫你从一而终，忠诚是一种职业道德，忠诚是一种美德，一个对公司忠诚的人，实际上不是纯粹忠于一个企业，而是忠于人类的幸福。在这个社会中，健全的品格使你不必为自己的声誉担忧。正如托马斯·杰斐逊所说：成功之人就是敢作敢当的人。如果你由衷相信自己的品格，确定自己是个诚实可信、和善、谨慎的人，内心就会产生出非凡的勇气，而无惧他人对你的看法。

任何成功的企业都不会解雇一个对企业忠诚的员工，唯一的可能是你自己觉得你对自己的企业不忠诚，你把自己开除了。但是，无论你对自己作出怎样的选择，变化的只是环境，不变的是你的忠诚。它是一种自始至终的责任，对公司的责任，对老板的责任。因此，许多老板在用人时，既要考察其能力，更看重个人品质，而品质最关键的就是忠诚度。一个忠诚的人却十分难得，一个既忠诚又有能力的人更是难求。忠诚的人无论能力大小，老板都会给予重用，这样的人走到哪里都有条条大路向他们敞开。相反，能力再强，如果缺乏忠诚，也往往被人拒之门外。

毕竟在人生事业中，需要用智慧来做出决策的大事很少，需要用行动来落实的小事甚多。少数人需要智慧加勤奋，而多数人却要靠忠诚和勤奋。

如果说，智慧和勤奋像金子一样珍贵的话，那么还有一种东西更为珍贵，那就是忠诚。忠诚于公司，从某种意义上讲，就是忠诚于自己的事业，就是以不同的方式为一项事业做出贡献。忠诚体现在工作主动、责任心强、细致周到的体察老板和上司的意图。忠诚还有一个最重要的特征，就是不以此作为寻求回报的筹码。

下级对上级的忠诚可以增强老板的成就感和自信心，可以增强集体的竞争力，使公司更兴旺发达。

我们可以想像一下，在一艘轮船上，加油工或洗刷甲板的工人都不干活了，他们不停地对别人抱怨："这种活太累了，我真的不想干了，如果再让我待在这艘破船上，我一天也受不了了，这里的人非常的粗暴，伙食又非常的差，船长不通情达理，总是一手摭天，再这样做下去，我就快要崩溃了。"这种想法对别人是没有任何促进作用的，他只能使自己和别人止步不前。当然，要使他放弃这样的想法也绝非易事。

当老板交给你一项工作时，你就能找任何借口去敷衍塞责，如果你对老板交代的工作没有一个忠于职守的心态，这注定是要失败的。这就像一块涂了油的木板，你站在上面，但木板正在向大海漂去，稍遇一点风浪，你就将滑入浩瀚的大海。除了你自己，任何人都不能把握木板的航向。当你对其他事物的兴趣远远大于自己的船只的时候，承载你生命的木板就会随波逐流，漂向绝望。

说了这么多，我不过是要强调，一个员工只有忠于自己，忠于领导，忠于他人，才能取得成功。例如在家里，我们要忠诚于自己的家人、忠于朋友。这些理念每个人的理解都不一样，但作为一个领导或员工，我们首先要忠诚于自己的事业。

自始至终我们都是在为自己负责，公司用我，因为我有利用价值，因为我是专业人员。因此专业是我们每个人生存和发展的基础，也是取得事业成功的第一保证。有人说老板要用“奴才 - 人才”，其中的“人才”就是专业人员。一个连自己都不忠诚的人，一个连自己的专业都不忠诚的人，怎么会对别人和自己所在的企业忠诚呢？所以在工作中要有这样的理念，我首先忠诚于我的专业，专业是我存在的价值。

其次的忠诚是给公司的。企业有企业的发展轨迹，个人有个人的发展轨迹，任何职业生涯规划都不可能让两者完全重合，所以企业人和企业的“交集”不过两到五年时间。所以企业人要有这样的心态，我为公司工作，公司付我薪水，公司给我提供了这样的发展空间，我要充分利用这个空间发展自己的专业技能，提升我的市场价值。有这样想法的员工，才会有良好的职业心态，才能为公司做出很大贡献，因此要首先忠诚于专业，其次才忠诚于企业。

王刚是一家软件公司的开发人员。由于公司改变了发展的方向，使他觉得他已经不适合这份工作了，所以决定换一份工作。

以王刚的实力要找一份工作是很简单的事情，在他找工作当中，有许多企业找上了他，而且抛出了令人心动的条件，但条件的背后是要求王刚出卖以前的公司，最终这些企业的邀请都以失败而告终。

一次王刚到了一家大型企业面试，对王刚进行面试的人是人力资源部主管和负责技术方面工作的副总裁。他们在面试当中提出了一个令王刚非常失望的问题。“我们很欢迎你到我们公司来工作，对于你的能力和资历我们都没有任何不满，我听说你以前所在公司正在开发一个新的适用于大型企业的应用软件，据说你也参与开发，能否透露一些你们开发的情况，你知道这对我们很重要，而且这也是我们为什么非常在意你的原因。”副总裁说。

王刚很生气，“你们问我的这个问题很令我失望，看来市场竞争的确需要一些非正常的手段。不过，我也要令你们失望了。对不起，我有义务忠诚于我的企业，虽然我已经离开了，但是，什么情况下我都必须这么做。与获得一份工作相比，信守忠诚对我来说更加重要。”王刚说完之后就走了。

同样在这家公司的另外许多应聘者也经过了副总裁的问话，相对于王刚来说他们没有做到忠诚，把公司的情况都说出来了。但几天后，王刚收到了这家公司的信。信上写着：“你被录用了，不仅仅因为你的专业能力，还有你的忠诚。”而其他的应聘者却没有收到任何回应。

由此可见，一个人的忠诚不仅不会让他失去一些机会，相反会让他赢得更多更好的机会。除此之外，他还能赢得别人的尊重与敬佩。

管理大师艾柯卡说过一句话：“无论我为哪一家公司服务，忠诚都是我的一大准则。我有义务忠诚于我的企业和员工，到任何时候都是如此。”也正因为这样，艾柯卡不仅以他的管理能力折服了其他人，也以自己的人格魅力征服了别人。

让员工忠诚

无论一个人在组织中是以什么样的身份出现，对组织的忠诚都是应该的。我们强调个人对组织忠诚的意义，就是因为无论是对组织还是个人，忠诚都会使其得到收益。因为忠诚是市场竞争中的基本道德原则。违背忠诚原则，无论是个人还是组织都会遭到损失，这种损失既有精神的也有物质的。

另外，诚实、人格、信心、正直与忠诚是必备的，这样你才能获得健康、财富和快乐。

拿破仑曾经说过："不想当元帅的士兵不是好士兵。不忠诚于统帅的士兵就没有资格当士兵。"

在现代社会中，并不缺乏有能力的人，而那些既有能力又忠诚的人才是每一个企业所看重的最理想的人才。忠诚的可贵就在于坚持住你坚持的东西。忠诚负责的员工是企业的核心竞争力。责任和忠诚，对于个人来讲任何时候都不能失落。所以忠诚对于任何人来说是最宝贵、最值得珍惜的东西。

对于经营者来说，普通员工需要有责任心，中层员工不但要有责任心还要有上进心，而对于高层人士来说最重要是对公司价值观的认同，

要有和公司一同发展的事业心，因此，越往高处走，对忠诚度的需求就越高；相应的，你的忠诚度越高，就越有可能获得提升。

当然，作为企业管理者，当员工对企业忠诚时，千万不要忽视员工的存在，这毕竟是一个看似平常细节但有可能会影响到企业的发展，就像不少吸毒者一样，开始认为吸一口不要紧，然而就是这一口却毁了一个人，不是有"千里之堤，溃于蚁穴"这句话吗？这给管理者一个启示，对于属下员工，一定要善待，特别是功劳赫赫者，更不能忽视。善待员工就是要和他们多沟通，多给予奖励，给他们良好的工作环境。作为领导不能傲慢，更不能居高临下。

一个企业需要上下一心、荣辱与共的精神，在激发公司员工上下团结一致时，一定要采取善待下属的策略。以下几点应该注意：

●善待下属，领导人在行为上要表现出来，要让他们懂得你是为他们着想的。

●多参与员工们的活动，了解他们的苦衷，及时与员工们沟通。

●给下属创造良好的工作环境，让他们知道你处处体贴他们。

●认同下属的表现，要向下属表示赞赏，不仅要在口头上肯定，还要适当加薪，让他们知道你随时在肯定他们的贡献。

●容忍每位员工的个性与风格，使他们作为一个活生生的人存在，不要把他们管理成仅仅会说话的机器。

●面对危机，企业管理者应做到指挥自如，并以自己这种稳如泰山的姿态来稳定员工及其家属的情绪。

所以说，对于管理者来讲，管理能力通常来自于团队成员的合作协调以及与每一位成员的关系。企业管理者只有做到这点，他才能让团队中的每个成员积极地参与进来，才能在企业管理成长中产生群体效应。

在现今的组织中，对工作真正投入的人员只有少数，而真正奉献的人则更少，大多数的人仍处在亦步亦趋的地步，甚至少数是不遵从和冷漠。

如今要员工忠心耿耿、勤勤恳恳、创新立意，的确是一件让企业管理者破费脑筋的事。是不是员工失去了铁饭碗之后，就不愿意有好的表现了呢？不一定。我们可以开诚布公地告诉员工，由于竞争压力，我们无法给予他们工作保障，但会设法激励他们，帮助他们成长，奖励他们。经过我的多年实践，我总结出了建立具有敬业精神的忠诚员工队伍的七种方法。

第一种方法：给个人的发展提供机会并设立高期望值。曾听一位求职者说，“如果没有发展，我就选择高薪：如果有发展，我宁可放弃高薪选择发展。”他所说的发展实际是公司提供给他发展个人愿景的空间，这能使他的创造力和自我实现的奉献精神处于最佳状态。

设立高期望值能为那些富于挑战的有志之士提供更多机会。留住人才的关键是，不断提高要求，为他们提供新的成功机会。

第二种方法：经常交流。员工喜欢管理公开．大到公司的经营规模小到规章制度都尽量透明。对公司一些具体决策都要做出解释。尤其是公司愿景的制订更要全体员工的参与讨论，使公司愿景切实建立在个人愿景之上。让员工参与公司决策等重大活动，能成功地使员工感到自己在工作中的重要性并因此而热情高涨。交流的好处是：一，让员工了解公司状况。收集反馈员工意见，得到理解和支持。目的是让员工接受变革，即使他们不能够接受，至少让他们认识到需要变革，并接受其中的道理。二，参与。目的是让员工说出自己的反应、担忧和反对意见，并让他们了解管理层的想法。三，全力以赴。只有员工有了主人翁的责任感才会全力以赴，而只有当他们亲自参与提出经营策略和解决问题的办法，才会产生这种当家做主的责任感。

第三种方法：授权、授权、再授权。在经济时代，最强的权是政权，其次就是资本。政治是上层建筑，在一个社会中，民众受政府领导，政权由军队、警察等强制力维护，所以政权强大。经济是政治的基础，在经济社会中，拥有的资本（商业资本）越多，其地位、威望就越高。资本就是权力，体现的是表决权、决策权，并受国家法律维护，所以资本有力。一名管理者，要增强自身在企业中的地位，最有力的保证就是要能够拥有足额的资本。如果说在管理中授权是一个最响亮的口号，其原因是员工最喜欢这种授权方式的公司。

所有员工都希望被重视。人的内心都渴望归属于一项重要的任务、事业或使命。有了衷心渴望实现的目标，大家会努力学习，追求卓越。

第四种方法：提供经济保障。人们往往在感受到被关心的时候才会感到自信，这种关心可用金钱或无形的方式表示，比如说提供养老保险等。

第五种方法：多表彰员工。人的内心都向往着赞美，公司能向员工做的最有力的承诺之一，就是在他们工作出色之际给予肯定，并给予物质和精神的奖励。

第六种方法：辅导员工发展个人事业。我们应经常与员工交流，了解他们心中有什么职业发展目标，并帮他们制订计划以达到目的。基本来说，员工更愿意为那些能给他们以指导的公司卖命。留住人才的上策是，尽力在公司里扶植他们。让他们看到自己在公司的发展，这是一种个人愿景激励法。

第七种方法：培训员工。培养发展你身边的人，是你自我发展的有力手段。有些领导者把员工发展看做是门面装饰，认为这并不是领导者的本职工作。其实，花费时间培养员工对一个领导者来说非常重要，这样做不但能帮助员工，也会对领导者和组织本身产生重要影响。注重员工发展能让你从一个只是关心自己的专业人士，转变成一个创造组织生产力和塑造员工的真正领导者。在市场经济的竞争中，要使员工明白，要在这个经济社会里生存下去，就非提升自身技能不可。我们不但要提高员工独特精湛的技能、专长与经验，还要培养具有共同价值观和各具专长自律的员工。不仅为员工在企业的发展提供机会和条件，也为员工在离开公司后提供就业的技能。为此应设立教育基金，将公司固定比例的收入投入到各项教育中去，鼓励员工脱产攻读更高学位，并给予经济资助。

从上面七点可以看出，人与人之间的任何交往都是双向互动的，当老板从你身上得到越多的时候，他就可能给你更多的机会和待遇，这将有助于你更好地走向未来，赢得明天。

如何做到忠诚

任何一家公司的领导都希望自己的员工是忠诚的，他们都想把那些精忠诚信的人招进自己的公司，而把那些到处说三道四的家伙拒绝掉。

领导们都忌讳那些为了谋求一份工作，而把原来的领导骂得体无完肤的求职者。他们的担心是有道理的，没有任何人能够保证那些求职者明天不会把现在的公司斥责得一无是处。对以前的单位和领导做一些中肯的评价，这本身并没有错。但是以你个人的偏见对以前的单位和领导

进行恶意的中伤，就不道德了。同时，现在的领导可能会对你暗生不满，你在现在的公司就很难待下去了。

很多公司在招聘一些重要的职位时，会加强重点调查。若要人不知，除非己莫为，你说过的话要是传回原来的公司，别人对你的评价也不会好到哪里去。

对于一个公司而言，员工必须忠诚于领导者，这是每个员工最基本的义务，也是保证整个公司能够正常、健康发展的重要因素。当然，这个前提是领导值得你忠诚。

如果公司能够在工作场所营造一种自尊的氛围，他就可以保证那些从事外勤工作的员工不会受到同行的贬低，不会接受其家属提出的调换工作的要求，也不会接受更具有竞争性的职位的诱惑。

调查表明，许多员工在与他人谈起自己的工作时，总是会夸大他们的重要性。比方说，一名前台接待员可能会告诉他的朋友们，说自己履行的是总经理秘书的职责；一位坐公共汽车去上班的工厂装配工会把午餐带好放在自己的盒子里，而不是带一个褐色的袋子，然后把盒子整天锁在柜子里；一位销售人员对于“销售量”这个词可能会不屑一顾，而把自己当成 一位“大客户经理”。

为了让自己感觉良好，许多员工都在吹嘘自己。在我们这个社会，员工的地位通常和收入联系在一起——或者是一些高收入的象征，例如许多员工所驾驶的是买不起的豪华汽车——许多员工对自己的职业并不觉得自豪。如果工资单是唯一可以留住员工的纽带，那么等待公司的将是损失惨重的人员流动率。

在公司中，员工会觉得自己仅仅是一个不起眼的人物，在公司庞大的组织结构中默默无闻。他觉得任何员工都可以做他的工作；而实际上管理者为了促进工作绩效总是拿着工资单在他眼前晃来晃去。若有考察团来视察他所在的部门时，他们不可能记住他的名字，他的职责或者他在公司的历史。在换班时，如果他为了完成一项紧急的订单而不得不加班，他会发现管理者并没有和下属待在一起。在工作中，他的努力没有得到认可，在家里也是如此。他的妻子可能会憎恨这种“剥削”，并提出他的那些未婚同事本来可以留下来加班的，当他试图解释情况的紧迫性时，他突然变得哑口无言，连自己也不敢相信。

公司面临的挑战与西点学员面临的挑战是类似的，那就是如何在员工中树立一种使命感。这种使命感不仅可以激励他们完成日常的规定任务，还能促使他们自愿的加班加点，每一名员工都必须以自己所从事的工作为荣，并觉得自己是“全局”中不可或缺的重要组成部分。乔治·韦伯在推广“本杰明号”的成功经验时曾说：

“对于任何机构的领导者来说，他们所面临的一个共同的问题就是，如何从机构成员身上获得最大限度的回报。显然，领导不会允许任何人把自己的组织当做一个收容所。而作为公司的经理人，你的责任则是为公司获得利润。但无论处于何种机构当中，单纯依靠命令的领导方式都是行不通的。即使这种做法可能会带来一些短期的收益，它的长远后果也是灾难性的。我的丰富经验告诉我，只有帮助人们发挥他们的潜力，实现他们的价值，你才能完成那些在传统的‘命令—控制’体制下看似不可能的任务。我发现我给予下属的自由空间越大，他们就会越严格地执行我的命令。刚开始的时候，人们总是会在做一件事情之前征求我的同意，后来我告诉他们：‘这是我的船，所以我要负起责任，但这也是你的船，你也要负起责任来，有些事情，要由你自己决定，让我们看看结果如何。’从那以后，‘这是我的船’就成了‘本杰明号’的口号。所有的水兵都觉得照管好‘本杰明号’就是自己的职责所在。我相信，只要你的组织能够让员工确立一种‘这是我的公司’的信念，你就一定能

够打败所有其他竞争对手。”

员工还应该认识到，在众多求职者当中，自己有幸成为公司的一员。他应该觉得如果他离开，公司将会蒙受巨大的损失，公司也很难找到一位合适的续任者。管理者不应对手下的员工说他们是“可有可无的”，而应该告诉他们，他们是“不可或缺的”。

这就是说，忠诚不是凭口说的，需要经受考验。你忠于公司吗？忠于老板吗？如何证明你是忠诚的呢？所谓患难见真情，忠诚也是如此。企业面临危机之际，正是检验员工忠诚度之时。但是，毕竟一个企业不可能总处在危机中，发展时期又如何来考验员工的忠诚度呢？于是，老板们就会想出一些办法来制造危机，来“折腾”员工。

查理到某大公司应聘部门经理，老板提出要有一个考察期。但没想到上班后被安排到基层商店去站柜台，做销售代表的工作。一开始查理无法接受，但还是耐着性子坚持了三个月。后来，他认识到，自己对这个行业不熟悉，对这个公司也不十分了解，的确需要从基层工作学起，才可能全面了解公司，熟悉业务，何况自己拿的还是部门经理的工资呢。

虽然实际情况与自己最初的预期有很大的差距，但是查理懂得这是老板对自己的一种考验。他坚持下来了，三个月以后他全面承担部门的职责，并且充分利用三个月最基层的工作经验，带领团队取得了良好的业绩。半年后，公司经理调走了，他得以提升；一年以后，公司总裁另有任命，他被提升为总裁。在谈起往事时，他颇有感慨地说：“当初忍辱负重地工作，心中有很多怨言。但是我知道老板是在考验我的忠诚，于是坚持了下来，最终赢得了老板的信任。”

一切商业经营活动，老板承担的风险是最大的。企业破产了，老板可能要跳楼，员工则可以转换门庭。因此，许多老板常常反复折腾员工的忠诚度，为公司出现危机时做好充分准备。因为他相信忠诚是考验出来的，不是嘴上说的。你的老板不断折腾你，也许正是器重你的信号，他正在考验你的忠诚度，以便为其重用。

无论是发自内心的施与，还是接受老板的“折腾”，忠诚都是一种情感和行为的付出。当你开始付出时，你将很快得到收获。

忠诚于自己

一个对自己都不忠诚的人，是不可能忠诚于自己的家人、朋友、企业和国家的。所谓对自己忠诚，就要说要对自己负责，要让自己活得有意义、有价值，而不是自暴自弃、得过且过。只有真正忠诚于自我，才能以诚待人，才能以诚实的心态面对工作。

作为一个员工，我们首先要学会的是忠诚于自己的工作、忠诚于公司、忠诚于自己的领导，因为这是一个优秀员工所必须应有的品质。毕竟人与人之间的任何交往都是双向互动的，当你的领导从你的身上得到越多的时候，他就可能给你更多的机会和待遇，就会给你更多的发展空间，让你的自我价值提前得到实现，

我在一本书上看到过这样的一段话：“忠诚是一种责任。忠诚是一种义务。忠诚是一种操守。忠诚还是一种品格。”确实如此，用这句话和上面的话作对比，我们就可以清楚地知道这句话的意义了，忠诚是一种

责任是面对工作而言，义务是面对公司而言，忠诚于领导这是面对员工自己的道德而说的。

任何人都有责任去信守和维护忠诚，这是对自己所爱的人和所坚持的信念的最大保护。丧失忠诚，就是对责任最大的伤害，也是对自己品行和操守最大的亵渎。作为员工，我们应该提倡在稳中求胜，在持续中发展，但老板们更提倡的是忠诚。

第二次世界大战时美国著名将领麦克阿瑟曾说过：“士兵必须忠诚于统帅，这是义务。”对于核心的忠诚，则是整个团队实现自己目标的关键因素。因为忠诚，就会形成巨大的合力，就会无坚不摧，战无不胜。

在蜜蜂的世界里，有着森严的等级秩序。蜂王永远是高高在上的，所有的工蜂必须忠诚于自己的统帅。

因为，蜂王有着对于整个蜜蜂世界来说最重大的责任，那就是繁衍后代。

为此，所有的工蜂都必须任劳任怨地供养蜂王，忠诚于蜂王，只有这样，才能确保整个蜜蜂世界的和谐统一。

从上面蜜蜂的例子我们可以看出，一个团队能取得什么样的成就取决于它拥有什么样的员工。没有优秀的员工，就不可能做出出色的成绩。相反，当一个团队已经形成一个良好的氛围和文化，那么就会对团队成员在无形中产生一种督促作用，使团队成员做得比原来更出色，同时也使后来者有了一个更高的起点和平台。

在一个团队中，所有的活动都要围绕一个共同的目标展开。但团队的各个部分甚至每一个人都是相对独立的，它们都有自己的目标和任务，都要独当一面。足球队的状况和企业团队的状况很相似。在足球场上，每个人都有自己的位置，都有自己明确的任务，或进攻或防守。后卫不能随便挤占前锋的位置，后腰不能跑到左边锋的活动区域，尤其是守门员更是不能擅离职守。每个位置的队员都要严格遵守主教练的战术安排，协同作战，互相配合，并给予同伴充分的信任。当球被攻到本方禁区时，将球踢到远离自己球门的位置是守门员和后卫的职责，而其他的队员也有义务去帮助后卫和守门员将球踢出危险地带。将球踢到对方的门里就是前锋和其他进攻队员的职责，而后卫们也可以适当插上进攻，但前提是不能让对方的前锋趁这个机会偷袭得手。

在一个球队中，最重要的就是队员之间的团结。虽然有的球队中大牌球星云集，但他们往往不能取得好的成绩，而往往是那些没有什么大牌球星，队员实力并不突出的球队却能战绩累累，出奇制胜。大牌球星有的自视甚高，认为凭一己之力就可以战胜对方，所以他们不重视团队配合，不遵守主教练的战术安排，而这样的球队就会被团结的球队所打败。

企业就是团队，公司就是团队，我们所谈论的团队虽然与足球队形式不一样，但它们的确都是团队，需要团结，需要团队成员之间相互配合、忠诚和奉献。一个团队有完整而长远的战略规划和发展方向，而团队的各个部分、各个成员都要围绕这个整体的战略和发展方向，互相配合，并在需要时做出某些个人利益上的牺牲。每个成员都要对团队忠诚，为团队做出贡献，这样的团队力量是强大的，是不可战胜的。也只有忠诚于团队的员工，才是一个好员工。

所以，对于一个企业而言，员工必须忠诚于企业的领导者，这也是确保整个企业能够正常运行、健康发展的重要因素，但前提是领导者必须是值得忠诚的，如果企业的领导者自私自利，利用企业为自己谋私利，这样的领导者不值得忠诚。

员工忠诚于企业，就会给企业做出很大的贡献，这是不用细说的。我们倡导员工的忠诚，但员工的忠诚和士兵的忠诚是不一样的，士兵的忠诚是绝对的，士兵必须忠诚于统帅，因为统帅代表着国家。员工的这种自下而上的忠诚对于企业来讲是必需的，但是并不是无条件的、绝对的和盲目的，而是相互的。一般来说，员工相对公司处在弱势的位置上，所以员工首先要对企业忠诚，来换取企业对自己的忠诚，员工忠诚的回报是更高的薪水、更好的机会、更高的职位等。如果员工长久忠诚没有得到相应的回报，自己也没得到公司重用，那就是说老板看不上你，不赏识你，为什么还要继续忠诚呢？还是努力锤炼自己的专业技能吧，寻找更好的发展空间吧。这里不要把责任心和忠诚混淆，责任心是每个职业人所必须具备的素质，而忠诚是奢侈的。所以联想的柳传志倡导："基层员工要有责任心，中层员工要有上进心，高层员工要有事业心。"作为一个普通员工不要奢望公司会对你忠诚，因为市场不对任何人忠诚，所以还是努力锤炼自己的专业素质为上策。

总之，作为企业人，首先要忠于自己、自己的专业，其次才是忠于企业，只要有这样的心态，才能取得事业的成功和人生的幸福。

忠诚就是向老板学习

在当今社会，忠诚已经变得越来越稀缺了。许多公司花费了大量资源对员工进行培训，然而当他们积累了一定的工作经验后，往往一走了之，有些甚至不辞而别。那些留在公司的员工则整天抱怨公司和老板无法提供良好的工作环境，将责任全部归咎于老板。但是，我们却发现，在管理机制良好的公司，跳槽现象也频繁发生，员工同样也不安分。因此，不得不使我们将视线转移到员工本身的心态上来。结果发现，大多数情况下，跳槽并非公司和老板的责任，更多在于员工对于自身目标以及现状缺乏正确的认识。他们过高估计了自身的实力，以及对那些向他们频频挥手的公司抱有过高的期望。

当这种风气蔓延到整个高薪职业领域时，许多具有一定忠诚度的员工也受到传染而投入跳槽大军中，使整个职业环境继续恶化。

缺乏忠诚度，频繁地跳槽直接受到损害的是企业，但从更深层次的角度来说，对员工的伤害更深，无论是个人资源的积累，还是所养成的“这山望着那山高”的习惯，都使员工价值有所降低。这些人对自己的内心需求没有认真地反思，对自己奋斗的目标没有清晰的认识，自然无法选择自己的发展方向。

事实上，在任何情况下，我们都不要将自己与老板对立起来。员工忠诚的是一个对自己的生存、发展、自我实现有助益的老板。他就是一个有责任感的领导者，一个能够让企业健康运行的领导者，一个关心员工能够为企业奉献的领导者，一个有企业家精神的领导者。对这样的领导者忠诚是有价值的，也是值得的。因为这样的领导者不会辜负员工的满腔忠诚。另外，员工为了自己的利益，要清楚自己同老板的利益是一致的，只有证明出自己的忠诚和才能，你才会取得老板的信任，你才会得到你所希望的东西。任何一个老板，都只会培养忠诚的员工，如果你缺少这一条，你就不会得到重用。只要老板付给我们薪水，我们就要称赞他，支持他，没有谁会花钱请一堆只会指责自己的人。

许多员工都说："我们提倡在稳中求胜，在持续中发展。"这对于员工来说是好的。但是作为领导者他们更加提倡的是忠诚和敬业，为了忠诚和敬业他们往往会要求员工们做到以下两点：

1. 对工作有耐心，有恒心

做任何事情都需要有持之以恒的精神，否则，是干不了大事业的。人人都想干出一番事业来，但他们缺乏耐心和恒心，往往凭着热情办事，兴趣来了就热火朝天干上一阵，激情一过就随随便便。

所以在老板的眼中，这样的员工是靠不住的，他们都是经不起时间考验的，因此，老板是不会把希望寄托在他们身上的。

2. 苦干加巧干

有的人工作兢兢业业，但忙碌一辈子也没有被重用，这是为什么呢？留多少汗，吃多少饭，但这只是对于笨人而言，真正聪明的人，他们做事情根本费不了多少力气，因为他们凭借的是巧干。

对于老板来说，他们更加喜欢巧干的员工。

忠诚就是真诚地理解和同情老板。我们都知道表面上温情的企业，实际上是最残酷的企业。

很多人都听说煮青蛙的故事。一种办法是把青蛙放在冷水中，在下面慢慢加热，青蛙对温度的升高没有察觉，于是最后没有了跳出来的力气。另外的办法是直接把青蛙放在热水中，青蛙受到了刺激，于是很快地跳了出来，安全地活了下来。温情的企业就是在用慢火煮青蛙，青蛙就是员工。在温情的企业里面工作久了，就会失去热情和冲动，更不要说专业水准的下降了。

严酷的自然环境锻炼人的意志，增强人的体质。表面上残酷的企业，可以增加员工的耐力，锤炼员工的专业素质，提升员工在人才市场上的竞争力。

所以越温情的企业，越残酷。越残酷的企业，越人道。一个人的成功，不在于事业上的体现，而在于所担负的那份责任。老板们知道：世上高明人多，聪明人多，但成功者少，就是因为他们不知道怎么走才造成心灵的疲劳。只有知道往哪儿走才算聪明，只有马上走并坚持到底才算成功，而在寻找这种走的过程中，就会使人开始变得烦躁、疲惫、焦虑、失眠、紧张、忧郁、彷徨……做老板如此！企业家知道当老板很累。老板作为一个企业的群体领导，其精神压力是员工无法体会的。员工累了可以歇下来，工作不满意可以跳槽，年龄到了可以退休，受了委屈可以哭泣，老板却不可以。他就像一部“永动机”，对企业不能有丝毫懈怠，有苦、有泪也只能封存在心里。

忠诚就是要对老板持有感恩的心。感恩是人的美德，有人说，西方人之所以比中国人有礼貌，是因为他们每年有一个感恩节。试想一下，工作是不是老板给的，工资是不是老板给的，经验是不是老板给的，机会是不是老板给的？难道不需要感谢吗？有三件事必须马上行动，不然就来不及了，这三件事就是尽孝、行善、感恩。

忠诚就是向老板学习。向老板学习，不是因为他是老板，而是因为优秀。找出老板的成功因素，闪光的那一面。如果你想成为老板，就更要这样做。

从忠诚到成功

跳蚤是每个人都十分厌恶的，它终生都在动物之间蹦来跳去，吸食其所寄居动物身上的血，而且一有时机就另换主人，漂泊无定。它从来也不知道感恩，以为别人为其提供食物养料乃是天经地义、理所当然，它却不必承担任何责任，不用付出任何东西。在职场中，有一种人的行为就和跳蚤相似，他们总是不停地跳槽，对自己的人生没有善始善终的心态。他们用一种莫衷一是的态度来对待工作，他们不明白，能力是越用越强，才干是越练越精。所以，他们总是吝于付出，做什么事情都要留一手，担心自己的才干越用越少似的，一心等着找到一个让他满意的工作，然后才愿意全力以赴地去工作。

这种人常常会以一种局外人的眼光观察企业，审视企业是否有前途，公司推行的策略是否可行，老板对待员工的方式是否让他满意。他们总是观点多于行动，平时滔滔不绝，对事情总是有自己的一大堆看法和建议，但一旦真正要他负责把事情做好，却又推三阻四，借口满天飞。对他们来说，多工作一分钟都是种莫大的损失。企业不过是过渡阶段的免费旅店，不必认真。“对事不认真、对物不珍惜、对人不感恩”，这就是对他们的生动刻画。他们的眼中就只有自己，他们的目标是以十二分的投入寻找下一个工作的机会，而自己正在做的却不是他应该做的。

那么，作为企业的管理者，应该如何改变这类员工的这些认识呢？要让员工认识到有些事情可能是你无法决定的，也是你无法改变的，比如企业的经营方针和策略；有些事情则是你可以做的、能够做的，就应该尽自己最大的努力去做，而不应推诿拖沓，比如个人的良好工作态度，就不应该随着企业的转换而有所不同，应始终贯彻“追求卓越”的工作精神。这些优秀的精神就是需要你认识到用人的前提是育人。栽培员工，使其成为有用之人，既是老板应该肩负的责任，又是培养骨干的重大途径。平时老板或上司应该多培养员工，有朝一日，他会给你带来意想不到的巨大利益。

人世复杂，瞬息万变，思想深植于心灵，每个人对于人生的理解千差万别。人们常常会认为，坦诚之人穷困潦倒，虚伪之人却功成名就。这实际上是一种错误的见解，往往是只看到事物的表象。不诚实的人可能具有他人所没有的美德，诚实的人也可能有别人所没有陋习。诚实的人因为美德而有丰富的回报，同时也必须接受陋习给自己带来的惩罚，不诚实的人同样也承受着自己的痛苦与快乐。

人们往往因为虚荣心，就自以为是地认为自己是因美德而遭受苦难。一个人只有根除思想的杂念，洗涤心灵的污点，才会真正认识到自己遭受的苦难实际上是上苍对美德的考验，而非恶行的报应。

请记住：每次当你为他人加倍付出一分，他人就因此而对你承担一份义务。当你真诚对待你的老板，相信他也会真诚地对待你。

在宾夕法尼亚的山村里，曾有一位出生卑微的马夫，叫查理·斯瓦布

先生。他后来成为了美国一位著名的企业家。

那么，斯瓦布先生是如何走向成功的呢？因为在斯瓦布先生的心里，一直认为没有一个老板不喜欢忠诚可靠的部属。就是在这一理念的诱导下，每当斯瓦布先生提升到一个新职位时，从不把薪水的多少放在心上，他注意的是与旧职业相比较，新职位是否有更大的前途，尤其是否对能力提高有帮助。

当他在钢铁大王卡耐基的工厂中做工时，他曾自言自语地说："总有一天，我一定要做到本厂的经理，我一定要做出一番成绩来，让老板主动来提拔我。我不去计较薪水，只管拼命工作，我要使我的工作能力和工作成效，远远超出我的薪水之上。"他打定了主意，抱着乐观的态度，欢欣愉快地努力工作。

斯瓦布先生小时候生活非常贫苦，只受过短期的学校教育，从15岁开始在山村里赶马车。17岁时谋得另外一份工作，每周只有25美分的报酬。可是他仍在留心找机会，不久就找到了一个新的机会，这个机会是一个工程师来招工，去建筑卡耐基钢铁公司的一个工厂，日薪一美元。做了没多久，他就被提升为建筑技师，接着升任总工程师。到了25岁时，他就当上了那家房屋建筑公司的总经理。到了39岁，他一跃升为全美钢铁公司的总经理。

斯瓦布每次获得一个新的职位，总以同事中最优秀者作为目标。他从未像一般人那样离开现实，想入非非。斯瓦布深知一个人只要有决心，肯努力，不畏艰难，一定可以成为成功的人。他做任何事情总是十分乐观和愉快，同时要求自己做得精益求精，有些必须讲究一点的事情，非请他来处理不可。他做事总是按部就班，从不妄想一跃成功。

由此可见，能成为老板左膀右臂的人，必须与老板的性格相投。好多人没有被人使唤或命令的体验，总以为老子天下第一，一点点小事动不动就发脾气，认为别人没有把他放在眼里，自以为应由他做主的事，如果没有经他允许就格外生气。因此，作为老板左膀右臂的助手，必须是能理解老板感情变化的人，而老板也能在某种程度上加以自控，相互让步，才能很好的配合。

培养老板的左膀右臂。成为老板左膀右臂的第一条件是，能辅佐老板开拓经营最得意的领域。作为老板左膀右臂的人应弥补老板的短处，辅佐老板发挥最大的长处，或能暂时代理老板的工作。老板应将日常业务工作尽量委托给他们干，自己腾出时间考虑公司将来的发展。

对候选干部，老板应该亲自下达此项任命。只有通过特别的工作和任务的考验，才能了解候选干部的潜力。经过一些工作和任务的完成过程，老板会发现：开始认为没有什么了不起的人，却崭露头角。相反，有些原来认为很优秀的人经过几次考验以后，又觉得没有想像的那样优秀。也就是说，老板对候选干部的任用应该慎重。

执行老板亲自下达任务的人，肯定会有潜力、崭露头角。这样的人，哪怕只发现一个，也是很有好处的。如向他们下达任务事项，该人与老板的交流机会自然会多一些。通过这样的相互交流，该人在老板的影响下，会不知不觉地成长起来。在育人方面最重要的是人格的影响力。这种影响力越大，育人的成功率就越高。

放任自流地等待自然成长是不会成功的。有了相应的土壤，但不施肥也是不行的。尤其对候选干部，必须有这样的设想。让候选干部明确目标，然后通过自己的努力和充分利用公司提供的各种机会成熟起来。

挑选接班人的第一标准就是忠诚。老板本身，就职务而言，是公司担任要职的人。选拔接班人的标准是什么呢？根据各个公司不同的情况和老板不同的想法，各有不同。但作为一般标准，多数都会把忠诚放在首位。

某公司同时培养了两个人作为老板的接班人，让他们互相竞争。A年轻，头脑敏捷，认为他是下任老板的呼声很高，他本人也意识到了这一点，因而不时流露出自己是下任老板的言行。B的头脑并不那么敏捷，可人很忠厚，他总是维护A的利益，从他平时的微妙言行中，可以看出他也认为下任老板就是A。但出乎意料的是，老板挑选的接班人不A，而是B。原来，在选择A还是B上，老板费尽了心机，他认为如果A，企业会大踏步地实行经营改革，也许会发生意想不到的变化。但如果遭到失败，结果也是惨痛的。如选择B，他为人稳重，企业不会有很大的发展，但也不会因为经营失败而带来惨痛的结果。

老板决定这件事时十分苦恼，但最后决定选择B，由此看来忠诚是这位老板十分重视的原则。

现代企业中，刚入职场的人都急于表现自己，往往事情发展得不尽如人意，其实很简单，每个老板和上司在考察一个员工能力的时候，不是单一的某一项，而是综合素质。应该说一年左右是一个比较关键的日子，入职一年后如果新员工还没有升职的迹象，就要考虑自己的日常工作有哪些地方做得不够。坚信只要忠实于自己的岗位，忠诚于自己的公司，升职加薪是迟早的事情。

卓越是随着忠诚而来的

在竞争激烈的职场中，作为企业中的一个员工，忠诚是非常重要的。在一项对世界著名企业家的调查中，当问到“您认为员工应具备的品质是什么”时，他们几乎无一例外地选择了“忠诚”。

忠诚是职场中最应值得重视的美德，因为每个企业的发展和壮大都是靠员工的忠诚来维持的，如果所有的员工对公司都不忠诚，那这个公司的结局就是破产，那些不忠诚的员工也自然会失业。

只有所有的员工对企业忠诚，才能发挥团队力量，才能拧成一股绳，劲往一处使，推动企业走向成功。同样，一个职员，也只有具备了忠诚的品质，才能取得事业的成功。

如果你能忠诚地工作，就能赢得老板的信赖，从而得到晋升的机会，并委以重任，在这样一步一步前进的过程中，你就不知不觉提高了自己的能力，争取到成功的筹码。

员工对老板的忠诚，能够让老板拥有一种事业上的成就感，同时还能增强老板的自信心，使公司的凝聚力得到进一步的增强，从而使公司得以发展壮大。所以，很多老板在用人时不仅仅看重个人能力，更看重个人品德，而品德最为关键的是忠诚。既忠诚又有很强工作能力的员工

是每个老板都心仪的得力助手。

既忠诚又有能力的员工，这种人不管到哪里都是老板喜欢的人，都能找到自己的位置。而那些三心二意，只想着个人得失的员工，就算他的能力无人能及，老板也不会委以重任的。

忠诚于公司，忠诚于老板，实际上就是忠诚于自己。忠诚不同于一味地阿谀奉承，它不仅要经受考验，而且还表现在你的行动上。

“每桶 4 美元的标准石油”。由洛克菲勒创办并经营的美国标准石油公司，是当时世界上最大的石油经销商，那时每桶石油的售价是 4 美元，公司的宣传口号就是——“每桶 4 美元的标准石油”。

作为众多推销员之一的阿基勃特，仅是公司里一个名不见经传的小职员，身份低微，但他无论外出、购物、吃饭、付账，甚至给朋友写信，但凡有签名的机会时，他都不忘写上“每桶 4 美元的标准石油”。有时，阿基勃特甚至不写自己的名字，而只写这句话代替自己的签名。时间久了，同事们都开玩笑地叫他“每桶 4 美元”。

尽管受到各种嘲笑，但阿基勃特从不为之计较。

4 年后的一天，洛克菲勒无意中听说了此事，请阿基勃特吃了一顿饭。席间，洛克菲勒问阿基勃特为什么要这么做，阿基勃特说：“这不是公司的宣传口号吗？每多写一次就可以多一个人知道。”

5 年后，洛克菲勒卸职，阿基勃特继任美国标准石油公司第二任董事长。

今天，在我们生活的这个时代，各种各样新的生活方式，不时充斥着媒体，也充斥着人心。但认真想想，真正成大事者都必然要做出牺牲，必然对自己所从事的职业与工作有一种近似偏执的忠诚与热爱。每个初入社会、初进职场的年轻人，都应该对此有一个清醒的认识。

俗话说：“干一行，爱一行。”既然选择了，就不要轻易放弃。明白这个道理。才能有以“既来之，则安之”的心态来做事。换句话说也就是忠诚于公司，忠诚于自己的事业。这样做的好处不用多说了，能得到什么样的回报我想大家也能想得到。

坎菲尔是一家企业的业务部副经理，他聪明能干，毕业短短两年就业绩卓著。然而半年之后，他悄悄离开了公司。

原来，坎菲尔在担任业务部副经理时，曾经收过一笔现款，业务部经理说可以不入账了：“没事儿，大家都这么干，你还年轻，以后多学着点儿。”坎菲尔虽然觉得这么做不妥，但是他也没拒绝，半推半就地拿了 5000 美元。当然，业务部经理拿到的更多。没多久，业务部经理就辞职了。后来，总经理发现了这件事，坎菲尔不能在公司待下去了。

坎菲尔很后悔，但是有些东西失去了是很难弥补回来的。坎菲尔失去的是对公司的忠诚，还能奢望公司再相信他吗？

每一个老板都希望自己的事业能做出成绩，拿出一些真东西来，所以老板就需要一些兢兢业业做事、踏踏实实做人、对公司负责、忠诚的员工。埋头苦干的下级正是老板所需要的。

一个人无论什么原因，只要失去了忠诚，就失去了人们对你最基本的信任。不要为自己所获得的利益沾沾自喜，其实仔细想想，失去的远比获得的多，而且你所获得的东西可能最终还不属于你。如同员工损公肥私、腐败渎职、结党营私、出卖企业机密、损害公司形象、破坏企业财产等，这都是我们看得见的不忠诚，也是常常受谴责和防范的不忠诚行为。而员工消极怠工、应付工作、不尽其力、把工作当形式或把形式当工作、能干好而不干好、压制排斥下属、拉帮结派的行为，则是对企业不忠诚的隐性表现。

对于员工而言，忠诚胜于能力，他们会像老板一样热爱自己的公司。企业不只是老板的，而是老板与员工共有的。以老板的心态对待工作，

你将会发现工作充满乐趣；视自己为老板，你将对公司充满热爱。你完全可以拥有老板那样的心态，全心全意地投入工作，富有奉献精神，把自己的理想和梦想都寄托在企业里。

在实际工作中，常常听到有的员工说："我已经在公司工作很长时间了，可是对自己一点帮助都没有，像这样的破公司，值得我去为之卖命吗！"像这样的话听起来有时真不是一种滋味，但是，这样的员工，你也应该反问一下自己："为什么我的同事在这家公司能够获得发展，而我就不行呢？"另外，他还得明白一个道理：与其这样抱怨公司，你为什么还不选择离开呢？也许你选择了离开，你的痛苦不也就解除了吗。如果留下来的决定是你经过深思熟虑作出的，那你就应该全力以赴，表现出忠诚与优秀、追求卓越的工作态度，否则，还不如早点离开公司，因为任何公司都不想要得过且过，做一天和尚撞一天钟的员工。

有些人之所以离开以前的企业，也许是因为他觉得自己不能胜任自己的工作，也许是老板的管理太严格，也许是薪水没有达到自己的要求。然而，你别忘了，越是温情的企业，极有可能越残酷，它将从根本上吞噬你的生存能力，扼杀你的意志，而那些表面看来对员工要求严格，工作环境也许不是十分好的企业，则可以训练一个人的耐力，锻炼他的素质，从而在根本上提高他的生存能力，拓宽他的发展之路。如果你能够留下来，就热爱公司吧，像老板那样！如果你真的做到了，你会发现世界变了一个样。

忠诚是一种能力

对于员工而言，忠诚不仅是一种品德，更是一种能力。忠诚作为一种能力，是其他所有能力的核心，因为如果一个人缺乏忠诚，他的其他能力就失去了用武之地——没有任何一个组织愿意聘用一个缺乏忠诚的人。

在越来越激烈的竞争中，人才之间的较量，已经从单纯能力对比延伸到了品德方面的对比。在所有的品德中，忠诚越来越得到组织的重视，因为只有忠诚的人，才可能有资格成为优秀团队中的一员。

忠诚是团队持续的动力。中国人信奉“德才兼备，以德为先”，而最大的德则莫过于“忠诚”。忠诚是我们的做人之本，忠诚而不媚俗，忠诚于自己的公司，忠诚于自己的老板，跟公司的同事和老板和睦相处，与公司同舟共济、荣辱与共，全心全意为公司工作，把公司当成自己的公司，公司成功了、发展了，你自然也就赢得了成功。

忠诚并不是从一而终，也不是媚俗，而是一种职业的责任感，是承担某一责任或从事某一职业所表现出来的敬业精神。我们为人父母，为人子女，为人朋友，需要忠诚；工作中为人下属，为人上司，为人同事，也需要忠诚。李嘉诚先生曾经说过：“做事先做人，一个人无论成就多

大的事业，人品永远是第一位的，而人品的第一要素就是忠诚。”

忠诚是一个员工的优势和财富，它能换取老板对你的信任和坦诚，能换来同事对你的赞许，能使你的心灵得到净化，能换来你的成就感。如果有了忠诚的美德，总有一天，你会发现它会成为你巨大的财富。相反，如果你失去了忠诚，那你就失去了做人的原则，失去了成功的机会。忠诚是一种特质，能带来自我满足、自我尊重，是一天 24 小时都伴随我们的精神力量。人既可以充分控制和掌握无形的自我，引导我们获得荣誉、名声及财富，也可能将我们放逐到失败的悲惨境地。

忠诚和努力是融为一体的。忠诚是生命的润滑剂，忠诚的人没有苦恼，也不会因情绪的波动而困惑。他坚守着生命的航船，即使船就要沉没，也会像英雄一样，在歌声中随着桅杆顶上的旗帜一起沉没。

忠诚是人类最重要的美德之一。忠实于自己的公司，忠实于自己的老板，与同事们同舟共济、共赴艰难，将获得一种集体的力量，人生就会变得更加饱满，事业就会变得更有成就感，工作就会成为一种人生享受。相反，那些表里不一、言而无信之人，整天陷入尔虞我诈的复杂的人际关系中。在上下级之间、同事之间玩弄各种权术和阴谋，即使一时得以提升，取得一点成就，但终究不是一种理想的人生和令人愉悦的事业，最终受到损害的还是自己。

有一则古老的传说，讲述一位口渴难耐的旅行者来到沙漠中的一口井前。井壁上贴有一张便条，向路人说明附近埋了一个水瓮，可以用来引水。便条上写着：收受之前先付出。于是，摆在旅行者面前的有两种选择：喝掉瓮里的水，还是用少量储存的水吸引更多冰凉而纯净之水。

收受之前先给予，你不能期望先获得丰厚的报酬，然后才决定是否给予回报。正如牧师法兰克·格兰先生曾经说过的：“如果你忠实于他人，有可能会受到欺骗，但是如果你忠诚不足，就会活得十分痛苦。”

位列十大畅销书之列的《致加西亚的信》讲述了一个这样的故事：19世纪末，古巴还在西班牙统治之下，美国人要赶走西班牙人，爆发了美西战争。战争爆发后，美军必须与活动在古巴丛林中的西班牙的反抗军首领加西亚取得联系，共同御敌。美军司令将致加西亚的信交给了一位叫罗文的上尉，他二话没说，不讲任何条件，拿了信封好，吊在胸口，3个星期后，徒步走过一个危机四伏的国家，把信交给了加西亚。后来，人们评价美西战争胜利的最大功臣，既不是美军司令，也不是加西亚，而当属罗文上尉。他是忠诚、敬业、服从的象征。任何企业最受欢迎、最值得信赖的人就是类似罗文上尉这样的人。

1993年，英国伦敦著名的杜莎夫人蜡像馆展示了一尊东方空姐蜡像。这是杜莎夫人蜡像馆第一次以商业人像为原形而塑造的蜡像，其原形是美丽的新加坡航空公司空姐李曼君，人们亲切地称她为“新加坡女孩”。

杜莎夫人蜡像馆破例的原因，并不是因为这位女孩的漂亮，而是基于新加坡航空公司完善的服务和长久以来成功塑造东方空姐以客为尊的服务形象。

新加坡航空公司始终以完善的优质服务赢得顾客的信赖。我们知道，在现代航空服务业中，由于飞机的安全技术日臻完善，公司之间的竞争基本上集中在正点和服务质量两个方面。对于正点问题，虽然各个航空公司之间都力图摆脱各种外界因素达到安全正点起降，但是，天有不测风云，气象条件的风云变幻始终给航空客运带来意想不到的麻烦。

为了保证飞行的安全，各航空公司总是在尽可能准点的前提下飞行。因此，真正的竞争就集中在服务的态度和质量上。新加坡航空公司正是因为高质量的服务，三十多年来不断赢得客户的信任。可以这样说，是优质的服务塑造了客户对公司的忠诚度。

客户对公司的忠诚度源于公司的优质服务，公司的优质服务则源于员工对公司的忠诚度。李曼君18岁参加工作，新加坡航空公司是她应聘的第一家公司，也是她至今工作的唯一一家公司。

自从经过严格培训走上航空服务业以后，李曼君就以她对公司的忠诚奋斗在新加坡航空公司飞往世界各地的航线上。她给顾客心中留下的美好印象，不仅仅是她迷人的微笑和优雅的仪态，更多的则是她全心全意替顾客着想的态度、为乘客服务的行为。

李曼君和她的同事们从加入新航的那一天起，一种思想就扎根在他们的脑海里：假如我们的服务不能超越对手，我们新航就有关门的危险，而新加坡航空公司的利润分配是和每一个员工的工作表现挂钩的。正是员工对公司的高忠诚度，换来了顾客的高忠诚度。

所以说，客户的忠诚是通过每一位员工的优质服务建立起来的。市场竞争千变万化，大多数企业或企业主的经营者是合情、合理、合法的，这是我们必须承认的，但是，也有相当一部分人的经营理念不可取，其管理员工的方式是为世人所不齿的，有的人甚至认为剥削是天经地义的，这个时候，你就要果断地离开他，到更好的市场空间去发挥自己的优势，否则，对你的前途没有帮助，如果从忠诚的角度来说，做下去就是愚忠。任何事情都是双向的：企业有选择员工的权利，相应地每个人也有选择企业的权利。任何人在企业效力的时候，一定要记住，这同时也是在为自己的未来做铺垫，很难想像一个对公司缺乏忠诚感的员工能够为客户提供优质的服务。因此，从这个意义上说，员工的忠诚也是为公司创造价值的基础，没有这个基础，一切将无从谈起。

一个人可能频繁地跳槽，但身在其位一定要谋其事，表现出对所从事的职业高度的责任感。也许正是这种态度，使他们的工作常常保持相对的稳定性。

对于企业来说，忠诚能带来效益，增强凝聚力，提升竞争力，降低管理成本；对于员工来说，忠诚能带来安全感。因为忠诚，我们不必时刻绷紧神经；因为忠诚，我们对未来更有信心。

忠诚于你的老板

根据英国某权威医学杂志公布的美国军医的一项调查，部署在亚洲某地的美国海军陆战队士兵中，90%都曾受到过攻击，大多数人都看到过战友阵亡或受伤。由于经常处于紧张状态和时刻面临危险，使得陆战队员的心理健康受到了严重的损害。该调查表明，有 1/6 的士兵在完成任务后出现了心理问题。这个比例和“越战”时期不相上下。

尽管如此，有幸加入海军陆战队仍然被美国兵视为一种荣誉。有人甚至愿意为维护这种荣誉而去面对残酷的战争。已在军中服役 27 年、现年 45 岁的军士长丹尼尔说：“为了跟战友们一起出征，我推迟了退役时间。如果我战前退役，我就不算一名真正的陆战队员。”

在某些队员看来，加入海军陆战队，有点像皈依某种宗教，带着虔诚和献身的意味。正如 38 岁的蒂莫西少校所说：“人们出于什么目的加入海军陆战队并不重要，重要的是他们认可我们的价值观、我们的历史和我们的传统。”

这些都表明美国海军陆战队士兵具有高度的忠诚感，由于忠诚于自己的部队，他们甚至不惧怕死亡，难怪有人评价说："永远忠诚对美国海军陆战部队来说，不仅是座右铭，更是一种生活方式。"

职场犹如战场。身在职场中的每个人，也应该把忠诚作为一种职场生存方式。

人生恐怕要走几条路，才能到达自己想要到达的地方。从职业的角度来看，难免要调换几种工作。但是这种转换必须依托于整体的人生规划。盲目跳槽，虽然在新公司收入能有所增加，但是，一旦养成习惯，跳槽不再是目的，而成为一种惯性。

著名银行家克拉斯年轻时也不断在变动工作，但他也始终抱有一种理想——想管理一家大银行。他曾经做过交易所的职员、木料公司的统计员、簿记员、收账员、折扣计算员、簿记主任、出纳员、收银员等，试了一样又一样，最后才接近自己的目标。

他说："一个人可以有几条不同路径达到自己的目的地。如果能在一个机构里学到自己所需的一切学识和经验当然很好，但大多数情况下需要经常变化自己的工作环境。面对这种情况，我认为必须懂得自己想做什么，为什么要这样做。"

"如果我换工作仅仅是为了每周多赚几块钱，恐怕我的将来早为现在而牺牲了……我之所以换工作，完全是因为现在的公司和老板无法再给我带来更多的教益了。"

"此处不留爷，自有留爷处。"人们在跳槽时如此潇洒，但是真正面对工作时又是如此无奈。一个频繁转换工作的人，在经历了多次跳槽后，发现自己不知不觉中形成了一种习惯：工作中遇到困难想跳槽；人际关系紧张也想跳槽；看见好工作（无非是多挣几个钱）想跳槽；有时甚至莫名其妙就是想跳槽，总觉得下一个工作才是最好的，似乎一切问题都可以用转移阵地来解决。这种感觉使人常常产生跳槽的冲动，甚至完全不负责任地一走了之。

久而久之，自己不再勇于面对现实，积极主动克服困难了，而是在一些冠冕堂皇的理由下回避、退缩。这些理由无非是不符合自己的兴趣爱好啦，老板不重视啦，命运不济啦，怀才不遇啦，别人不理解啦等，幻想着跳一个新的单位后所有问题都迎刃而解了。

现在的年轻人丧失了成就事业最宝贵的忠诚和敬业精神，变得心浮气躁，凡事浅尝辄止，遇难而退，这山望着那山高，空有远大理想，无心执著追求。此可谓个人之悲，国家之悲，社会之悲！

我们不可否认，在当今这样一个竞争激烈的年代，谋求个人利益，实现自我价值是天经地义的事。但是，遗憾的是很多人没有意识到个性解放、自我实现与忠诚和敬业并不是对立的，而是相辅相成、缺一不可的。许多年轻人以玩世不恭的态度对待工作，他们频繁跳槽，觉得自己工作是在出卖劳动力；他们蔑视敬业精神，嘲讽忠诚，将其视为老板盘剥、愚弄下属的手段。

现代管理学普遍认为，老板和员工是一对矛盾的统一体，从表面上看起来，彼此之间存在着对立性——老板希望减少人员开支，而员工希望获得更多的报酬。但是，在更高的层面上，两者又是和谐统一的——公司需要忠诚和有能力的员工，业务才能进行；员工必须依赖公司的业务平台才能获得物质报酬和满足精神需求。因此，对于老板而言，公司的生存和发展需要员工的敬业和忠诚；对于员工来说，丰厚的物质报酬和精神上的成就感离不开公司的存在。

忠诚是职场中最应值得重视的美德，只有所有的员工对企业忠诚，才能发挥出团队的力量，才能拧成一股绳，劲往一处使，推动企业走向成功。一个公司的生存依靠少数员工的能力和智慧，却需要绝大多数员

工的忠诚和勤奋。

老板在用人时不仅仅看重个人能力，更看重个人品质，而品质中最关键的就是忠诚度。在这个世界上，并不缺乏有能力的人，那种既有能力又忠诚的人才是每一个企业企求的理想人才。人们宁愿信任一个能力差一些却足够忠诚敬业的人，而不愿重用一个朝三暮四、视忠诚为无物的人，哪怕他能力非凡。如果你是老板，你肯定也会这样做。

如果你忠诚地对待你的老板，他也会真诚对待你；当你的敬业精神增加一分，别人对你的尊敬也会增加一分。不管你的能力如何，只要你真正表现出对公司足够的忠诚，你就能赢得老板的信赖。老板会乐意在你身上投资，给你培训的机会，提高你的技能，因为他认为你是值得他信赖和培养的。

对老板忠诚并不是口头上的，而是要用努力工作的实际行动来体现。我们除了做好分内的事情之外，还应该表现出对老板事业兴旺和成功的兴趣，不管老板在不在身边，都要像对待自己的东西一样照看好老板的设备和财产。另外，我们要认可公司的运作模式，由衷地佩服老板的才能，保持一种和公司同发展的事业心。即使出现分歧，也应该树立忠实的信念，求同存异，化解矛盾。当老板和同事出现错误时，坦诚地向他们提出来。当公司面临危难的时候，和老板同舟共济。

也许你的上司是一个心胸狭隘的人，不能理解你的真诚，不珍惜你的忠心，那么也不要因此而产生抵触情绪。老板是人，也有缺点，也可能因为太主观而无法对你做出客观的判断，这个时候你应该学会自我肯定。只要你竭尽所能，做到问心无愧，你就在不知不觉中提高了自己的能力，争取到了未来事业成功的砝码。

绝大多数人都必须在一个社会机构中奠基自己的事业生涯。只要你还是某一机构中的一员，就应当抛开任何借口，投入自己的忠诚和责任心。

一荣俱荣，一损俱损！将身心彻底融入公司，尽职尽责，处处为公司着想，对投资人承担风险的勇气报以钦佩，理解管理者的压力并给予体谅。

最后，我还想再次告诫你：忠诚是一种职场生存方式。如果你选择了为某一个人工作，那就真诚地、负责地为他干吧；如果他付给你薪水，让你得到温饱，那就称赞他，感激他，支持他的立场，和他所代表的机构站在一起。

管理需要建立责任意识

第六章

如果你要想成为一个好的管理者，你就要对你的团队负起责任，时刻关心属下员工，让他们感觉到你就像亲人一样。只有这样，你的员工才会像对待自己一样对待你，对待你所给予他们的权力或工作。

勇敢地承担责任

责任让人坚强，责任让人勇敢，责任也让人知道关怀和理解。因为我们对别人负有责任的同时，别人也在为我们承担起责任。

一个人愿意对自己的人生负责，是一个人自尊心萌芽的表现，更是一个人成熟起来的标志。人总是会慢慢长大，身边的亲人、朋友、老师会告诉我们怎样生活，怎样做人。但任何行动的落实者都只能是我们自己。

当大家明白了这些，我们就会不断地改变自己的行为，弥补自己的过失，做一个成熟而又勇于负责的人。安妮在 13 岁的时候就开始明白并自己去实践它，在这个过程中慢慢长大，成熟起来。她懂得为自己负责，同时也赢得了自由。

在家里我们要对家庭负起责任，因为责任让家庭更充满爱。社会同样需要责任，因为责任能够让社会安全、平稳的发展。我们的企业也同样需要责任，因为责任让企业更有凝聚力和竞争力。

什么是责任呢？责任就是对自己所负使命的忠诚和信守，责任就是对自己工作出色的完成，责任就是忘我的坚守，责任就是人性的升华。总之一句话，责任就是做好社会、领导、个人或亲人赋予的任何一件有

意义的事情。

责任，从本质上说，是一种与生俱来的使命，它伴随着每一个生命的开始和终结。但是，现实当中只有那些能够勇于承担责任的人，才有可能被赋予更多的使命，才有资格获得更大的荣誉。一个缺乏责任感的人或一个不负责任的人，首先失去的是社会对他的基本认可，其次失去了别人对他的信任与尊重，甚至也失去了自身的立命之本——信誉和尊严。为此我们需要责任。但随之而来的问题是我们为什么需要责任呢？要了解这个答案我们来看看下面的一则故事。

一个三口之家在春天到来时走上了他们的幸福之旅，父母、孩子脸上是喜气洋洋，本来一切都是幸福美好的。但他们不知道的是正是这次的游玩让他们一步步地走近灾难。

为了更好的看风景，一家三口坐上了高空缆车，从高空看到了远处的景色，真是美不胜收，三人都非常高兴。但随之而来的是灭亡，缆车突然间从高空坠了下来。这时所有的人都意识到灾难来了，因为缆车太高了，在心理上人们都认为死定了。但最后营救人员却从坠下的缆车中带回了唯一的一个人，就是那个三口之家中的孩子，一个三岁大的孩子。

后来一位营救人员回忆说，在缆车坠下时，是他的父亲将他托起，是他父亲用自己的身躯阻挡了缆车坠下时的撞击，这一挡也将死亡挡在自身而救了孩子。

听到这里所有的人都震撼了，这就是父母在生命最后一刻仍旧没有忘记自己的责任而带来的震撼，他们的责任是保护孩子，所以在最危难的瞬间，父亲用自己的双肩托起了自己的孩子，为他夺得了一次重生的生命希望。

这就是责任，这就是责任所需要的理由。认识了责任的理由，我们就要清醒地意识到自己的责任，并勇敢地扛起它，无论对于自己还是对于社会都将是问心无愧的。人可以不伟大，人也可以清贫，但我们不可以没有责任。任何时候，我们都不能放弃肩上的责任，扛着它，就是扛着自己生命的信念。

上述故事所带来的责任我们称之为亲情责任，亲情的责任让大家感动，友情的责任让大家感到幸福，爱情的责任让大家感激忠诚。为此，我们不能推卸责任，因为我们推卸了责任就等于伤害了我们的亲情、友情、爱情。我们的社会需要责任，因为责任能够让社会平安、稳健地发展。我们的企业需要责任，因为责任让企业更有凝聚力、战斗力和竞争力。

无论我们从事的是什么样的工作，只要能认真、勇敢地担负起责任，你所做的就是有价值的，你就会获得尊重和敬意。有的责任担当起来很难，有的却很容易，无论难还是易，不在于工作的类别，而在于做事的人。只要你想、你愿意，你就会做得很好。

我们工作不仅仅是为了钱，为了生存，因为工作还是一种需要，是寻找自己价值的一种需要。工作和事业满足了大家自我实现的需要，而人的这种需要则是工作所带来的认同感、满足感，所以我们不能推卸责任，因为责任还代表着我们自身的价值体现。

我们所生存的世界是相依为命的世界，所有生存在这个世界的人都需要共同努力、郑重地担当起自己的责任，这样我们才会有生活的宁静和美好。如果一个人懈怠了自己的责任，那么这个人就会给别人带来不便和麻烦，甚至是生命的威胁。

我曾经在一本书上看到过这样的一个游戏，叫“责任者”的游戏。游戏规则是两个人一组，两个人相距一米远的距离。整个游戏必须在黑暗中进行，一个人向另一个人的正面平躺倒下去，另一个人站在原地不动，只是用手接住对方的肩膀，并说：“放心吧，我是责任者。”接人者

要确保能扶住倒下者。游戏的寓意是让每个人意识到承担责任的重要性，让每个人做一个责任者。

实际上，当一个人怀着宗教一般的虔诚去对待生活和工作时，他是能够感受到责任所带来的力量的。

1968 年墨西哥奥运会比赛中，最后跑完马拉松赛跑的一位选手，是来自非洲坦桑尼亚的约翰·亚卡威。他在赛跑中不慎跌倒了，但他拖着摔伤且流血的腿，仍一拐一拐地跑着。所有选手都跑完全程后很久了，直到当晚 7：30，约翰才最后一个人跑到终点。这时看台上只剩下不到 1000 名观众，当他跑完全程的时候，全体观众起立为他鼓掌欢呼。之后有人问他："为何你不放弃比赛呢?"他回答道："国家派我由非洲绕行了 3000 多公里来此参加比赛，不是仅为起跑而已——乃是要完成整个赛程!"

是的，他肩负着国家赋予的责任来参加比赛，虽然拿不到冠军，但是强烈的使命感使他不允许自己当逃兵。

责任就是做好你被赋予的任何有意义的事情。

主动承担责任

作为一个管理者，如果要想成大事、做老板，首先一点就是要学会负责任。因为只有对自己负责任，才能对他人、对社会负责任。

一个有梦想、立志要做大事的管理者，从出生到踏入社会就应该学会负责，不仅要对自己负责，还要对社会、对国家负责。

我们大家都生活在一个相互依赖、相互依存的社会里，我们在这个高度发达的社会里享受物质文明的丰硕成果。同样的，社会也要求我们每个人尽自己的努力奉献自己的智慧，做一个有责任心的人。只有那些勇于为社会、为他人负责的人才有可能做成一番大事业。

一个人最重要的是对自己人生负责任。这是菲尔·唐纳休，美国著名的电视脱口秀主持人，从他初涉工作时所经历的一件真实的事得出的结论：

在一个矿坑灾变现场，38名矿工受困在地下。我与摄影师卡塞尔轮流为摄影机保温，每晚与CBS电视台连线，提供《今夜世界新闻》节目中的报道。就在这时，我发现了一个在电视新闻界大展身手的绝佳机会——参与救援的矿工轮流休息时会聚在一起烤火，热气与黑烟冉冉上升，30多岁的牧师，就在这时开始祈祷……山区居民的虔诚信仰、喃着

泪水的妇女与小孩、从天而降的皑皑白雪，以及从未听过的新教徒圣歌。那画面如此动人。我已在心中盘算好如何向观众呈现这则完美的特写报道。这则报道会在电视新闻中播出，我的声音将穿越美国大陆。我的美梦没能持续多久，摄影机就发出嘎嘎声——低温导致机油冻结。我无助地站在原地，没有画面，没有特写，更别提世界级的名声。我们把摄影机挪向烤火桶。当摄影机终于恢复正常，我恭敬地说："牧师，我是CBS新闻的菲尔·唐纳休。我们的摄影机刚才出了一点问题，所以没有拍到您完美的祈祷。我会请矿工们再唱一次圣歌。"牧师一脸困惑："可是我已经祈祷过了，孩子。"

"牧师，我是CBS的新闻记者。"我特别强调自己的身份。

"我已经祈祷过了，再祈祷一次是不对的。这样做不诚实。"牧师回答。我真不敢相信我所听到的话。不能再祈祷，拜托！我亲眼看过太多的重复祈祷——无论是坠机或其他各种重大灾难现场，都有牧师、神父或宗教界要人，愿意为姗姗来迟的电视台记者二度洒圣水。

"牧师，"我还是不放弃，"CBS的200多个联播电视台，都会播出您的祈祷，与您一同祈求上帝拯救受困矿工。"我大言不惭地恳求。为了上全国性的电视新闻，我已经到了不择手段的地步。

"不，"他说，"这样做不对！我已经向上帝祈祷过了。"他转身离去，留下CBS新闻小组颓丧地伫立在雪地上。我花了很长的时间才想通这件事。那位牧师不愿意为我再来一次，不愿意欺骗千万观众再来一次，他所坚持的，正是对这份神圣工作的责任与信念。

牧师坚持自己的原则和信念，他的祈祷是真诚的，是出自灵魂的，这样的祈祷怎么能如同演戏一样重复呢？他的这种态度既是对工作的负责，更是对人生的负责，他让我们真正领悟到了祈祷的神圣。

从菲尔·唐纳休所讲述的这个小故事里，我们同样能领悟到，只要拥有负责任的态度，无论做什么事情都可以变得神圣和崇高。

为此，管理学家认为，责任首先是员工的一份工作宣言。在这份工作宣言里，你首先表明的是你的工作态度：你要以高度的责任感对待你的工作，不懈怠你的工作，对于工作中出现的问题能敢于承担。这是保证你的任务能够有效完成的基本条件。

一个人责任感的高低，决定了他工作绩效的高低。当你的上司因为你的工作很差劲批评你的时候，你首先问问自己，是否为这份工作付出了很多，是不是一直以高度的责任感来对待这份工作？一个负责任的人是不会给自己的工作交出一份白卷的。

日本国民中一直传颂着一则动人的故事：很多年以前，一个妙龄少女来到东京帝国酒店里当服务生。这是她的第一份工作，她将从这里迈出人生的第一步。为此她暗下决心：一定要好好干，干出成绩来！

可她万万没有想到，上司安排她这个漂亮的姑娘去洗厕所！

对于洗厕所这样的工作，除非万不得已，一般人都不会承受，更何况一个细皮嫩肉、喜爱洁净的少女呢？她能干得了吗？

一开始，她虽然不停地暗下决心，鼓足勇气去尝试，去适应，但是，真正用自己白皙的小手拿着抹布伸进马桶里时，视觉和嗅觉上的反应还是侵袭而来，让她感到恶心，胃里立即翻江倒海，想呕吐又吐不出来，实在太难受了！而老板对工作质量的要求是：必须把马桶抹洗得光洁如新！

她当然明白光洁如新是什么含义，也知道这样高标准的质量要求对自己意味着什么。她为此而痛苦，陷入了困惑与苦恼之中。她也想过退却，想过辞职另谋职业，但是她又不忍心自己人生面临的第一课就以失败告终。她认为那是非常丢人的事情，她真的不甘心就这样败下阵来。她想起了自己刚来的时候曾经下过的决心：人生第一步一定要走好！可

是，即使她憋足了气要干好工作，还是适应不了这样的工作环境。

就在这时，一位令她感动的同行前辈出现在她面前，帮她摆脱了苦恼和困惑。他并没有对她反复说教，而是亲自全身心地投入到工作中去，为她树立工作的榜样。

首先，他非常愉快地帮她进行工作示范，一遍又一遍地擦洗着马桶，直到抹得光洁如新。然后非常得意地去欣赏自己的工作成果。接下来，他从马桶里盛了一杯水，一饮而尽，竟然毫不犹豫的喝了下去。

这让她非常感动，他不用多少语言就告诉了他一个极为朴实的道理：光洁如新的要点在于新，新的东西就一点也不脏，新的容器里的水是完全可以饮用的；反过来，只有马桶里的水达到了可以喝的程度，才算是把马桶抹得光洁如新了。而这一点已经被证明是完全可以做到的。

就这样，这个日本小姑娘从前辈的关怀、鼓励中获得了战胜困难的勇气和信心。她激动得不能自持，从身体到灵魂都震颤不已。她从目瞪口呆到热泪盈眶，从如梦初醒到恍然大悟，从痛下决心到付诸行动：就算今后一辈子洗厕所，也做一名全日本最出色的洗厕所的人。

她开始振奋精神，全心全意地投入到清洗厕所的工作中。她的工作从来没有老板在身边监督，但她始终以前辈做榜样，使工作质量达到前辈的水平。当然，她也多次喝下自己清洗过的马桶的水，既是检验自己的工作质量，也是检验自己的自信心。

正是这种对工作全身心投入，一丝不苟的敬业精神，使她迈好了人生的第一步。有了这种精神，她可以克服工作中所有的困难，从此她踏上了成功之路，开始了她人生不断从成功走向辉煌的历程。几十年光阴很快就过去了，后来她成为日本政府内阁的主要官员——邮政大臣，她的名字叫野田圣子。

有人说，是上帝偏爱她，让她洗厕所。这话其实不完全对。野田圣子真正的成功来自于她坚定不移的人生信念，表现为她强烈的敬业精神。她之所以拥有成功的人生，成为一个幸运的成功者，或者说成功的幸运者，就在于她对于工作的坚定信念：就算是一辈子洗厕所，也要做全日本最出色的洗厕所的人。

这也印证了我国古代孟子的一段名言：“天将降大任于斯人也，必先苦其心志，劳其筋骨，饿其体肤，空乏其身，行拂乱其所为。所以动心忍性，增益其所不能。”由茧化蝶需要痛苦的蜕变，要获得成功也需要必要的磨炼。

培养负责任的管理态度

面对责任的态度，不同人有不同的反应。而且不以其身份背景为区分，卑微的人可能面对责任毫不逃避勇敢上前，看似高贵的人亦有可能面对责任满是恐惧，只有逃避。事实上，在我们的生活中，没有做不好的工作，只有不负责任的人。

很久以前的一个国家，有一位农民每天都肩挑柴火翻山越岭，去集市换取一天的生活所需，并用剩余的钱供自己的孩子上学。

儿子在放暑假后回到了这个家里，父亲为了培养儿子的吃苦精神，便叫儿子替他挑柴火上集市去卖。儿子很不情愿的答应了他，翻山越岭肩挑柴火着实把他给累坏了。挑了两天，儿子再也不动了。

父亲没办法，只好叹着气让儿子歇着，自己还是一天接一天挣钱养家糊口。可天有不测风云，一天父亲病倒了，而且病的不轻，这一病就是半个月。家里失去了生活来源，眼看就要断粮了，儿子没有办法，终于主动地挑起了生活的重担，每天天不亮，儿子学看父亲的样子，上山砍柴，然后挑到集市去卖，一点也不觉得累。

看着儿子，父亲心里非常高兴，“儿子，别累坏了身子!”父亲又喜又爱地看着儿子忙碌的身影对他说。

这时，儿子把手中的活停了下来，对父亲说：“父亲，我这些日子一直有个奇怪的感觉，一开始的时候你让我挑柴火，我挑着那么轻的担子都觉得特别累，现在我挑得越来越重，相反倒觉得担子越来越轻了，这是什么原因呢?”

父亲赞许地点了点头，对儿子说道：“这是两个方面的原因，一是你身体承受的能力经过锻炼越来越好，所以你觉得轻。另外一个也是最重要的一个，因为是你主动去挑重担的缘故，主动需要勇气，而这勇气便是你是最大的力量。你的体力加上你的敢挑重担的勇气，当然会使你觉得担子轻了。”

是啊！我们每个人都需要这种挑重担子的勇气，因为这种挑重担的勇气能使人越来越有责任心，同时越来越具有更强的能力，所以每个人都希望把工作交给那些真正能够负起责任的人来承担。

上面所讲是一个在美国流传很广的故事。很多人都知道，有很多人从这个故事中领悟到了生活和工作的真谛。他们的内心拥有平衡感，不会因为看到某个人在一夜之间成为优秀的人就说：“他是上帝的宠儿，是机遇让他成功的。”他们能够清楚地看待成功的本质，认为成功取决于个人品质。成功的优秀人士大都是这样的人：有高度责任心；工作态度表里如一、一丝不苟；永远抱有激情。他们的成功是一种透明的成功，没有半点儿虚假，没有半点儿水分。

在他们看来，责任心是一个人对自己认真做事的表现。当你走进邮局汇款，把2000元交给你不认识的人，你就松了一口气，再也不担心家里这个月收不到生活费了。为什么你敢走进一个陌生的房间，把钱交给一个陌生的人？因为你相信邮局为你负责的责任心。

当你有病去医院看病，就会按照医生的药方去抓药，因为你相信医院，你相信他们的医生会为你负责。

当你走进一家大酒店，登完记，把行李放进房间，然后你可以悠闲地去吃饭、逛街，你不必担心放在酒店的东西会丢失。在一个陌生的环境，这种信心来自何处？来自于你对酒店的信任，因为你相信酒店会对你负责。

有的人对生活的解释就是混，这样的人，是不能做好任何工作的，他不会是个好员工，更不能做老板。他没有责任感，他不懂得负责。

不管做员工，还是做老板，首先要培养自己的责任心。松下幸之助在谈经营管理时说，作为一个老板，一定要有负起绝对责任的心理准备。不管员工有10个，还是100个，甚至1000个、10000个，责任还是由他一个人负。自己站在最高的立场，一切都是自己的责任了，这个道理亘古不变。

在工作中你是否经常问“这是谁的错”呢？如果你经常说“这是谁的错”的话，那么你就有爱逃避责任的嫌疑。一般来说，那些勇于承担责任的人，是不会问这是谁的错，相反，他们首先把错误的责任自己扛下来，“这是我的错”是他们的口头禅。

相反，那些不爱承担责任的人往往找借口为自己开脱。除了忽略、逃避或不愿面对现实问题以外，另一种方式就是捏造借口。如“没有人

告诉我要做什么啊，也没有人告诉我该怎么做啊！”“这命令我根本就不知道!”“都没有人看我做得怎么样，我怎么知道我做得对不对啊！”还有一种回避责任的方式就是把自己的责任范围划分得很小，也就是“这不关我的事”的策略。被动的员工即使知道公司出了问题，看到错误的发生，或听到许多客户抱怨同一个问题，他们也会置之不理，因为这些不在他们的工作范围之内。他们会无所事事地、眼睁睁地看着问题越积越大，也懒得发出一声警告，更不要说把责任扛到自己肩上了。还有一种逃避责任的方式，就是看到日益严重的问题，却告诉自己“等等看吧。”这就是告诉自己：“迟早会有人来做的。”最后一个逃避责任的例子就是用一种消极的态度来面对问题，这种态度就是：“我已经做得够多了。”在这种情况下，我们就无法由自己是否已经达到设定的目标、是否已经尽力，来判断自己是不是负责的。

上面的这些逃避责任的方式在初入职场的新人当中也十分常见。作为刚参加工作的年轻人，如果一开始就想着逃避责任的话，只会养成一种惰性，养成一种“事不关己，高高挂起”的心态，这样对年轻人未来的事业发展是极其有害的。

所以说，责任能够产生信任，责任能够产生信誉。一个真正有责任感的人，一个为自己承诺、为自己行为负责的人，才有可能是一个有信誉、让人信任的人。

树立负责任的管理观念

社会是由各种各样大大小小的责任支撑起来的，每一个责任点都是一个位置，这个位置就是老板、经理、部门主管……它需要一个人来占据，这个人就是能够负起这个位置责任的人。

作为刚步入工作岗位的职场新人要从一开始就树立负责任的观念，把公司的事当成自己的事，不推诿、不逃避责任，出了问题要勇于承担责任，找出原因，弥补过失，吸取教训并努力做好以后的工作。

要树立一种强烈的主人翁精神，勇于承担责任。要知道现在的企业组织体系中，工作范围的界定其实只是每个人所应该做的最小范围。对工作有野心和热情的员工，就不会将自己局限在固有的工作范围内。要知道，想要在工作上有一番成就，就必须不断寻找机会，扩大自己对公司的贡献。因此，那种以“不关我事”为由来逃避责任的人实在是很愚蠢。负责的观念是每一家公司都在塑造的企业文化。这是一个真实的例子，并不是虚构的，从这个事例中我们可以看出责任的重要性。

希拉斯·菲尔德先生在退休的时候攒了一大笔钱，许多人认为他有了这笔钱，可以安然地度过他的晚年，然而他却突发奇想，想在大西洋的海底铺设一条连接欧洲和美国的电缆。

随后，他就开始全身心的推动这项事业。前期基础性的工作包括建造一条1000英里长，从纽约到纽芬兰圣约翰的电报线路。纽芬兰400英里长的电报线路要从人迹罕至的森林中穿过，所以，要完成这项工作不仅包括建一条电报线路，还包括建同样长的一条公路。此外，还包括穿越布雷顿角全岛共440英里长的线路，再加上铺设跨越圣劳伦斯海峡的电缆，整个工程十分浩大。

菲尔德使尽全身解数，总算从英国政府那里得到了资助。然而，他的方案在议会上遭到了强烈的反对，在上院仅以一票的优势获得多数通过。随后，菲尔德的铺设工作就开始了。电缆一头搁在停泊于塞巴斯托波尔港的英国旗舰“阿伽门农号”上。另一头放在美国海军新造的豪华护卫舰“尼亚加拉号”上，不过，就在电缆铺设到5英里的时候，电缆突然卷到了机器里面，被弄断了。菲尔德不甘心，进行了第二次实验。在这次实验中，铺设到200英里长的时候，电流突然中断了，船上的人们在甲板上焦急地踱来踱去。就在菲尔德先生即将命令割断电缆，放弃这次实验时，电流突然又神奇的出现，一如它神奇的消失一样。夜间，船以每小时4英里的速度缓缓航行，电缆的铺设也以每小时4英里的速度进行。这时，轮船突然发生了一次严重倾斜，制动器紧急制动，不巧又割断了电缆。

菲尔德并不是一个容易放弃的人。他又订购了700英里的电缆，而且还聘请了一个专家，请他设计一台更好的机器，以完成这么长的铺设任务。后来，英美两国的科学家联手把机器赶制出来。最终，两艘军舰在大西洋上会合了，电缆也接上了头；随后，两艘船继续航行，一艘驶向爱尔兰，另一艘驶向纽芬兰，结果他们都把电缆用完了。两船分开不到3英里，电缆又断开了，再次接上后，两船继续航行，到了相隔8英里的时候，电流又没有了。电缆第三次接上后，铺了200英里，在距离

"阿伽门农号"20英尺处又断开了，两艘船最后不得不返回到爱尔兰海岸。

参与此事的很多人都泄了气，公众舆论也对此流露出怀疑的态度，投资者也对这一项目没有了信心，不愿再投资。这时候，如果不是菲尔德先生，如果不是他百折不挠的精神，不是他天才的说服力，这一项目可能就此放弃了。菲尔德继续为此日夜操劳，甚至到了废寝忘食的地步，他决不甘心失败。于是，第三次尝试又开始了，这次总算一切顺利，全部电缆铺设完毕，而没有任何中断，几条消息也通过这条漫长的海底电缆发送了出去，一切似乎就要大功告成了，但突然电流又中断了。

这时候，除了菲尔德和他的一两个朋友外，几乎没有人不感到绝望。但菲尔德仍然坚持不懈地努力，他最终又找到了投资人，开始了新的尝试。他们买来了质量更好的电缆，这次执行铺设任务的是"大东方号"，它缓缓驶向大西洋，一路把电缆铺设下去。一切都很顺利，但最后在铺设横跨纽芬兰600英里电缆线路时，电缆突然又折断了，掉入了海底。他们打捞了几次，但都没有成功。于是，这项工作就耽搁了下来，而且一搁就是一年。

所有这一切困难都没有吓倒菲尔德。他又组建了一个新的公司，继续从事这项工作，而且制造出了一种性能远优于普通电缆的新型电缆。1866年7月13日，新的实验又开始了，并且顺利接通，发出了第一份横跨大西洋的电报！电报内容是："7月27日。我们晚上9点到达目的地，一切顺利。感谢上帝！电缆都铺好了，运行完全正常。希拉斯·菲尔德。"不久以后，原先那条落入海底的电缆被打捞上来了，重新接上，一直连到纽芬兰。现在，这两条电缆线路仍然在使用，而且再用几十年也不成问题。

所以说，一个人承担的责任越多越大，证明他的价值就越大。因此你应该为自己所承担的一切感到自豪。想证明自己最好的方式就是去承

担责任，如果你能担当起来，那么祝贺你，因为你不仅向自己证明了自己存在的价值，你还向社会证明你能行，你很出色。

如果你是一名企业的领导，就这样告诉你的员工，你为他们承担的责任感到骄傲，你也愿意为他们承担责任。无论是现在还是将来，你都会一如既往地做下去。

如果你是一名员工，就这样告诉你的领导，你很高兴能够为企业承担责任，这会让你觉得对于企业而言，自己并不是可有可无。相信自己，你从没有懈怠过自己的责任。

无论是我们的老板还是我们的员工，大家都在承担着自己的责任。而且无论是谁在承担责任时都不是轻松的。因为不轻松，所以能够担当责任的人才值得尊敬。

对员工管理负起责任

企业是一个协作体，只有以高度的责任感相互协作，整个企业才能迅速稳健地向前发展。

对员工而言，责任的方向是对上的，员工要时时表现出对领导者的责任。领导者为企业的发展制定的决策需要员工来具体执行，执行得好与坏不仅仅关系到决策的成败而且关系到整个企业的兴衰，所以员工必须负起责任。这是不容置疑的，如果你还认为自己是企业中的一员，和企业同呼吸共命运的话，就必须对自己负起责任。

企业里的每一个员工都对其他的员工负有责任，这就像互相咬合的齿轮，大家必须紧紧地连在一起，才能共同发挥作用。因为，成功的组织必须对自己负责，也需要彼此负责，这样才能达到事先约定的成果。

对任何一个方向的责任没有承担起来，企业的发展就会受到严重的阻碍，企业的整体责任属于企业中的每一个成员，无论你的职位高低。

企业中的每一个成员必须做好自己该做的，但这并不意味着“各自为政”，明确责任的方向就是告诉企业的每一位成员，整个企业的发展需要所有成员的共同协作，只有这样才能保证企业的整体利益。

不找借口是执行力的表现，它体现了一个人对自己的职责和使命的态度。一个不找借口的员工，肯定是一个勇于负责的员工。可以说，工作就是不找借口地去执行。

卢尔先生是美国一家公司的总裁，他提拔了一位非常有潜质的人到一个生产落后的厂子担任厂长。可是半年过后，这个厂的生产状况依然不能达到生产指标。

“怎么回事?”卢尔先生在听了厂长的汇报之后问道，“像你这样能干的人才，为什么不能够拿出一个可行的办法，激励他们完成规定的生产指标呢?”

“我也不知道。”厂长回答说，“我也曾用加大奖金力度的方法引诱，也曾经用强迫压制的手段威逼，甚至以开除或责骂的方式来恐吓他们，无论我采取什么方式，都改变不了工人们懒惰的现状。他们就是不愿意干活，实在不行就招聘新人吧，让他们走人!”

这时恰逢太阳西沉，夜班工人已经陆陆续续向厂里走来。“给我一支粉笔，”卢尔先生说，然后他转向离自己最近的一个白班工人，“你们

今天完成了几个生产单位?”

“6个。”

卢尔先生在黑板上写了一个大大的、醒目的“6”字以后，一言未发就走开了。当夜班工人进到车间时，他们一看到这个“6”字，就问是什么意思。

“卢尔先生今天来这里视察，”白班工人说，“他问我们完成了几个单位的工作量，我们告诉他6个，他就在黑板上写了这个6字。”

次日早晨卢尔先生又走进了这个车间，夜班工人已经将“6”字擦掉，换上了一个大大的“7”字。下一个白班工人来上班的时候，他们看到一个大大的“7”字写在黑板上。

夜班工人以为他们比白班工人好，是不是?好，他们要给夜班工人点颜色瞧瞧!他们全力以赴地加紧工作，下班前，留下了一个神气活现的“10”字。生产状况就这样逐渐好起来了。不久，这个一度是生产落后的厂子比公司别的工厂产出还要多。

卢尔先生就这样巧妙的达到了提升生产效率的效果，是因为他用一个数字激起了员工对企业的责任意识。而这种责任感使得员工充分发挥出他们的能力，创造出骄人的业绩。

一旦领悟了全力以赴地工作能消除工作的辛劳这一秘诀，人们就掌握了打开成功之门的钥匙。能处处以主动尽职的态度工作，即使从事最平庸的职业，也能增添个人的荣耀。

不管做什么工作都需要这种不找任何借口去执行的人。对我们而言，无论做什么事情，都要记住自己的责任，无论在什么样的工作岗位上，都要对自己的工作负责。

下属的希望是生活好，前途好，有保障。正泰集团董事长南存辉曾说;“正泰有‘两个上帝’:一个是顾客，一个是员工，要善待这‘两个上帝’。”

中国古代思想家荀子说：“对于一般百姓，你只剥削他，而没有给予利益；只想百姓效忠你，而你从不关怀他们；只强迫大家为你做事，你不曾为百姓做实事。这样治理国家，结果只有一个可能，就是灭亡。”可见，治国要以人为本，治理企业也是以人为本。以人为本体现在哪里？

李嘉诚说：“最重要的是了解你的下属的希望是什么。第一，除了生活，他们一定要前途好；第二，除了前途好之外，到将来他们年纪大的时候，有什么保障等，很多方面都要顾及到的。”

在正泰打工的小郝是幸运的。尽管他来自四川，但是，在正泰，他却感受到像在家一样温暖。因为正泰真诚地关心着每一位员工。

小郝的妻子到了预产期，入住某医院待产。由于种种原因，妻子难产，婴儿不幸夭折。小郝认为造成婴儿死亡的原因在于医院，要求医院承担相应责任。但是，医院却认为自己“没有责任”，并通过多方关系向家属施加压力。

南存辉知道这件事后，立即取消了出差湖南长沙的安排，亲自组织集团党委、工会等部门负责人，与医院交涉，最后达成谅解。医院领导亲临慰问，并给了他们相应的经济补偿。

事后，小郝夫妇写来了热情洋溢的感谢信。信中是这样写的：

“我们夫妻只是上万名正泰员工中普通的一员，但公司领导能够亲自过问我们的事情，并促成问题的解决，还我们以公道，真是难能可贵。从这件事上，我们深深感受到正泰大家庭的温暖，感受到一名外来员工在这个大家庭中的分量，从而感受到企业以人为本的力量，我们一定忠于正泰、扎根正泰，为正泰发展效力。”

一天晚上加完班，正泰集团建筑电器分公司的员工罗仕文去毗邻的虹桥镇办事，不幸遭到3名歹徒持刀抢劫。他在跟歹徒奋力搏斗的同时，

身上被砍伤20余处。在生命垂危的情况下，他打了个电话向公司求助，公司领导得知他的情况后，立即赶到了虹桥，将他送往医院救治，并为他垫付一切医疗费，随后又送来了慰问品。

伤愈出院后，罗仕文向报社投稿表达自己的情感。他在文中这样写道：

"在茫茫的打工人群中，我只不过像大海里的一滴水，虽然我身在他乡——乐清柳市，可是我并没有漂泊感，我已把她看成是我生命中的第二故乡，因为我有幸是正泰人，正泰就是我的家，公司领导和员工就是我的亲人。我为生活在这样的环境中深感自豪和骄傲。"

传化集团的徐冠巨对人才非常关心，往往能够细心地体察人才的情感需要，给予人才温情的关心。

李盈善教授加盟传化后，就得到了徐冠巨的重视。

说起徐总对自己的关心，李盈善说了这样一件事："1999年，我生了一场病，住进医院。正是春节，病房的病人都回家过年了。我那时是很孤独、很痛苦的。正是需要人关心的时候，徐总和徐总的父亲，就是大老板，还有徐总的哥哥，不止一次来到医院看望我。徐总的父亲——大老板亲自给我梳头。"

"除此之外，"传代"几乎每年都是这样：干部要聚一聚。聚餐时，徐总就带头让全体干部向我敬酒。而且大老板在会上讲话，专门讲一段，我怎样多年为企业作贡献……"

"大家知道的，几乎每一年大老板都讲。我这个时候确实很感动。我说一个人，你年轻的时候，能出大力的时候，表扬你、说你好那是不足为奇的，现在我已经年近70了，精力和劲头远不及前些年了，但大老板和徐总还是那样的热情……"说到这里，李盈善教授已经哽咽得说不出话来。

李嘉诚曾说：“可以毫不夸张地说，一个大企业就像一个大家庭，每一个员工都是家庭的一分子。就凭他们对整个家庭的巨大贡献，他们也实在应该取其所得，只有反过来说，是员工养活了整个公司，公司应该多谢他们才对。”

精明的浙商正是怀着对员工的感恩心理，真诚地关心员工，让员工安心地为企业做贡献。

把管理责任存放心中

我们常常认为只要准时上班，按时下班，不迟到，不早退就是敬业了，就可以心安理得地去领工资了。其实，敬业所需要的工作态度是非常严格的。一个人不论从事何种职业，都应该心中长存责任感，敬重自己的工作，在工作中表现出忠于职守、尽心尽责的精神，这才是真正的敬业。

每个人都肩负着责任，对工作、对家庭、对亲人、对朋友，我们都有一定的责任，正因为存在这样或那样的责任，才能对自己的行为有所约束。社会学家戴维斯说：“放弃了自己对社会的责任，就意味着放弃了自身在这个社会中更好的生存机会。”

一位刚下飞机的外国客人坐上一辆出租车，车内的情况让他大吃一

惊，车上铺着羊毛毯，地毯边上还缀着鲜艳的花边：玻璃隔板上镶着名画的复制品，车窗一尘不染……

外国客人惊讶地对司机说："我从没坐过这样漂亮的出租车。"

司机笑着回答："谢谢你的夸奖。"

外国客人又问："你是怎么想到装饰你的出租车的?"

这时司机给外国客人讲了这样的一段话：

车不是我的，是公司的。我应该对我的公司、我所承担的出租车以及我自己负起责任。多年前，我在公司做清洁工的时候，每辆出租车晚上回来时都像垃圾堆一样：地板上堆满了烟蒂和垃圾，座位或车门把手甚至有一些黏稠的东西。我当时就想，如果他们对公司或出租车多负一些责任应该就会有一辆清洁的车给客人坐了，因为客人心情好了，也许会多为别人着想一点，经济价值也就出来了。

后来我领到了出租车牌照后，我就按自己的想法把车收拾成了这样。每位客人下车后，我都要看一下，一定要为下一位客人把车打扫干净，即使是晚上回到公司，我也一样做到我对公司、出租车以及我自己的责任把车打扫得干干净净。

这位司机就是做到了对公司、对车以及对他本人的责任，所以他的收入总比别人多，他得到的赞美也总比别人多。所以工作就意味着责任。每一个职位所规定的工作内容就是一份责任。你做了这份工作就应该担负起这份责任。

一位化妆品公司的老板刘志重金聘请了一位叫王宇的副总裁，王宇非常有能力，但到公司一年多来，却几乎没有创造什么价值。

王宇的确是一个人才。从他的档案上显示，他毕业于哈佛大学，到刘志公司之前，曾经在 3 家企业担任高层主管。他非常擅长资本运作，曾经带领一个 5 人团队，用 3 年时间将一个 20 人的小企业发展成为员工上千人、年营业额1亿元的中型企业，创造了令同行称道的“王宇速度”。

这样出色的人才，怎么会创造不了价值呢？刘杰去请教一位人力资源咨询师。

“在个人能力方面，我是绝对信任他的。”刘志说。

“你了解他具备哪些能力吗？”人力资源咨询师问他。

“当然了解，在请他来之前，我是非常慎重的，我请专业猎头公司对他进行了全面的能力测试，测试结果令我非常满意。”刘志说，他还详细列举了王宇具备的各种能力，并举出了王宇以前工作中的很多成功案例来佐证。

确实，刘志对王宇的能力是非常了解和倚重的，但是作为一名高层主管，王宇所需要的，绝不仅仅是薪水，单靠薪水，是难以建立他这种综合能力很高的人才的责任感的。后来经过深入的沟通，那位咨询师发现，王宇是一个勇于接受挑战的人，工作的难度越大，越能激起他奋斗的欲望，他随时都有一种准备冲锋陷阵的冲动。应该说，这样的人才是企业的宝贵财富。

“在进入公司之初，我满怀激情，决心干一番大事业，可后来，我发现一切都不是我想像的那样，越来越觉得没劲，对公司也渐渐失去了信心，对自己的工作失去了认同。”王宇终于说出了心里的想法。他说：“我希望有一个能够放开手脚大干一场的工作环境，而不喜欢太多的束缚。”

原来，公司总裁刘志有两个致命的弱点：一是对所用之人难以放心，害怕能人挖公司的墙脚；二是喜欢亲力亲为，经常越级指挥。在很多事情上，使王宇感觉自己形同虚设。

王宇最需要的，应该是需求层次中的“自我实现的需求”，如果能够

以业绩来证明自己，就是他人生最大的快乐。

找到问题之后，咨询师把刘志和王宇请到一起，共同分析公司授权和指挥系统方面的问题，明确了作为董事长兼总裁的刘志的职权范围和作为副总裁的王宇的职权范围，共同制定了公司的授权制度，以及组织指挥原则。通过他们的共同努力，情形发生了很大的变化。王宇几乎是变了一个人，他做出了很多成绩，而且，刘志和他已经成了不可分离的亲密战友。

这个故事很有启发意义。王宇的转变，使他自身出众的才能得以充分发挥。而促使他转变的关键因素，则是重新唤起了他对公司的责任感。

实际上，王宇本人是极富责任感的——当然，他的能力也是一流的，但他在刘志的公司里起初的无所作为和以后的成功表现证明了责任胜于能力。

然而，让我们感到万分遗憾的是，在现实生活以及工作中，责任经常被忽视，人们总是片面地强调能力。

的确，战场上直接打击敌人的，是能力；商场上直接为公司创造效益的，也是能力。而责任，似乎没有起到直接打击敌人和创造效益的作用。可能正是因为这一点，导致人们重能力轻责任。

人力资源考官在招聘新职员时，关注的总是“你有什么能力”、“你能胜任什么工作”、“你有什么特长”之类关于能力方面的问题，而很少关注“你能融入到我们公司的文化中吗”、“你认同我们公司的理念吗”、“你如何理解对公司的热爱”等关于责任的问题。

主管们在分派任务时，也无意识中犯着类似的错误。他们过分强调员工“能够做什么”，而忽视了员工“愿意做什么”。

一个员工能力再强，如果他不愿意付出，他就不能为企业创造价值，而一个愿意为企业全身心付出的员工，即使能力稍逊一筹，也能够创造出最大的价值来。这就是我们常常说的“用 B 级人才办 A 级事情”，“用 A 级人才却办不成 B 级事情”。一个人是不是人才固然很关键，但最关键的还在于这个人才是不是一个企业真正意义上负责任的员工。

当然，责任胜于能力，并不是对能力的否定。一个只有责任感而无能力的人，是无用之人。而责任则需要用业绩来证明，业绩是靠能力去创造的。对一个企业来说，员工的能力和责任都是动态的。

心中常存责任感

我们每个人都应该对所担负的责任充满责任感。

责任感与责任不同。责任是指对任务的一种负责和承担，而责任感则是一个人对待任务、对待公司的态度。责任感是简单而无价的。据说美国前总统杜鲁门的桌子上摆着一个牌子，上面写着 Book of stop here (责任到此，不能再拖)。他桌子上是否有这样一个牌子，我不能去求证，但我想告诉大家的是，这就是责任感。

一个人责任感的强弱决定了他对待工作是尽心尽责还是浑浑噩噩，而这又决定了他做事的好坏。如果你在工作中，对待每一件事都是“Book of stop here”，出现问题也绝不推脱，及时没法改善，那么你将赢得足够的尊敬和荣誉。

当我们对工作充满责任感时，就能从中学到更多的知识，积累更多的经验，就能从全身心投入工作的过程中找到快乐。这种习惯或许不会有立竿见影的效果，但可以肯定的是，当懒散敷衍成为一种习惯时，做起事来往往就会不诚实。这样，人们最终必定会轻视你的工作，从而轻视你的人品。粗劣的工作，就会造成粗劣的生活。工作是人们生活的一部分，做着粗劣的工作，不但使工作的效能降低，而且还会使人丧失做事的才能。工作上投机取巧也许只给你的老板带来一点点的经济损失，但是却可以毁掉你的一生。

那些责任感不强的泥瓦工和木匠，将砖石和木料拼凑在一起来建造房屋，在这些房屋尚未售出之前，有些已经在暴风雨中坍塌了；那些责任感不强的医科学生不愿花更多的时间学好技术，结果做起手术来笨手笨脚，让病人冒着极大的生命危险；责任感不强的律师在读书时不注意培养能力，办起案件来捉襟见肘，让当事人白白浪费金钱；责任感不强的财务人员，在汇款时疏忽大意写错了一个账号，给公司带来灾难性的损失……这样的人，因为给老板和顾客带来灾难而失去了工作的资格。

责任感是我们战胜工作中诸多困难的强大精神力量，使我们有勇气排除万难，甚至可以把“不可能完成”的任务完成得相当出色。失去责任感，即使是做我们最擅长的工作，也会做得一塌糊涂。

木匠师傅乔治做了一辈子的木匠了，他在工作当中以其敬业和勤奋而深得老板的信任。在某一天，已经年老力衰的乔治对老板说，自己想退休回家与妻子儿女享受天伦之乐了。乔治的老板十分舍不得他，再三挽留乔治，但是他去意已决，不为所动。最终老板只好答应他的请辞，不过在乔治请辞之前还希望他能再帮助自己盖一座房子。乔治自然是无法推辞的。

乔治已归心似箭，又怎么会把心思全放在工作上呢！这时的乔治用料也不像以前那么严格了，做出的活也全无往日的水准。他的老板看在眼里，但却什么也没说。等到房子盖好后，老板将钥匙交给了乔治。

“乔治，你为我工作了大半辈子，作为我对你的感谢，我把这房子送给你，所以这是你的房子。”老板说。

这时乔治愣住了，悔恨和羞愧溢于言表。他这一生盖了那么多华亭豪宅，最后却为自己建了这样一座粗制滥造的房子。

同样一个人，可以盖出华亭豪宅，也可以建造出粗制滥造的房子，不是因为技艺减退，而仅仅是失去了责任感。如果一个人希望自己一直有杰出的表现，就必须在心中种下责任的种子，让责任感成为鞭策、激励、监督自己的力量，使自己在工作上没有丝毫的懈怠。

或许有人说，只有那些有权力的人才需要很强的责任感，而自己只是一名普通员工，只要把事情做完了就行了，至于责任感有无皆可。事实上，企业是由每一个人组成的，大家有共同的目标和共同的利益，企业里的每一个人都负载着企业生死存亡、兴衰成败的责任，因此无论职位高低都必须具有很强的责任感。

缺乏责任感的员工，不会视企业的利益为自己的利益，也就不会因为自己的所作所为影响到企业的利益而感到不安，更不会处处为企业着想，为企业留住忠诚的顾客，让企业有稳定的顾客群，他们总是推卸责任。这样的人在老板眼里是一个不可靠的、不可以委以重任的人，一旦伤害公司和客户的利益，老板会毫不犹豫地将其解雇掉。

一个有责任感的员工，不仅仅要完成他自己分内的工作，而且他会时时刻刻为企业着想。老板也会为拥有能够如此关爱自己的企业，关注着企业的发展的员工感到骄傲，也只有这样的员工才能够得到企业的信任。事实上，只有那些能够勇于承担责任、具有很强责任感的人，才有可能被赋予更多的使命，才有资格获得更大的荣誉。

对待工作，是充满责任感、尽自己最大的努力，还是敷衍了事，这一点正是事业成功者和事业失败者的分水岭。事业有成者无论做什么，都力求尽心尽责，丝毫不会放松；成功者无论做什么职业，都不会轻率疏忽。

在某一个时刻或某一段时间，我们总是有着责任感的，否则不可能完成自己的工作。但让责任感成为我们脑海中一种强烈的意识，深入到工作中的每一点每一滴，并一直坚持下去却十分困难，因为在坚持的过程中，诱惑太多。不是所有的时候，理智能战胜感情；也不是所有时候，责任感能战胜懒散。

不管怎样，责任感必须培养，也完全可以培养。注意工作中的细节就有助于责任感的养成。一个书店的营业员能勤擦拭书架上的灰尘，一家公交公司的司机，能让车天天保持整洁，渐渐地就会习惯成自然。当责任感成为一种习惯，成了一个人的生活态度，我们就会自然而然地担负起责任，而不是刻意地去做。当一个人自然而然地做一件事情时，当然不会觉得麻烦和累。当你意识到责任在召唤你的时候，你就会随时为责任而放弃别的东西，而且你不会觉得这种放弃对你很艰难。

这是我该负的责任

工作意味着责任。责任意识会让我们表现得更加卓越。一个富有责任感的人，会有很强的责任心。责任心是通往梦想的关键桥梁。离开这座桥梁，你只能望洋兴叹。

责任心使得人们能时刻表现出一种令人信任的气质，随时随地都让人感觉到这是一个优秀的人。责任心可驱除自卑，因为它所带来的成功会驱散内心的阴影，久而久之就可燃起成功的自信。责任心可以扫去急躁和粗心，当你知道工作的分量，就会赋予自己工作的激情，从而促使自己克服工作中的不良习惯。责任心常常与机遇结伴而行。常言说："机会总是垂青那些有准备的人。"而一个有高度责任感的人就是一个随时做好准备的人——他用自己勤恳的态度，谨慎的作风向世人证明：把工作交给他，他会干得很出色。是金子总会发光。有责任心的人迟早会被证明：他们是优秀的人。

世界上在各个领域成功的人，能力的侧重点也不同，但是他们成功的共同基点却是：强烈的责任感，以及与之相伴而行的完美执行力。他们常说的一句话就是："这是我该负的责任。"

星期天下午，一群男孩在公园里做游戏。游戏的规则是这样的：他们模拟一个军事活动。你要知道，男孩子对军队有着天然的兴趣。在这个部署中，有人扮演将军，有人扮演上校，也有人扮演普通的士兵。有个“倒霉”的小男孩抽到了士兵的角色。他要接受所有长官的命令，而且要按照命令丝毫不差地完成任务。

“现在，我命令你去那个堡垒旁边站岗，没有我的命令不准离开。”扮演上校的亚历山大一边指着公园里的垃圾房（在这个游戏中，垃圾房被称为堡垒），一边神气地对小男孩说道。

“是的，长官。”小男孩快速、清脆地答道。

接着，“长官”们离开现场；小男孩来到垃圾旁边，立正，站岗。时间一分一秒地过去了，小男孩的双腿开始发酸，双手开始无力，很显然已经进入疲惫状态。更要命的是，天色渐渐暗下来，却还不见“长官”来解除任务。现在是几点？不知道。“长官”去了哪里？他也不知道，因为他不能离开岗位去寻找他的伙伴。

一个路人经过，看到正在站岗的小男孩，惊奇地问道：“你一直站在这里干什么呢？你已经在这里站了两个多小时了。知道吗？下午进公园的时候我就看见你了。”

“我在站岗，没有长官的命令，我不能离开。”小男孩答道。

“你，站岗？”路人哈哈大笑起来：“这只是游戏而已，何必当真呢？”

“不，我是一名士兵，要遵守长官的命令。”小男孩答道。

“可是，你的小伙伴们可能已经回到家里，不会有人会来下命令了，你还是回家吧。”路人劝道。

“不行，这是我的任务，是我该负的责任，要是没有完成的话，以后他们就不让我参加军事演习了。我不能离开。”小男孩坚定地回答。

“好吧。”路人实在是拿这位倔强的小家伙没有办法，他摇了摇头，准备离开，“希望明天早上到公园散步的时候，还能见到你，到时我一定跟你说声‘早上好’。”他开玩笑地说道。

听完这句话，小男孩开始觉得事情有一些不对劲：也许小伙伴们真的回家了。于是，他向路人求助道：“其实，我很想知道我的长官现在在哪里。你能不能帮我找到他们，让他们来给我解除任务。”路人答应了。过了一会儿，他带来了一个不太好的消息：公园里没有一个小孩子。更糟糕的是，再过 10 分钟这里就要关门了。

小男孩开始着急了。他很想离开，但是没有得到离开的准许。难道他要在公园里一直待到天亮吗？事情并没有想像中的那么糟糕。正在这时，一位军官走了过来，他了解完情况后，脱去身上的大衣，亮出自己的军装和军衔。接着，他以上校的身份郑重地向小男孩下命令，让他结束任务，离开岗位。

军官对小男孩的执行态度十分赞赏。回到家后，他告诉自己的老伴：“这个孩子长大以后一定是名出色的军人。他对工作岗位的责任意识让我震惊。”

军官的话一点没错。后来，小男孩果然成了一名赫赫有名的军队领袖——布莱德雷将军。坚守岗位，完成任务，这就是我们所说的岗位责任。连小孩子都知道的岗位责任。

在上面这个故事中，哪怕是在游戏之中，小男孩也尽职尽责地履行自己的责任。假如你是老师，在分派任务时候，你会信任这样的人吗？假如你是老板，在提升职位的时候，你会首先考虑他们吗？当然！这样的人无疑是能够准确无误完成任务的人。无论是在卑微的岗位上，还是在重要的职位上，他们都能秉承一种负责、敬业的精神，一种服从、诚实的态度并表现出完美的执行能力。他们想尽办法完成任务，一丝不苟地恪守本职工作。他们总是在想：“这是我该负的责任”，而不是寻找那

些貌似合理的借口。这样的人是任何一个企业的最优选择。

工作意味着责任；岗位意味着任务。在这个世界上，没有不需承担责任的工作，也没有不需要完成任务的岗位。你的职位越高、权力越大，你肩负的责任就越重。不要害怕承担责任。承担责任不意味着个人利益的损失；推卸责任不意味着个人利益的获取。因为，在这个社会中，责任已经成为人们内心世界的组成部分，并且深植其中。人们时刻固执着一种强烈的意识：这是我该负的责任。

因此，如果你知道：我是一个工作着的人。你必然也知道：我是一个对工作负责任的人。这两句话并行而行，不可分割。工作意味着责任，责任意识会让我们表现得更加卓越。世界上成功的企业家、CEO 性格迥异，能力的侧重点也不同，但是他们成功的共同点却都是：强烈的责任感，以及与之相伴而行的完美执行力。他们最常说的一句话就是："这是我该负的责任。"

重要的管理素质：负责任

承担责任，享受自由，不是一对矛盾体，相反，是相辅相成的。只有勇敢地承担责任，才能得到大家的信任与认可，才能享受真正的自由。只想着逃避责任，甚至推卸责任，这样的人会有生命的自由吗？就算得到片刻的自由，也会因无知而受到惩罚。而我们可以从现在开始，无论是少年、中年、老年，只要是希望自己的人生活得更精彩，就去做吧！成熟的行为方式就体现在我们对生活和工作的态度上，体现在负责的程度上。

你想成为一名成功的管理者吗？当然，肯定不会有人说不的。但这并不妨碍你培养自己一些作为领导人所应该具备的素质，因为这些素质会使你受益匪浅。但是，有一点是最重要的：如果你不敢或不愿意担负责任，你就不可能成为一名优秀的领导。不要怀疑自己的能力，只要你敢于承担责任，不断学习，不久的将来，你就会成长为一名优秀的领导者。

麦肯锡曾经作过一个调查，一个成功经理人应具备什么样的素质？结果有近90%的人选择了要敢于承担责任。敢于负责任，是领导者应该具备的基本素质。如果你不敢或不愿担负责任，你就不可能成为一名优秀的领导。这是一个常识，也是一种人生态度。

可能你与绝大多数人一样有这样的看法：“如果我认为这件事与我有关，我就会去负责任。”“我的上级出差错，与我有什么关系？”你当然可以这样看。但是，如果你这样看时，你一定不会对那件事产生任何影响力。在这里，负不负责任，既不是法律问题，也不是道德问题，而是心态问题。

你或许会说，人的能力是有限的，不可能对什么事都负责。但是没有人知道你到底有多大的能力。神经语言学的研究认为，每个人都“以拥有所需的一切资源，来对付他们面临的任何处境。”你愿意负责任的事越多，你的能力就越大。负责任是扩大自己能力的一个入口。一个人有多重要，通常与他所负责任的多少成正比。你可能会说，当一个人重要的时候，他的责任自然就多，就会重。但事实却是，当你愿意负责，并且对那些你认为和你有关的事去负责的时候，你就会变得重要起来。同时，在这个过程中，你的能力也会得到意想不到的提升。

生活中，许多人都把工作看作是谋生的工具，每天应尽的责任对他们而言，简直就是折磨。这样的人工作效率可想而知，更谈不上事业有成了。

在给某企业做培训时，就有人对我说：“我每天从事的工作就是周而复始的重复。这样的工作怎么培养工作乐趣？”

我回答：“如果你想有所成就的话，那么请记住这样一个故事。”

刚做车工的萨姆尔·沃克莱日复一日的工作就是车螺丝钉，整天看着那一大堆等待他去车的螺丝钉，萨姆尔·沃克莱满腹牢骚，心想我真是倒霉透顶了，自己干什么不好，为什么偏偏来车螺丝钉呢？

他想过找老板调换工作，甚至想过另谋职业，但都行不通，最后他想：能不能找到一个积极的办法，使单调乏味的工作变得有趣起来。于是，他决定和工友商量开展比赛，看谁做得快。工友欣然接受，因为他们都做同样的工作，和他颇有同感。

这个办法果然有效，他们工作起来再也不像以前那样乏味而懒散了，而且效率也大为提高。不久，他们就被提拔到新的工作岗位。后来，沃克莱成了著名的鲍尔文火车制造厂的厂长。

由此可见，对于一件事，如果你事先已经认为它是不可能的，那它一定是不可能的。如果你认它有可能，它就有可能。如果人类认为比空气重的东西永远不能飞上天，我们今天就不会有空中旅行的便利。或者，再举个这样的例子。城市污染真的与你无关吗？如果你认为和你无关，你就不会对这种情况的改善发挥自己的影响；如果你认为和你有关，你是可以做一些事令它改观的。比如，你可以提出治理方案，可以投诉排污企业等等。如果更多的人像你一样想，像你这样做，空气污染的问题离解决的一天将不再遥远。

敢于负责任是成为一名领导者必备的素质。如果你希望有朝一日能够成为一名领导者，就从今天开始培养的你的责任感吧！

简单管理的共同准则

第七章

管理并不像我们想象的那样复杂，因为管理强调的是要以有效的方法达到目的的具体行为。这就必然要求在实践中设计一种行得通的解决办法，而这个办法就是：只要我们遵循管理中的一些共同准则，成功就是水到渠成的事。

管理需要突破常规

我们要想在这个社会上有所作为，就必须努力并发展你的管理个性，使自己成为一个成功的管理者，无论是在生活方面或是工作方面。而作为管理者最重要的便是决不能墨守成规、一成不变，管理也需要转换思想，突破常规。作为企业的领导者，只有通过坚持不懈的创新，才能使企业有市场、有生命力，才能使企业获得成功，同时，领导者自己也能获得应有的回报，展现创新魅力。

美国斯坦福大学心理学家詹马德曾做过这样一个试验：他找来两辆一模一样的汽车，一辆停在比较杂乱的街区，一辆停在中产阶级社区。他把停在杂乱街区的那一辆的车牌摘掉，顶棚打开，结果一天之内就被人偷走了。而摆在中产阶级社区的那一辆停放了一个星期也安然无恙。后来，詹马德用锤子把这辆车的玻璃敲了个大洞，结果，仅仅过了几个小时，它就不见了。

后来，政治学家威尔逊和犯罪学家凯琳依托这项试验，提出了一个“破窗理论”。这一理论认为：“如果有人打坏了一个建筑物的窗户玻璃，而这扇窗户又未得到及时维修，别人就可能受到暗示性的纵容去打烂更多的窗户玻璃。久而久之，这些破窗户就给人造成一种无序的感觉。那么在这公众麻木不仁的氛围中，犯罪就会滋生、蔓延。”

“破窗理论”在社会管理和企业管理中给我们的启示是：“必须及时修好”第一个被打碎的窗户玻璃。这也就是人们常说的“防微杜渐”，一个企业只有在管理出现问题的时候，就立刻突破常规，加以完善，才能遏制一些不必要的问题出现，我们不能等到问题出现的时候，才去处理，这样对我们的管理是非常不利的。为此，一位富有经验的管理者说：“千万不能让它爆发，否则就容易一发而不可收。”

在一个企业中，大多数的部属，往往不知企业的工作规则。因此，管理者经常质问部属：“目前公司有哪些条文规定？请你加以说明。”管理者以为：若不这样，部属在精神上根本不会关心这个问题，更甭提以这些规则为基准来从事他的工作。若真是这样，那么这种领导只是在做表面工作，却忽略了真正的内涵。

规则的制订，其目的多半是在对一些暧昧不明的事项，经过明确判断，订出一些共同的标准。因此，它是具有时间性的，同时，也是为适应时代、环境而制订出来的，绝不是千古不变的定律。一旦时代变更、环境变迁，这些规则必然会跟着失去合理性或时效性，因此，如何使规则切合实际的需要，这才是领导工作最重要的一环。

然而，在我们的日常生活中，我们常常错误地把自己的想法和意愿投射到别人身上：自己喜欢的人，以为别人也喜欢，自己喜欢吃的东西，以为别人都爱吃；父母总喜欢为子女设计前途、选择学校和职业。

一旦我们错误地把自己的想法和意愿投射到别人身上，不但会给自己带来麻烦，也会给别人带来无穷无尽的烦恼。其实，这个世界上的很多事情，就像现实生活中的许多例子一样，只要我们敢于创新，敢于突破常规，事情就好办了。

为此，有管理专家说，“没有问题员工，只有员工问题”，是所有管理者都要树立的一个新观念。当管理者谈论问题员工的时候，首先要问一下自己：造成这个问题出现的原因是什么？其实，在很多情况下，造成这种问题的原因只有一个，就是管理者太过于墨守成规。假使管理者墨守成规，对任何规则不加以改善，那么表面看起来妥善完备的规则，实行起来往往会不甚理想。规则是人制订的，但往往规则一定，却回过头来把人套住。也就是说，当初制订规则时大家绞尽脑汁才想出来，但经过一段时间后，就与实际需要脱节，而产生种种缺陷。若要加以修正，则须花费相当的时间和精力，因此，人们只好继续墨守成规，成为规则的牺牲品。所以，一个管理者必须时时注意自己所订的规则，是否有不合情理之处或不切实际的地方。一旦发现有这种情形，就应当拿出魄力，不畏艰难，切实地加以改革，这一点是千万不可忽略的。

另外，墨守成规必然导致管理者满足现状，满足已有的成绩，从而不思进取，无所作为。因此，管理者必须要不满足既有成绩，这样才能百尺竿头，更进一步。

对于一个合格的管理者来说，不管你的企业或你的生活现在获得了如何大的进展，都不可自满于目前的成果，因为自满会使自己的思想工作停滞不前。管理者应切记“无论何时都应该展望未来，而不应墨守成规”。

简单管理的授权方式

怎样做一个有效的管理者，美国管理大师彼得·杜拉克说：有效性是可以学的，而且也是必须学的。只有掌握了这些方法，你才能做到有效的授权。因为这种能力不是与生俱来的，而是一种学而知之的本领。他又说：一个有能力管好别人的人不一定是一个好的管理者，只有那些有能力管好自己的人才能成为好的管理者。这个简单的模式，对于任何企业管理者都是适用的。

其实，这个简单的模式我们是知道的，只要存在组织，就存在管理，而且组织的一切活动都始终以管理为核心，一个企业如此、一个国家也是如此，所以管理最大。做人也好，做一个管理者也好，最重要的是要有我们的核心、我们的价值。究竟我们的核心和价值在什么地方？就在于我们生存的目的和使命感。就在于我们如何进行管理过程中的授权，如果我们有了正确的目标和价值观时，我们就会全身心地投入，就会有内在的热忱和能力。如果我们有了好的授权方式，我们就能明白伟大的思想不仅能对一个组织、一个社会产生影响，而且能对一个国家、一个民族，乃至国际产生重大影响，所以思想最高。有层次的管理者不是仅仅擅长组织管理，而是能通过学习与实践升华思维意识、形成管理思想，根据客观环境，提出独创性和指导性的管理见解。当团队的指导方针定了以后，管理者一定要确认每一个员工都理解自己怎样为公司带来价值，以及他们的行为会怎样推动公司的发展，特别是经理人要确认新战略对每个员工进行优先排序及时间管理方面的影响一致。进行一些思考和想象，每个工作职能都可以和战略相关。注意不要给员工过多的指示。不是所有管理者都可以找到准确调整方向的方法。在这种情况下，管理者必须迅速得到需要的人并将注意力转向实施，真正地通过授权获得权威。

我们知道，获得权威，这是人类的一种天性，如果你想和他人相处愉快，那么，使对方获得授权。

1915 年，正值第一次世界大战时期，欧洲各国彼此残杀，规模之大，在人类历史上从未有过。美国政府极为惊骇。人们渴望的和平能够实现吗？没有人知道这一点，但威尔逊决意尝试，他要派遣一位私人代表作为和平特使，与欧洲军方进行磋商。

主张和平的国务卿勃拉恩很想获得这次机会，他知道这是使自己立功并名垂青史的一个机会。但威尔逊却派了另一个人——他的挚友赫斯上校。赫斯上校当然很荣幸，但他还有一个麻烦，他得将这一不受人欢迎的消息告知勃拉恩并且不能激怒他。

赫斯上校在他的日记中写道：“当听说我要到欧洲去做和平特使时，勃拉恩显然很失望，他说他曾打算自己去干这事。

我回答说，总统认为任何人正式地去干这事都不大适宜，而派他去会引起注意，人们会觉得奇怪，为什么他到那里去……”

从赫斯上校的话中我们可以看出其中的暗示，赫斯无异于告诉勃拉恩，他太重要了，不适宜这一工作——这样便使勃拉恩获得了一种满意。

赫斯上校十分精明而饱经世故，他在处理这一事情的过程中遵守了人际关系的一个重要准则：永远使对方乐于做你所提议的事。

还有这样一个人，他必须推辞许多演讲邀请，有来自朋友的邀请，也有来自情所难却者的邀请。但他做得巧妙，他既推辞了对方，也令对方满意。那么他是怎样做的呢？他没有只是说太忙，太这个或那个，而是在表示对邀请的感谢与不能接受而感到抱歉后，再提议另一个人去代替他。也就是说，他不给对方时间对这推辞感到不快，他立刻使对方想到了可以得到另一个演讲者。

当拿破仑创立荣誉军团时，其颁发了1500枚十字勋章给他的士兵，提升他的18位将军为“法国大将”，称他的部队为“大军”，人们说他孩子气。

拿破仑被人批评给老练的精兵一些“玩物”，而拿破仑回答道：“人们本来就受着玩物的统治。”这种给人授衔和权威的办法对拿破仑有效，对你我也同样有效。

通过授权，你就有更多的时间思考战略性问题，把大部分精力用在最有生产力的地方。

任何节约，都是时间的节约。授权是提高效率的秘诀之一。授权代表成长，不但是个人，也是团体的成长。授权是一个事业的成功之途，它使每个人感到受重视、被信任，进而使他们有责任心、有参与感，这样整个团体同心合作，人人都能发挥所长，组织才有新鲜的活力，事业才能蒸蒸日上。

无论在任何时代，一个杰出的领导者必定是一个高明的授权人。充分授权是领导群体的最佳手段。

授权就是把工作分别托付给其他人去做。这并不是把一些令人不快的工作指派给别人去做，而是下放一些权力，让别人来作些决定，或是给别人一些机会来试试像你一样做事。而有许多主管都不愿意放下他们原先的工作，而是把更多新的责任加在自己身上。但事实上，不卸下旧担子，又背上新的包袱，你就会被累垮的。要分配不同的工作给员工，同时每一位员工都有各自不同的才能和资质，这样，分配工作的结果则可能是一部分工作有人很乐意做，而另一部分工作却无人愿意做。但是，既定的工作总得完成，怎么样才能把工作安排得妥妥当当，就得看你这位主管的道行了。

分配工作，必须了解下属的能力与才干，说明“做什么”，而非“怎样去做”。卡耐基本人对钢铁的制造，钢铁生产的工艺流程，照他自己的话说，知之甚少。但他手下有300名精兵强将在这方面都比他懂，而他仅仅只是善于把不同的工作合理分配给具有不同所长的员工来完成。这样，由于他知人善用，分配工作内行，也就笼络了许多比自己能力强的人聚集在他周围，为他效命。最终，卡耐基获得了事业的成功，登上了美国钢铁大王的宝座。

管理就是让部属做正确的事

著名的管理学者班尼斯说过：“纯管理人也许能把事情做对，但是真正的领导人重视的是做正确的事情。”可是，现代人的一大问题就是做事太随意，注意力分散，分不清轻重缓急。如果碰巧他能力很强，才能够幸运地将错误的事情做得很好，并扭转不利的局面，其实这是在无谓地耗费自己有限的时间和感情。“最聪明的人是对那些无关紧要的事情无动于衷的人，但他们对较重要的事情却总是全力以赴，那些太专注小事的人通常会变得对大事无能。”

美国史卡鲁大钢铁公司的总裁查鲁斯为经常半途而废的工作大感困扰，于是向效率研究专家艾伊贝·李请教提高工作效率的方法。艾伊贝·李向他作了以下建议：

“首先写出6项你明天必须要做的工作，再依重要性记上先后顺序。然后将这张纸放入口袋里，到了明天先处理第一项，在结束第一项工作之前不必顾虑到其他事情。接着用同样的方法专注于第二项、第三项、第四项，如此一直继续下去。如果一天只能做完二项或三项的工作也不必太过于介意，因为最重要的第一项工作你已经完成了，其他的工作可等待下次。如果用这种方法不能结束全部的工作时，不妨采用别的方法。但我担心的是一旦使用了其他的方法，最重要的工作反而弃之一旁而本末倒置。

每天重复这个方法，如果感觉效果超乎你的想象，就可以指导手下照着做。在做到你认为满意时，只要付给我一张你认为相等价值的支票即可。”

查鲁斯试了一段时间后，效果非常惊人。结果艾伊贝·李得到了一张价值2.5万美元的支票。

一位卓越的实行家，应先将自己的工作计划化。然后，从各种不同性质的工作中，拟订优先顺序努力实行。如果能经常把第一优先处理的工作视为当务之急，那么我们便不会为了毫无效率而感到停滞不前或困顿了，也不会再为那些毫无结果的努力，徒然消耗宝贵的时间和体力而忧虑了。

大多数人都认为手边的工作才是最重要的。只要是眼前的工作，总是摆在第一，优先处理，而将全部的注意力集中在上面。所以事先如果没有计划，就很容易忽略权衡轻重的重要，毫无头绪地开展工作。

手边的事情并不一定就具有第一优先处理的重要性。离预期完成时间愈近的工作，也许就是迫切需要完成的工作，但若从整体的眼光来看可能就没那么重要了。因此，培养适当而正确的判断及实际上能使工作顺利展开的“习惯”，定可将你的行动效率立刻增加数倍。

成功人士都懂得做正确之事的重要性，他们常常推掉一些无关紧要的小事。艾森豪威尔就是这样的一位大人物。

第二次世界大战结束后不久，担任欧洲盟军总司令的艾森豪威尔被委任为哥伦比亚大学校长。副校长安排他听有关部门汇报，考虑到系主任一级人员太多，只安排会见各学院的院长及相关学科的联合部主任，每天见两三位，每位谈半个钟头。

在听了十几位先生的汇报后，艾森豪威尔把副校长找来，不耐烦地问他总共要听多少人的汇报，副校长回答说共有63位。艾森豪威尔大惊：“天啊，太多了！先生，你知道我从前做盟军总司令，那是人类有史以来最宠大的一支军队，而我只需接见3位直接指挥的将军，他们的手下我完全不用过问，更不需要接见。想不到，做一个大学的校长，竟要接见63位主要的首长。他们谈的，我大部分不懂，但又不能不细心地听他们说下去，这实在是糟蹋了他们宝贵的时间，对学校也没有好处。你订的那张日程表，是不是可以取消了呢？”

艾森豪威尔后来又当选美国总统。一次，他正在打高尔夫球，白宫送来急件要他批示，总统助理事先拟定了“赞成”与“否定”两个批示，只待他挑一个签名即可。谁知他一时不能决定，便在两个批示后各签了一个名，说道：“请狄克（即副总统尼克松）帮我批一个吧。”然后，若无其事地去打球了。

每个人的时间都是有限的，所以要做正确的事，即你觉得有价值并对你的生命价值、最高目标具有贡献的事情；要少做紧急的事，也就是你或别人认为需要立刻解决的事。消防队的最大贡献应是做好防火工作，而不只是忙于到处救火。因此，作为一个企业的管理者需要做正确的事，而不是正确地做事。

抓住正确的事，一些无关紧要的小事自然会得到解决。一流的人物大都具备无视“小”的能力，在你往前奔跑时，你不可以对路边的蚂蚁、水边的青蛙太在意。如果要先搬掉所有的障碍才行动，那就什么也做不成。许多人整天忙着处理琐碎的事情，总是抱怨挪不出时间做正经事。其实他们的潜意识在逃避做正经事。因为做大事是需要想像力、判断力、勇气和自信的。

管理需要激发他人的高尚动机

作为一个管理者来说，他每天都在做事，虽然做的事不尽相同，但我们的做法却只有两种：聪明的和愚蠢的。由此，做事的人也可以分为两种：聪明的和愚蠢的。管理的也有两种：能激发部属高尚动机的和使部属产生消极抵抗的。

那么，作为一个管理者，如何激发部属的高尚动机呢？我们可以肯定地说，你所遇到的每个人都很尊重自己，都认为自己是个善良而不自私的人。

据培庞·摩根的分析，每个人的行事都有两种好理由：一种是看起来很好；一种是的确很好。

当然，行事的主人都会认为真的很好，你不用再去强调。但是，我们每一个人的内心都把自己理想化，都喜欢为自己行为的动机赋予一种良好的解释。因此，如果一个管理者要想改变部属，就应该诉诸一种高尚的动机。让我们来看看汉密尔顿·法瑞的例子。

法瑞先生有个挑剔的房客，扬言要搬家。他的租约还有 4 个月才到期，但是他不管这些，而是单方面通知对方自己即将搬出去了。

“这些人整个冬天都住在那里——这是一年当中消费最多的季节。”法瑞先生说道，“而且我知道，要在秋天之前把房屋租出去很难。我可以预见自己手中的钞票随风而去了。

如果是在以前，我会把那个人痛骂一顿，要他再把租约重读一遍，并且指出，假如他现在搬走，必须先付清所有的租金——我完全可以按照规定向他收取。

但是，我并没有这么做。我只是向房客说：‘杜先生，我听说您要搬家，但还是不相信您真的会这么做。多年的租房经验使我多少了解一点人性的事。我相信您应当不会出尔反尔。事实上，我敢打赌您一定不会这样的。’

‘我有个建议，您不妨再多考虑几天。假如一个月后，您还是坚持要搬，我当然绝对尊重您的决定。我会准许您搬出去，不必住满一年为止。毕竟，我们是人不是猴子——决定完全在我们自己！’

到了第二个月，这位房客亲自来见我，并且支付了房租。他和太太商量过了，而且决定留下来。他们都认为至少应该住到租期满为止。”

诺克克里夫发现报上登了一张他不愿公开发表的照片，便写了一封信给报社编辑。但是他并没有这么写："请别再刊登那张照片，因为我不喜欢。"而是激发对方一种比较高尚的动机，即人人都敬爱母性的伦理观念。他的信是这样写的："请别再刊登那张照片，因为我的母亲不喜欢。"

小洛克菲勒也深懂此中诀窍。他极不喜欢摄影记者拍摄他子女的照片，便激发人人都不愿伤害儿童的高尚动机。他对记者们这么说："你们也是有孩子的人，一定了解我的感受。你们一定也知道，太出风头对小孩子是很不好的。"

当然，仍免不了有一些怀疑论者会这么说："啊，这事发生在诺克克里夫和小洛克菲勒这等人物身上，要用此法当然不成问题。但是如果普通人碰上难缠的人物，我倒很想看看他们怎么做。"

不错，我们很难找到一个放之四海皆准的法则，任何事情都会有一些例外。例如你已有一套适用办法，何必再更改？假如无效，又何妨不试试看呢？

无论如何，我相信你一定会对下面的故事感兴趣。

有家汽车公司的6位顾客在维修工作完毕之后拒绝付钱。他们声称有些项目收费不大合理。由于6位顾客在汽车修理完毕之后都已签名，所以公司便认为自己没有什么不对。这是每一个错误。下面是这家公司的信用部要求顾客偿还欠款的步骤，你以为他们会成功吗？

1. 他们拜访那6位顾客，并且直言是来催收欠款的；

2. 他们说得很清楚，公司绝对没错。也就是说，顾客绝对是错的；

3. 他们宣称公司对汽车的了解要比顾客多，所以没什么好争论的；

4. 结果——他们争论不休。

你想这些办法会让顾客服气，并痛痛快快地把事情解决吗？事情发展到后来，信用部经理几乎准备要大拼一场。幸好公司总经理注意到这件事，亲自调查这几名不愿偿还欠款的顾客。他发现这6位顾客的信用都很好，一向按时付款。所以，一定有什么地方错了——也许是催讨的方法完全错了。这位总经理于是叫詹姆士·托马斯去催讨这几笔“没有可能要回”的欠款。下面是托马斯先生讲述的他所采取的收账步骤：

第一步：我个别拜访了那6位顾客，表面上是去催收债款——我相信那些账单绝对没有错。但是，我并没有提到这一点。我说明自己是来调查公司做了什么，或做错了什么。

第二步：我说得很清楚，除非听了顾客的意见，否则我不会发表意见。我还说，公司并没有宣称绝对无误。

第三步：我告诉顾客，我最关心的是他的汽车，而全世界只有他对自己汽车的状况最清楚，这一点是毫无疑义的。

第四步：我让顾客说话，自己带着一份关注与同情去听——这正是他们所期待的。

第五步：最后，等顾客恢复冷静后，我便以公平的态度对事情做了一个了结。

“首先，我要让您知道，我也觉得这件事处理不当，以致使您受到打扰而惹您生气，并给您的生活带来了极大的不便，这都是我们公司职员的失误，我在此向您深表歉意。听了您的叙述，我深深感到您是一个正直而有耐心的人，所以想请您帮个忙。这件事您能做得比别人更好，而您对这件事的了解也最为清楚。这是您的账单，我知道我有权可以更正它，但我还是要留给您全权处理，无论您的决定是什么。”

这些顾客修改了账单吗？当然，而且削减了不少，这账单的金额范围是150—400美元，这位顾客付了最低额吗？是的，他是这么做的，他拒绝为那些不明的费用多付一分钱。但是，其余的5位都尽可能多付，

不让公司吃亏。事情的最妙之处是，两年之内，我们又卖了 6 辆车给这 6 位顾客！

经验告诉我们，如果没有迹象显示顾客有问题，最好要相信他们是诚心诚意愿意付清账款的。一般而言，顾客都是愿意履行义务的，即使有例外也是极少数。而且我相信，那些有欺诈倾向的顾客，如果你愿意相信他们是诚实、正直和光明磊落的，大部分还是会作出善良反应的。

所以，作为一个管理者，他无论是在管理企业内部还是在与客户沟通，要记住：激发他人去产生一种高尚的动机是简单管理的重要一课。

警惕管理中的团队陷阱

最优秀的管理人员都明白这一点，团队效率是人类力量之所在。而不合格的主管却总把自己的下属当做是一种拖累。

有一家企业的管理者，他非常信任他的属下，他自己一般只做原则性的要求，时不时地召开一次部门会议，平常的时候就放手让下属人员去工作。他充分地授权他的下属人员，使所有的部属都有足够的空间去施展才能。

多年以后，这位管理者因为年纪大了，他就退到了二线，去接任他的位置的是一位从其他企业空降的一位年轻人，这个年轻人也是一位非常优秀的人才，他主动、聪明、有责任感，工作起来不要命，但对自己的下属却不太尊重。他的部属只能对他唯唯诺诺，唯命是从，根本不能自己拿主意，更不用说自由发挥的空间了。每一件事，哪怕是一件极其微小的事情，他都要亲自过问。对他来说，所有的下属人员，只不过是他身体的一个延长部分，听从他的指挥；服从他的调遣，而这位新上任的管理者自己却可以多做一些他想做的小事。后来，他手下的一些优秀的人才全都离他而去了，只剩下一些宁愿当机器人给他干活、综合素质却不高的人陪在他身边。

一个团队要想有好的表现，领导人员必须重视每一位成员。他应该胸怀宽广，多与属下沟通，耐心倾听所有部属的意见和建议。只有这样，人们才能意识到在企业中，也存在着团队的陷阱。

团队对于企业来说，是一种先进的组织形态，它也越来越引起企业的重视，许多企业已经从理念、方法等不同的管理层面着手进行团队建设，并对“成功的团队”赋予了极高的期望。

就现在来说，团队适合于这样的情况：工作任务挑战性极高，环境不确定性因素很强，组织成员差异很大且素质很高。

事实上，团队成功率并不是很高，很多团队取得的业绩差强人意，究其原因，无非是由于企业不自觉地掉入了团队陷阱而不能自拔。因此，现代的企业一定要小心避免“团队陷阱”。

要避免掉入团队陷阱，就必须先了解它的主要表现形式。“团队陷阱”主要有以下 3 种表现形式：

第一种表现形式：团队的目标迷失

团队作为组织形式之一，是为完成组织目标服务的。然而由于团队面临任务的特殊性和挑战性、环境的不确定性等原因，作为团队指针的目标往往很难明确。而且，在团队成员参与决策和执行的过程中，往往

因为信息不对称，成员价值观和个人利益角度的不同，使目标被分散，最终丧失提高士气的功能。

第二种表现形式：团队适应性和灵活性丧失

团队的外部环境决定其必须具有高度灵活性和适应性，否则很容易导致团队的行动僵化。

根据某权威机构的研究，总体而言，团队的灵活性比不上工作组。其原因主要有：团队成员差异较大，其动机、态度和个性难以一致；在运作过程中，团队领导和成员的“搭便车”心理以及矛盾冲突使注意力转向内部，这也使得团队对外界信息反应速度减慢；团队成员达成一致的要求也影响了团队的灵活性。

第三种表现形式：团队合力分裂

团队成员之间本身具有分裂倾向，团队管理稍有松懈，就会导致团队的绩效大幅度下降。根据团队管理经验，团队合力常常受到下列情况的影响。这些情况主要有：一是领导者变更；二是计划不连续；三是裁减成员；四是管理不当；五是规则不连续。

认清了团队陷阱的面目之后，我们就要竭力避免使自己的企业掉入其中。对于如何避免“团队陷阱”？有如下几点建议供参考：

第一点建议：团队需要强有力的领导者。强有力的领导者能把分力转为合力，贯彻和执行团队目标，使团队成员保持对外部的灵敏度，并迅速作出反应。经验表明，团队比其他组织形式更需要强有力的领导。

第二点建议：统一的团队规则。优秀的团队具有统一的管理规则，并能得到所有成员的遵守，成为团队内部统一的语言。

第三点建议：精心管理、细心呵护。团队陷阱产生于微妙之处，所以团队需要管理者和成员的细心呵护。

如何处理管理中的冲突

美国管理协会进行的一项对中层和高层经营管理人员的调查表明，管理者平均花费20%的时间处理冲突；调查发现，管理者认为在管理发展中冲突管理最重，它排在决策、领导或沟通技能之前，这说明了冲突管理工作的重要性。另外，研究者还调查了一组管理者，以了解在25项技能和人格因素中哪些与管理的成功（以上级评估、提薪和晋职来定义）关系最为密切。在25项指标中，只有一项，即处理冲突的能力，与管理的成功成正相关。

那么，什么是冲突呢？在企业管理中，当使用冲突这一词时，我们指的是由于某种抵触或对立状况而感知到的不一致的差异。差异是否真实存在并没有关系。只要人们感觉到差异的存在，则冲突状态也就存在。另外，在此定义中还包含了极端的情况，一端是微妙、间接、高度控制的抵触状况；另一端则是明显、公开的活动，如罢工、骚乱和战争。

若干年来，对于组织的冲突有着三种不同的观点。第一种观点认为应该避免冲突，冲突本身表明了组织内部的机能失调。我们称之为冲突的传统观点。第二种观点为冲突的人际关系观点，即认为冲突是在任何组织中无可避免的必然产物，但它并不一定会导致不幸，而是可能成为

有利于组织工作的积极动力。第三种也是最为新型的观点认为，冲突不仅可以成为组织中的积极动力，而且其中一些冲突对于组织或组织单元的有效运作是绝对必要的。我们称之为冲突的相互作用观点。下面，我们分别对这三种观点加以深入的阐述。

第一种观点：传统观点

早期的看法认为冲突是不利的，并且常常会给组织造成消极影响，冲突成为暴力、破坏和非理性的同义词。由于冲突是有害的，因此应该尽可能避免。管理者有责任在组织中清除冲突。从19世纪末至20世纪40年代中期，这一观点一直充斥着管理学的文献。

第二种观点：人际关系观点

一个人一生的成功与否是由人际关系决定的。凡是成功者，都是人际关系的高手或大师。在企业管理中，人际交往是指两个或两个以上的社会主体（个体或群体）之间运用语言或非语言符号交换意见、传递思想、表达感情和需要等的交流过程，包括物质交往和精神交往。

人际交往是人类特有的需要，是在人的社会历史发展过程中产生的，是人类不可缺少的生活方式，也是人类的本质表现。人际交往是人们共同活动的特殊形式，任何个人或群体进行的交往，总是为了达到某种目的，满足某种需要而展开的，并通过言语、表情、手势、体态以及社会距离等来实现的。

要想成就事业，就要善于沟通，建立和谐、良好的人际关系。在迈向成功的道路上，一个人孤军奋战是不行的，你必须联系志同道合的朋友，在成功时，相互交流经验和分享快乐；在失败时相互倾诉和鼓励，从而取得更加辉煌的事业成就。有的人认为有价值的朋友很难找到，这是不正确的。实际上，随着着通信和运输手段的现代化，人与人之间的物理距离越来越短，唯一能够将人阻隔开的其实是心理距离。良好人际关系，不是一朝一夕就能够建立起来的，需要用真诚和智慧逐渐营造。

第三种观点：相互作用观点

当今的冲突理论为相互作用的观点。人际关系接纳冲突，而相互作用的观点则鼓励冲突。这一理论观点认为，融洽、和平、安宁、合作的组织容易对变革和革新的需要表现为静止、冷漠和迟钝。因此，它的主要贡献在于：鼓励管理者维持最低水平的冲突，这能够使组织保持旺盛的生命力，善于自我批评和不断创新。

除此之外，对于功能失调的冲突，管理者如何处理？我们在这一部分主要概述冲突处理的技能。你需要知道你自己及冲突对方的基本的处理冲突的风格，了解冲突产生的情境并考虑你的最佳选择。此时，你就需要明白以下五点：

第一点：你基本的冲突处理风格是什么样的

尽管大多数人都会根据不同情境变化对冲突反应，但每个人都有自己倾向的冲突处理风格。我们在第五点所提到的自我评估练习可以帮助你了解自己基本的冲突处理风格是什么样的。当某一具体冲突出现时，你可能会改变你倾向的风格以适应当时的情境，但是，你的基本风格表明了你最有可能如何行动，以及你最经常使用的冲突处理的方法是什么。

第二点：审慎地选择你想处理的冲突

我们不应该对所有的冲突一视同仁。有些冲突可能不值得花费精力，还有一些冲突则可能很难处理。

不是每个冲突都值得花费你的时间和精力去解决的。回避可能显得是在“逃避”，但有时这是最恰当的做法。通过回避琐碎的冲突，可以提高总体的管理成效，尤其是冲突管理技能。你最好审慎地选择你的战役，把精力留给那些有价值、有意义的事件。

无论我们的愿望如何，现实告诉我们：某些冲突是难以处理的。当

对抗的根源很深，当冲突中的一方或双方想拖长冲突时间，或当双方情绪过于激烈以至于建设性的相互作用已不可能时，你在冲突处理上所付出的努力很可能不会获得明显的回报。

不要天真地认为优秀的管理者可以解决好每一个冲突。一些冲突根本不值得花费精力，还有一些冲突则在你的影响力外。共余的才是功能正常的冲突，你最好把这样的冲突挑选出来。

第三点：评估冲突当事人

如果你选择了某一冲突情境进行处理，花时间仔细了解当事人是十分重要的。什么人卷入了冲突？冲突双方各自的兴趣所在是什么？双方各自的价值观、人格特点以及情感、资源因素如何？如果你能站在冲突双方的角度上看待冲突情境，则成功处理冲突的可能性会大幅度提高。

第四点：评估冲突源

冲突不会在真空中形成，它的出现总是有理由的。解决冲突方法的选择很大程度上取决于冲突发生的原因，因而你需要了解冲突源。研究表明产生冲突的原因多种多样，但总体上可分为三类：沟通差异、结构差异和人格差异。

沟通差异是指由于语意困难、误解以及沟通通道中的噪声而造成的意见不一致。人们常常轻易地认为大多数冲突是由于缺乏沟通造成的，但事实上是，在许多冲突中常常进行着大量的沟通。我们在开头也提到，很多人都将良好的沟通与别人同意自己的观点错误地等同起来。初看起来人际冲突似乎是由于沟通不畅而导致。进一步分析则发现，不一致的意见是由于不同的角色要求、组织目标、人格因素、价值系统以及其他类似因素造成的。在面对冲突源方面，管理者常常过分注意沟通不良这个因素而忽视了其他因素。

组织中存在着水平和垂直方向的分化，这种结构上的分化导致了整合的困难。其经常造成的结果是冲突。不同个体在目标、决策变化、绩效标准和资源分配上意见不一致。这些冲突并非由于不良沟通或个人恩怨造成，而是植根于组织结构本身。

第三类冲突源是人格差异。冲突可由个体的特性和价值观系统而引发。一些人的特点使得别人很难与他们合作。背景、教育、经历、培训等等这些因素塑造了每个人具体而独特的个性特点和价值观。其结果是有的人可能令人感到尖刻、不可信任或陌生。这些人格上的差异也会导致冲突。

第五点：进行最佳选择

当冲突过于激烈时，管理者采用什么手段或技术减弱冲突呢？你可以从五种冲突解决办法中进行选择，它们是：回避、迁就、强制、妥协和合作。每一种方法都各有其长处和弱点，没有一种办法是放之四海而皆准的。你需要从冲突管理的“工具箱”中考虑每一种“工具”。也许你会倾向于使用某一些工具，但高技能的管理者应该知道每一种工具能够做什么，以及在何时使用效果最好。

前面已经提到，并不是每一项冲突都要付诸行动。有时回避即从冲突中退出或者抑制冲突，是最好的解决办法。什么时候回避策略最为得当？当冲突微不足道时，当冲突双方情绪极为激动而需要时间使他们恢复平静时，当付诸行动所带来的潜在破坏性会超过冲突解决后获得的利益时，在这些时候，采用这一策略十分有利。

迁就的目标是把别人的需要和考虑放在高于自己的位置上，从而维持和谐关系。比如，你顺从其他人对某一事件的看法就是迁就的做法。当争端的问题不很重要或你希望为以后的工作树立信誉时，这一选择十分有价值。

在强制时，你试图以牺牲对方为代价而满足自己的需要。在组织中

这种方式通常被描述为管理者运用职权解决争端。当你需要对重大事件做出迅速的处理时，当你需要采取不同寻常的活动时，当对于你的处理方式其他人赞成与否无关紧要时，这种方式会取得很好的效果。

妥协要求每一方都做出一定的有价值的让步。在劳资双方协商新的劳工合同时常常采用这种方法。当冲突双方势均力敌时，当希望对一项复杂问题取得暂行的解决方法时，当时间要求采用权宜之计时，妥协是最佳策略。

合作完全是一种双赢的解决方式，此时冲突各方都满足了自己的利益。它的典型特点是：各方之间开诚布公的讨论，积极倾听并理解双方的差异，对有利于双方的所有可能的解决办法进行仔细考察。什么时候合作是最好的冲突处理办法呢？当没有什么时间压力时，当冲突各方都希望双赢的解决方式时，当问题十分重要不可能妥协折中时，合作是最佳策略。

管理中的反馈

如果询问管理者他们给下属提供的反馈，你很可能会得到一个不够全面的回答。如果反馈是积极的，很可能会迅速而积极地提供，而消极的反馈的对待方式则十分不同。与你我一样，大多数管理者都不很情愿成为坏消息的传递者，他们害怕冒犯或面对接受者的防卫心理，本节内容是要帮助你明确积极反馈与消极反馈具备同样的重要性，并为你提供具体的技术以使反馈更有成效。

积极反馈与消极反馈

我们说过管理者对待积极反馈和消极反馈的方式不同，接受者也是如此。你需要了解这一事实并相应调整你的沟通风格。

对积极反馈的感知比消极反馈更快更准，而且，积极反馈几乎总是被接受，消极反馈则常常遭到抵制。为什么呢？符合逻辑的解释是这样的：人们希望听到好消息而讨厌坏消息。积极反馈正是大多数人希望听到的，并且人们总认为确实如此。

是否这意味着你应避免提供消极反馈呢？不！与此相反你应认识到这种潜在的抵触，并学会在最易于接受的情境下使用消极反馈。研究表明，当消极反馈来自于可靠的信息源或其形式客观时，最容易被接受，而只有当消极反馈来自于地位很高或很值得信赖的人时，主观印象才会有分量。这表明，由硬数据所支持的消极反馈（如数字、具体实例等等）很有可能被接受。对于有经验的管理者，尤其是那些在组织地位很高、赢得员工尊重的管理者来说，主观性的消极反馈可以成为一种有效手段。而对于那些经验较少、在组织中地位不高或威信尚未树立起来的管理者来说，主观性的消极反馈显然不太可能被很好地接受。

开发有效的反馈技能

下面的六项具体建议能帮助你更有效地提供反馈。

第一项：强调具体行为

反馈应具体化而不是一般化。我们要避免下面这样的陈述：“你的工作态度很不好。”或“你的出色工作留给我深刻印象。”它们过于模糊。在提供这些信息时，你并未告诉接受者足够的资料以改正“他的态度”，

或你以什么基础判定他完成了“出色的工作”。

如果你这样说：“鲍勃，我对你的工作态度很感忧虑。昨天的员工会议你迟到了半个小时，并告诉我你还没来得及阅读我们正在讨论的初步报告。今天你又要提前3个小时走，去看牙医。”或者说：“简，你对我们的客户菲利浦公司所做的工作让我很满意。上个月他们在我公司的购买总额提高了22%。几天前我接到丹·菲利普先生打来的电话，称赞你对于MJ—7规格的变化回答得极为迅速。”这两个陈述都是针对于具体行为，这样就告诉接受者，你因何批评或赞扬。

第二项：使反馈不对人

反馈，尤其是消极反馈，应是描述性而不是判断或评价性的。无论你如何失望，都应使反馈针对于工作，而永远不要因为一个不恰当的活动而指责某人，说某人“很笨”、“没能力”等等，常常会导致相反的结果，它会激起极大的情绪反应，这种反应很容易忽视了工作本身的错误。当你进行批评时，记住你指责的是工作相关行为，而不是个人。你可能很冲动地想说某人“无礼且迟钝”（也许这是真的），但这于事无补。最好这样说：“你三次打扰了我，都是因为不紧急的事情。而你又知道我正在与苏格兰的客户通长途电话。”

第三项：使反馈指向目标

不应该把反馈完全“倾泻”或“释放”到别人身上。如果你不得不说一些消极的内容，应确保其指向接受者的目标。问问你自己希望通过反馈帮助何人。如果答复是“我把我心里想说的话都说出来了”，那么你会自食其苦果。这类反馈降低了你的信誉，并会减弱以后反馈的意义与影响。

第四项：把握反馈的良机

接受者的行为与获得对该行为的反馈相隔时间非常短时，反馈是有意义的；比如，当新员工犯一个错误时，最好紧接在错误之后或在一天工作结束时就能够从主管那里得到改进的建议，而不是要等到几个月后的绩效评估阶段才获得。如果你需要花时间重新回想当时的情境和恢复某人的记忆，那么你所提供的反馈很可能是无效的。另外，如果你尤其注重塑造员工的行为，拖延对不当行为的反馈则会降低反馈能起到的预期效果。当然，如果你尚没有获得充足的信息，或者你很恼火，或者情绪极为低落，此时仅仅为了快速的目的而匆忙提供反馈则会适得其反。在这些情况下，反馈的“良机”意味着“一定程度的推迟”。

第五项：确保理解

你的反馈是否足以清楚、完整，使接受者能全都准确地理解你的意思？别忘了每一次成功的沟通都需要信息传递与理解。为了使反馈有效，应确保接受者理解它。与倾听技术一样，应该让接受者复述你的反馈内容以了解你的本意是否被彻底领会。

第六项：消极反馈指向接受者可控制的行为

让他人记住那些自己无法左右的缺点毫无意义。消极反馈应指向接受者可以改进的行为。比如，责备员工因为忘记给钟表上闹铃而导致上班迟到是有价值的。但要责备她因为每天上班必乘的地铁出了电力故障，使她在地铁里整整待了一个半小时因而迟到则毫无意义，这种情况是她自己无法改变的。

另外，如果消极反馈强调接受者可以控制的方面，则尤其可以指明如何做能够改进局面。这不但减弱了批评造成的伤痛，并且给那些知道自己存在问题又苦于不知如何解决的接受者提供了指导。

发展你的管理个性

个性是指一个人天生就具有而其他人没有的那种东西，当然它也能通过后天来培养。在社交和管理方面，有些人的确要强一些，但是这并不代表你就不能发展你自己的个性了。有许多成功人士，他们未成功前都是很腼腆、不善言谈的，但后来由于他们自身的努力，他们拓展了自己的个性，变得能在面向千人的讲台上侃侃而谈了。而作为一个管理者，最重要的便是能够当众演讲。

但是，是什么使个性能够吸引人？让我们在此发掘其中真相。你的个性是你的特点与外表的总和，这些也就是你和其他人所不同的地方。你所穿的衣服、你脸上的线条、你的声调、你的思想，你由这些思想所发展出来的品德，所有这一切都构成你的个性。

你的个性是否令人喜爱，是另外一回事。很显然的，你个性中最重要的一部分，因为人们都是从你的外表获得对你的第一印象的。

即便是你握手的态度也密切关系到是否将因此吸引或非斥和你握手的人。你眼中的神情也构成你个性中的一个重要部分，因为有些人能够由你的眼睛看穿你的内心；看出你内心深入的思想，看出你最隐秘的念头。你身体的活力——有时候称作个人魅力——也是你个性中的一个重要部分。有一种方式，你可以用来表现你的个性内容，使你的个性能够永远引人喜爱。这个方式就是——对其他人的生活、工作表示深切的关心与兴趣。

从现在开始，就注意发展你的管理个性吧！因为，这是你取得成功的基础。我们一定要将发展管理个性看作是人生中的一堂重要课程！就像我们平时花了很多的时间来跳舞、打牌，现在这些技能就能派上用场了，你可以用它们来发展你独特的个人魅力。

你可能在书上、报纸上读到各种各样的伟人事迹，你有没有产生过一种想法：取代他。你可以想想你从小到大超越的一切，你的心中一直都有催人向上的力量。当然，你未必能一次成功，但这并不代表你将来也不能取得成功。开始行动吧，狂妄一些又有什么不可以呢？

从理论上说，个性是一种难以琢磨的东西，但是也有人对它作了精妙的注解。著名作家海伦就用来自于不同源头的水解释了 4 种不同的个性。

第一种个性像山涧中一股清澈的溪流，它一路歌唱着奔向大海，无论我们从哪个地方捧起一掬，都是清澈的。它的存在能让人感到舒心，它能鼓励人们和它一起快乐向前。拥有这种个性的人在前面引路，人们就跟在后面。他们微笑着带动其他人微笑，他们和别人一起分享他们的欢乐。

第二种个性则像一汪泉水，与欢快的小溪相比，它就要显得安静多了，但是从它的深处会涌出清凉的泉水。在这种沉稳的性格中，蕴涵着感人至深的力量，当他与别人分享时，人们也会得到快乐。

第三种个性则像一台老水泵，当它工作时，常发出刺耳的尖叫和令人讨厌的呻吟，但如果你有耐心一直让它抽水，它就会从一口深井中提取出纯净而清凉的水。

最后一种个性就像是城市里随处可见的人造喷泉，它由精美的卵石

建成，周围还铺满了大理石，华丽精美。它和一个水量充足的蓄水池相连，通过蓄水池，它能给人来带来清凉的泉水。但不幸的是在连接处出了点问题，喷泉看上去依然很美丽，下面的水也依然清洁充足，但是喷泉再也没法喷水了，它失去了原来的作用。

管理个性是通过内心来发展的，但身边的一些小事却也能影响你的管理个性。比方说经常走在街上有太阳的那一边，太阳所释放的热量和能量也能进入你的身体，它的光辉反映在你的脸上，并通过你传给你身边的其他人。再比方说，你洗脸时不要从上往下洗，而应该从下往上带着微笑洗。

发展管理个性的方法极为简单，但简单的东西往往容易被人忽视。仔细观察那些伟大人物，你就能发现他们都有某些共同的特征，比如说，他们都有一颗同情心，都能够帮助并理解胸怀大志、希望有一番作为的年轻人。他们都自觉地发展一种领袖的能力和气质，这不仅反映在大事上，即便是从他们对待小事的态度上，也能看出来。伟大的成功学导师廉·丹佛给我们讲述了他的经历：“我与一位伟大的人物一起散步时，他总是及时地提出对某些事情的看法，提出一些问题激发我，让我思考。通过这些问题，他带我进入一个新的世界。”

不妨试试看，就像那些伟大人物一样，多付出一些，学会喜欢他人，并发现他们感兴趣的东西，每个月选择几个不熟悉的人，带给他们一些小小的感动。在你得到许多朋友的同时，一个更富有魅力的你就将展现在人们面前。这其间我们要做的很简单，只需脚踏实地、认认真真地认识别人，充实自己，不断发展自己的管理个性。

用心去管理

多数人会认为，作为管理者，特别是企业的管理者，其技能、勤奋最为重要。但在犹太人看来，成功的企业家不是因为他们比平常人更加勤奋，技能更加出众才获得了成功，当然，技能、勤奋确实是成功的必要因素和基础条件，但并不是他们成功的根本原因。犹太人认为，从企业管理的角度看，一个管理者即使再勤奋，也做不好多少工作。所以犹太人说，如果一个企业家非常勤奋，那么只有两种可能，一是他们的事业正处于起步阶段，二是他们的企业正在走下坡路。

从本质上说，在多数情况下，企业家并不是依靠技能和勤奋来获得成功的，而是他是否有能力让他的下属更充分地发挥技能，让他的下属更加勤奋。这就要管理者用心去管理，用脑去管理员工，去获得他们的智慧和勤奋。所以，犹太人企业家的工作更多的是如何分析员工心理，如何让员工更加努力地工作，如何将员工的资源最充分地加以利用。

犹太人相信，用心管理人和用身苦干是企业家同员工的根本区别。在他们看来，管理员工的“心”是管理中的核心工作，影响着企业或组织的各个层面。员工的心理状态不仅影响着其潜在能力能否正常发挥，还影响着其工作效率。

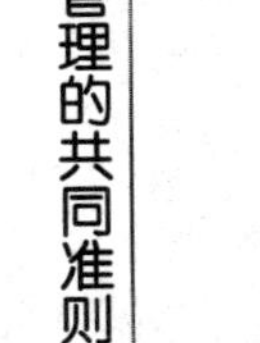

一个成功的管理者当然要推心置腹，与部下以心交心，即带着心去领导。唯有这样，你的成功才会神速，飞黄腾达指日可待。

在常见的管人招数中，威逼利诱，软硬兼施利用率较高。但聪明的管理者们，常常三思而后行。威逼只能使人屈于现实利害关系；利诱只能扭曲人的心志，使人财迷心窍；软硬兼施往往使人疲于周旋，屈从就范，而非心悦诚服，阳奉阴违就是常见的结果。

因此，带着心去管理乃是效用最大的用人之术。

现代社会竞争激烈，人们每天工作繁忙，为出色表现，自然要多投放精力，而若遇上个玩弄花招、要弄权术阴谋的管理者，谁还会安心工作。这势必使其胆战心惊，唯恐遭主管算计，本来不多的精力还要拿出一份防备管理者，这样的公司如何发展。

要想使你的事业有所发展，你就必须带着心去领导。其实带着心去领导并不十分困难，有一定的方法可循：

方法一：信任部下，赞赏鼓励

对部下要以诚相待，对其能力和人品要表示信任。在部下取得成绩时，赞赏鼓励，使其感到自己的劳动并未白费。对部下坦诚相待，才能换回部下的一片忠心。

方法二：在部下最困难时，拔刀相助

平时要关心部下，但有时一千句鼓励比不上在他最困难时的举手之劳的帮助，这时的帮助正是以最小的代价去换取部下最大忠心的绝好时机。这一臂之力足以使他感激一生。部下必会为你死心塌地地卖命。

方法三：对部下的生活多加关心

上班时，自然公事公办。但聪明的管理者应学会利用闲暇时间来达到攻心的目的。周末与部下打打牌；部下生日时送一份小礼物；部下生病时，送去一束康乃馨。这些平常的生活举动都会起到意想不到的效果。

总之，严格要求自己，热情宽待部下的管理者是一个好领导。换言之就是，如果想让简单管理深入人心，就必须围绕简单管理的思想，重构企业文化，营造企业机制，让责任感与效率原则成为企业基业常青的精髓。一个企业实行简单管理能不能长久地进行下去，关键的一点就是要有一种执行的文化，文化有多深，简单管理就能走多远。

XIUDING BAN
修订版

人生学会随缘

才能活得自在

江凤鸣◎编著

中国華僑出版社

图书在版编目(CIP)数据

人生学会随缘,才能活得自在 / 江凤鸣编著.—北京:
中国华侨出版社,2011.9(2015.7 重印)

ISBN 978-7-5113-1674-5-01

Ⅰ.①人… Ⅱ.①江… Ⅲ.①人生哲学-通俗读物
Ⅳ.①B821-49

中国版本图书馆 CIP 数据核字(2011)第 169335 号

人生学会随缘,才能活得自在

编　　著 / 江凤鸣

责任编辑 / 李　晨

责任校对 / 孙　丽

经　　销 / 新华书店

开　　本 / 787×1092 毫米　1/16 开　印张/17　字数/296 千字

印　　刷 / 北京建泰印刷有限公司

版　　次 / 2011 年 9 月第 1 版　2015 年 7 月第 2 次印刷

书　　号 / ISBN 978-7-5113-1674-5-01

定　　价 / 30.80 元

中国华侨出版社　北京市朝阳区静安里 26 号通成达大厦 3 层　邮编:100028

法律顾问:陈鹰律师事务所

编辑部:(010)64443056　64443979

发行部:(010)64443051　传真:(010)64439708

网址:www.oveaschin.com

E-mail:oveaschin@sina.com

前　言

大千世界芸芸众生，可谓有事必有缘，福缘、人缘、喜缘、机缘、财缘、善缘、恶缘等。万事随缘，顺其自然，这不仅是禅者的态度，更是我们活在当下所需要的一种心态。凡事既不妄求于前，也不追念于后，凡事平淡从容、豁达乐观。随心、随性、随情、随理、人生学会随缘，才能活得自在。

所谓"随缘自适，烦恼即去"，何为随？不是跟随，而是顺其自然，不抱怨、不急躁、不强求；不是随便，而是把握机缘，不消极、不偏执、不忘形。随是一种豁达、一份洒脱和一份人情的练达。

何为缘？世间万事万物皆有相遇、相随、相乐的可能性。有可能即有缘，无可能即无缘。缘，无处不有，无时不在，你、我、他都在缘的网络之中。常言说，"有缘千里来相会，无缘对面不相识"。缘动则心动，心动则缘起；缘来好好珍惜，缘去淡淡随缘。缘，有聚有散，有始有终。

随缘，也许很多人理解成一切听天由命。殊不知，随缘不是放任自流，而是用豁达的心态面对生活，让人拥有淡泊的心态、冷静的头脑和自在的生活。

我们都爱讲随缘，“随缘不变，不变随缘”、“随缘，莫攀缘”等。“随缘”不是随便行事、因循苟且，而是随顺当前环境因缘，从善如流；“不变”不是墨守成规、冥顽不化，而是要择善固守。随缘不变，则是不模糊立场、不丧失原则，通情达理、圆融做事，这样才能够达到事理相容。宇宙人生都是因缘和合。缘聚则成，缘灭则散，才能在迁流变化的无常中，安身立命、随遇而安。生活中，如果能在原则下恪守不变，在小细节处随缘行道，自然能随心自在而不失正道。

随缘是一种平和的生活态度，“宠辱不惊，闲看庭前花开花落；去留无意，漫随天外云卷云舒”。放下宠辱和繁杂，方能安详自在。《菜根谭》上说：“万事皆缘，随遇而安。”这是一种为人处世的方式，也是一种安详恬淡、处变不惊的心态。

随缘是一种胸怀、一种心境。随缘的人，总能在风云变幻的生活中游刃有余自在洒脱；在饱经人世的沧桑、阅尽人情的经验后达观，是“得即高歌失即休”的超然，更是“一蓑烟雨任平生”的从容。

“有缘即住无缘去，一任清风送白云。”人生有所求，求而得之，我之所喜；求而不得，我亦无忧。苦乐随缘，得失随缘，以“入世”的态度去耕耘，以“出世”的态度去收获，洒脱自在，这就是随缘人生的最高境界。

目　录

❖第1辑❖

随缘即是放下，甩掉包袱方能活出自在

随缘即是放下，学会放下是一门修养身心的学问，也是一种生活的智慧。面对尘世间各种纷扰繁杂，很多时候不妨选择放下，以退为进，甩掉包袱方能轻松自在的生活。

放下烦恼，获得快乐；放下压力，获得动力；放下自卑，获得自信；放下懒惰，获得充实；放下狭隘，获得丰富；放下抱怨，获得平和；放下纠葛，获得潇洒；放下包袱，获得自在……

生活中，人们难免会急功近利、计较得失，执著于追求各种功名利禄。虽然执著没什么不好，追求功名利禄也没什么不对，但懂得放下，才能让你解脱烦恼，轻松快乐的生活。对我们而言，放下比苦苦追求守候更能令人修身养性，活出自在。

紧抓包袱不撒手，将永远背负沉重 …… 2

人生如同一局棋，棋子当弃则弃 …… 5

狭窄的心胸势必难以容物 …… 9

哭笑都要过日子，就看你怎么选 …… 12

既然无法改变，那就坦然接受 …… 17

放下自卑的包袱，做最好的自己 …… 20

心轻万事如鸿毛，放空处处是安乐 …… 23

❖第2辑❖

随缘活在当下,万事万物不能存在于当下之外

有多少人因自己的过去耿耿于怀、郁郁寡欢?又有多少人在为自己的未来忧心忡忡、迷茫无措?看,我们总是背负着太多的过去,对未来又有着太多的期待和忧虑,以致我们在忙忙碌碌中丢掉了当下,殊不知,当下才是生命的所在,万事万物都不能存在于当下之外。

活在当下就是要我们像一个带着好奇心去探索世界的孩子,把整个世界、生活的每一刻都当作未知,细细品尝每天生活的真实感受,回到此刻、享受当下,带着微笑创造自己想要的生活。

活在当下——没有什么比今天更重要 …… 30
回忆过去、憧憬未来,也一定要把握现在 …… 33
打翻的牛奶不需要你无用的眼泪 …… 36
没有永远倒霉的人,不要轻易否认自己 …… 39
用积极的心态活在当下 …… 42
与其自寻烦恼,不如珍惜拥有 …… 44

❖第 3 辑❖

随缘贵在自知，认清自己才能超越自己

在古希腊神庙的山上，铭刻着 4 个字：认识自己。2000 多年来，这句话一直在启示着人们：人贵在自知。的确，人最难认清的是自己，最大的敌人也是自己。正如“当局者迷”，我们永远看不到自己的后脑勺。

随缘贵在自知，准确地认识自己，并且知道自己想要什么无疑是最大的智慧。一个人如果不能正确地认识自己，不能准确地给自己定位，不知道自己要什么，就只能浑浑噩噩地度日，永远停滞不前、碌碌无为。只有在认识自己的优势和局限后，才能成功地追求到自己想要的。

人最难能可贵的莫过于有自知之明 …………………………… 50
批评是防止你跌倒的拐杖 ………………………………………… 53
自知而不自卑，出身不决定未来 ………………………………… 56
肯定当下的自己，你总有比别人强的地方 ……………………… 58
接纳自己才能接纳生活 …………………………………………… 61
认清自己的能力，自信使你得到全世界 ………………………… 63
学会自我反省，别总是怨天尤人 ………………………………… 66

❖第4辑❖

随缘剪除欲望，及时清空你的欲望列表

欲望对于人，过之则为恶，少之则为善。怎么把握分寸？这就需要一把智慧的剪刀，去修剪那些“歪枝斜杈”。修剪本身是痛苦的，但修剪的结果却是幸福的。

欲望是一柄双刃剑，恰当的、理性的、有节制的欲望就会演变成追求，可以为人生注入前行的动力，进而提高生活的质量，提升生命的高度。反之，一味地放纵自己的欲望，任由欲望失控、泛滥，就会让自己坠入深渊，万劫不复。

人心不足蛇吞象，欲望是个无底洞 …………………………… 72
与其忐忑为私欲，不如放开轻松活 …………………………… 75
盲目追功逐利，惹来烦恼无数 ………………………………… 78
花花世界名利场，万万不可贪过度 …………………………… 81
山穷水尽之时不妨随遇而安 …………………………………… 85
翻翻自己的背囊，丢掉那些繁重的役心之物 ………………… 88

❖第5辑❖

随缘是不比较，不要强求不属于你的东西

很多时候，许多东西是“比不得”又“求不得”，尽管世界上有许多美好的东西不一定属于我们，但我们的生命是一定属于我们的，没有必要刻意强求那些本不属于我们自己的东西。

不强求任何不属于自己的东西，也不必为错过的机会叹息。生活中每天都是一个起点，太阳还会不断地升起又升起。我们不必为没有实现的梦想而懊恼，也不必为错过的机会而痛苦，更不必处处跟人比较、争夺，是自己的总归是自己的；不是自己的，再比较强求也无用。把过多的欲求丢掉，也许生活会变得轻松，更可能会得到意外的幸福。

比来比去，你永远找不到满足 …… 92

爱抱怨的人，注定是个弱者 …… 94

愚蠢的人只会生气，聪明的人懂得争气 …… 97

变快乐的两个“不”：不比较，不计较 …… 101

解开忌妒的枷锁，让心灵畅享自由 …… 104

随缘之道：不为不可为，不求不可求 …… 108

❖第6辑❖

随缘是少计较，幸福与否只在一念之间

“幸福不是你拥有的比别人多，而是你计较的比别人少！”很多时候许多烦恼都是我们自己找来的，如果能少计较一点、珍惜一点，也许就会拥有得更多。

在逆境中磨炼你的意志，不计较一时的成败得失。“风物长宜放眼量”，我们应去追寻更长久的精神生活。不计较的人生，是智慧的人生。随缘是一种生活态度，更是一种精神境界。

凡事坦然面对，聪明的人敢于认输 …… 112
做事留有三分余地，生活方能游刃有余 …… 114
聪明反被聪明误，少施心机少烦累 …… 117
吃点小亏是福气 …… 120
回归简单的生命本质，追求快乐的生活真谛 …… 124

❖第7辑❖

随缘要知宽忍，退一步海阔天空

有这样一首诗，诗中道出了“退步原来是向前”的道理：“手把青秧插满田，低头便见水中天。心地清净方为道，退步原来是向前。”

随缘要知宽忍，做人要知进退，“退步原来是向前”不仅能使你少欲、知足，还能够使你过得平安幸福，到达一种人生的新境界。

心宽天地广，世界只在一心间 …… 130
设身处地为他人着想 …… 133
宽容别人才能被别人宽容 …… 136
宽忍待人，留条后路给自己 …… 139
用宽忍浇灭怒火 …… 140
得意切忌忘形，忘形就要摔跤 …… 144

❖第 8 辑❖

随缘宽心海涵，很多事没什么大不了

人生就如同一本残缺不全的书，我们不必苛责那些残缺和失败，一切随缘才是我们应要选择的道路。只要已有所得，就应该满足，只要你付出了，都必然会有所得到。

我们不要追求浮华的人生，那样只会自欺欺人。想要让自己逍遥自在，那就要懂得宽心海涵，并且告诉自己，很多事没什么大不了，一切随缘。

"看不开"乃人生之大忌 …… 148
率性而为，活出真我 …… 150
冲动是魔鬼，心平气和最心宽 …… 153
学会减法思考，营造简约生活 …… 157
乐观一点，这一切没有你想象的那么难 …… 159
我们拥有得很多，却什么也带不走 …… 162

❖第 9 辑❖

随缘不惧应变，让自己明天更美好

每个人都是生活中一道靓丽的风景线，世间只有一个独一无二的你，世界不会为你而改变，你也不必为世界改变。怎样才能游刃有余的生活呢？这就要为自己保留一个平静而独立的空间，以“不变”应“万变”。

所谓“勇者无畏”，是指我们能勇敢地面对自己，要求自己并改变自己。人最大的敌人就是自己，如果你能够战胜自己，那还有什么可畏惧的呢？你将拥有更美好的世界。

世上没有绝对的公平，要有直面现实的勇气 …………………… 166

调动全身心，努力吸取当下的力量 …………………………… 169

追求完美固然积极，苛求完美则大可不必 …………………… 171

换个思维，天地开阔 …………………………………………… 175

冲破条条框框，勇于尝试新的人生 …………………………… 178

美好的未来，从点滴小事做起 ………………………………… 180

❖第 10 辑❖

随缘需平常心，平和面对每一天

平常心有四种：为善不执、老死不惧、吃亏不计、逆境不烦。说到底，平常心不过是“无为无争、不贪、知足”观念的汇合而已。这些作为一种处世态度，亦可理解为：淡泊之心、忍辱之心和仁爱之心。无为并不是无所作为，无争也不是逆来顺受，这是一种心境、一种境界。持平常心处世，平和面对每一天，你将立于不败之地。顺其自然，即可得静，宁静而致远。

平常心是医治失意的良药 …………………………………… 186
你决定心态，心态决定你的人生 ………………………………… 189
乱花渐欲迷人眼，回归平淡才是真 ……………………………… 192
做人切忌浮躁，江河湍急岸常静 ………………………………… 195
淡泊识真味，宁静方澄明 ………………………………………… 198
不以物喜，不以己悲 ……………………………………………… 202
孤独也是一种美，学会享受孤独 ………………………………… 206

❖第 11 辑❖

随缘心怀感恩，广结善缘

懂得感恩的人，是真正成熟的人；懂得感恩的人，是内心充满爱的人；懂得感恩的人，是令人敬佩和尊敬的人。感恩，不仅是一种礼貌，更是一种健康的心态。

让我们每个人都常怀一颗感恩之心，常做报恩之事，常有施恩之德。

拥有一颗感恩的心才能感知世界的美好 …………………………… 210
学会感恩让你更快乐 ……………………………………………… 213
心怀善意，真诚待人 ……………………………………………… 216
赠人玫瑰，手有余香 ……………………………………………… 219
善恶终有报，只是时未到 ………………………………………… 223
从善如流，能让你广结善缘 ……………………………………… 226

❖第 12 辑❖

随缘美在知足，自在过人生淡定看得失

常言道：知足常乐。人生是否快乐，关键看你是否懂得知足。俗话说“欲壑难填”，人的欲望是无止境的，满足了一种欲望还会有更多的欲望滋生出来，欲望太多太高，则永远得不到满足和快乐。面对着各种满足不了的欲望，我们需要换一个角度去理解。随缘美在知足，人生路上，不管成败，都要学会对自己说：“知足常乐，适可而止，顺其自然，无须苛求，无所欲也无所求。不以物喜，不以己悲，你才会获得快乐，活出自在。”

不刻意强求，知足自然常乐 …… 232
八分哲学——适可而止，顺其自然 …… 234
让生命不能承受之重随风飘散 …… 237
快乐其实很简单 …… 240
生活是本，财富是末，切忌本末倒置 …… 244
将命运的牌掌握在自己手里 …… 248
每一个“今天”都是崭新的 …… 251

第1辑

随缘即是放下，甩掉包袱方能活出自在

随缘即是放下，学会放下是一门修养身心的学问，也是一种生活的智慧。面对尘世间各种纷扰繁杂，很多时候不妨选择放下，以退为进，甩掉包袱方能轻松自在的生活。

放下烦恼，获得快乐；放下压力，获得动力；放下自卑，获得自信；放下懒惰，获得充实；放下狭隘，获得丰富；放下抱怨，获得平和；放下纠葛，获得潇洒；放下包袱，获得自在……

生活中，人们难免会急功近利、计较得失，执著于追求各种功名利禄。虽然执著没什么不好，追求功名利禄也没什么不对，但懂得放下，才能让你解脱烦恼，轻松快乐的生活。对我们而言，放下比苦苦追求守候更能令人修身养性，活出自在。

紧抓包袱不撒手，将永远背负沉重

生活的真谛在于取舍。选择是量力而行的果断和约束；舍弃是顾全大局的远见和胆识。舍弃是明智者的选择，而选择是明智者对放弃的跨越。我们的人生，需要舍弃的包袱太多太多，跋涉于生命之旅中，如果我们有限的视野不肯舍弃眼前的美景，那么失去的将会是前方更迷人的景色。只有那些善于舍弃，敢于扔掉包袱的人才能欣赏到人生真正的美景，过没有拘束自由自在的生活，实现人生的价值。

舍得，舍得，有舍有得，敢舍敢得，不舍不得，小舍小得，大舍大得，以舍为得。舍和得，就如因和果，既相关又互动。舍得就是要“舍迷入悟、舍小获大、舍妄归真、舍虚由实”。如果你能把自己心中的偏执、挂碍、烦恼、悲伤和迷惘都舍去，你就能得到轻松和快乐，你自然就会得到一个新的境界。世间万物，凡有所舍，就有所得。

人生就是不断选择取舍的过程。选择成就一番事业，必然要舍弃安逸的享受；选择清淡的生活，必然要放弃名利的诱惑。学会选择和放弃，既可以在有限的生命中，抓住自己最需要的，舍弃不必要的负担，又可以轻松掌握人生的主动权，到达成功的彼岸。

一个年轻人觉得生活很压抑苦闷，便去见智者，寻求解脱之法。智者给他一个篓子背在身上，指着一条石子路说：“你每走一步就捡一块石头放进去，看看有什么感觉。”

年轻人说很沉重。智者告诉他：“这就是为什么感觉生活越来越沉重的道理。生活中我们不断地捡东西放在心里，于是越来越累。”

年轻人问：“有什么办法可以减轻这沉重吗？”

智者问他：“你愿意把工作、爱情、家庭、友谊、金钱、地位、名声哪一样拿出来扔掉呢?”那人不说话了。

由此看来，人这一辈子只有两个时候最轻松：一是出生时，赤条条而来，背着空篓子；一是死亡时，把篓子里的东西倒得干干净净，然后赤条条而去。除此之外就是不断往篓子里放东西的过程。心为形役，所以会感觉到累，可是又不愿放弃篓子里的东西。生活总是在取舍中选择。鱼和熊掌，往往是不可兼得的，因而在取与舍之间，总是那么让人难以抉择。抉择之所以如此艰难，常常是因为我们内心舍不得放弃，摇摆不定。

一只狮子在山里奔跑的时候，一不小心踩上了猎人设放的捕兽夹。它的一只前爪被夹住了，疼得嗷嗷直叫。突然，它好像听到了什么声音，仔细一听，原来是猎人们拿着刀叉和弓箭走过来了。

要是被猎人捕获，宰杀，要么是自己逃出去。万般无奈之下，狮子奋力折断了前爪，跑掉了。

等到回到了自己的洞中，狮子不禁难过起来，它想：可惜呀!我的那只前爪，指甲是那样的锋利，皮毛是那么的漂亮，现在我成一只瘸狮子了。

这只狮子很苦恼，本是百兽之王，但在这种心理的作用下，也变得郁郁寡欢，毫无斗志。

一天，猴子碰到它，聊了起来，才知道狮子的这段遭遇。猴子想了想宽慰狮子道，虽然你失去了前爪，但你得到了生命，如此选择和放弃不是最好的结果吗?要不然等猎人到了，你就会被抓住，性命不保。

听到这里，狮子不由得又为自己“自残式”的选择高兴起来。

每个人在生命中都会面临无数的选择，如何选择也就决定你如何成功。而最好的选择，需要一种独特的眼光。没有在同一情形下势均力敌的东西，成功的最佳目标不是最有价值的那个，而是最有可能实现的那个。选择是对放弃的诠释，放弃是一种明智的选择。学会选择和放弃，才能拥有一分成熟，做人也是如此。如果明白这一道理，你就已经作出了最明智的选择。

在人生中，有些事不可不求，但也不可强求。不选择，人便永远在十字路口徘徊，最终会一无所得；不放弃，人生之舟难以承受繁多的欲望，给自己带来痛苦、烦恼，结果仍然是一无所得。学会选择和放弃，才能掌握人生的主动权。如果你已经发现选择与放弃的内在矛盾和冲突，那么你已经作出了明智选择的第一步。

鱼和熊掌不可兼得，你必须有所选择、有所放弃。喜欢钓鱼的人可能都知道要想钓到大鱼就必须用香甜可口的食物做鱼饵。记得有这么一个故事：

聪明的农夫知道老鼠会来偷吃仓库里的粮食，所以事先设了一个可以让老鼠空腹进去的小洞，只要老鼠吃一点粮食就钻不出来，到时就可以“瓮中捉鳖”。

老鼠不知道农夫的计谋，看到有这种便宜可占，便一狠心饿了两天，顺利地钻入了粮仓，而当它美餐一顿后却怎么也爬不出来了，所幸的是农夫对这档子事疏忽了，老鼠才在又忍饿两天后得以钻出洞，逃之夭夭。

心比心，各如其面。要经历人生的岁月蹉跎和道路的泥泞坎坷。从这则故事中我们应该得到深刻的启发：必须学会选择，懂得放弃，生活才能如鱼得水。在这个物欲横流的社会里，只有懂得放弃的人，才能用一颗乐观豁达的心去看待那些失去的和得不到的东西；相反，那些紧抓包袱不撒手的人，将永远背负沉重包袱焦头烂额在人生道路上横冲直撞，无法顺利抵达人生的彼岸。

当然，生活不只是单纯的取与舍，人生也难免有诸多空白和遗憾，成熟的人应该懂得如何取舍。人生如戏，每个人都是自己的导演，只有学会选择和懂得放弃的人才能找到属于自己的精彩。

人生如同一局棋，棋子当弃则弃

舍得既是一种处世哲学，也是一种做人做事的艺术。世间万物相生相克，相辅相成，存在于有舍有得之间。你如若把握住了舍与得的智慧，便等于领悟了人生的真谛。

“舍得舍得，有舍才有得”。如果我们不能了然这其中的因果关系，就很难明白“以舍为得”的妙用。在田地里，没有播种（舍），哪里有收成（得）？对于亲朋好友，没有礼尚往来，你们之间的感情怎能长久维系不断升温呢？

舍，看起来是给予，实际上是获得；积极地给予别人赞美，你才能获得更多的友谊和赞美；给予人一个笑容，你才能获得别人对你的“回眸一笑”！“舍”和“得”的关系就如“因”和“果”，因果是相关的，舍与得也是互动的。能够“舍”的人，一定拥有广阔的心胸，否则他怎么肯“舍”给人，怎么能让人有所“得”呢？他的内心充满欢喜，他才能把欢喜给你；他的内心蕴藏着无限的慈悲，他才能慈悲待人。自己有财，才能舍财；自己有道，才能舍道。所以我们劝人不要把烦恼、愁闷传染给别人，因为“舍”什么，就会“得”什么，这是必然的因果。

太阳给我们发光发热，所以我们喜欢太阳；大树为我们遮风挡雨，所以我们喜欢大树；父母养育栽培我们，我们感激爱戴父母；朋友给我们无私帮助，所以我们珍惜朋友。如果太阳、大树、父母、朋友都不“舍得”任何给我们，我们怎么会喜欢他们呢？

如果情爱是束缚，你能舍去情爱，自然就会得到自在；如果骄傲是烦恼，你能舍去骄傲，不就能得到清静了吗？如果妄想是虚妄，你能舍去妄想，不就能得到真实了吗？如果挂碍是痛苦，你能舍去挂碍，不就能得到轻松了吗？所以能舍什么，就能得什么，这是必然的道理。

心理学家做过两个试验：将一条饥饿的鳄鱼和一些小鱼放在一个小箱的两端，中间用一个透明的玻璃板隔开，刚开始，鳄鱼毫不犹豫地向小鱼发动进攻。它失败了，但毫不气馁，接着，它又向小鱼发动第二次更猛烈的进攻，它又失败了，并且受了伤。它还要进攻，第三次，第四次……多次进攻无望后它再也不进攻了。这时候，心理学家将隔板拿开，鳄鱼仍然一动不动，它只是无望地看着这些小鱼在自己的眼皮底下悠闲地游来游去。它放弃了所有努力。

面对纷繁复杂的世界和物欲横流的社会，懂得放弃的人，就会用乐观、豁达的心态去对待没有得到的东西，他们每天都会有快乐和愉悦的心情；而不懂得放弃的人，只会焦头烂额地乱冲，他们不但最终达不到目标，而且每天都陷于得失的苦恼之中。

有一句很经典的台词是这么说的："当你紧握双手，里面什么也没有；当你打开双手，世界就在你手中。"很多时候我们都应该懂得舍弃，生活中鱼和熊掌都能兼得的时候很少，每一次放弃是为了下一次得到更多的回报。

一个青年向一个富翁请教成功之道，富翁却拿了3块大小不等的西瓜放在青年面前："如果每块西瓜代表一定程度的利益，你选哪块？""当然是最大的那块！"青年毫不犹豫地回答。

富翁一笑："那好，请吧！"富翁把最大的那块西瓜递给青年，而自己却吃起了最小的那块。很快富翁就吃完了，随后拿起桌上的最后一块西瓜得意地在青年面前晃了晃，大口地吃了起来。

青年马上就明白了富翁的意思：富翁吃的瓜虽没有他的大，却比他吃得多。如果每块代表同等的利益，那么富翁得到的利益自然比青年多。

吃完西瓜，富翁对青年说："要想成功，就要学会放弃，只有放弃眼前利益，才能获得长远大利，这就是我的成功之道。"

放弃是一种智慧、一种豪气，是更深层面的进取。我们之所以举步维艰，是因为背负太重，之所以背负太重，是因为还不会放弃。功名利禄常常微笑着置人于死地。诗人泰戈尔说："当鸟翼系上黄金时，就飞不远了。"学会放弃，才能卸下人生的种种包袱，轻装上阵，迎接生活的转机，度过风风雨雨；懂得放弃，才能拥有一分成熟，才会更加充实、坦然和轻松。

人生如棋局，我们应把扭转乾坤的一着棋路留在哪里?棋子总是越下越少，人生总是越来越短，于是早时落错了子，后来都要加倍苦恼地应付。而棋子一个个地去了，愈是剩得少，便愈得小心地下。赢，固然漂亮；输，也要举棋无悔。

人生棋局，对手是我们身处的环境，有的人能预想十几步，乃至几十步，未雨绸缪。有的人只能看到几步之外，甚至走一步算一步。与高手对招，常一步失算，满盘皆输；但是高手下棋，眼见的残局，却可能峰回路转，起死回生。有的人下棋，落子如飞，但是忙中出错；有的人又因起初考虑太多，以致捉襟见肘。有的人下棋，不到最后关头，绝不认输；有些人下棋，稍见情势不妙，就弃子投降。端正态度之，勇于直面之，努力超越之，方为我辈所真正遵从的人生棋局。

下棋忌恋战。"该收手时就收手"，此路不通，另寻他路；下棋忌骄傲。胜败乃兵家常事。往往是越有真才实学的人越谦虚谨慎，越无知识的人越自命不凡。"谦虚使人进步，骄傲使人落后"是千古不变的真理；下棋忌急躁。人生不是一帆风顺的，或多或少也会经历风浪的考验。心越急躁，事情越干不好。赢得胜利的条件，就是要有平和的心态；下棋忌清高，不能认为别人粗俗而不屑一顾。和有风度的人下棋能提高棋技，和粗俗的人下棋，则能培养为人处世的能力；下棋忌忌妒。君子既赢得无愧，输得利索。小人则找原因，不肯认输。君子下棋是享受，小人下棋是累赘。"君子坦荡荡"，光明磊落，赢就是赢，输就是输。小人却赢是赢，输也强辩成赢，看见别人赢了就翻白眼。

高手在棋盘上落每一个子都是经过深思熟虑的，之所以弃掉，是因为局面的变化使这些棋子失去原来策略中的作用。放弃的过程可以换来更大的价值。或者有些棋子就是为了达到这个目的摆上去作为诱饵的。但对方也是高手的情况下，不会轻易上当，这就是体现功夫的时候了。

一个高明的棋手，对于可以吃掉的棋，应该是围而不打，让这些棋子无疾而终，以最大提高自己棋子的效率。不过这样在中后盘的时候，那些无疾而终的弃子可能因为局面的变化死而复生，甚至成为反攻的内应。所以，在棋盘上，“声东击西”、“围魏救赵”、“暗度陈仓”、“无中生有”等兵法的策略都可以淋漓尽致地体现出来。

人生如棋，围棋的平等：黑白子这样的角色，对于每一个人都是公平的，故而我们也很是情愿地被选择和安于那个属于自己的位置……人生如棋，象棋的拼搏：每一个棋子满是拼搏的汗水和伤痕的心血，积极的态度，顽强的生存，人生就是如此，不论是胜势还是劣势都需要有积极的心态和坚持不懈的精神……人生如棋，跳棋的协作：你每走一步都是自己下一步的着力点，只有在不断的铺路和前进之后才能冲向胜利的顶峰。而当自己没有路可走的时候，我们在极力地创造条件，然后齐力前进。付出，协作，双赢及其他，也只有和对手联合起来才能显示出更大的智慧……

请问：你还有多少棋子？你已有多少收获？你是不是应该把所剩无几的棋子，放在最佳的位置上呢？人生如棋局，高手能深谋远虑，看出七八步乃至十几步，低者只能看出二三步；高手顾大局，不以一子为重，低者寸土必争，结果屡战屡败。

“舍”，要能以慈、以利，亦即要能给人善，又要能给人利益。“仰天吐唾，唾不至天，还堕己面；逆风扬尘，尘不至彼，还坌己身”，施舍亦如送礼给人，如果我们所送的礼物对方不肯接受，那就只有自己收回，所以我们应该知道“己所不欲，勿施于人”的道理。

总之，以舍为得，金钱、名利、知识，能将其舍给别人，你必然会得到更多金钱、名利、知识。舍给别人好的，会得到更多好的；舍去那些不好的，也会得到好的。当我们把烦恼、悲伤、无名、妄想都舍了，自然就会获得人生另一番新境界。

狭窄的心胸势必难以容物

心胸狭窄的人鼠目寸光，心内难以容物，尤其见不得别人比自己强，总是会想方设法报复或消灭比自己强的人和对手，这样的人容不下生活的琐碎，他们被禁锢在自己的世界，狭促地生活。

心胸狭窄内心不能容物，就是表现为极端的自我与自私，心中只有自己，没有他人。心胸狭窄的人，一个显著的特点就是不能容忍别人比自己强，他们的世界里只能有他们自己。如果有别人比自己强的话，他们就会感到严重的威胁，唯恐自己成为别人的陪衬。这是他们万万不能接受的，于是烦躁不安、心神不定，有那些人的存在于他们是没有办法好好生活的，于是，便想方设法来报复和消灭那些人。

一个心胸狭窄的人，对自己的能力和潜力心知肚明，他们清楚地知道自己并不是最强的，也许根本就算不上强，但是他不能接受在自己的视野范围之内有人比自己强。若是发现有人强过自己的话，他就会心烦意乱，只盘算如何削弱对手，而不是提高自己。他们的风格就是压制别人，通过压制使自己永远保住第一的位置。所以，你与一个心胸狭窄的人打交道，在他们的压制下，你也就永远无法正常地发挥自己的能力，举步维艰。

嫉贤妒能只是心胸狭窄的人性格弱点的一个方面。心胸狭窄还意味着不能宽容别人的缺点，不能忍受别人对自己无意的触犯与伤害，永远不能以宽容豁达的心来看待问题。他们极度敏感自尊心极强，这也越体现出他们内心深处的自卑和恐惧。很多时候，别人的只言片语就像一阵微风，如果你是一个强者，那么你就会像一株大树，微风拂过，丝毫不会影响你，反而给你送去一丝清凉和愉悦；而一个心胸狭窄的人则像是一株小草，即使是微风拂过，也能让他们东倒西歪，方寸大乱。别人无心的举动，无意的忽略或冒犯都足以在他们心里形成挥之不去的阴影。所以很多时候他们对别人的报复是与别人的能力无关的，只是因为他们无法释怀。他们只想着打击报复让别人也受到更大的伤害。只有看到别人受到的伤害远胜于自己，他们才能感到一丝快感。所以说，和心胸狭窄的人在一起，常让人觉得防不胜防，因为你不知道什么时候就会得罪到他们，也不知道什么时候，会对你进行报复。

曹操虽然是一个有能力的人，但是也免不了有心胸狭窄的弱点。他成就了一番大事业，也因心胸狭窄，而葬送了他手下一些杰出的人才。最突出的例子，莫过于大家耳熟能详的曹操与杨修的故事了。

杨修为人恃才傲物，屡屡遭受曹操的忌妒。有一次曹操建了一座花园，曹操看过之后不置可否，只提笔在大门上写了一个“活”字就走了。大家都不明白这是什么意思，只有杨修说道：“门字里面填一个‘活’字，就是一个阔字，丞相是嫌大门建造得太阔了。”于是工匠重新修建了大门，又请曹操来看。曹操看过之后大喜，问道：“是谁知道我的心意？”左右人说是杨修，曹操称赞了杨修的聪明，但是心里却很忌妒。

一次，曹操在与刘备征战的时候处于下风，兵退斜谷，进退不能，犹豫不决，恰好厨师端上鸡汤来，曹操看见汤中有鸡肋，不禁有感于怀。正在沉吟之时，夏侯惇进帐请示夜间的口令，曹操随口道：“鸡肋，鸡肋。”夏侯惇便传令官兵，以“鸡肋”为号。杨修闻号令是“鸡肋”，就教随行的士兵收拾行装，准备归程。有人告诉夏侯惇，夏侯惇大惊，问杨修为什么要收拾行装。杨修道：“通过今晚的号令，就知道魏王不几天就要退兵了。鸡肋这个东西，吃起来没什么肉，丢了又可惜。现在我们进攻不能取胜，退兵又怕被人笑话。在这里没什么好处，不如及早回去。来日魏王必定班师，所以先收拾行装，免得临行慌乱。”夏侯惇道：“你真是了解魏王的心意啊！”于是寨里大小将士，无不准备归计。

当夜曹操心乱，睡不着觉，就手提钢斧悄悄在营中巡视，只见将士们都在收拾行装，赶紧叫夏侯惇来问其缘故，夏侯惇便说主簿杨修知道大王想退兵的意思，曹操叫来杨修询问，杨修把鸡肋的意思告诉曹操，曹操大怒道："你怎敢胡言，乱我军心！"就命令刀斧手将杨修推出去斩首示众了。

杨修的才能，引起了曹操的忌妒，终于被曹操找个机会杀之而后快。

强者总能得到更多关注和掌声。这一切本来无可厚非，人人都欣赏羡慕强者，唯独心胸狭窄的人，却不能接受身边存在比自己强的人，更不会欣赏和赞美别人。他们没有能力成为最引人注目的人物，也不允许有比他们更引人注目的人物存在。而要想成为生活的强者，变成备受瞩目的人，内心一定要海阔天空包容万千，心胸狭窄的人是无法抵达的。

两个世纪前的某一天，美国发明家富尔顿来到了金碧辉煌的凡尔赛宫，他刚发明了蒸汽机铁甲战船，正兴致勃勃地向拿破仑建议，用之取代当时法国的木制舰船。毫无疑问，蒸汽机铁甲战船比木制战船要先进得多，威力也不可同日而语。眼看拿破仑就要被富尔顿说动，准备采纳富尔顿的建议时，拿破仑脸色陡变，两眼放射出难以抑制的怒火，眼睛直逼向富尔顿。合作告吹了，而莫名其妙的富尔顿也许永远不会知道，他失败的原因完全在于他毫不在意地顺口恭维了拿破仑一句："伟大的陛下，您将成为世界上真正最高大的人！"在这里，富尔顿想表达的是"高贵"、"崇高"的意思，但他一不留神把法语的"高贵"、"崇高"一词说成了"高大"，恰恰富尔顿自己身材高大，这一下正好击中了拿破仑最自卑、最害怕被别人嘲笑的生理短处——个子很矮。

拿破仑又自卑又嫉恨，他对高个子的富尔顿咆哮道："走吧！先生！我不认为你是个骗子，但认为你是个十足的蠢货！"这之后，富尔顿的发明专利被英国购买，自此英国凭借强大的海军，确立了世界海上霸主的地位，法国却远远落在了后面。直到20世纪30年代末，爱因斯坦在建议美国总统罗斯福迅速研制原子弹的信里，才又一次重提旧事："总统先生，如果1803年拿破仑接受了你们的富尔顿关于建造蒸汽机军舰的建议,今天的世界格局将不会是这样!"

拿破仑仅仅因为容忍不了别人无意间使用"高大"一词,就拒绝了一项伟大的发明,也失去了一个称霸世界的绝好机会。因为他心胸狭窄,所以他失去了一个时代。

俗语说"宰相肚里能撑船",对现代人来说,肚子里要能跑火车才行。对于具有不同脾气、不同嗜好、不同优缺点的人,你要学会和平相处,必须要具备一颗平常心。倘若对自己的短板仍然不醒悟,还那么狭隘地对待别人,到最后别人也会把苦果子给你吃。所以,心胸狭窄足以令你失掉所有人际关系,让你独身一人走在黑暗的路上。

哭笑都要过日子,就看你怎么选

苦也是人生,乐也是人生。苦中有乐,苦中求乐,乐不痴迷,乐不忘忧,人生自然就有滋有味,苦亦是乐了。而是苦还是乐,这就看你怎么选择了。

在这个物欲横流的社会,人们很容易就被物质和名利蒙蔽心灵,人们在不停地追求更多东西的同时,往往忘了最简单的东西是最重要、最离不开的东西。成功与失败,痛苦与欢乐,都是相伴相随、相辅相成的。如果只看到失败和痛苦,那人生将是多么灰暗。一个人能不能开心快乐,并不在于他的处境如何,或者拥有什么,而是在于他对生活的态度,是否可以在生活上、工作中把持着一份发现快乐、赢取快乐的心境。

生活中的苦与乐就如一对孪生子,相伴相随,永不分离。苦与乐在生活中的每时每刻都存在,只要我们以平和的心态去对待,乐就会永伴你身边。在岁月的脚步中，我们从不在沧桑中停步，也从不要在坦途中驻足。在蹉跎的岁月里，我们匆匆地走过了昨天，忙碌地走过今天，又满怀希望地期盼着明天……

许多人都把生活比作果子，有甜有酸，吃果子的过程就似乎感受生活的过程。在不知不觉中会使人产生两种不同的错觉，正是这种错觉影响着人的一生。先尝甜果的人，会以为此甜味会长久，而对安逸的环境，顺利的境遇，未免就会生出几分懒惰、懈怠的思想，从而不去拼搏劳作，其结果只能是空等年华流逝，而终一事无成。先品酸味的人会以为自己已经受苦难，从而认定幸福必然会来临。

人活一世，看似长久，其实在时间的长河中，只不过是一朵素洁的浪花，稍纵即逝。说到底，人的一生，只是那短短的三天：昨天、今天、明天。昨天，过去了，不再烦；今天，正在过，不用烦；明天，还没到，烦不着，何必为了苦与乐去自寻烦恼呢？

“生、老、病、死、求不得、爱别离、怨憎会、五蕴盛。”固然是生活之苦，但它如春夏秋冬的自然轮回一般，无论是谁都难以逃脱与抗拒。面对这般苦痛，重要是要心如止水、平和，平淡地去面对，要将它视作头顶上那天空中的悠悠白云，视作河面上片片漂去的花瓣一般，瞬间即逝，转而成空。

面对生活的“苦”与“乐”，应该如一位名人所言：“你面对，所以你去拼搏；你拼搏，所以你能够面对。”苦与乐是生活所必须去经历的过程，苦不一定是负面的，也正是各种各样的苦丰富着我们的人生，增长了我们的才智；乐是生活所追求的目标，乐是奋进的加油站，只有付出无尽的汗水，才能永远感受生活快乐。

美国西雅图有个派克街鱼市，它以精彩的销售方式吸引顾客，前台售货员将顾客的需要吆喝着告诉后面的同伴，后者跟着重复吆喝一遍，并手脚麻利地把鱼像投篮球一样扔向前台售货员，又快又美观，成为一道举世闻名的风景。后来，当地一名女经理从这个有趣的“售鱼哲学”中受到启发，将一个死气沉沉、常年推诿扯皮的内勤营运部门脱胎换骨成为一个运转高效、富有团队精神和轻松愉快氛围的员工团体。

既然人生充满了苦难，那么人生岂不毫无意义？当然不是。幸福和快乐是苦难的另一面，或者说，苦难升华的结晶就是幸福和快乐。有“苦”就有“乐”，有“难”就有“福”。有苦乐祸福，才构成了人生的本质和全部。所谓“苦乐人生”，就是这个概念。所以，如何善对人生，善待苦乐，掌握苦与乐的根本和转化的契机，就是你人生的技巧所在。

人生总是伴随着七苦八难，没有苦难就不成其为人生。人们的全部努力，无非只是希望能减少一点苦难，或以此苦代替彼苦。一些人欲望太多，贪得无厌，贪污受贿，搞权钱交易，而后又大肆挥霍，满足自己的私欲。而他们并不知道，这种满足只是暂时的，罪孽性的，与此同时，他们已经为自己掘下一个更加苦难的深坑！

亨利·福特被美国人称为“汽车之父”。1913年他率先采用流水线组装汽车，第一次实现了10秒钟组装一部汽车的神话。几年后民用汽车的价格降低了一半。福特的思想对全世界的制造业产生了极大的影响。但是事情往往是多元的。有人觉得改进装配线，既要投资购买机器，又得重新培训工人，风险太大了；也有人认为公司的生产能力已经够强，效益也很好，没必要花力气去提高效率。怎么统一意志？福特举起桌上的玻璃杯问：“你们看到了什么？”有人担忧地说：“半杯水被喝了，杯子空了一半。”“别担心，”有人乐观地说，“杯子里还有一半水，渴了还有半杯水可喝。”这就是大家都知道的所谓“半杯水理论”。说世界上有两种人，当他们在观察半杯水时，一种人看到的是杯子里有一半是满的，而另一种人看到的则是杯子里有一半是空的。

这就是乐观与悲观的区别。我们每个人在日常生活中开心与不开心，一天都要过24个小时，何不开开心心地度过每一天呢？因为时间对每个人来说都是公平的，不管你是什么人，一天同样拥有24小时，做人要活得潇洒些，要学会主宰自己的命运。先贤说：“祸福无门，唯人自招；善恶之报，如影随行。”有的人生活好，有的人生活不好，这是每个人的福报不同。我们要能够保持乐观、开朗、平静的心态，善于缓解一切压力，消除一切烦恼。“禅心清净境，无心万事宽”，因为忍让不是弱者，而是有胸怀的大度。这样我们就可以在最短的时间内调整自己的心态。要知道伤心、烦恼、怨恨、忧愁不是解决问题的好办法。

松下幸之助被誉为“经营之神”，他不是社会的幸运儿，但不幸的生活却促使他成为一个永远的抗争者。家道中落的松下幸之助 9 岁起就去大阪做一名小伙计，父亲的过早去世使得 15 岁的他不得不担负起全家的重担，寄人篱下的生活使他体会到了做人的艰辛。

1910 年，他来到大阪电灯公司做一名室内安装电线练习工，一切从头学起，后来，他诚实的品格和上乘的服务赢得了公司的信任。22 岁那年，他被晋升为公司最年轻的检察员。就在这时，他第一次遇到了人生最大的挑战。

有一天，他发现自己咳的痰中带血，这使他非常害怕，由于这种奇怪的家族病史，已经使 9 位家人在 30 岁前离开了人世，这其中包括他的父亲和哥哥。当时他不可能按照医生的吩咐去休养，只能边工作边治疗，这也使他形成了一套与疾病作斗争的办法：不断调整自己的心态，以平常之心面对疾病，调动机体自身的免疫力与病魔斗争，使自己保持旺盛的精力。这样持续了一年，他的身体也变得结实起来，内心也越来越坚强。这种心态也影响了他的一生。

由于患病一年来的苦苦思索，加上改良插座的愿望没有得到公司的采用，使他下决心辞去公司的工作，开始独立经营插座生意。松下电器公司不是一个一夜之间成功的公司，创业之初，正逢第一次世界大战，物价飞涨，而幸之助手里的所有资金还不到 100 元，困难可以想象。公司成立后，最初的产品是插座和灯头，然而当付出千辛万苦才生产出的产品遇到棘手的销售问题时，工厂竟到了难以为继的地步，同事们相继离去，使幸之助的境况变得很糟糕。但他把这一切都看成是创业的必然经历，他对自己说："再下点儿工夫总会成功的！我已有更接近成功的把握了。"他相信：坚持下去取得成功，就是对自己最好的报答。功夫不负有心人，生意逐渐有了转机，当6年后他拿出第一个像样的产品也就是自行车前灯时，公司才慢慢走出了困境。

走出困境的松下电器公司所面对的并不是一帆风顺的坦途，而是一系列汹涌波涛的开始。1929年经济危机席卷全球，日本也未能幸免，电器销量锐减，库存激增。第二次世界大战的爆发使日本经济走上了畸形，日本的战败使得松下幸之助几乎变得一无所有，给他留下的却是高达10亿日元的巨额债务。为抗议把公司定为财阀，幸之助不下50次地去美军司令部进行交涉，其中的艰辛自不必言。一次又一次的打击并没有击垮松下幸之助，在他94岁高龄时，曾向人们表明，一个人只有从心理上、道德上成长起来时，他才可以长寿。他之所以能够走出遗传病的阴影，安然渡过企业经营中的一个个惊涛骇浪，得益于他永葆一颗年轻的心，并能坦然应对生活中的挫折和磨难。幸之助说过："你只要有一颗谦虚和开放的心，你就可以在任何时候从任何人身上学到很多东西。无论是逆境或顺境，坦然的处世态度往往会使人更加聪明。"

逆境给人宝贵的磨炼机会。只有禁得起环境考验的人，才算是真正的强者。其实，顺境和逆境都是命运的安排，只有坦然去面对，才是最好的方式。

把"置身绝境"看成是"以身体验"的珍贵机会。明白这点，则面临艰难困苦时，能勇气百倍地承受，迎接挑战。唯有如此，才能涌出新的智慧，转祸为福。

总之，不论处境如何，为人处世之道就在于不迷惘、不矫揉，以坦然态度处世，这才是最正确的。哭也是一天，笑也是一天，相信你不难作出选择。

既然无法改变，那就坦然接受

在这个世界上，我们不可能事事顺心，处处如意。总会有很多残酷的事实和境遇是我们无法回避、无法选择又无法改变的。如果因此而怨天尤人，自我消沉，那你的人生只剩下苦闷和抱怨了。所以，不管是生活还是工作，都应该坦然接受不可改变的事实。这绝不是逆来顺受或者不思进取，这只是一种积极的顺其自然的人生态度。

人生本来就是一个输赢交错的过程，就是诸葛亮再世也无法准确预测和掌控不可预知的未来，更不能改变过去既成的事实。所以，与其死死纠缠在不可改变的过去，还不如改变心态，坦然接受，放眼未来。

人生总要遇到这样那样的磨难，好比唐僧西天取经，总有劫难等着你去克服。事实不会因为你的痛苦就会发生改变，如果你能保持良好的心态，采取积极的行动，那么磨难就会变成“磨刀石”，不但让你卷土重来、东山再起，还使你变得更加出类拔萃。

已故的美国小说家塔金顿常说：“我可以忍受一切变故，除了失明。我绝不能忍受失明。”可是在他60岁的某一天，当他看着地毯时，却发现地毯的颜色渐渐模糊，却看不出图案。他去看医生，得到了残酷的证实：他即将失明。有一只眼差不多失明了，另一只眼也接近失明，他最恐惧的事终于发生了。

塔金顿对这最大的灾难如何反应呢？他是否觉得：“完了，我的人生完了！”完全不是。令人惊讶的是，他还蛮愉快的，他甚至发挥了他的幽默感。那些浮游的斑点阻挡他的视力，当大斑点晃过他的视野时，他会说：“嗨！又是这个大家伙，不知道他今早要到哪儿去！”完全失明后，塔金顿说：“我现在已经接受了这个事实,也可以面对任何状况。"

为了恢复视力,塔金顿在一年内得接受12次以上的手术,而且只是采取局部麻醉。他会抗拒它吗?他了解这是必需的,无可逃避的,唯一能做的就是优雅地接受。他放弃了私人病房,而和大家一起住在大众病房,想办法让大家高兴一点。当他必须再次接受手术时,他提醒自己是何等幸运:"多奇妙啊,科学已经进步到连人眼如此精细的器官都能动手术了。"

当真正面对无法改变的事实的时候,其实每个人都能接受,就像本以为自己绝不能忍受失明的塔金顿一样。这个时候他却说:"我不愿用快乐的经验来替换这次机会。"他因此学会了接受,并相信人生没有任何事会超过他的容忍力。如约翰·弥尔顿所说的,这次经验教导他"失明并不悲惨,无力容忍失明才是真正悲惨的"。

成功学大师卡耐基说:"有一次我拒不接受我遇到的一种不可改变的情况。我像个蠢蛋,不断作无谓的反抗,结果带来无眠的夜晚,我把自己整得很惨。终于,经过一年的自我折磨,我不得不接受我无法改变的事实。"

西方有句谚语:"不要为打翻的牛奶杯而哭泣",这与中国的一个成语"覆水难收"有着异曲同工之妙。用流行的话来说,"你可以设法改变3分钟以前的事情所产生的后果,但你不可能改变3分钟之前发生的事情"。是啊,事实已经发生,就算肠子悔青了也没有"月光宝盒"送你回到过去。所以,不如将精力放在如何解决问题上,避免以后再犯同样的错误。

金融危机爆发的时候,谭先生十分庆幸自己没买股票,谁知他的妻子却号啕大哭,说她把家里60万元的存款给了一个朋友做投资,说一年的收益非常可观,可现在朋友破产,人也消失了,60万元打了水漂。

谭先生一阵头晕眼花,这意味着,他这10多年的辛苦努力全白费了。谭先生真想把妻子痛打一顿,可是他很快冷静下来,他对满脸泪水的妻子说:"命里没有莫强求,钱已经丢了,再哭也哭不回来。幸好我还有一份不错的工作,咱们的生活还是不成问题的。"

谭先生虽然嘴上说得淡定,可是他心里清楚自己的工资也不是很丰厚,虽然够得上家里每个月的开支,可是女儿马上就要上大学,夫妻双方的父母年纪都大了需要他们照顾,谭先生感到了前所未有的压力。

可生活还要坚持下去,于是,谭先生和妻子商量用各种"开源节流"的办法来应对:谭先生戒了烟;名牌衣服不买了,以前的旧衣服整理一下也很好,很多还都是新的;朋友聚会尽量在家吃;尽量不打车,出门坐公交;妻子开了个小卖铺赚些钱……

就这样,谭先生家的日子虽然现在过得辛苦了些,但是依然有条不紊地向前进行着,一家人都相信日子会一天天好起来的,只要一家人同心协力,满怀信心什么困难都可以克服。

不幸的发生,往往是因为我们对事物做出了错误的估计,因此不得不付出代价。但是,错误已经发生,懊悔、暴怒、颓废都无济于事,只能让事情变得更糟。不如向谭先生学习,勇敢面对突如其来的灾难,用平静的心态去承受不可更改的事实,想办法去解决问题,而不是企图"回到过去"。

面对不可避免的事实,我们就应该学着做到诗人惠特曼所说的:"让我们学着像树木一样顺其自然,面对黑夜、风暴、饥饿、意外与挫折。"

坦然接受现实,并不等于束手接受所有的不幸。只要有任何可以挽救的机会,我们就应该奋斗。但是,当我们无法挽回无法改变的时候,我们就不要再踌躇不前,拒绝面对。要接受不可避免的事实,唯有如此,才能在人生的道路上掌握好平衡。

放下自卑的包袱，做最好的自己

你的自卑来自哪里？容貌、金钱还是性格？容貌是天生的，自信的人最饱满最耐看，更何况审美观是因人而异的；金钱是双手挣来的，只要努力，你也可以获得，关键是自己要有信心，肯吃苦耐劳，钱是挣不完的；性格取决于你自己，愿不愿意敞开心胸跟人沟通交流，只要有诚意和热情，你就会变得开朗大方。其实每个人在不同的时期，都会产生程度不同的自卑心理。所以只有正确面对，勇敢甩掉自卑的包袱，释放自己，才能做最好的自己。

或许你没有秀美的容颜，也没有聪颖的天资；或许你没有骄人的学业，也没有出众的才华；又或许你没有显赫的家世，也没有耀眼的工作……总之，自己身上千疮百孔，没有任何闪光点，而别人看起来都是幸福优秀的人，看到别人幸福的微笑都觉得是对自己无情的嘲笑。

自卑是许多悲剧的根源所在。我们希望像他人那样去生活，像他人一样地为人处世。也因此我们将自我置于别人之下，先比较，然后批判自己，无限夸大别人的能力，这种夸大又反衬出自己的渺小，这是伤害自我的致命武器。我们会觉得自己各方面都不如人，有各种各样的缺点和不足，而别人却完美无瑕。也许他们本来极为优秀，但在内心里却轻视自己。他们内心焦虑不安，没有自己的主见，用别人的判断标准扼杀了自己的信心。

自卑是自我挫败的源头。我们很容易因为自我条件不足而产生自卑心理，这在生活、感情、职场中也是阻碍成功的大敌。不管你承认与否，自卑者面对生活缺乏勇气，不敢与强大的外力相抗衡，才会使自己在痛苦的陷阱中挣扎。有谁愿意成为一个带有自卑性格的人呢？我相信所有自卑的人都渴望把“自卑”

这个沉重的包袱重重地摔在地上,从此挺胸抬头,脸上洋溢着自信的微笑。

有一个23岁的女孩,身边有一位成熟稳重、经济条件不错的男人一直密切关注着她——那是她的上司。她是一个敏感的女生,怎会不知道?然而,由于潜意识里的自卑感在作祟,她总不肯给他表白的机会。她在心里发誓:要做就做他身边最优秀的女人,将其他女人比下去,然后才坦然接受他的爱。

从此以后,她拒绝了他的一切邀请,深居简出,埋头苦读,终于考上了她一直向往的、他曾经就读过的那所著名学府的研究生。当他提出送她去上学时,她婉言谢绝了,她觉得自己不该是一个不谙世事的小丫头、只会读书的小呆子,而应该是一个高分高能的天之骄女。她要借助任何一次机会锻炼自己,为的是将来能够与他并肩站立,成为他的同行者,而不会自惭形秽。在读研期间,她潜心做学问,又多方锻炼自己的心智,磨炼自己的毅力,如愿以偿,她变得那般出类拔萃,导师觉得她不读博士真是浪费。于是,她又花了3年时间读完博士。院里挽留她,并允诺送她出国,而她却无心逗留,想让他看到自己经过这6年时间变得如此优秀的愿望显得那么强烈。她,终于带着美好的期待飞回到他所在的城市。这一次,是她主动约的他,她想向他显示:自己有足够优秀成为他的帮手;她还想让他意识到:她有了做他好太太的完美条件。然而,他与她坐在咖啡屋里还没说几句话,他的手机就响了,他接起来:“啊?儿子又发烧了,好,你等着,我这就回去送他去医院。”然后,他略带歉意地对她说:“我儿子生病了,我太太很紧张,现在他们很需要我在他们身边,我们以后有空再聊,好吗?”如晴天霹雳将她击中,她只剩下机械地点头,机械地回答:“好!”除此之外,她还能说什么?做什么?

故事中的女孩由于内心的自卑不愿意接受上司的追求,她固执地以为只有自己足够优秀时,才能够配得上他!然后,她就想尽一切办法要让自己变得更加优秀。然而,当有一天她真的觉得自己足以匹配那个优秀的男人时,才发现幸福早已不在自己的身边。其实,是门当户对的世俗爱情观使得她失去了原本属于自己的东西。优秀固然很重要，可是比起得到幸福来说，就显得微不足道了！

在优秀的追求者面前，我们没有必要自卑，因为爱情与幸福对任何人来说都是平等的。当爱来了，就请勇敢地接受爱吧，别为世俗的眼光而毁掉了自己一生的幸福，有时候，我们真的没有必要刻意地去追求优秀，毕竟优秀只是一个外在的条件，就犹如一个美丽的装饰品，有了自然让人赏心悦目，没有，依然可以快快乐乐地活着。

挫折与坎坷也是生活的一部分，逆境时有发生。出于许多原因，在复杂的社会中我们经常要面对失败。没有人能够避免和逃脱日常生活不期而遇的变故。这些变故让我们的处境变得尴尬和艰难。没有闭月羞花之貌，没有经天纬地之才，相比之下，我们什么也没有，好像只有自卑了。

从前，有一对双胞胎王子，有一天国王想为大王子娶媳妇了，便问他喜欢怎样的女性。

大王子回答："我喜欢瘦的女孩子。"而知道了这消息的岛上年轻女性想："如果顺利的话，或许能攀上高枝做凤凰。"于是大家争先恐后地开始减肥。

不知不觉，岛上几乎没有胖的女性了。不仅如此，因为女孩子一碰面就竞相比较谁更苗条，甚至出现了因为营养不良而得重病的情况。但后来却出现了意外的情况。大王子因为生病一下子就过世了，因此仓促决定由弟弟来继承王位。

于是国王又想为小王子娶媳妇，便问他同样的问题。"现在女孩都太瘦弱了，而我比较喜欢丰满的女性。"小王子说。

得到消息的岛上年轻女性，开始竞相大吃特吃，于是，岛上几乎没有瘦的女性了，但岛上的食物也被吃得匮乏，甚至连为预防饥荒的粮食也几乎被吃光了。

最后王子所选的新娘，却是一位不胖不瘦的女性。王子的理由是："不胖不瘦的女性，更显青春而健康。"

每个人的审美观并不相同，太看重别人的评价或因为自己一点点的缺陷就自卑，不但没有必要，而且会影响自己正常的生活。

一个自卑的人的特点是：认为别人都比自己强，自己处处不如别人。轻视、怀疑自己的力量和能力。自己与自己的较量是最残酷的，因为我们面对的不是别人，而是我们自己，只要我们稍不留神，就会被自卑钻了空子。在人生的道路上，成功的人都是战胜了自己的人，而失败的人都被自己的自卑感给压垮了。自卑感在每个人身上都或多或少地存在，但我们不应被自卑吓倒，而应超越自卑，让它升华为一种良好品格：谦虚谨慎，不骄不躁，继而转化成进取的动力。只有这样，你才会活得开心，活出自信，你的人生才会充满希望和阳光。

心轻万事如鸿毛，放空处处是安乐

凡事不要看得太重，不要斤斤计较眼前的得和失，学会放空自己的心灵，平和地看待生命中的得与失，你会发现生活中到处都是安乐。

很多人总是把时间和思想填得满满的，却常常忘了自己心之所想，忘了为之奋斗的目的，以为放松就是浪费时间，是无意义、是懈怠。所以，这些人总是步履匆匆、满腹心事，甚至焦躁不安，从不肯让自己闲下来、静下来，保留一份空白，独享时间的流逝。然而总会在某个阶段，突然意识到自己的上进心已经被重重复复的琐事所羁绊，对一直热爱的工作产生了松懈，而过往的成功经验转眼间已经成为绊脚石……于是，心累了、倦了。这时如果我们再强撑下去，只能让自己的心更累、更倦，我们的生活将会更加沉重。而想要从这种沉重的生活中解脱出来，最好的办法是放空自己，让自己暂时忘掉一切，暂时抛开世俗的一切，好好休息一下，让心灵得到沉淀。

“扫地扫地扫心地，心地不扫空扫地，人人都把心地扫，世上无处不净地。”有人说这是传说，也有人说这是真事，有无此事并不重要。但这个故事能使人彻悟打扫心地的要义：心明清净才是人生智慧的提炼和升华。

每过一段时间，我们都要清理一番家里的物品，有保存价值的留下，估计意义不大的把它们卖掉，甚至干脆扔进垃圾桶。这种清理让人感到无比快乐，每做一次，就有一种又丢掉了一个包袱的感觉，那种无法按照自己的意愿设计生活的压抑感也会一扫而空。

人的心灵其实也像一个家，它的容量是有限的，不管你名气有多大，职位有多高，也不管你拥有多少金银财宝，你都无法突破这种限定。而人生一世，难免有挫折、失败、不幸，难免有烦恼、寂寞、孤独，这些东西就像旧书报和废手稿一样，它们于你的人生毫无用处，却侵占了大量的生命空间，如果不及时清理掉，它们就会慢慢地膨胀，让你的心灵变成一个垃圾坑。

清空心灵，就是要清空世俗生活积存的枯枝败叶；清空心灵，就是要收获未来的光荣与辉煌；清空心灵，就是要最大限度地获得生命的自由、独立。

偶尔放空自己，封锁来自四面八方的信息，放弃永无休止的欲望，用漫不经心的视线，扫过路边的风景，看看天空中鸟儿飞翔，闻闻空气中花的芳香，让繁忙的心真正得到自由。偶尔放空自己，轻装上阵，去汲取新的养分，去静听心音，做自己想做的事，让自己的心每一天都沐浴着阳光，这正是我们努力工作所要追求的幸福生活。

我们在生活中，时刻都在取与舍中选择，我们又总是渴望着取、渴望着占有，常常忽略了占有的反面——放弃。懂得了放弃的真意，也就理解了“失之东隅，收之桑榆”的道理。生活有时会逼迫你不得不交出权力，不得不放走机遇，甚至不得不抛下爱情。然而，放弃并不是一件容易的事情，需要很大的勇气。面对诸多不可为之事，勇于放弃，是明智的选择。只有毫不犹豫地放弃，才能重新轻松投入新的生活，才会有新的发现和转机。

得到与失去是矛盾的双方，它们是对立统一的辩证关系。古人讲“鱼和熊掌不可兼得”，所以得到与失去、追求与放弃，是现实生活中再平常不过的事情了，我们应该以一种平常、豁达的心态去看待。

俗话说“万事有得必有失”，得与失就像小舟的两只桨，马车的两只轮，得失只在一瞬间。失去春天的葱绿，却能够得到丰硕的金秋；失去青春岁月，却能使我们走进成熟的人生……失去，本是一种痛苦，但也是一种幸福，因为失去的同时也在获得。

人们总是对自己的痛苦念念不忘，但如果一直将过去的伤痛累积起来回味，那就永远走不出阴影，久而久之，人就始终在眼泪淹没中度日，心胸也日益狭隘。一旦放下那些不愉快的往事，打开心灵，宽容一切，得饶人处且饶人，生活就会焕发出新的契机。所以退让是一缕东风，一旦我们真诚原谅，就无须用折磨自己来惩罚别人。倘若能够坦然应对生命小舟中的每一个险滩，你就会融化别人冷漠的冰雪，迎来生机盎然的春天。

生活就是这样，在坚持选什么的同时，就不得不放弃另一些东西。人往往就是因为舍不得放弃，选择才变得异常痛苦。但也正因为舍不得放弃，人生才变得异常沉重。因为，翅膀上系着黄金的鸟儿是飞不起来的。

一个老人在行驶的火车上，不小心把刚买的新鞋弄掉了一只，周围的人都为他惋惜。不料那老人立即把第二只鞋从窗口扔了出去，让人大吃一惊。老人解释道：“这一只鞋无论多么昂贵，对我来说也没有用了，如果有谁捡到一双鞋，说不定还能穿呢！”

显然，老人对自己的行为已经有了价值判断：与其抱残守缺，不如断然放弃。我们习惯对已经丢失的重要的东西耿耿于怀。究其原因，就是我们并没有调整心态去面对失去，没有从心理上承认失去，事实上，与其为失去的而懊恼，不如正视现实，换一个角度想问题：也许你失去的，正是他人应该得到的。

生命有得到是正常的，有失去也是正常的，如果你紧紧抓住失去不放，得到就永远也不会到来。放下失败，抓住成功，就可以让生命重放光彩。而这一切，需要你有一颗淡泊名利得失、笑看输赢成败之心。个性乐观的人对得失看得很淡，他们认为“得”是劳作的结果，无论劳心劳力，“得”都是心愿的实施，了得了心愿，却难免会失去追求。得到功名利禄的时候，满心喜悦，但同时也失落了沉思与警醒；得到婚姻的时候，爱情的光芒免不了暗淡；得到虚荣的时候，灵魂却在贬值；失去最爱的时候，便是得到永恒的寄托；失去依赖的时候，便得到人生必备的磨砺；失去憧憬的时候，便得到现实的选择。

有这样一则童话故事：

乡村有一对清贫的老夫妇，有一天他们想把家中唯一值点钱的一匹马拉到市场上去换点更有用的东西。老头子牵着马去赶集了，他先与人换得一头母牛，又用母牛去换了一只羊，再用羊换来一只肥鹅，又把鹅换了母鸡，最后用母鸡换了别人的一口袋烂苹果。在每次交换中，他都想给老伴一个惊喜。

当他扛着一口袋苹果来到一家小酒店歇息时，遇上两个英国人。闲聊中他谈了自己赶集的经过，两个英国人听后哈哈大笑，说他回去准得挨老婆子一顿揍。老头子坚称绝对不会，英国人就用一袋金币打赌，3个人于是一起来到老头子家中。

老太婆见老头子回来了，非常高兴，她兴奋地听着老头子讲赶集的经过。每听老头子讲到用一种东西换了另一种东西时，她都充满了对老头子的钦佩。她嘴里不时地说着：“哦，我们有牛奶了！”“羊奶也同样好喝。”“哦，鹅毛多漂亮！”“哦，我们有鸡蛋吃了！”

最后听到老头子背回一袋已经开始腐烂的苹果时，她同样不愠不恼，大声说：“我们今晚就可以吃到苹果馅饼了！”

结果，英国人输掉了一袋金币。

从这个故事中我们可以领悟到：凡事不要看得太重，要学会放空。不要为失去的一匹马而惋惜或埋怨生活，既然有一袋烂苹果，就做一些苹果馅饼好了，这样生活才能妙趣横生、和美幸福。唯有如此，你才可能获得意外的收获。

人的情感总是希望有所得，觉得拥有的东西越多，自己就会越快乐。所以，这一人之常情就迫使我们沿着追寻获取的路走下去。可是，有一天，我们忽然惊觉：我们的忧郁、无聊、困惑、无奈、一切不快乐，都和我们的要求有关，我们之所以不快乐，是我们渴望拥有的东西太多了，或者，太执迷于某事物。

适时放空自己，甩掉心上背负的沉重，别让心灵蒙尘，让自己的心变得轻盈，心轻是一种睿智，放空是一种豁达、一种精神，更是一种品格、一种境界。放空了自我，才能想到别人；放空了个人，才能想着国家和人民；放空渺小和卑劣，才能赢得伟大与崇高。因此，放空，也是一种智慧，一种幸运。放空，才会收获一份轻松。

放空自己是为了更好地充实和净化自己，让自己心平气和，把心力调至恰到好处，驾驭好自己的情绪，靠近快乐，远离忧虑，放空自己，是顿悟的前提。我们试着让自己在不断的顿悟中，做一个充实而又幸福的人吧。

第2辑

随缘活在当下，万事万物不能存在于当下之外

有多少人因自己的过去耿耿于怀、郁郁寡欢？又有多少人在为自己的未来忧心忡忡、迷茫无措？看，我们总是背负着太多的过去，对未来又有着太多的期待和忧虑，以致我们在忙忙碌碌中丢掉了当下，殊不知，当下才是生命的所在，万事万物都不能存在于当下之外。

活在当下就是要我们像一个带着好奇心去探索世界的孩子，把整个世界、生活的每一刻都当作未知，细细品尝每天生活的真实感受，回到此刻、享受当下，带着微笑创造自己想要的生活。

活在当下——没有什么比今天更重要

昨天已经过去，明天还未到来，明天有明天的工作，不要把今天的事情拖到明天；明天有明天的精彩，不要以明天为借口，忍受今天的痛苦和平庸；不要因为自己的胆怯、逃避和借口，把充满希望的明天演化为死气沉沉的今天。活在当下，每一分钟都是享受，每一分钟，都不能敷衍。重视今天，才能拥有明天。

昨天是张作废的支票，明天是尚未兑现的期票，只有今天是现金，有流通的价值。对世态炎凉，人情冷暖，要看得开，放得下，一切随缘，一切随意，淡然面对，泰然处之，用心生活。人生最大的悲剧不是面对失去，而是没有好好把握当下。

未来，永远闪耀着无比璀璨的光芒。未知的明天，意味着收获，意味着希望，意味着一切的可能性。没有人会把自己的未来想象成家破人亡，一无所有；虽然确实也存在这样的可能性，但是，任何人在想到未来的时候，还是愿意把它想象成一片灿烂的黄金世界。再忍一忍吧，过了今天就好了。总是这样说，也总是这样做。昨天无可追，随他去吧。今天已经如此，咬牙过吧。到了明天，才发现和今天、昨天并没有区别。正因为你没有珍惜昨天和今天，才把每一个明天都变成了无可奈何的今天和不可追忆的昨天。

生活在未来的希望中，会让你忽略今天的真实存在。生活在未来的希望中，会让你不自觉地放过今天。

一位哲学家途经荒漠，看到很久以前的一座城池的废墟。岁月已经让这个城池显得满目沧桑了，但仔细地看却依然能辨析出昔日辉煌时的风采。哲学家想在此休息，他随手搬过来一个石雕坐下来。

他点燃一支烟，望着被历史淘汰下来的城垣，想象着曾经发生过的故事，不由得感叹了一声。

忽然，有人说："先生，你感叹什么呀？"

他四下里望了望，却没有人，他疑惑起来。那声音又响起来，他端详那个石雕，原来那是一尊"双面神"神像。

他没有见过双面神，所以就奇怪地问："你为什么会有两副面孔呢？"双面神回答说："有了两副面孔，我才能一面察看过去，牢牢地记取曾经的教训；另一面又可以瞻望未来，去憧憬无限美好的蓝图啊。"

哲学家说："过去的只能是现在的逝去，再也无法留住，而未来又是现在的延续，是你现在无法得到的。你却不把现在放在眼里，即使你能对过去了如指掌，对未来洞察先知，又有什么具体的实际意义呢？"

双面神听了哲学家的话，不由得痛哭起来，他说："先生啊，听了你的话，我才明白，我今天落得如此下场的根源。"

哲学家问："为什么？"

双面神说："很久以前，我驻守这座城时，自诩能够一面察看过去，另一面又能瞻望未来，却唯独没有好好地把握住现在，结果，这座城池便被敌人攻陷了，美丽的辉煌成为过眼云烟，我也被人们唾弃在废墟中了。"

针对自己的缺陷，以最大的决心和顽强的毅力去克服这些弱点。用阳光心态享受今天，善于发现美。生活中并不缺少美而是缺少发现。要学会欣赏每个瞬间，学会放下。直面人生的苦难，勇敢地迎接生活的各种考验，以阳光的心态去迎接今天的挑战，以阳光的心态去享受今天，让每一天都充满欢愉、充满朝气、充满阳光！

活在当下，活在此刻。关注你现在的感受，专注你现在的工作，爱你现在爱的人，奉献你现在所能奉献的力量。不要以明天为借口再来自欺欺人了。如果你时时想到"现在"，就会完成许多事情；如果常想"将来有一天"或"将来什么时候”，那将一事无成。不要把明天当作自己今天可以偷懒的借口，不要提前预支生命。

在美丽的草原上，曙光刚刚划破夜空，一群羚羊从睡梦中惊醒。“新的一天开始了，我们得抓紧时间跑，如果被猎豹发现了，就可能被吃掉！”于是，羚羊群起身向着太阳升起的方向飞奔而去……

几乎在羚羊群奔向远方的同时，一只猎豹也惊醒了，它起身摇摆了几下，壮实的身躯以抖去身上的灰尘，“已经有两天没吃东西了，我得立即开始寻找昨晚没有追上的猎物，如果今天还追不上它，我可能会饿死！”猎豹望着太阳升起的方向，大吼一声，狂奔而去……

就这样，每当一天刚刚开始，地球上便出现了一幅壮观的景象：猎豹紧紧追赶着羚羊群，它们各自拼命地奔跑，在它们身后扬起滚滚黄尘……

这场追逐的结局只有两种情况——羚羊快，猎豹可能会饿死；猎豹快，羚羊就会被吃掉……但是，哪怕羚羊只比猎豹早跑上30秒，就有可能保全性命，这30秒就意味着羚羊或猎豹是活着还是死去……

事实上，羚羊和豹子绝对没有时间去思考下一个30秒会怎样，它们只有尽全力在这一个30秒做好，做好每一个30秒。活在当下，每一分钟都是关乎命运的关键之所在。不要放弃现在的希望而寄托于未来。因为未来就是今天的不断重复。好好把握眼前的机会，好好珍惜现在的生活。

人的一生可浓缩为“三天”，即昨天、今天、明天。昨天与今天有扇后门，今天与明天之间有扇前门，这“三天”中，今天最重要，过去的事情就让它过去，明天的事等它来了再说，最要紧的是，做好今天的事情。有人说，要过好今天，第一件事是“学会关门”，把通往昨天的后门和通往明天的前门都紧紧关住。这样，你的生活也就会平添许多快乐与满足。“明日复明日，明日何其多，我生待明日，万事成蹉跎”，明日永远都不会来，因为来的时候已经是今天了。只有今天才是我们生命中唯一可以把握的一天。而生命的意义也只能从当下去寻找，过去的事不论是美好得令人怀念，还是悲伤得令人追悔，都已经不可追，唯有真实地活在今天，活在当下，珍惜每一天。

也许你昨日的故事绚丽辉煌，正沉醉其中津津乐道，但昨日的天空已不在，悲哀与欢乐都是枉然；也许你盼望着明天会有一片灿烂，憧憬未来。与其徘徊在过去和未来之间，不如把今天的土地，融入辛勤的汗水，你能把握的只有今天，抓住今天才是走向成功与辉煌的起点。

回忆过去、憧憬未来，也一定要把握现在

过去已经过去，未来尚未到来，唯有现在最真实可贵。善于总结的人喜欢回忆过去，满腔热情的人喜欢憧憬未来，而聪明的人既欣赏过去，又憧憬未来，但是最喜欢的还是认真把握现在。

回忆过去可以总结经验，教训可以汲取，但过去的永远不会再来。未来可以憧憬，可以通过努力去创造，但未来再美好毕竟是个未知数。只有现在最值得把握。现在是过去与未来的连接点，旧的“现在”去了，新的“现在”跟着就来，无数个“现在”已成了过去，无数个将来终会变为“现在”。

在美国，有一个非常有名的学者伯纳德·伯伦森，在他 90 岁生日时，有人问他最珍惜什么，他回答道：“我最珍惜时间，我愿意站在街头，手中拿着帽子，乞求过往的人把他们不用的时间扔在里面。如果你已经明白时间第一，他是我们生命中最宝贵的资源，告诉你一条有关时间的重要原则，这就是：今天最重要。珍惜时间最重要的是我们对待事件的态度，如果我们真心在意，就会着手去做，立刻就开始，绝不拖拉到明天。”

所以说“现在”其实也是稍纵即逝的，正如朱自清在《匆匆》里所描述的：

“洗手的时候，日子从水盆里过去；吃饭的时候，日子从饭碗里过去；默默时，便从凝然的双眼前过去……”所谓的“现在”看起来好像是静止的、可把握的，其实静止也只是相对的，没有绝对可把握的“现在”，一切所谓的“现在”也都是变化着的，细究起来，其实“现在”就是一个看不见的点，从时间的角度看，每一天都是一个流失的过程，从生命的角度看，每一天都是死与生相互交换的过程，“现在”稍不注意即成过去，变得无法再找回，而“将来”则是“现在”的延伸，所以鲁迅先生说：“杀了现在，也便杀了将来。”因此，要赢得未来，就要好好把握现在。

1973年，英国利物浦市一个叫科莱特的青年，考入了美国哈佛大学，常和他坐在一起听课的是一位18岁的美国小伙子。大学二年级那年，这位小伙子和科莱特商议，一起退学，去开发财务软件，因为新编教科书中，已解决了进位制路径转换问题。

当时，科莱特感到非常惊诧，因为他来这儿是求学的，不是来闹着玩儿的。再说对这个系统，墨尔斯博士才教了点皮毛，要开发财务软件，不学完大学的全部课程是不可能的。他委婉地拒绝了那位小伙子的邀请。

10年后，科莱特成为哈佛大学计算机系方面的博士研究生，那位退学的小伙子也是在这一年，进入美国《福布斯》杂志亿万富豪排行榜。1992年，科莱特继续攻读，拿到博士后学位；那位美国小伙子的个人资产，在这一年则仅次于华尔街大亨巴菲特，达到65亿美元，成为美国第二大富豪。1995年，科莱特认为自己已具备了足够的学识，可以研究和开发财务软件了，而那位小伙子则已绕过此系统，开发出另一种财务软件，它比原来的系统快1500倍，并且在两周内占领了全球市场，这一年他成了世界首富，一个代表着成功和财富的名字——比尔·盖茨也随之传遍全球的每一个角落。

抓住了机遇就是把握了现在。“世间最珍贵的不是‘得不到’和‘已失去’，而是现在能把握的幸福。”能否舍弃人生路上必须舍弃的东西，这或许是衡量一个人是否成熟、是否具有智慧的一个重要标准。因为当一个人能够冷静而准确地认识自己、认识环境，能够理性、客观地规划自己的理想与生活的时候，他才敢舍弃，他才能够舍弃。舍弃是大自然的规律，舍弃是生存的一种方式，舍弃是勇敢者的行为。

我们要把重点放在眼前，必须全神贯注于当下，是人生的一种超脱。活在当下也意味着无忧无悔，对未来会发生什么不去作无谓的想象与担心，所以无忧；对过去已发生的事也不作无谓的思维与计较得失，所以无悔。人能无忧无悔地活在当下，喜忧而不为一切由心所生的东西所束缚。当你活在当下，就没有过去拖在你后面，也没有未来拉着你往前时，你全部的能量都集中在这一时刻，生命因此具有一种巨大的张力，使你全身心投入，丰富和满足自己人生的生活方式。明白了这个道理，无论从哪个层面去看，都是一种进步。

放眼单程人生路，有去无回，虽短也长，虽长也短。人活一辈子不容易，少不了病，免不了老，更逃不了死。生命本无常，由不得你和我。既然走上了人生路，就要走好，真正去活。虽说我们无法治疗这悲伤的世界，却仍可用心地活出一片天，活出自己！

凡走过必留下痕迹的人生路，奇观异景各不相同，芸芸众生辈，又岂能只有一条同样际遇的人生路？它不仅长短各异，内容更是大有差异。人生不外是一连串“现在”的累积，既是如此，何不好好把握有生之年的每一秒、每一分、每一刻，充分学习、领悟、欣赏和感动！

用心迎接生命，投入每一瞬间，全心全意活在当下。时刻抱着一颗感恩的心来看待世间的人和事，多一份爱心，多一点宽容，多一些理解，不要把可以去做但没有去做的事遗憾在心头。

把握好现在的自己，就要合理运用现在的拥有：把握时间，立足现在，珍惜每一分每一秒去学习，不断提高自己、完善自己，用最佳的状态去迎接每一天的挑战，在有限的时间里创造更多的价值；把握心态，不为遗憾的过去而烦恼，也不为遗憾将导致什么样的未来而忧虑，面对挫折不气馁，从挫折中汲取教训、总结经验，做好现在的每一件事情，这样就必定能踏上成功的舞台。

打翻的牛奶不需要你无用的眼泪

牛奶被打翻在地很快就会流光，无论你怎么后悔抱怨，都已无法挽回。因此，我们千万不要为无法改变的事而痛惜、后悔、哀叹、忧伤。坦然地面对人生的变故，告诉自己：聚散得失、潮涨潮落、花开花落，都是一份自然、一份惬意。

月有阴晴圆缺，人有悲欢离合，在人生征途中，因种种原因，有许多人会出乎意料地遭遇失去——失去财物，失去既得利益，失去肢体健康，失去升学、就业、晋级、发财的机会……万一遭遇失去，我们又该如何去面对呢？

当你面对一些不幸的打击时，要学会潇洒地挥一挥手，告别昨天。过去的已经过去，我们为过去哀伤、遗憾，除了劳心费神，于事无补。要想发挥自己的潜能，取得事业的成功，我们必须忘却过去的失误和不幸。

在生活中，有些人终日为过去的错误而悔恨，为过去的失误而惋惜。然而，沉溺于过去的错误之中，是事业成功的一大障碍。若想成功，就必须向前，而不是为过去后悔。

"人，不应该总活在回忆里"，的确，固守过去，只能锁住智慧的仓库，让聪明者颓废，让愚昧者更无知。回忆或许是美的，然而就算其再美，在现在看来，也只能是属于过去，于现实只是空白。所以，忘记过去，忘记过去的辉煌，别让曾经的荣誉光环般环绕着你。如果你只生活在荣誉的影子里，沉溺于自认为辉煌的过去，时间老人只会鄙夷地从耕耘生活园地的犁耙上跨过，创造之神只会嘲笑般给你一把依旧笨拙的犁耙。

在美国纽约的一所中学里，有一个班级。这个班的多数学生总为过去的成绩感到不安，灰心、失望、叹气、沮丧……进而影响了新的学习。他们的老师保罗博士得知这一情况后，给这个班的学生上了一堂难忘的课。

这天，保罗上课时，突然一巴掌将放在桌上的一大瓶牛奶打翻在地。“啪”的一声巨响惊呆在座的每一个学生，他们一个个目瞪口呆地看着桌上、地上四处流淌的乳白色液体，不知该怎么办才好。

这时，保罗的目光扫过每个学生的脸，同时大喊一声：“不要为打翻的牛奶哭泣！”然后叫学生到讲台前仔细看一看：“我让你们记住这个道理，牛奶已流光了，无论你怎么后悔抱怨，都已无法挽回。我们现在能做的就是把它忘记，然后注意下一件事。”

其实很多时候，重要的不是我们失去了什么，而是我们得到了什么。我们每做一件事情，都会有经验和教训产生，经验固然可贵，教训亦不可忽视。但我们不能沉湎于教训的打击，因为我们还要前进。

有位哲人曾说过：“忘记过去等于背叛。”但是，他是否知道驾驶生命之舟的水手在生活的海面上乘风破浪，如果一味地留恋自己曾有过的辉煌，那么他或许会随同那辉煌像泰坦尼克号一样永沉海底呢？所以，忘记过去并不完全意味着背叛，一如失去并不完全是一种损失。

每个人的生命是有限的，为了不虚度光阴，使生命尽可能卓越，我们的确应该追求得到，努力用智慧和汉水创造业绩。然而，我们也应该正确看待失去，学会忍受失去，更要学会坦然面对我们所失去的东西。为了成就一番事业，有时不得不失去一些感官享受；为了更好地实现自己的主要目标，有时不得不“丢卒保车”；尤其是为了不玷污自己的人格，有时不得不失去一些利益。

著名棒球手康尼·马克如何对待自己输球的烦恼时说：“过去我常常这样做，为输球而烦恼不已。现在我已经不干这种傻事了，既然已经成为过去，何必沉浸在痛苦的深渊里呢？流入河中的水，是不能取回来的。”失去的东西是不可能回来的，所以，我们不应该为此事而生气，而是应该学会坦然面对失去的东西。

人生苦短，每个人都不可能完全做到自己所想做的事，不能得到所有自己想得到的东西，总是顾此失彼。尽管人人都懂得“有得必有失”的道理。可人们还是习惯害怕失去，认为得到是可喜可贺，失去则是可惜可叹，每当失去都要难受一阵，甚至为之痛苦，但是生活难免会失去一些。既然这样，我们为何不及时去调整自己的心态，面对现实，承认失去呢？有时候失去并不一定是损失，而是一种放弃，一种奉献。

美国著名的大众心理教育家卡耐基，在他事业刚刚起步之时，也曾遇到类似《瓶已摔破》这样的事。当时他在密苏里州办了个成年人教育班，过了一段时间，他发现投入好多，回报很少，等于白白地丢掉了很多钱。他抱怨自己，为自己的疏忽感到苦恼，甚至为事业的一时挫折而精神恍惚。他找到中学时的老师乔治·约翰逊，老师只对他说了一句话：“不要为打翻的牛奶哭泣。”有悟性的人，一点就透，老师的一句话如醍醐灌顶，卡耐基的苦恼顿时消失，精神也振作起来，径直投向事业的怀抱。

牛奶被打翻，不可能重新装回杯中。任你后悔、哀叹、捶胸顿足，都不会改变这个板上钉钉的事实。聪明的做法，就当像孟敏那样，“甑已破矣，顾之何益”；就当按照，“不要为打翻的牛奶哭泣”这样的话去做，这才是人生的大智慧。

在当代社会，更应具有这样的生存智慧，因为在社会激烈的竞争中，我们杯中的牛奶也可能被打翻。遇到这样不如意的事，不怨天尤人，不哭天抹泪，不消沉颓唐，不心灰意懒；记取教训，挺直腰杆，义无反顾，径直向前。生活中，这样的人，才能成为强者，才能事业有成，才能出人头地，才能品尝到成功的喜悦，才会有鲜花美酒的陪伴。

普希金曾说：“一切都是暂时的，一切都会消失。”那么，与其恋守着或快乐或痛苦的回忆，不如从回忆城里勇敢地走出来，以一份明朗的心情、一份平常的心态去对待。我们也许曾经失去，然而那不是忧伤，而是一种美丽，因为我们再次同太阳一起站在地平线上，用自己的认真去掌握曾经迷航的生命之舟。

每个人都有过去，这些过去就形成了记忆堆积在心里的角落。心里装得越来越多，心儿也越来越重。为何不尝试把过去那些不开心的事情全部舍弃掉，人活在世上有无数个太多。有太多的分分秒秒、太多的瞬间，也有太多的选择、太多的无奈，不要为打翻的牛奶哭泣，有这样大度的襟怀，有这样的人生智慧，命运或许会给你新的机会，迈过几道坎，拐过几道弯，成功会在那里微笑着向你招手。

没有永远倒霉的人，不要轻易否认自己

在生活或事业的低谷中，人往往很容易就贬低否认自己。但是，没有永远倒霉的人，低谷只是暂时的。而且在困境中自我否认等于是对自己的二次伤害。所以不妨将目光放长远一些，勇敢面对，坦然接受，我们就能得到一个与之相反的答案。

谁都渴望自己的人生是一望无际的草原，一马平川，让我们任意驰骋，挥洒自己的理想。但这只是我们的一相情愿，曲折才是人生的常态。人生路上总会遇上一些不顺心的事，这时，人们可能会埋怨上天不公平，抱怨社会的黑暗，感叹自己命运的多舛，于是否定自己，放弃自己，觉得自己注定不会有出人头地的机会了。

正如一位哲学家所言，当上帝关上一扇门时，会为你另外打开一扇窗。在这个变幻无常的世界上，没有永远不变的劣势与优势，正所谓三十年河东，三十年河西，就像《红楼梦》里的四大家族一样，曾经显赫一时，可是也有“家败凋零”的时候。同理，无论你现在多落魄，也绝不要随便贬低自己，永远

不要放弃自己，只要你善于思考，保持积极向上的良好心态，看上去不可逆转的劣势或许会为你叩开下一扇成功之门。

鲨鱼一向是杀手的代名词，令人闻之色变。然而，在很久很久以前，鲨鱼是海洋里唯一没有鱼鳔的鱼。鱼鳔可以说是鱼的生命，如果没有鱼鳔，鱼就不能任意地在水中上浮和下沉。所以，没有鳔对鲨鱼来说是个巨大的劣势，它只能不停地游动才能保证自己的身体不沉到水底。可也正是由于鲨鱼不停地游动，造就了它强健的体魄，敏捷的身手，锋利的牙齿，成为海洋中的霸主。

对于世间万物，上帝的态度都是公平的，穷人很穷，可也有穷人的快乐，富人有钱，可也有富人的麻烦。一个障碍，的确让人痛苦，可反过来想，这也是一个新的已知条件，只要你愿意、有决心，任何一个障碍，都会成为一个超越自我的契机，一个改变劣势的转折点。关键是你如何去面对困境，如何在困境中调整心态，将困境转变成力量之源。

就拿职场来说吧，很多时候，我们都会遇到坐冷板凳的情况，不被上司器重，没有施展才华的舞台。处在这样被冷落的位置上，很多人都难免会自怨自艾、沮丧失落。在这种困境面前，一时的低落很正常，但要想更快地从中走出，更重要的是去冷静思考，寻找原因。其实只要我们借此机会，调整好自己的心态，养精蓄锐，厚积薄发，把冷板凳坐热，当时机成熟时，就能有突破性的成绩。

所以，判断一个人是否是可塑之才，除了看他的为人处世之道，也要观察他不受重用时的表现。

在职场上，我们都希望成为公众注目的焦点，能够呼风唤雨叱咤风云，谁也不希望被罚坐冷板凳，不甘于寂寞的我们，是不是有点太急于成功了？必须承认的是，在特定环境里，不可能所有的人都能成为主角，我们何不将冷板凳看作机会？它能够让你避开组织内部钩心斗角的最大风险，与其急于表现自己，不如暂时收敛锋芒，把一时的孤寂当作老板或上司有意地考验我们的表现。

我们要保持宽容、积极向上的心态。在言谈举止中，要表现出自己淡定的风度，培养自己把冷板凳坐热的耐心，把它当作一个磨炼意志、休养生息、提高个人能力的机会。

有一天农夫的一头驴不小心掉进一口枯井里，农夫绞尽脑汁想把它救出来，但是几个小时过去了，农夫还是没想到好的办法，驴子在井里痛苦地哀号着。最后，这位农夫决定放弃，他不愿意再大费周折地去把它救出来，于是便请来左邻右舍帮忙一起将枯井中的驴埋了，以免除它的痛苦。农夫的邻居人手一把铲子，开始将泥土铲进枯井中。

当众人铲进井里的泥土落在驴子的背部时，驴的反应出奇的冷静和理智，它没有让泥土将自己掩埋，而是将泥土抖落在一旁，然后站到铲进的土堆上面，将这些泥土踩实。就这样，驴将大家铲在它身上的泥土全数抖落在井底，然后再站上去。很快地，随着脚下泥土不断加高，这头驴子成功地上升到井口，反而因为泥土的帮忙而重新获得了自由。

有时候我们就像那头驴一样，在漫漫的生命旅程中，会遇到诸多磨难，难免会陷入“枯井”的困境当中，可能还会被各种外在施加的泥沙覆盖在我们身上。这时的我们不要自暴自弃，也不必怨天尤人，而是应该以一种正确而积极的态度去应对。即便是在“枯井”里面，我们也不要哭泣，想要摆脱困境，只有将泥沙抖落掉，把此作为成功路上的垫脚石，在困境中破茧成蝶。

从根本上说，低谷期和逆境也是一个人成功路上的某个阶段，我们无法回避。我们的成绩和机会正是从低谷中争取过来的，通过耐心把板凳坐热，通过出色地工作，总会为以后的成功打下坚实的基础，当机会来临，你会发现曾经的劣势如今已是你最大的优势。

用积极的心态活在当下

最宝贵的时光是当下的时光，我们所能紧紧抓住的也只有当下的时光，学会用阳光的心态享受现在的时光，人生将会更加精彩。

阳光心态是知足、感恩、乐观开朗的心态，是一种健康的心态。它能让人心境良好，人际关系正常，适应环境，力所能及地改变环境，人格健康。具备阳光心态可以使人深刻而不浮躁，谦和而不张扬，自信而又亲和。

一个人幸福不幸福，在本质上与财富、相貌、地位、权力没多大关系。幸福由自己的思想、心态而决定，我们的心可以造“快乐的天使”，也可以造“阴险的魔鬼”。如果你把别人看成是阴险，你就生活在“悲哀”里；如果你把别人看成是快乐的天使，你就生活在“愉快”里。如果你能把别人变成丑陋的魔鬼，你就在制造“悲哀”；如果你能把别人变成快乐的天使就在制造“愉快”。怎么才能把别人变成快乐的天使呢？要学会感恩、欣赏、给予、宽容。

心态是我们调控人生的控制塔。心态的不同导致人生的不同，而且这种不同会有天壤之别。心态决定命运，心态决定成败。心态是后天修炼的。我们完全可以通过修炼我们的心态来成就我们的事业，改变我们的人生。

调整好心态，拥有好心情才能欣赏好风光。塑造健康的心态，塑造知足、感恩、乐观开朗的阳光心态，就是要让我们建立积极的价值观，获得健康的人生。你内心如果是一团火，就能释放出光和热；你内心如果是一块冰，就是融化了也还是零度。要想温暖别人，你内心要有热；要想照亮别人，请先照亮自己；要想照亮自己，首先要照亮自己的内心。怎样照亮内心？点亮一盏心灯，塑造积极的阳光心态。

我们享受生活，要建立积极的心态。积极的心态是从正面看问题，乐观地对待人生，乐观地接受挑战和应对麻烦。这对一个人的为人处世至关重要。如李白所言："抽刀断水水更流，举杯消愁愁更愁。"把快活的日子挤进了死角，让往日的烦恼役使着自己，这是多么的悲哀！过去的就让它过去，无论挫折和失败，无论怨恨和悲切，无论情殇和误解，都统统把它忘掉吧，腾出一片天地，让快活刷新今天的日子。

哈利伯顿说："怀着忧郁上床，就是背负着包袱睡觉。"许多人心中潜藏着一只名字叫做"烦恼"的小蚂蚁，常常放出来吃掉自己难得的快乐。

有个民间故事，说的是一个铁匠，家里非常贫困。于是铁匠经常担心："如果我病倒了不能工作怎么办？""如果我挣的钱不够花了怎么办？"结果一连串的担心像背上的包袱压得他喘不过气来，使他饭也吃不香，觉也睡不好，身体一天天的越变越弱。

有一天铁匠上街去买东西，突然卧倒在路旁，恰好有个医学博士路过。博士在询问了情况后十分同情他，就送了他一条金项链并对他说："不到万不得已的情况，千万别卖掉它"。铁匠拿了这条金项链高兴地回家了。

从此之后，他经常地想着这条金项链，并自我安慰道："如果实在没有钱了，我就卖掉这条项链。"这样他白天踏实地工作，晚上安心地睡觉，逐渐地，他又恢复了健康。后来他的小儿子长大成人，铁匠家的经济也宽裕了。有一次，他把那条金项链拿到首饰店里去估价，老板告诉他这条项链是铜的，只值一元钱。铁匠这才恍然大悟："博士给我的不是条项链，而是治病的方法！"

从这则民间故事里，我们可以悟出这样一个道理，不用预支自己明天的烦恼，做好今天的功课，就是应对明天烦恼的最好法宝。没有什么能比此刻更珍贵，需要你积极地把握和面对。

时光的流逝永不停息，我们应该学会忘记过去的遗憾、过去的伤痛，因为还有许多美好的事在等着我们，支持着我们。我们无法抗拒生命的流逝，就像我们无法抗拒每天太阳的东升西落。因此，我们应学会忘记。不要总把命运加给我们的一点儿痛苦，在我们有限的生命里反复咀嚼回味，那样将得不偿失，百害而无一利；一味地缅怀和沉醉其中，只能使我们意志薄弱，长此以往，必然导致我们错失时机以至一事无成，如此恶性循环，也必然使得我们的痛苦与日俱增。

忘记昨天，是为了今天的振作。干大事业往往会为一时的得失所羁绊，而成功人士都懂得应该怎样让昨天的惨败变作明天的凯旋。

忘记他人对你的伤害，忘记朋友对你的背叛，忘记你曾有过的被欺骗的愤怒、被羞辱的耻辱，你会觉得你已变得豁达宽容，你已能掌握住你自己的生活，你会更加主动、有信心，充满力量去开始全新的生活。

忘记烦恼，你可以轻松地面临未来的再次考验；忘记忧愁，你可以尽情享受生活赋予你的乐趣；忘记痛苦，你可以摆脱纠缠，让整个心沉浸在悠闲无虑的宁静中，体味生活多姿多彩的缤纷。

与其自寻烦恼，不如珍惜拥有

不要去幻想未来，更不要去缅怀过去，人生最大的幸福莫过于充分珍惜当下所拥有的，好好地珍惜身边属于自己的一切。

生命对每一个人来说只有一次，没有彩排，它不可重复也无法逆转，所以我们都要珍惜感谢生命。没有人知道自己什么时候会面临生离死别的痛苦……也许那就是人生的另一面，我们的生活在面临很多的选择，就像鲜花选择了娇艳，于是它的种子要穿越沉重黑暗的泥土；鸟儿选择飞翔，于是它要承受无数次练飞的摔打；蓝天选择晴朗，于是它要承受风雨电的洗礼；人想要长大也是要经历各种的痛苦磨难!

每个人的生命都按着不同的轨迹在运行,大风大浪的日子要去面对、抗争、拼搏、奋斗;风平浪静的时候也要去等待、思索、憧憬和追求。

如果你现在有一个家却不想回,那你就想想那些流浪儿吧;如果你不曾认真体会自己拥有的幸福,抱怨父母不理解自己的同时更庆幸父母还健在;如果你总觉得自己的爱人没有别人的好,却很少去想,有这么一个人把一生的幸福交给自己是一种怎样的信任。在那些贪婪的人眼中只有那种不劳而获的所谓的幸福,而看不到自己已经拥有的一切!其实幸福非常简单易逝,短暂到我们都不相信它那么容易丢掉。把握就是拥有,好好珍惜自己身边所拥有的一切,明白"幸福不是去追求还想要的,而是珍惜现在所拥有的"。

有一天,烦恼的少年来到一个山脚下。只见一片绿草丛中,一位牧童骑在牛背上,吹着横笛,逍遥自在。

烦恼的少年看到了很是奇怪,走上前去询问:"你能教给我解脱烦恼的方法吗?"

"解脱烦恼?嘻嘻!你学我吧,骑在牛背上,笛子一吹,什么烦恼都没有了。"牧童说。

烦恼的少年试了一下,没什么改变,他还是不快乐。

于是,他又继续寻找。走啊走啊,不知不觉间来到河边。岸上垂柳成荫,一位老翁坐在柳荫下,手持一根钓鱼竿,正在垂钓。他神情怡然,自得其乐。

烦恼的少年又走上前去问老翁:"老翁,您能赐我解脱烦恼的方法吗?"

老翁看了一眼烦恼的少年,慢声慢气地说:"来吧,孩子,跟我一起钓鱼,保管你没有烦恼。"

烦恼的少年试了试,不灵。

于是,他又继续寻找。不久,他路遇两位在路边石板上下棋的老人,他们怡然自得,烦恼的少年又走上前去寻求解脱之法。

“喔，可怜的孩子，你继续向前走吧，前面有一座方寸山，山上有一个灵台洞，洞内有一位老人，他会教给你解脱之法的。”老人们一边说，一边下着棋。

烦恼的少年谢过下棋的老者，继续向前走。

到了方寸山灵台洞，果然见一长髯老者独坐其中。

烦恼的少年长揖一礼，向老人说明来意。

老人微笑着摸摸长髯，问道：“这么说你是来寻求解脱的？”

“对对对！恳请前辈不吝赐教，指点迷津。”烦恼的少年说。

老人答道：“请回答我的提问。”

“有谁捆住你了吗？”老人问。

“……没有。”烦恼的少年先是愣然，而后回答。

“既然没有人捆住你，又谈何解脱呢？”老人说完，摸着长髯，大笑而去。

烦恼的少年愣了一下，想了想，有些明白了：是啊！又没有任何人捆住自己，我又何须寻找解脱之法呢？我这不是自寻烦恼，自己捆住自己了吗？

人能看惯世界的日升月落、四季更替，却很难看淡人间的悲欢离合、恩怨情仇，更难将伤心沮丧变成风轻云淡。其实很多时候都是庸人自扰而已。那何不珍惜当下拥有的呢？

人的生命其实是很短暂脆弱的，只是时间让它变得坚强。每一次受到伤害的时候，我们都是用时间去疗伤，因为时间可以让我们渐渐地淡忘痛苦。或许，我们执著的并不是事情本身，痛苦的也不是事情本身，而是我们对一些事情过后的看法。

孔子说：“逝者如斯。”过去的日子，就像清澈的水，历历在目，可是，若想抓住，却是徒然。过去的已经过去，未来遥遥无期，不可猜测，为何要傻傻去憧憬呢？未来的梦只有靠今天的努力来实现，只有把握住今天，才能抓住未来，所以我们要活在当下。

有时候停下来是为了看得更远，休息是为了走得更远。在驻足、停下的宝贵一刻，或者因为对过去有太多的遗憾想要去弥补，或者是对未来有太多的憧憬要去实现，甚至于对今天的自己也患得患失起来，然而在那一刻能够没有过去苦难的拖累，也没有对未来成功的幻想，那是一种宠辱不惊的沉稳，那是一种笑对人生的豪迈。俯视世间，没有患得患失的放不下，回首往事，没有沧海桑田的舍不得。也许这时候，生活中的快乐会像海边的贝壳，拾不尽，捡不空；成功的得来就犹如佛手拈花，那样潇洒从容、那样平淡幸福。看到周围的人在预支明天的喜怒哀乐时，你早已明白，昨日已成历史，明天尚不可知，而当下，才是上天赐给我们最好的礼物。

很多时候，我们都被告知要去珍惜，我们常常看到有人回首皱眉说我曾经应该珍惜这个爱护那个，也总会看见有人又在极目远眺，说我以后一定要珍惜什么，可随着时间的推移一切信誓旦旦都成了纸上谈兵。然而我们却不知，命运早已告诉我们：珍惜现在，活在当下，才是最佳选择。

活在当下，不是不要理想的未来而是让现实的每一步能够走得更加坚定；活在当下，不是不要教训的过去而是让挫折的经验更实际；活在当下，是为了享受现实的一切，为了感恩珍惜生活；活在当下是为了改变现存的缺憾，飞得更高行得更远。活在当下，不要庸人自扰自寻烦恼，而要珍惜拥有的一切。人无法预测前景，唯有活在当下，不懈努力，奋斗拼搏，生活才会更加丰富多彩，绚丽多姿；才能谱写出铿锵有力、悦耳动听的人生乐章。

究竟什么才是真正该珍惜的呢？又该以什么标准去衡量人生的价值呢？你要珍惜的，不是你买的东西，也不是你所创造的，更不是你所获得的，而是你给予的；你要珍惜的，不是你曾经获得的成功，而是你的价值；你要珍惜的，不是你曾学会了什么，而是你留下了什么；真王值得珍惜的，应该是你是否曾用自身的正直、同情心、勇气以及奉献精神去感染和鼓舞过他人，使自己成为一个好榜样；你要珍惜的，不是你的能力，而是你的为人；你要珍惜的，不是你曾与多少人相识，而是当你离开时，那些会因你的离去而久久陷于悲伤的人；你要珍惜的，不是你的全部记忆，而是对你爱的人的情怀；你要珍惜的，不是你离去后，会在人们的心中留下多久的回忆，而是哪些人会因哪些事而将你铭记于心。

第3辑

随缘贵在自知，认清自己才能超越自己

在古希腊神庙的山上，铭刻着4个字：认识自己。2000多年来，这句话一直在启示着人们：人贵在自知。的确，人最难认清的是自己，最大的敌人也是自己。正如“当局者迷”，我们永远看不到自己的后脑勺。

随缘贵在自知，准确地认识自己，并且知道自己想要什么无疑是最大的智慧。一个人如果不能正确地认识自己，不能准确地给自己定位，不知道自己要什么，就只能浑浑噩噩地度日，永远停滞不前、碌碌无为。只有在认识自己的优势和局限后，才能成功地追求到自己想要的。

人最难能可贵的莫过于有自知之明

《老子》里写道：知人者智也，自知者明也。自知，就是要虚怀若谷，知之为知之，不知为不知，不装腔作势，不自欺欺人。一个人如果能够有自知之明，能在复杂的人和事面前保持自己独有的明智，就不会做出太离谱的事。

自知，就是要知道自己、了解自己。常言道："人贵有自知之明"，把人的自知称之为"贵"，可见人是多么不容易自知；把自知称之为"明"，又可见自知是一个人智慧的体现。人之不自知，正如"目不见睫"——人的眼睛可以看见百步以外的东西，却看不见自己的睫毛。

最好的木匠总是材尽其用，最聪明的人总是人尽其才。只有正确认识自己，理智地分析所处的环境，才能找到最适合的位置，才能充分施展自己的才能。不管是处于成功、得意，还是失败、失意的时候，都要认清自己，才能扬长避短，更上一层楼。

有人曾问泰勒斯："你认为人活在这个世界上，什么事情是最困难的？"泰勒斯回答说："认识你自己。"

确实，认识自己是一件很困难的事情，能认识自己的短处则更加困难。不能正确认识自己是人生一大悲哀。认识到自己的局限性，善于发现自己的缺点并努力克服才是增长智慧最可靠的方法。

自知的人是最有力量的人。在成功时，自知的人更多地看到自己的缺点和弱点，不会因一时的成功而自高自大、得意忘形，始终自勉自励，百尺竿头，更进一步。在失败时，自知的人更多地看到自己的优点和优势，不会垂头丧气，一蹶不振，能够再接再厉，奋发图强。

一次，哲学家捷诺的学生问他："老师，您的知识比我们多许多，您回答的问题又十分正确，可是您为什么对自己的解答总是有疑问呢？"

捷诺用手在桌上画了大小两个圆圈，说道："大圆圈的面积是我的知识，小圆圈的面积是你们的知识。圆圈的外面，是你们和我无知的部分。大圆圈的周长比小圆圈的长，因而我接触的无知的范围比你们多。这就是我为什么常常怀疑自己的原因。"

有成就的人往往是自知的人。应该说，正是因为自知，他们才成为同行业中的佼佼者。

威廉·巴克利曾经是美国政界很有影响力的人物之一。1965年，他竞选纽约市市长一职，实际上，巴克利本人对竞选结果并不怎么期待，因为他明白自己获胜的希望微乎其微。

其间，有记者问道："如果你竞选成功，你要做的第一件事是什么？"巴克利回答说："我首先会重新清点一下选票，看有没有弄错。"巴克利是幽默的，也是明智的，仅这一点就让很多人望尘莫及。

生命是短暂的，知识是无穷的，我们不可能无所不知，但是，在现实中敢于承认自己无知的有几人？喜剧家阿里斯托芬的弟子阿里斯塔克说："从前，全希腊仅有7位智者，因为只有他们才知道自己的无知。而当前，要找7个自知无知的人很不容易。"

苏格拉底提出"人应该知道自己无知"，意思是说，人类所具有的聪明智慧，其实是微不足道的；许多自以为有智慧的人，实际上并没有多少智慧。每个人都应该认识到这一点，时刻提醒自己，不要以"智者"自居。

一个人只有了解得越多，他才会认识到自己知道得越少。反过来，认识到自己知道得少，说明他已经比一般人知道得多了。伟大的物理学家牛顿也曾有感于此，他说："他只不过是一个在大海边拾到几只贝壳的孩子，而真理的大海我还未曾接触。"

人都喜爱听好话、奉承话，不自知的人听到好话、奉承话，便会信以为真，飘飘然，觉得自己好伟大，他没有考虑在这些话的背后，说这话的人的目的是什么。

人贵有自知之明。可怕的自我陶醉比公开的挑战更危险。自以为是者不足，自以为明者不明。自明，然后能明人。流星一旦在灿烂的星空中炫耀自己的光亮时，也就结束了自己的一切。自高必危，自满必溢。胜利时就认为完美无缺，成就大就居功自傲，名声高即目中无人。在这方面古人有经典论述，"三人行，必有我师焉"、"知人者智，自知者明"。

只有真正了解自己的长处和短处，避己所短，扬己所长，才能对自己的人生坐标进行准确定位。当你认识到自己的不足之时，也就是进步的开始。

要客观地审视自己，跳出自我，观照自身，如同照镜子，不但看正面，也要看反面；不但要看到自身的亮点，更要觉察自身的瑕疵。

认清自己，不勉为其难，不打肿脸充胖子，正确衡量自己的能力，既不要盲目自大、高估自己，也不妄自菲薄、看低自己，要不断完善自我，有则改之，无则加勉。须知天外有天，人外有人；尺有所短，寸有所长。踏踏实实做事，才能一步一个脚印，走出一条属于自己的人生之路。

批评是防止你跌倒的拐杖

西方谚语说："恭维是盖着鲜花的深渊，批评是防止你跌倒的拐杖。"孔子的高足子贡也曾说："君子之过也，如日月之食焉。过也，人皆见之；更也，人皆仰之。"听惯了谀辞的人常常狂妄自大，只有虚心接受批评的人，才能改正缺点，提升自己，避其短扬其长。故真正的智者绝不回避自己的短处或过错。

富兰克林说："批评者是我们的益友，因为它点出我们的缺点。"可是人往往都是喜欢被人夸奖的，很少人喜欢被别人批评。每个人都喜欢被别人赞美，每个人都喜欢别人肯定自己。表扬与赞美自己的话，谁都愿意听，可是一旦说自己不好，就会感到不高兴，觉得心理受到伤害。其实，这个时候，你应该为自己庆幸，因为正是在这个时候，你才能发现自己的不足，然后去改正，使自己变得更加完美。

我们每个人都不喜欢接受批评，而希望听到别人的赞美，也不管这些批评或这些赞美是不是公正。我们不是一种讲逻辑的生物，而是一种感情动物，我们的逻辑就像一条小小的独木舟，在又深又黑、风浪又大的情感海洋里漂荡。

卡耐基说每当有人开始批评他的时候，只要他稍不注意，就会马上很本能地开始为自己辩护，甚至可能还根本不知道批评者会说些什么。每次他这样做的时候，就觉得非常懊恼。因此，接受批评，这是一种最难培养的习惯。

如果有人批评我们，这时不要先替自己辩护。我们要谦虚，要明理，要依靠自己赢得别人的喝彩。面对批评我们应该虚心地接受，小心地选择，衷心地采纳。

李特尔是18世纪德国地理学开创人之一，他慷慨地提拔年轻的批评者——弗勒贝尔的故事是感人至深的。李特尔非但不嫉恨和打击这位鲁莽的批评者，反而把他的批评文章推荐给一个著名的学术刊物，而且他本人还在公开发表的评论里，对这位青年学者的"敏锐头脑"和"真挚思想"大加赞扬。后来弗勒贝尔来到柏林，李特尔还热情接待，为他安排当时他极为需要的工作。

一位受人尊敬的学术权威，如此对待一位毫不客气地批评他的后生，是否会使那些害怕甚至敌视批评的人觉得汗颜呢？

有时别人的批评不是对我们个人本身的不满，而是对我们做事或是对人态度的不满，他们的批评是对我们做事的建议，并不是无中生有的挑剔。善意的批评可以让我们知道自己存在着哪些不足和缺点，以便能逐步弥补和改掉它们，去完善自己。

有一次，爱德华·史丹顿称林肯是"一个笨蛋"。史丹顿之所以生气是因为林肯干涉了史丹顿的业务。有一次，为了取悦一个很自私的政客，林肯签发了一项命令，调动了某些军队。史丹顿不仅拒绝执行林肯的命令，而且大骂林肯签发这种命令是笨蛋的行为。结果怎么样呢？当林肯听到史丹顿说的话之后，他很平静地回答说："如果史丹顿说我是个笨蛋，那我一定就是个笨蛋，因为他几乎从来没有出过错。我得亲自过去看一看。"

林肯果然去见史丹顿，他知道自己签发了错误的命令，于是收回了成命。只要是诚意的批评，是以知识为根据而有建设性的批评，林肯都非常欢迎。

闻过则喜，这是中国古代哲人对待批评的态度。听到别人批评自己的过错为何不感到沮丧、反而欣喜？因为人类只有认识到自己的过错才能纠错改过、走向完善；只有认识自己的短处，才会想方设法补其短、促其长。

唐太宗时期，有名的谏臣魏征总是直言进谏，因此时常让唐太宗感到不高兴，但是唐太宗明白其中的道理，同时也为自己有这样的大臣感到庆幸，于是总是欣然接受魏征的意见，因此唐朝在唐太宗时期政治、经济、文化上都达到了鼎盛时期，出现贞观之治的盛世局面，也在世界上产生了深远的影响。这些都和皇帝的广开言路有着重要的关系。

一天，唐太宗升朝议事，他端坐在龙座之上，双手轻按龙座扶手，神态庄严、威武，两边侍者大气不敢出。他轻轻咳嗽一声，问大臣："众爱卿，你们中的许多人都是能言善辩的宿儒，为什么上朝议事，却总是慌慌张张，甚至颠三倒四呢？"

魏征深知个中缘由，便上前一步，毫不客气地奏道："皇上，你形象威武，每上朝又总是神态严肃，气势咄咄逼人，加之朝廷气氛森严，所以为臣的才那么慌张。皇上以后临朝，宜稍减龙威，最好放下皇帝的架子，对大臣和颜悦色。这样，大臣们发言讲话就会自然了。"

唐太宗有些暗中得意，又有些难堪；但转念一想，又觉得这种肺腑之言难得，不便发作。于是，他将计就计，想用近来萦绕于胸的问题难一难魏征。"爱卿之言提醒了我。近来，我一直在思考古人常议论的'明君'、'暗君'的问题。你对这明、暗之别，有何高见呢？"

魏征胸有成竹，缓缓上前，应声答道："陛下，作为万民之主而能兼听各方面的意见，则为明君。偏听一方意见，甚至于偏信小人的意见，则为暗君。像隋炀帝那样的君主，就是暗君。只有明君，办事才能不出差错，赢得万民拥戴。而暗君，必定落得个身死名裂，亡国灭族的下场。请陛下慎之。"

在这段对话中，虽然唐太宗对魏征的直言觉得难堪，但觉得这是肺腑之言，于是并没有发作，反而让魏征更加大胆地说出自己的意见，因为唐太宗知道，魏征是为了整个国家，臣子只是想让自己的君主把国家治理得更好。虽然魏征的话让唐太宗觉得不舒服，但是魏征提出的都是治国策略，是在为唐太宗出谋划策，都是为了君主。虽然一时感到不舒服，但是他对整个国家有利，这也是唐太宗感到高兴的地方。

批评犹如一面镜子，但这面镜子总是要别人给你的。人家愿意免费地把镜子借给我们，提醒我们，帮我们擦亮自己的眼睛，我们当然应该感谢及感激。

接受别人的批评时，记得保持心灵宁静，感激别人给你成长的机会。当然批评也有善意的批评或是恶意性的批评。所以，在接受别人的批评时记得保持平静，用真理、用智慧去思考及衡量。分析后知道什么是对的就要赶紧改过自己的缺点，这就是感激别人的最佳方法，这也是一种感恩。所以善意的批评者是伟大的。

自知而不自卑，出身不决定未来

好汉不怕出身苦，天道酬勤大业成！切记，天道酬勤，只有勤劳才能采集到真正的“金子”，没有付出，就没有收获。用你的汗水去获得你想要的，比幻想你想要得更重要。出身并不决定未来，成功的必要条件是勤劳而并非怠惰，自知而非自卑。

每个人身上都蕴涵着惊人的潜能，这与出身无关。越是出身苦的人反而越容易激发自己的潜能，很多成功人士都证明这一点。所以，不要以为自己出身不好就自暴自弃，就像那句话说的：上帝关了一扇门，会为你再打开一扇窗的。

曾国藩曾创立了威震一时的湘军，在中国历史上非常有影响，他的成功常为后人所倾慕。但是，如此一个大人物，曾国藩少年时却是一个天赋不高的人。据说有一天，曾国藩一天在家秉烛读书，把一篇文章朗读了数十遍，还是没能背下来，于是他接着背。这时候他家悄悄摸进来了一个飞贼，潜伏在他的屋檐下，只等着曾国藩入睡之后进去偷掠一番。谁知飞贼等了又等，等得浑身骨头都要散架了，还听到曾国藩在那里翻来覆去地念同一篇文章。飞贼实在忍不住了，他怒气冲冲地跳出来，冲着曾国藩大骂道："笨蛋！这个脑筋还读什么书！听我的！"说完这飞贼极其流利地将这篇文章背诵了一遍，一字不错，然后"骄傲"地离去了。

按说这飞贼可比曾国藩的脑筋灵光多了，只听了几遍就记住了，可是曾国藩读了几十遍还没能记住。但是，曾国藩认准了一个理，勤能补拙，在他的不懈努力下，终于取得了人生的辉煌。所以说，成功和辛勤的劳动是成正比的，有一分耕耘就有一分收获，就如愚公移山，日积月累，奇迹就可以创造出来。正是"天下无难事，只怕有心人"。

这些成功的人身上，有一个共同的特点，那就是无论生活怎样艰苦，他们都不曾放弃，他们相信天道酬勤，一分劳动一分收获，有汗水不一定有收获，但没有汗水一定没有收获，只要坚持不放弃，最终一定会获得成功。

谁不想成功呢？可能每一个人都曾发过宏愿，相信自己将来一定能成功。但是仅仅有伟大的志愿是远远不够的！将军出于卒武，宰相始于小吏，没有谁可以一步登天。

可是现在的人比较急功近利，心态普遍比较浮躁，做什么事情都希望一蹴而就，最好是一夜暴富、一夜成名，所以都希望走捷径，可是世上哪有那么多捷径可走？诚然，我们大多数人都没有显赫的背景，没有资源，但这并不妨碍我们有渴望成功的权利，但是，"没有人能随随便便成功"，不付出努力和劳动，成功就好比是镜中花、水中月，可望而不可即。

肯定当下的自己，你总有比别人强的地方

人的一生，或幻灭，或燃烧。唯有肯定自己，生命才会尽情燃烧，才会活出精彩。每个人都应当从小就看重自己，在别人肯定你之前，你先要肯定自己！

人如果认为自己一生下来就已被判死刑，固执地把自己放在最不利的位置，那么活着不过是让苦难缠绕，而活下去也不过是形式一样，走到生命的终点罢了。这种想法，不但否定了自己，也否定了生命的存在价值。

在有限岁月里的体现和燃烧，真正地绽放和诠释生命是一种存在，是跟时代吻合的存在。尽管地球不因为我们的存在而转动，时光也不因我们的努力而回到从前。

天空暗到一定程度，星星就会熠熠生辉。肯定自己，与华丽富有的生活无关，与清贫平淡的生活无关；肯定生命的价值不一定要轰轰烈烈地捐躯，不一定要分分秒秒地贡献。生命需要肯定，因为只有肯定了自己，生命才会被赋予价值，人生才会焕发光芒。

肯定自己不是一味地迁就自己，也不是无原则地宽恕自己。自己的缺点要勇于肯定，自己的优点也要敢于肯定。人却要不断地反思自己，对问题和缺点应该否定，而对自己的优点和长处更应该肯定。欣赏自己，也不是孤芳自赏、顾影自怜，而是用一颗真诚、善良的心灵，去感知世界、认识自我，认认真真过好生命中的每一天。

拿破仑说过，一个人应养成信赖自己的好习惯，即使再危急，也要相信自己的勇气与毅力。人要经常富有创意地自我对话，找到自己的价值，从而能够自我肯定。

也许我们的幻想一次次地被现实无情地击碎，然而在这个世界上每个人都有太多的无奈。只要我们正确了解自我，并勇于超越自我，在人生风雨中酣畅淋漓地展示自我，活出自己的风采、魅力，潇潇洒洒，坦坦荡荡足矣！

在一次讨论会上，一位著名的演说家没讲一句开场白，手里却高举着一张20美元的钞票。面对会议室里的200个人，他问："谁要这20美元？"一只只手举了起来。

他接着说："我打算把这20美元送给你们中的一位，但在这之前，请准许我做一件事。"他说着将钞票揉成一团，然后问："谁还要？"仍有人举起手来。

他又说："那么，假如我这样做又会怎么样呢？"他把钞票扔到地上，又踏上一只脚，并且用脚碾它。尔后他拾起钞票，钞票已变得又脏又皱。

"现在谁还要？"还是有人举起手来。

"朋友们，你们已经上了一堂很有意义的课。无论我如何对待那张钞票，你们还是想要它，因为它并没贬值，它依旧值20美元。"

人生路上，我们会无数次被自己的决定或碰到的逆境击倒、欺凌甚至碾得粉身碎骨。我们觉得自己似乎一文不值。但无论发生什么，或将要发生什么，你们永远不会丧丧失价值，要学会肯定自己才能赢得成功。

要肯定自己，首先你必须学会不要靠别人的认同来肯定自己，改变自己在自己心中的印象，乐观积极地生活，这样你会快乐起来，也会自信起来，还有走路时要抬起头，在你心里你就必须认为你是很棒的一个人。

没有人不希望自己的人生一帆风顺，但现实中，没有哪一个人的一生是没有遗憾、没有荆棘的。历史是我们一步一个脚印留下的，未来则是我们一步一个台阶实现的，留下脚印的深浅、多少都在于现在的自己，我们能拥有和肯定的只有现在的自己。

肯定现在的自己，虽不能解决所有问题，但一定可以减少遗憾。生活中很多事情让人烦心，这就像掉在装满水的水杯中的尘土，只要保持稳定，让尘土慢慢沉淀下去，就能让水保持清澈透明，同样，我们不去过多求全责备，那么，心也能更加清澈明亮，从而积极乐观地去把握现在的自己，一步步走好脚下的路，就可以避免遗憾再次发生。

在这个世界上，我们每个人都有每个人的用处，上帝是不会随便创造人的，既然他创造了我们，就说明我们有一定的用处。在生活中，肯定自己，用积极乐观的心态迎接生活；在工作中，学会肯定自己的价值，全力以赴把工作做好，相信自己有能力把它做好。很多时候最重要的不是别人的肯定，而是自己对自己的肯定，只有自己肯定了自己，才会把自己的所有潜能都发挥出来，你总有地方胜过别人。

一个积极的自我形象是成功的第一步。有的人总是自惭形秽，存在自卑心理，其实就是不能肯定自我而缺乏信心。其实，人各有所长，各有其短。看不到自己长处的人，容易自卑进而自闭；看不到自己短处的人容易自负和自傲。正确的态度应该既看到自己的长处，又看到自己的短处。用长处鼓舞自己的信心，用短处来警戒自己不要骄傲。

肯定和欣赏自己，也要敢于发现自身的弱点，并勇于纠正。这样才能欣赏到不是丑陋的自以为是的自己，而是越来越完美的自己。

接纳自己才能接纳生活

生命本该是一个享受的过程，我们要学会接纳生活赐予的一切，感谢生活赐予我们的所有。逐渐学会跟自己和解，接纳自己的优点和不足，真诚地喜欢自己，包括自己的不完美。你会发现自己不但获得了更多的魅力，生活和人生也充满了更多的喜悦，而你也将因此体验到从未有过的美好的生命滋味。

人生最大的痛苦莫过于跟自己过不去，一个人生活得幸福与否，完全取决于自己对待生活的态度。当你不能接纳生活、接纳自己时，你就会感觉生活就是无边的苦海，活着就是煎熬。

不能接纳自己、接纳生活的人，总是对生活不满和抱怨。常言说得好，人生不如意十之八九，有谁是一帆风顺地走过来的呢？又有谁能信誓旦旦地说在以后的人生道路上没有任何挫折和失败呢？生活总会有酸甜苦辣、喜怒哀乐，不如意的事很多很多。于是，也让我们对自己越来越不满意，“为什么我处处不如别人？!”这是很多人的心声。我们可能没有一个好爸爸、没有高学历、没有钱、没有漂亮的脸蛋、没有聪明的大脑、没有好工作、没有好运气、没有房子、没有对象……当我们不能肯定自己，只把权势、虚荣、占有来肯定自己时，就会显得非常脆弱、非常容易被蒙蔽、非常容易在这个物欲横流的世界迷失自己。

人只有在生活的时空之中，当下接纳自己，把生活本身当做目的，不要为了追求物欲而把生活变成手段。这样才会发现生活的妙诀，才能看出自己是独一无二的。你的喜悦，必须用你自己的心去体现，而不是用别人的赞誉来支撑。

也许我们很多人生活困窘，无法享受富足的生活。但是，这并不意味着我们的生活就很糟糕，我们同样有追求幸福生活的权利。当我们在物质上一无所有的时候，内心富足也是一种富有。当我们感到生活贫乏时，要学会去探寻生活的艺术，学会思考，不要把思维局限在一个框框里，我们会发现生活其实很动人，只是我们被偏见蒙蔽了眼睛，所以，接纳我们的生活吧，并接纳生活给予我们的一切，接纳生活就等于是接纳自己。

子祀和子舆是一对非常要好的好朋友。有一天，子舆突发疾病，作为好朋友，子祀前去探望。两人见面交谈时，子舆站在镜子面前，调侃自己说："神奇的造物主啊！竟让我变成驼背！背上还生了五个疮，因为过于伛偻我的面颊快低伏到肚脐上了。两肩也高高地隆起，比头顶还高，你看，我的脖颈骨竟朝天突起！"

子舆是因为感染了阴阳不调的邪气，所以才变成上面他所说的那副怪模样。但是子舆没有抱怨，还颇为自得地一步步走到井边，从井里看自己现在的这副样子，又开自己的玩笑说："哎哟！伟大的造物主又要把我变成这滑稽的模样呢！"

子祀有些担心，就问："你是不是厌恶这种病呢？"子舆说："不，我不厌恶，我为什么要厌恶这种病呢？如果我的左臂变成一只鸡，那我便用它报晓；如果我的右臂变成弹弓，那我便用它去打斑鸠烤野味吃；如果我的尾椎骨变成车，那我的精神就变成马，这样我就四处遨游，无须另备马车了。得是时机，失是顺应，如果人能安于时机并能顺应变化，那无论是喜是悲都不能侵犯心神，这就是所谓的'解脱'。如果人不能自我解脱，就会被外物所奴役束缚。物不能胜天，这是事实，当我不能改变它时，我为什么不接纳它呢？"

故事虽短，但是道尽了生活的智慧。人必须接纳生活，"安于时机并能顺应变化"，才能好好地生活，才能让心神不受侵犯。看看子舆，对自己丑陋的外表非但没有怨天尤人，反而自嘲调侃自己，甚至对自己欣赏起来。所以说，人唯有接纳生活、接纳自己，才能超越平凡的生活，战胜并不完美的自己。

接纳自己不是画地自限，而是认清自己。每个人都有优点和缺点，有其特有的能力、经验和机遇，只有接纳自己，生活才可能变得朝气蓬勃。只有接纳才有喜悦，才知道痛下针砭。否则，就等于是在否定生活、否定自己，然后很快便会迷失自己，继而感到空虚和无奈。

在一个不大的小镇上，有一个退伍军人，他少了一条腿，只能拄着一根拐杖走路。一天，他一跛一拐地走过镇上的马路，过往的人都带着同情的语气说："你看这个可怜的家伙，难道他要向上帝祈求再有一条腿吗？"退伍军人听到了人们的窃窃私语，他便转过身对他们说："我不是要向上帝祈求再有一条腿，而是要祈求上帝帮助我，让我失去一条腿后，也知道该如何把日子过下去。"

在现实生活中，不管遇到什么挫折都要接纳自己，多想想自己的优点。一个懂得接纳生活、接纳自己的人，会把握住自己的做人准则，以自己的言行塑造自己的人生。一旦你学会接纳现实的生活和自己，你就会发现生活中的每一天都充满了阳光！正如印度的奥修所说："学习如何原谅自己。不要太无情，不要反对自己。那么你会像一朵花，在开放的过程中，将吸引别的花朵。"

认清自己的能力，自信使你得到全世界

自信有一股神奇的魔力，它可以使弱者变强、使强者更强。当然，自信也不是每个人天生就具备的，自信可以后天培养。一个人拥有自信之前和之后会产生巨大的差别，这种差别可以影响一个人的人生。

自信是一种积极的心理状态和可贵的进取精神。人的一生是曲折坎坷的。在追求学业和事业的路上，更不会事事如意、一帆风顺。自信赋予人成功

的力量，使人能在荆棘中开辟一条坦荡之路，在暴风雨中固守一片鲜花胜地，对不可能说——不！

小泽征尔是世界著名的交响乐指挥家。他在音乐上的自信可是出了名的。在一次世界优秀指挥家大赛的决赛中，同其他参赛者一样，小泽征尔按照评委会给的乐谱指挥演奏。但是在演奏过程中，他敏锐地发现了不和谐的声音。起初，小泽征尔以为是乐队演奏出了差错，于是他就停下来重新演奏，但还是不对。小泽征尔判断是乐谱的问题。可是当他提出质疑时，在场的作曲家和评委会的权威人士坚持说乐谱绝对没有问题，是他判断错了。小征泽尔思考再三，斩钉截铁地说："不！一定是乐谱错了！"当时，他面对的是一大批音乐大师和权威人士，他这样的坚持是需要相当的自信和勇气的。事实证明，小泽征尔的判断是正确的。当他坚决坚持自己的判断时，评委席上的评委们立即站起来，对他报以热烈的掌声，齐声祝贺他大赛夺魁。

原来，这是评委们精心设计的"圈套"。评委们如此别出心裁地考验参赛的选手，就是想检验指挥家在发现乐谱错误并遭到权威人士"否定"的情况下，是否还能坚持自己的判断。其实，小泽征尔之前的两位参赛者也发现了问题，也提出了质疑，但是却不够自信，不敢否定权威的意见，因此而被淘汰。小泽征尔却因充满自信而摘取了世界指挥家大赛的桂冠。

自信就是一种对自己有所肯定的信念，也是一种坚强意志和坚韧毅力的体现。自信不是自负，有时候它们很相似，自负的人常常自以为是或自以为了不起，或是狂妄得扬扬自得，它是一种内在的精神力量，能鼓舞人们去克服困难，不断进步，当你充分自信，世界都会向着你。

卡丝·黛莉颇有音乐天赋，然而她却长了一口龅牙。第一次上台演出的时候，为了掩饰自己的缺陷，她一直想方设法把上唇向下撇着，好盖住暴出的门牙，结果她的表情看起来十分好笑。她下台后，一位观众对她说："我看了你的表演，知道你想掩饰什么。其实这又有什么呢？龅牙并不可怕，尽管张开你的嘴好了，只要你自己不引以为耻，投入地表演，观众就会喜欢你。”

卡丝·黛莉接受了这个人的建议，不再去想那口牙齿。从那以后，她关心的只是听众，像一切都没有发生那样张大了嘴巴尽情歌唱，最后成为一位非常优秀的歌手。于是一口龅牙并没有给她带来任何不良影响，反而还成了她形象的一大特色。人们接受甚至喜欢上了她的龅牙，就像喜欢她的歌声一样。从某种意义上说，外露的牙齿和她的歌声一起，才构成了一个完整的卡丝·黛莉。

萧伯纳有句名言：“有信心的人，可以化渺小为伟大，化平庸为神奇。”在现实生活中，自信有一股神奇的魔力，它可以使弱者变强、使强者更强。当然，自信也不是每个人天生就具备的，自信可以后天培养。一个人拥有自信之前和之后会产生巨大的差别，这种差别可以影响一个人的人生。

法国大文豪维克多·雨果这样说过：“应该相信，自己是生活的战胜者。”这就是告诉人们要对自己抱有信心，相信自己的天赋与才能，坚持独一无二的自己，就如李白所言：“天生我材必有用。”如果没有自信，只会羡慕崇拜别人，那就会在别人的光芒下失却自己。

一个小女孩因为长得又矮又瘦被老师排除在合唱团外，而且，她永远穿着一件又灰又旧又不合身的衣服。

小女孩躲在公园里伤心地流泪。她想：我为什么不能去唱歌呢？难道我真的唱得很难听？想着想着，小女孩就低声地唱了起来，她唱了一支又一支，直到唱累了为止。

“唱得真好！”这时，一个声音响起来，“谢谢你，小姑娘，你让我度过了一个愉快的下午。”小女孩惊呆了！

说话的是个满头白发的老人，他说完后就走了。

小女孩第二天再去时，那老人还坐在原来的位置上，满脸慈祥地看着她微笑。

于是小女孩唱起来，老人聚精会神地听着，一副陶醉其中的表情。最后他大声喝彩，说：“谢谢你，小姑娘，你唱得太棒了！”说完，他仍独自走了。

过了很多年，小女孩成了大女孩，长得美丽窈窕，是本城有名的歌手。但她忘不了公园靠椅上那个慈祥的老人。于是她特意回公园找老人，但那儿只有一张小小的孤独的靠椅。后来才知道老人早就去世了。

"他是个聋子，都聋了20年了。"一个知情人告诉她。

女孩在老人的鼓励下一步步地走向了成功，后来她才得知老人是个聋子。从这个故事中，我们也可以看出，每一次鼓励都是给人创造一次机遇，女孩正是在这样的鼓励下树立起了自信心，并且持之以恒地为梦想做不懈的努力，所谓功夫不负有心人，她终于实现了自己的梦想。其实，每一个人都需要他人的鼓励，特别是那些因自身缺陷而深感自卑的人更是如此，也许一句鼓励的话语便会改变人生的道路。

有人说，自信来源于成功的暗示，某项重任或创新一旦成功了，这个人就会自信。然而，此话虽不无道理，却仍未道出自信的根本依据。一个人在做某件事，尤其是在担当重任或大胆创新的时候，就需要自信，也应当自信，而不是只有在成功之后才能自信。

学会自我反省，别总是怨天尤人

马克思说，只要你发现自己是站在多数人的一边，那就是该停下来反省一下的时候了。而大诗人布朗宁也曾经说，能够反躬自省的人，就一定不是庸俗的人。的确，学会自我反省是获得成功必不可少的条件，相反，那些总是怨天尤人的人则深陷失败中而无法自拔。

成功者普遍具有自省的特质。自省让一个人更接近生命的本质，了解生命的意义，更懂得感恩与包容。古语云：正己不求于人，则无怨。上不怨天，下不尤人。怨天尤人者，抱怨过去受到的伤害，就给未来的伤害创造了机会。想寻求别人的支持和帮助，得到的只能是轻蔑和嘲笑。聪明的人从不把自己的失败或耻辱公诸于众，而只张扬别人对他的尊敬。

人的一生，就像一趟旅行，沿途中有数不尽的坎坷泥泞，但也有看不完的春花秋月。如果一颗心总是被灰暗的风尘覆盖，干涸了心泉、黯淡了目光、失去了生机、丧失了斗志，人生轨迹岂能美好？而如果能保持一种健康向上的心态，即使身处逆境、四面楚歌，也一定会有“山重水复疑无路，柳暗花明又一村”的那一天。

怨天尤人的人总认为自己怀才不遇，社会对他太不公平。现实生活中，经常能看到或遇到这样的事情：某一项工作、事情出现了失误，当事人在需要说明情况时，或推脱推诿，或寻找客观原因，很少从自身查找原因。自己需要完成的某项工作，在没有达到目的和完美时，自己也会原谅自己：别人也许还做不到这样呢。所有的失败都是为成功做准备。

一旦出现事故则“怨天尤人”，却从不“正己”。正己就是反省，看看自己错在哪里，如何避免。固然，一件事情和工作的成功与失败，不能武断地确认是内因或外因起决定因素的；然而“正己”和“怨天尤人”却有着态度和责任上的本质区别。

“正己”是从自身寻找原因，而后加以改正去完成；而“怨天尤人”则把原因推给也许有原因也许没有原因、也许原因大也许原因小的其他人，能不能改正、什么时候能改正也不是自己的问题了。其实缺点和不足都是客观存在的，就像窗户上的玻璃，总会染上灰尘，只有“时时勤拂拭”，才能保持明亮光洁。而回避不足，只会留下隐患，妨碍自己的进步。所以，我们不可以陶醉于成绩，更不可以文过饰非。

英国著名小说家狄更斯的作品是非常出色的。但是，他对自己却有一个规定，那就是没有认真检查过的内容，绝不轻易地读给公众听。每天，狄更斯会把写好的内容读一遍，每天去发现问题，然后不断改正，直到6个月后读给公众听。

法国小说家巴尔扎克也会在写完小说后，花上一段时间不断修改，直到最后定稿。这一过程往往需要花费几个月甚至几年的时间。正是这种不断自我反省、自我修正的态度，让这两位作家取得了非凡的成就。

中国著名的儒家学者曾子说："我每天多次自我反省：为别人办事是不是尽心竭力了？和朋友交往是不是做到诚实了？老师传授的学业是不是复习了？"孔子认为曾子能够继承自己的事业，所以特别注重传授学业于他。

一次，曾子对他的学生子襄讲什么是勇敢，就直接引用孔子的话，他说："你喜欢勇敢吗？我曾听孔子说过什么是最大的勇敢：自我反省，正义不在自己一方，即使对方是普通百姓，我也不恐吓他们；自我反省，正义在自己一方，即使对方有千军万马，我也勇往直前。"

自省是认识自己、改正错误、提高自己的有效途径，自省使人格不断趋于完善，让人走向成熟。只有善于发现并且敢于承认自己的过失，才可以进一步纠正过失。人往往看不到自己的短处，很多缺点都是通过旁人的指出才得以知道。这就要求我们有一颗平常心来对待别人善意的规劝和指责，反省自己的过失。俗话说"忠言逆耳利于行"，那些逆耳忠言常常能照亮我们不易察觉的另一面，更好地进步。

日本保险业泰斗原一平在27岁时进入日本明治保险公司开始推销生涯。当时，他穷得连中餐都吃不起，并夜夜露宿公园。

有一天，他向一位老人推销保险，等他详细地说明之后，老人平静地说："听完你的介绍之后，丝毫引不起我投保的意愿。"

老人注视原一平良久，接着又说："人与人之间，像这样相对而坐的，一定要具备一种强烈的吸引对方的魅力，如果你做不到这一点，将来就没有什么前途可言了。"原一平哑口无言，冷汗直流。

老人又说："年轻人，先努力改造自己吧！"

"改造自己？"

"是的，要改造自己首先必须认识自己，你知不知道自己的不足之处在哪里呢？"

老人又说："你在替别人考虑保险之前，必须先考虑自己，认识自己。"

"考虑自己？认识自己？"

"是的！赤裸裸地注视自己，毫无保留地彻底反省，然后才能发现自己的不足。"

原一平接受了老人的教诲，他策划了一个"批评原一平"的集会。集会的目的是让别人能坦率地批评自己，所以他确定了下列3项原则：一是集会要使人人都能畅所欲言，所以人数不能多，以5人为限。二是为了要让更多的人都有批评的机会，每次邀请的对象不能相同。三是既然是他主动邀请别人来的，别人就都是他的贵宾，一定要热诚地招待他们。

一切准备好之后，他立刻去拜访几个关系较好的投保户，他诚恳地对他们说："我才疏学浅，又没有上过大学，因此连如何反省都不会，所以我决定召开《原一平批评会》，恳请您抽空参加，对我的缺点加以指正。"这些人觉得这种性质的集会很有意思，都很痛快地答应了。

原一平把大家提出的宝贵意见都一一记下来，随时反省自己。随着批评会的定期举行，他发觉自己就像一条蚕正在"蜕变"。每一次的"批评会"，他都有被剥一层皮的感觉。经过一次又一次的"批评会"，他把身上一层又一层的劣根剥了下来。随着他把身上一层又一层的劣根剥了下来，他逐渐进步、成长。他把在"批评会"上获得的改进用在每天的推销工作中，业绩直线上升。

《礼记·乐记》有云："好恶无节于内，知诱于外，不能反躬，天理灭矣。"这就是反躬自省的最早出处，意思就是说，回过头来检查自己的言行得失。其目的就是要通过自我反省随时了解、认识自己的思想、情绪与态度，从而弥补短处，纠正过失，不断完善自我。这是积极追求进步的一种表现。一个人如果不懂自省，他就看不见自己的问题，更不会有自救的愿望。做人，与其低着头埋怨错误，不如昂起头纠正错误。

事实上，每个人在做事的时候都要持有自我反省、自我修正的态度，并以不断的追求去实现自己美好的愿望。一个善于自我反省的人，往往能够发现自己的优点和缺点，并能够扬长避短，发挥自己的最大潜能；而一个不善于自我反省的人，则会一次又一次地犯同一些错误，不能很好地发挥自己的能力。

每个人都会做一些平凡的事情，包括平凡的工作。这时候，如果只抱怨他人或环境，他就不可能认真去做这件事，也就不可能取得成功。如果一个人愿意把自己放在一个平凡的岗位上，以自我为改变的关键，不断反省自己，找到更好的方法，成功就一定等着他。自省是一种智慧，是一种力量，自省可以改变一个人的命运和机缘，使人达到更高的境界。

第4辑

随缘剪除欲望，及时清空你的欲望列表

欲望对于人，过之则为恶，少之则为善。怎么把握分寸?这就需要一把智慧的剪刀，去修剪那些“歪枝斜杈”。修剪本身是痛苦的，但修剪的结果却是幸福的。

欲望是一柄双刃剑，恰当的、理性的、有节制的欲望就会演变成追求，可以为人生注入前行的动力，进而提高生活的质量，提升生命的高度。反之，一味地放纵自己的欲望，任由欲望失控、泛滥，就会让自己坠入深渊，万劫不复。

人心不足蛇吞象，欲望是个无底洞

人的欲望如下山猛虎，许多追求“成功”的人在不知不觉之间就成了骑在虎背上的人——想下都下不来，在不知不觉间就堕入了利令智“昏”、财“迷”心窍的“昏迷”状态，最终沦为欲望的奴隶，在名疆利场上被欲望之鞭任意驱使。一个被名绳利锁所捆绑的人是不自由的。

欲望是一道永远都填不平的沟壑，唯一应对不断膨胀的欲望的方法是克制你的欲望，把你的欲望控制在合理的范围内。

俗语云：“欲壑难填，做了皇帝想神仙。”欲之不剪就会使心如洪水猛兽，出手就穷凶极恶，显身就面目狰狞。所以，只能用智慧之剪去修剪欲望，才可保一世平安。

叔本华说：“欲望过于剧烈和强烈，就不再仅仅是对自己存在的肯定，相反会进而否定或取消别人的生存。”用“上帝的命定”或“天理”来取消或压制别人的欲望是不合理的，但过度推崇与放纵欲望也是愚蠢的。欲望不是纯粹的、绝对的东西，它需要理智的调控与节制，它也绝不可能像有人声称的是文明发展的唯一动力。

“人欲”是一切人类活动的起始，把握这个主宰一切的本源，将会获得无穷无尽的能量。人是欲望的产物，生命是欲望的延续。然而欲望的有效性与必要性是有限度的，满足不是绝对的，总有新的欲望会无休止地产生出来。由于欲望这种不知厌足的特性，欲望的过度释放会造成破坏的力量。

据说，曹操做魏王的时候，在他的封地有一个乞丐，总是遭到市民们的鄙视和欺负。乞丐感到很委屈，他问：“天底下有的是乞丐，甚至连魏王也是。

可是，你们为什么那么尊敬魏王，却这样瞧不起我呢？”

市民们冷笑道：“你凭什么说魏王是一个乞丐呢？如果你能够证明给大家看，我们也可以像尊敬魏王一样尊敬你。”

他决定要设法找到魏王，做一个证明。然而，魏王是那样高高在上，而他却是一个乞丐，地位相差如此悬殊，怎么能够接近魏王呢？每当他试图接近魏王时，魏王的随从们就会把他痛打一顿，然后把他赶走。

功夫不负有心人，他终于找到了一个机会。他发现魏王每天傍晚都会来到王宫附近的僻静小道上散步，于是，他就躲在那里等待魏王。他看见魏王远远地离开了他的随从们，沿着小道独自走来，似乎在苦苦思索着什么。他等待着时机，突然出现在魏王面前。

魏王被吓了一大跳。“你要干什么？”魏王惊恐万状地问道。

“我不想干什么，”乞丐说，“我只想讨一点钱。”

原来只是想讨一点钱啊。魏王舒了一口气，然后问：“你需要多少？”

乞丐说：“我只有一只破碗，你只要能够装满它就行。”

魏王笑了起来，说：“好吧，我答应你。”他唤来了仆人，命令他们去拿一些钱来。奇怪的事情发生了，当这些钱倒入乞丐的破碗时，仅仅只停留了几秒钟，就消失得无影无踪。

怎么会发生这样的事情呢？魏王感到非常诧异。他吩咐仆人们搬来更多的钱，但那些钱每一次都只能在乞丐的破碗中停留几秒钟，然后就消失得无影无踪。最后，所有的钱都搬来了，所有的钱都在乞丐的破碗中消失得无影无踪。魏王被惊骇得出了一身冷汗，扑通一声跪倒在乞丐面前，请求乞丐放过他。

现在，轮到乞丐冷笑了，他解释说：“这只破碗是一个填不满的穷坑，它的名字叫做欲望。因为这个欲望，你我其实都是乞丐。”

高高在上的魏王，居然被一个乞丐引以为同类。虽然占有的财富和社会地位不一样，但欲望的状态却是如此惊人的相似。

有个老捣蛋鬼看到人们的生活过得太幸福了，他说："我们要去扰乱一下,要不然捣蛋鬼就不存在了。"

他先派了一个小捣蛋鬼去扰乱一个农夫。因为他看到那农夫每天辛勤地工作,可是所得却少得可怜,但他还是那么的快乐,非常知足。

小捣蛋鬼就想:"要怎样才能把农夫变坏呢?"他就把农夫的田地变得很硬,让农夫知难而退。那农夫对着田地敲打半天,做得好辛苦,但他只是休息了一下,还是继续敲,没有一点抱怨。小捣蛋鬼看到计策失败,只好摸摸鼻子回去了。

老捣蛋鬼又派第二个去。第二个小捣蛋鬼想,既然让他更加辛苦也没有用,那就拿走他所拥有的一切东西吧!那小捣蛋鬼就把他午餐准备的馒头和水偷走。他想,农夫做得那么辛苦,又饿又累,却连馒头和水都不见了,这一下子他一定会暴跳如雷!

农夫又渴又饿地到树下休息,想不到馒头和水都不见了!

"不晓得是哪个可怜的人比我更需要那块馒头和水?如果这些东西能让他温饱的话那就好了。"小捣蛋鬼只好又弃甲而逃了。

老捣蛋鬼觉得奇怪,难道没有任何办法能使这个农夫变坏?这时第三个小捣蛋鬼对老捣蛋鬼说:"我有办法一定能把他变坏。"

小捣蛋鬼先去跟农夫做朋友,农夫很高兴地和他做了朋友。因为捣蛋鬼有预知的能力,他就告知农夫,明年会有干旱,教农夫把稻种在湿地上,农夫便照做。结果第二年别人没有收成,只有农夫的收成满坑满谷,他就因此而富裕起来了。

小捣蛋鬼又每年都对农夫说当年适合种什么,三年下来,这农夫就变得非常富有了。他又教农夫把米拿去酿酒贩卖,赚取更多的钱。慢慢地,农夫开始不工作了,靠着贩卖的方式,就能获得大量金钱。

有一天,老捣蛋鬼来了,小捣蛋鬼就告诉老捣蛋鬼说:"你看!我现在要展现我的成果。"只见农夫办了个晚宴,喝最好的酒,吃最精美的餐点,还有好多的仆人伺候。他们尽情吃喝、衣裳凌乱,醉得不省人事,开始变得痴呆愚蠢。

这时，一个仆人端着葡萄酒出来，不小心跌了一跤。农夫就开始骂他：“你做事这么不小心！”“哎！主人，我们到现在都没有吃饭，饿得浑身无力。”“事情没有做完，你们怎么可以吃饭！”农夫恶狠狠地说。

老捣蛋鬼见了，高兴地对小捣蛋鬼说：“你太了不起了！你是怎么做到的？”

小捣蛋鬼说：“我只不过是让他拥有比他需要得更多而已，这样就可以引发他人性中的贪婪。”

欲望是不可能被满足的。欲望就是这样一个捣蛋鬼，它让你用各种不同的乞讨方式去占有。任何乞讨方式，无论是赌博、欺骗、哀求以及任何形式的巧取豪夺。

究竟是什么让一个人变坏、产生恶念？说到底就是贪婪和无止境的欲望。贪婪和无止境的欲望是让人变坏、产生恶念的根本原因。我们在努力追求梦想时，不要让人性的弱点靠近自己，不要忘了自己最初的本心。

与其忐忑为私欲，不如放开轻松活

很多人因为私欲，放弃了自己心中真正的梦想，甚至放弃了自己做人的原则，最终他们得到了自己想要的名利，却迷失了自我，他们虽然拥有了名利，却过得根本就不快乐不自由。

在人生的路上我们要努力致力于远大。志向要高远，目光要长远，不拘泥于世俗纷扰，不拘泥于雕虫小技，不拘泥于蝇头小利。致远，同样离不开坚守正道，离不开友爱他人，奉献社会，如果我们的致远是用来致力于让自己的私利和私欲走得更远，得到更多，那我们很可能会走不了多远就跌入自己设置的人生陷阱中。如果我们做到了有意义的宁静，正确的致远，那此刻宁静以致远也就浑然天成了。

在人生的路上，我们不可能摆脱世俗的纷争和烦扰，但我们可以尽量远离。在这个世间，有太多的人，一头扎进名利的路上而不能自拔，卷入世俗的纷争和烦扰，并且以此为乐。某些人在名利的路上，在世俗的纷争中，不惜抛去亲情，抛去爱情，抛去人性中本应坚守的诸如良善、友爱、公平、正义等美好的情怀，有的甚至拼掉健康和生命却始终无法回头，这其中，有些人成功了，有些人失败了，有些人因得到一点蝇头小利而得意扬扬，耻笑他人，有些人因失去一点蝇头小利，而得不偿失。

古代有一个王国，国王刚刚登基，外族都不臣服，经常犯边滋扰。于是，国王就召开会议，决定用武力使四夷臣服，进而安定边疆。

国王做好了决定就颁布诏书，民间要是有肯为国出力者，皆有重赏。不出十天有3个年轻人应召而来。高个子的叫若木，善骑术；矮个子的叫宾蒂，善射术；中等个子的叫天定，善于谋略。国王择日让他们3个带领大军开赴边疆了。

日子不多，边疆的喜讯不断传来，3个年轻人屡建奇功。一个月以后，边疆得到了安宁，四夷全都宾服。得胜之师回到都城，国王要给将士论功行赏。

国王对3个年轻人说："有什么要求尽管说！"

若木说："我要做大将军，为陛下镇守边关！"

宾蒂说："我要做尚书，替陛下分担国事！"

天定却说："我一不当官，二不领兵，三不要钱。我只希望陛下能赐我一群牛羊和一块牧场！"

国王很惊诧，不过一一满足了3个年轻人的要求。

过了若干年，天定正在牧场上吹着笛子，欢快地牧羊的时候，消息传来，若木和宾蒂因为权势过大，遭到了皇帝的猜忌，全都被陷害入狱了。

很多时候，人的欲望过强就变成了贪欲。人是欲望的产物，生命是欲望的延续。然而欲望的有效性与必要性是有限度的，满足不是绝对的，总有新的欲望会无休止地产生出来。欲望的不知厌足、过度释放会产生破坏的力量。

在人生的道路上，努力超脱名利，努力超脱世俗，努力做一个明白的人，做一个志向高远的人，做一个有高尚情操的人，做一个不仅仅有利于自己，还要有利于他人和社会的人，而这一切的前提就是坚守正道、坚走正途。淡泊名利就是对生活不挑剔、不苛求、不怨恨，于名利的沉浮与得失中，保持自己素朴的生存方式和平静的生活习惯。

名利好像是一双鞋子，里面是不是舒服，只有脚指头才会明白。有时候外面看着羡人，里面却正经受着痛苦的煎熬，这时，倒不如把鞋子脱了，让脚指头解放出来来得痛快。所以，名利是不需要强求，只要安安静静地享用那一份自然得来的，就可以了。

名有好恶之分。有人为了出名，不惜干不为人耻的事情，得了恶名，也算成了名人，也有人欺世盗名暂时赢得了美誉，但终究会被人识别，到头来反而落人笑柄。利则相对要复杂些，因为利本身并无好恶之分。评价利的好恶，在于得到利的过程。有人默默无闻埋头苦干，或凭自己的辛苦劳作，或凭自己的聪明才智，得了利，则其得之为当之无愧。也有人不择手段，玩人于掌股之上，得利虽超额，但有可能于自己的良心不安，惶惶不可终日，过日子并不安心。

说到底，名和利是付出的回报。只要舍得付出，名利必然会回报于人。只是，人要正确对待名利，超出自己承受力的名利，到头来反而会害了自己。世上的好东西太多了，但“任凭弱水三千，我只取一瓢饮”。名亦好利亦好，基本能过得去就行。

而淡泊名利的操守，只有历经磨炼，才能运到心境平和、宁静虚空。《菜根谭·应酬篇》说：“淡泊之守，须从浓艳场中试来；镇定之操，还向纷纭境上勘过。不然操持未定，应用未圆，恐一临机登坛而上品禅师又成一下品俗士矣。”来到手中的欣欣然接受；从手中溜走的，怡怡然放手。淡泊名利，是一个人完满的内心修养，是一个人高远的精神境界，是一种甘于奉献的灵魂陈述。

盲目追功逐利，惹来烦恼无数

每个人都有利欲心，在利欲面前，如果我们能够顺其自然，而不是刻意地追求，回归一种简朴的生活，我们将会发现生活中的烦恼并没有我们想象得那么多。

人想要的东西越多，自己就越觉得匮乏；越是为自己着想，越觉得孤单；思索太多未来的事，反而忽略了现在。而当自己拥有更多的时间和空间平静下来时，可以更加清楚地看清自己、看清生活，从而更接近自己，聆听自己的心灵，去思考人生的一些根本问题。在这纷扰的尘世中发现自己和生活，找到自己的方向。

人生匆匆数载，功名利禄只是身外之物，只要我们努力前行，真实地面对我们所拥有或将要拥有的一切，你会发现，能满足一个人的可以很多也可以很少。人生天地之间，转瞬来去，就像是偶然登台、仓促下台的过客一样。人生既然如此短暂，活在世上就要珍惜人生，不要贪图权势，自酿苦酒。荣誉与权势，都是身外之物，也是水流花谢之物，万万不可一味去追求它们。如果为了争名夺利不择手段，那就无异于害人害己了。这样的人生有何乐趣？何况，争名夺利不但不会使你流芳千古，甚至会让你身败名裂呢！

每个人都与名利结下不解之缘，有的人一味地追名逐利，有的人则善待名利。有些人因为贪婪，想得到更多的东西，却把现在所有的也失掉了。的确，许多人在名利场上失掉了理智的指南针，陷入了名利的旋涡，结果越陷越深，难以自拔。

欧阳修和苏东坡是历代推崇的名士，但他们仕途不顺之后写下的名篇，不也是在为自己的怀才不遇而愤懑，为名利上的郁郁不得志而寄情山水吗？

今天,当运动员在刷新一项项世界纪录,科学家在攻克一道道世界难题时,他们难道没有丝毫受到金牌、荣誉和金钱的诱惑吗?不可否认,荣誉与金钱当然有激励作用。正因为在名利的驱动下,人类才会不断追求,在追求名利的过程中不断探索与创新。我们生活在名利之中,名利是我们生活的一部分。没有名利的人生是不完整的人生,不图名利的生活是不可想象的。老子所倡导的那种“小国寡民”、没有名利、远离名利的构想是不现实的。世上没有不为名利的超人,只有善待名利的智者。

名利绝不是万恶之源,关键在于你如何面对。如果你把名利看成一切,那么你将迷失自我,名利会成为切断你幸福的利刃;如果你善待名利,将名利作为奋勇进取的动力,那么名利将成为你的风帆,伴你度过征程,送你走向成功。每一杯过量的酒都是魔鬼酿成的毒汁,多一点的贪婪都是幸福的刽子手。善待名利,你将获得彩虹般绮丽的人生。

300年前,被康熙誉为“天下第一廉吏”的两江总督于成龙,为官20载每次升迁离任时,只用坛子装些当地的泥土留作纪念,每日糙米旧衣,形如樵夫,不贪不占不巧取,戒奢戒骄戒招摇。这与“三年清知府,十万雪花银”那种腐败的封建社会官场,形成了鲜明对照。他的品德为人所称颂,使当时江宁一带一改奢靡之风,以至在其病逝20年后,康熙再下江南时,当地百姓仍念念不忘他的清廉之名。

与此相反的是西方有一个寓言故事:

一天,一个拥有无数钱财的吝啬鬼去牧师那儿祈求祝福。牧师让他站在窗前,让他看外面的街上问他看到了什么,他说:“人们。”

牧师又把一面镜子放在他面前,问他看到了什么,他说:“我自己。”

窗户和镜子都是玻璃做的,但镜子上镀了一层银子。单纯的玻璃让我们能看到别人,而镀上银子的玻璃都只能让我们看到自己。

我们的眼睛常常被金钱所蒙蔽,只看到自己而看不到别人。这样的人能够拥有真正的幸福吗?

简朴不同于吝啬,正是由于简朴和节俭,才能使一个人慷慨大方地面对社会、面对他人,简朴就是美。生活也是这样,面对喧嚣的、物欲横流的社会,人们有时也会向往世外桃源般的生活,但是,能够不断得到的人不多,而舍得放弃的人更少。那种淡泊恬然的生活,能够说到又做得到的人毕竟不多。

在一般人眼里,总认为金钱越多的人越幸福,金钱越少的人越悲哀。诚然,幸福需要物质保证,但更重要的是要有精神支柱;精神支柱是人整个生命的“心脏”,倘若没有它来支撑,再多的金钱也只不过是一堆纸罢了。金钱并不是幸福的源泉,幸福也不会是金钱的产物。只有以崇高的精神和勤劳的双手为基础,才能建造起人生真正的幸福大厦。

大文豪托尔斯泰所写的《追求幸福的伊利亚斯》中,就讲述了简朴精神的源泉:

伊利亚斯夫妇出身贫寒,他们立志要追求幸福,因此胼手胝足,努力营生,后来拥有了大量的财富。然而好景不长,由于种种原因家道衰落。富甲天下的伊利亚斯夫妇很快就没落了。到了老年,他们一贫如洗只得去帮佣。好在他们能乐天知命,在雇主家里,反而过着安全幸福的生活。他们曾说过:“当我们富有时,有许多事让我们操心,所以没有时间交谈,没有时间想到灵魂,向上苍祷告。我们忙碌又忙心,也常因浮躁而吵架。现在,我们清晨起来,会彼此说几句恩爱的话,生活平静而不争吵。我们只需要服侍主人,尽心为主人工作。我们工作回来,有晚餐可吃,有乳酒可喝,天冷有燃料可烧。我们有时间闲谈,有时间思考灵魂,也有时间祷告。50年来我们追求幸福,直到现在才找到。”

我们要重视生活中单纯简朴的态度,因为这是一种生活态度,一种处世心态,我们应满怀质朴的心对待生活,认真活在当下。

俭朴生活,让自己更能贴近生活,可以让自己用另外的眼光去打量生活和发现生活中其他的乐趣,少了物质的隔阂,人与人之间,心与心之间,人与自然之间的沟通交流就更多了，更能感受自然生活的快乐，心不再向外追逐，而是回归自然，回归自己。

花花世界名利场，万万不可贪过度

欲望无边，人心有度，一切都要适可而止，让欲望与能力达到某种平衡。当欲望和能力之间发生严重不协调时，或者抵制欲望的膨胀，或者增加自己的能力。美好的东西实在数不胜数，我们总是希望得到尽可能多的东西，其实欲望太多，反而会成为负担，凡事淡泊名利，宁静致远，人才活着不累。

一个人做任何事情都要有个“度”，欲望也是一样。在声色名利上，理智的人往往适可而止，贪的“度”掌握得恰到好处。

大名鼎鼎的石油大王洛克菲勒有一句这样的名言：当玫瑰含苞待放时，须剪掉它周围的花骨朵。这个道理是非常简单的，一枝花才能独秀，富有经验的园丁们都深谙此道，他们很清楚地知道，为了让树木更加茁壮地成长，为了让以后的果实结得更饱满，就必须要忍痛将这些旁枝剪去。否则，如果保留这些枝条，肯定会极大地影响将来的总收成。

做人其实就像养花一样，我们与其把所有的精力都消耗在许多没有意义的事情上，还不如看准一项适合自己的事业，然后集中所有的精力，埋下头来好好干，全力以赴，这样才会取得杰出的成绩。

名利心与生俱来。人一生下来就面对一个灯红酒绿、五彩缤纷的世界。如贪得无厌，人们会在“人比人气死人”的心理下产生忌妒；在蝇头微利面前言不由衷；在逢迎拍马中殚精竭虑；为一得而忘乎所以，为一失而灰心丧气……有了这种名利物欲之心，你富了，还会“得一千，想一万”；你名利双收了，还会“昨怜薄衿寒，今嫌紫蟒长”；黄道无缘，你会诅咒命途多舛，宏图受阻，你会哀叹力不从心……从而使你陷入心力交瘁的泥潭而郁郁寡欢。

贪婪指一种攫取远超过自身需求的金钱、物质财富或肉体满足的欲望。贪婪的个体往往被视为对社会有害的，因为他们的动机常忽视其他人的福利(经济学的解释，假定市场经济是零和博弈)。

贪婪之人永远不知足，他们的欲望永远是个无底洞。具有贪婪性格的人，无休止地在索取，到头来，过去得到的也都将失去。这是为什么呢？因为他要得到他想要的东西，有时会费尽心机、不择手段，甚至走向极端。物极必反，能不付出代价吗？

有一个富翁背着许多金银财宝，到处去寻找快乐，可是找了很久都未能找到他想要的，于是他沮丧地坐在山道旁。

一农夫背着一大捆柴草从山上走下来，富翁拦住农夫问：“我家财万贯，衣食无忧，请问，为何我没有快乐呢？”农夫放下沉甸甸的柴草说：“你想要快乐？很简单，放下！”

富翁茅塞顿开：自己背负那么多的珠宝，老怕自己被人暗害，珠宝被别人抢，整日忧心忡忡，快乐从何而来？于是富翁将珠宝、钱财救济穷人，在他看到那些穷人欣喜若狂时，他从中尝到了快乐的味道。

世界上第一个不使用氧气登上珠穆朗玛峰的人，当他下山后别人问他成功的秘密时，他郑重其事地说：“这没什么秘诀，我知道大脑是一个重要的氧气源，科学家告诉我们，各种思想在大脑中相互撞击时竟要消耗我们吸入全部氧气的40%，所以，为了减少对氧气的消耗，我只有向前这个念头，至于其他的任何想法我都把它们从脑子里抛掉。没有任何的杂念，我就等于放下了一个背在身上的巨大的包袱，轻松地向前。这就是我成功的全部秘密。”

很多人利欲熏心，陷入你争我夺的境地，快乐从何而来？他们往往心事重重，做梦都半夜惊醒，老疑神疑鬼，荫翳不开，快乐又怎么会与你有缘？放下就是快乐，拨开云雾，卸下心灵的枷锁，在平平凡凡的生活故事中，你将体会一种轻松如风、畅快淋漓的感动。

在面对名利时，如果只想贪图，欲望的沟壑永远也填不满。贪心的人有一个共同特点，那就是忽略了自己的弱点，不顾一切地去满足自己的欲望。这时，即使危险摆在他的面前也无动于衷，无法看到危险所在。

古时候，有一位国王非常富有，但他还不满足，希望自己更富有。他希望有一天，只有他摸过的东西都能变成金子。结果这个愿望终于实现了。神赐给他一份大礼，只要他伸手摸任何物品，那个物品就会变成金子。他伸手触摸家中的每样家具，顿时就变成了黄橙橙的金块。国王高兴极了，他美滋滋的命令侍卫将金块装进金库里。

随后，国王就回宫殿与女儿们一起吃早饭。长桌上放着咖啡、面包、烤鱼等食品，国王倒了一杯咖啡给女儿，女儿接过杯子惊奇地叫了起来："刚才还是个瓷杯，怎么一下子变成了金杯?"

国王高兴地对女儿说："我已有了点金术！我将成为世界上最富有的人。"他一边说，一边将一勺咖啡送到嘴中，可他的嘴唇刚一触到咖啡，咖啡立刻变成了金液，随即就硬化成一块金子。看到这情形，他不禁大吃一惊。他随手又拿起一片面包，但还没来得及掰开，它已成了金块。国王几乎绝望的拿起一块烤鱼，不用说，烤鱼也立刻变成了金子。

国王十分羡慕地望着女儿津津有味地吃面包和咖啡，就走到女儿面前，一面抚摸女儿，一面请女儿拿片面包给自己吃。突然间，他心爱的女儿也变成了一尊金像。

国王发疯似的大声喊叫："快来人呀！快来救救我的女儿！"

这时，神出现在了国王的面前，说："点金术一定给你带来了许多财富吧?"

国王说："现在我才真正明白，金子不是世界上最宝贵的东西，请给我解除点金术。"

神严肃地说："我看得出来，你的心还没有完全从血肉变成金子，否则就无法挽救了。快去吧!跳进大花园旁的那一条小河,在河中装瓶水,把水洒在你要它变成原样的东西上。如果你真诚的去做,就可以补救你由于贪婪所造成的灾难。”

国王快步跑到河边,连鞋子也来不及脱去就跳进河中,想尽快将点金术冲洗掉。他还带了一瓶河水跑回宫殿,用水洒向心爱的女儿,水一落到女儿身上,她就看到这可爱的孩子双颊又恢复了红润的颜色!

国王拥抱着女儿说:“孩子,是爸爸害了你。从今以后,我再也不要点金术了。”

贪欲就像一条锁链,一个牵着一个,永不能满足。贪欲又如同一把干草,点火之后,拿着这支火把逆风而行,火就会愈烧愈大,很快就会烧到手心,若不能防守便会烧到手腕,再不放开就会祸及自身。所以,人要学会看淡,舍弃,保持一份淡泊。淡泊,就是要人们超脱红尘的诱惑,世俗的困扰,平淡地看待世间一人一事,豁达地面对人们的一得一失。如果说贪欲是抓住别人的手,那么淡泊则是守住自己的心。淡泊使人心平如镜,纵使万物入镜,心依然不染尘埃。

在生活中,是什么让我们不能心胸开阔,整日被忧郁、烦恼、焦躁、痛苦所占据?是贪欲。贪欲不仅会为我们带来许多的痛苦及失望,而且它们本身含有极大的危险性。所以,我们要放下贪欲心,只有放下贪欲,才会远离痛苦。

学会放下贪欲,首先,要做到信仰至上。人生总会有所追求,一个人如果心中没有远大的目标,势必就会看重眼前的名利。要淡泊名利,无私奉献,总要有肯于为之奉献、为之牺牲的东西。近年来,有的人之所以看重名利,计较得失,并不是因为物质生活上更需要,或者因为荣誉感一下子变强了,而恰恰在于理想淡漠了。失去了远大的目标,自然就会看重眼前的名利。

其次,要做到控制物欲。名利本身并不是人生追求的最终目的,追求名利主要还是为了满足欲望。因此,要淡泊名利,无私奉献,必须从根本入手,控制住自己的物欲。俗话说,“世上莫如人欲险”。如果抵御不了这种诱惑,总想高消费,而靠现有条件又满足不了,那就必然会去争,甚至有可能走上违法犯罪的道路。一个人的物欲越强,他的名利思想也就越强。反则比较容易淡泊功名，达到“人到无求品自高”的境界。

再者，要做到不攀比。不少人向组织张口的真实心态，有时并不是计较一职半级，也不是缺钱，而是出于同他人比较后产生的挫折感、失落感、不公平感。因此，要想淡泊名利，就必须学会正确比较。

人活在世上，无论贫富贵贱，穷达逆顺，都免不了要和名利打交道。名可以带来利，利可以带来烦恼，过重的名利思想更会给人带来无穷的烦恼。因此，树立正确的名利观，对我们每一个人来说都是十分必要的。

山穷水尽之时不妨随遇而安

人生有所求，求而得之，我之所喜；求而不得，我亦无忧。若如此，人生哪里还会有什么烦恼可言？苦乐随遇而安，随遇而安，以“入世”的态度去耕耘，以“出世”的态度去收获，这就是随遇而安人生的最高境界。

逆境中，“随缘自适，烦恼即去”。随遇而安是一种进取，是智者的行为，愚者的借口。何为随？随不是跟随，是顺其自然，不怨恨，不躁进，不过度，不强求；随不是随便，是把握机缘，不悲观，不刻板，不慌乱，不忘形；随是一种达观，是一种洒脱，是一份人情的练达。“随遇”者，顺随境遇也，“安”者，一可理解为听天由命，安于现状；二可理解为心灵不为不如意之境遇所扰，无论于何种处境，均能保持一种平和安然的心态，并继续坚持自己的追求。前者之“安”，或许可以称之为“消极处世”，而后者之“安”，则需要一种良好的心理调节能力，甚至需要一种超脱、豁达的胸襟，不是人人都能做到的。

“塞翁失马，焉知非福”，这句饱含智慧的经典之言其实也道出了一个生活智慧——随遇而安。日常生活中，不少人爱用“随遇而安”这词来批评他人或自嘲，以至使其成了满足现状、不思进取的同义词。

很多人执著在付出与回报的平衡关系上，付出就要有所回报，如果没有回报，那就不值得付出。这种态度正是强求心态的思想基础。“不值得”态度很容易使人们变得急功近利，从而扰乱了心灵的平静。

真正的随遇而安，不是一种消极的态度，而是一种理智的清醒。它所提倡的不是得过且过，而是尽人事听天命，生活中很多东西，不是以人力就可以得到、就可以改变的，比如容貌、机遇、感情。一个真正积极的人，不会执著于那些自己不能把握的东西，只要自己能够做到的做得尽善尽美，就是一种胜利了，至于能不能最终获得回报，则不要放在心上。

有这样一个仙人球，它曾待在一个漂亮的屋子里。然而，它又被主人送给了一个朋友。

到了新环境的仙人球待在电脑旁边。但仙人球长得很慢，三四年过去了，仍然只有苹果大小，甚至还有些未老先衰的模样。

一天，主人买来一盆红、黄、绿搭配的植物，将仙人球置换下来，放在阳台不显眼的角落里。转眼间，又是一两年过去，这家主人似乎忘了仙人球的存在。

有一天，当主人在阳台晾衣服时无意中低头瞥了一下，主人看到了阳台角落里伸出一支长喇叭状的花朵，花形优美高雅，色泽纯白亮丽。

主人探下身去才发现，这朵美丽的花竟然是从仙人球上开出的。主人立即把花盆洗干净，将仙人球放到窗台上。面对这株花，主人心生愧意，仙人球从落户他家到开花，整整默默无闻了6年，但6年的默默无闻换来一朝的绚烂绽放。

从这个故事里，我们能读出一份坚持，无论环境怎么变化，都能生存，不因他人的冷漠而封闭自己。仙人球无论遭遇怎样的环境，都能开出漂亮的花，而我们要做的也是以一种随遇而安的心态去看待环境，坚守自己，自己也能在内心里开出一朵花。

“随遇而安”不是随便行事、因循苟且，而是随顺当前环境因缘，从善如流；“不变”不是墨守成规、冥顽不化，而是要择善固守。随遇而安不变，则是不模糊立场，不丧失原则。人生在世，要通情达理、圆融做事，这样才能够达到事理相容。

随遇而安是一种智慧的生活态度，它可以使人保持一颗平静的心，使人能够理性地去看待生活和工作中的得与失，随遇而安的人不从众，他们独立、自我，不会为迎合别人而委屈自己。他们乐观、自信，并且不急功近利。他们思维不偏激，行事不过头，既不置别人于死地，也不对自己苛求。他们全力投入生活，但并不渴望生活回报自己更多，他们更多的是在做事情的过程中享受生活的充实和愉快，而不是在意生活会回报自己什么。

随遇而安的人不强迫自己。不强迫自己不是不思进取，不是止步不前进，更不是拒绝接受挑战，而是有所选择，抛弃那些异想天开和不切实际，客观准确地衡量自己的能力，对于能做到的事情尽全力去完成，对于自己认为正确的意见认真接受，该放弃的就要放弃，该争取的就要去争取。

随遇而安，是对自己正确、清醒的认识，是对人生彻悟之后的精神，是“聚散离合本是缘”的达观，“得即高歌失即休”的超然，更是“一蓑烟雨任平生”的从容。拥有一份随遇而安之心，你就会发现，天空中无论是阴云密布，还是阳光灿烂；生活的道路上无论是坎坷还是畅达，心中总是会拥有一份平静和恬淡。

随遇而安离不开一个宽容的心。要想使自己的生活更加和谐，使朋友之间的友情更加牢固，人们要学会宽容别人，接受别人不同的看法、不同的观念，即使这些思想和观念确实存在着错误，只要不影响大局，就不要强迫对方改变，要学会随遇而安的生活态度就是，对任何事情、任何人都不要勉强。

随遇而安，是一种胸怀，是一种成熟，是对自我的一种把握。凡事顺应境遇，不去强求，才能过上自由安乐的生活。这是一种顺应命运、随遇而安的人生态度。无论顺境还是逆境，人都应该保持一种乐观的生活态度。这样便能在风云变幻、艰难坎坷的生活中，收放自如、游刃有余，在逆境中找寻到前行的方向。

翻翻自己的背囊，丢掉那些繁重的役心之物

人生在世，总是带着行囊前进，感情、事业，以及名利等。在追求的过程中往往承受种种外部的压力，更要面对自己内心的困惑。要想轻松前行，不妨时时检视自己的行囊，丢掉那些役心之物。

当我们毫不犹豫地将交通工具异化为身价砝码，当我们推波助澜地助长“房子崇拜”，当我们变本加厉地加码孩子教育，是否想过，这当中也折射了我们内心隐秘的欲望：房子成为房奴“征服”城市的象征，孩子承载了“孩奴”对成功的渴求。物质的洪流漫过心灵的堤防，使得我们忘记了仰望星空、忘记了默观内心、忘记了幸福感真正的来源。

物质成了幸福的唯一来源，也成了衡量幸福的唯一标准。物质财富代表一切，甚至是社会地位的象征、精神生活的依托，科学被工具化、艺术被商业化、情感被功利化。

很久以前看过一则故事，讲的是圣诞节之际，一户穷人没有什么钱过节，于是夫妇俩就教孩子们唱歌。住在楼上的富翁听到他们快乐的歌声，孤单的自己却不快乐，所以就拎了一袋子钱给穷人，条件是他们不许再唱歌。

穷人答应了富翁，接过钱却总担心会丢掉，东藏西藏也找不到好的地方放。孩子们不能再唱歌，一个个面面相觑，家庭里的气氛顿时变得冷清寂寥，穷人家也变得不快乐了。

不久富翁听到外面有人敲门，打开门一看却是穷人。穷人把钱袋递给富翁：“先生，我们不能答应您的要求。”于是，穷人的家里重新响起了孩子们欢快的歌声。

亚里士多德说：“幸福还是不幸福，取决于人的自我灵魂。”这是对渴望幸福的人们一种有益的提醒。人的幸福感，既要靠社会创造的各种“发生条件”，也有赖个人内心的积极营造。其实，让我们心灵受累的，何止物质？一

些消极的情绪，错误的观念，解不开的情结，总会影响我们的生活。学会面对，学会丢掉，才能收获一份幸福和轻松。

丢掉压力

心灵的房间，不打扫就会落满灰尘。蒙尘的心，会变得灰色和迷茫。我们每天都要经历很多事情，心里的事情一多，就会变得杂乱无序，然后心也跟着乱起来。所以，扫地除尘，能够使黯淡的心变得亮堂；把事情理清楚，才能告别烦乱；把一些无谓的痛苦扔掉，快乐就有了更多更大的空间。

丢掉自卑

把“自卑”二字从你的字典里删去吧。不是每个人都可以成为伟人，但每个人都可以成为内心强大的人。内心的强大，能够稀释一切痛苦和哀愁；能够有效弥补你现有的不足；能够让你无所畏惧地走在大路上，相信自己，找准自己的位置，你同样可以拥有一个有价值的人生。

丢掉烦恼

所谓练习微笑，不是机械地挪动你的面部表情，而是努力地改变你的心态，调节你的心情。学会平静地接受现实，学会坦然地面对厄运，学会积极地看待人生，学会凡事都往好处想。这样，阳光就会洒进心里来，驱走恐惧，驱走黑暗，驱走所有的阴霾。

丢掉消极

如果你想成为一个成功的人，那么，请为“最好的自己”加油吧，让积极打败消极，只要你愿意，你完全可以一辈子都做最好的自己。自己的战争，你就是运筹帷幄的将军！不是所有的梦想都能成为美好的现实，但美丽的梦想同样可以装点出生活的美丽。

丢掉懒惰

不要一味地羡慕人家的绝招，通过恒久的努力，你也完全可以拥有。因为，把一个简单的动作练到出神入化，就是绝招；把一件平凡的小事做到炉火纯青，就是绝活。

丢掉抱怨

所有的失败都是为成功做准备。抱怨和泄气，只能阻碍成功向自己走来的步伐。放下抱怨，心平气和地接受失败，无疑是智者的姿态。

抱怨无法改变现状，拼搏才能带来希望。不要总是烦恼生活。不要总以为生活辜负了你什么，其实，你跟别人拥有的一样多。

丢掉犹豫

认准了的事情，不要优柔寡断；选准了方向，就只管上路，不要回头。机遇就像闪电，只有快速果断才能将它捕获。立即行动是所有成功人士共同的特质。如果你有什么好的想法，那就立即行动吧；如果你遇到了一个好的机遇，那就立即抓住吧。立即行动，成功无限。

丢掉狭隘

宽容是一种美德。宽容别人，其实也是给自己的心灵让路。要想没有偏见，就要创造一个宽容的社会。要想根除偏见，就要首先根除狭隘的思想。只有远离偏见，才有人与内心的和谐，人与人的和谐，人与社会的和谐。

这样，一旦丢掉了那些繁杂的役心之物，我们便能获得快乐，并且还要把自己的快乐分享给朋友、家人甚至素不相识的陌生人。因为分享快乐本身就是一种快乐，一种更高境界的快乐。

玛格丽特·米契尔说过："一直要到你失去了名誉以后，你才会知道这玩意儿有多累赘，而真正的自由又是什么。"盛名之下，是一颗活得很累的心，因为它只是在为别人而活着。我们常羡慕那些名人的风光，可我们是否了解他们的苦衷？其实大家都一样，希望能为自己活着，为自己活着的生活才更有意义。

世间有许多诱惑：桂冠、权贵，但那都是身外之物，只有生命最美，快乐最贵。我们想要活得潇洒自在，想要过得幸福快乐，就必须做到：学会淡泊名利享受、割断权与利的联系，无官不去争，有官不去斗；位高不自傲，位低不自卑，欣然享受清心自在的美好时光，这样就会感受到生活的快乐和惬意。

第5辑

随缘是不比较，不要强求不属于你的东西

很多时候，许多东西是“比不得”又“求不得”，尽管世界上有许多美好的东西不一定属于我们，但我们的生命是一定属于我们的，没有必要刻意强求那些本不属于我们自己的东西。

不强求任何不属于自己的东西，也不必为错过的机会叹息。生活中每天都是一个起点，太阳还会不断地升起又升起。我们不必为没有实现的梦想而懊恼，也不必为错过的机会而痛苦，更不必处处跟人比较、争夺，是自己的总归是自己的；不是自己的，再比较强求也无用。把过多的欲求丢掉，也许生活会变得轻松，更可能会得到意外的幸福。

比来比去，你永远找不到满足

纷纷扰扰的大千世界，有人攀比外表，有人攀比金钱，但却无法从内心感到真实的幸福和快乐，富丽堂皇的装饰背后往往隐藏着不为人知的悲哀。要知道，在攀比中，人是永远不会有满足的时候，因此，我们要学会满足，不要在一些毫无意义的攀比中葬送了自己。

人最忌讳的就是跟人盲目地拿自己跟别人比较，相互攀比。攀比，会让心态受到影响，生活充满负担。

跟人攀比似乎也是人的天性。在一些人眼中，似乎只有通过攀比才能知道自己比别人过得好、过得幸福；别人比自己更悲惨、更不幸。当还是学生时，攀比的是成绩；当有了工作时，攀比的是薪水，自在不自在；当有了家庭时，攀比的是住得是否宽敞；当有了儿女时，攀比的是孩子是否聪明、争气；当安享晚年时，攀比的是儿女是否成功。

在心理学上，攀比被定义为中性略偏阴性的心理特征。在这种心理特征下，当一个人发现自身与参照个体发生偏差时，便会产生负面情绪。因此，王后便会去杀害比自己更美丽的白雪公主，而普通人就会在内心里看不起对方，甚至埋怨他人。攀比通常会加大自身某一方面的需要，增强人的虚荣心，并因此而导致极端事情的发生。

我们可以与他人比，但绝不是攀比。比较心地的善良，可以养成纯美的心灵；比较刚毅坚强的性格，更能面对人生坎坷；比较爱的付出，可以让爱的玫瑰始终芬芳；比较知识、比较思考、比较创造、比较成功，可以迸发出思维的火花，可以激起奋斗的激情，能让人的精神世界更丰富多彩，让人的一生更加美丽多姿。

有这样一个女老板。她年薪百万，有别墅有名车，事业成功，而且家庭也很幸福。儿子聪明漂亮，老公也是某企业的主管之一。

这样的三口之家应该很让一般人羡慕了。但这个女老板却成天烦恼、怨声载道，逢人便说：她当年的同学有的当了大官，有的每年能挣几千万，有的开着世界名车，有的住着顶级豪宅。心理不免有些失望。

一次，在同学聚会上，她看到别人那么成功，心理很不平衡。虽然老公工作不错，但她还是责怪不已，说自己当年是嫁错了人，自己年轻时要是不听老公的规劝，一定会更有钱。

攀比心，打乱了她内心的平衡，也打破了家庭的平衡。老公的自尊心受到严重挫伤，两人的感情变得冷漠。攀比就这样毁了一个家庭的幸福。

人往往就是这样，就因为你没有得到，你才觉得珍贵，你才觉得神秘。就因为自己难以得到，而越是想努力去追求、努力去拥有。但不知道为什么往往就是一些自己最想得到的，总是很难得到！但好像每个人最想拥有的东西总是很难得到的，因为人的追求永无止镜，总是想去追求一些自己很难得到的东西。但一旦拥有了，就会失去它的光彩，它的神秘、珍贵！而又去追求自己一些很难追求的东西。

攀比是一种包袱，它会让我们的正常生活失去平衡，还妨碍我们的精神世界和心理健康。当人们在攀比时，对事物的价值判断不是来自内在，而是来自别人眼中的肯定，是以自己的行为去表现别人的观点，并从中得到肯定，感到欣喜。被否定的时候又平添了不必要的悲伤。“攀比”下面隐藏着很多危险人格，忌妒、焦虑、讨好、沮丧、恐惧……这些潜藏的因素会导致恶性关系，恶性关系又会循环产生危险人格，如此反复，让自己的精神陷入紧张，承担不必要的压力。

当然，我们所说的绝不是不思进取，浑浑噩噩地过日子，而是在经过自己的不懈追求后，即使别人在为拥有高楼大厦高兴的时候，我为拥有一张床或一张席子而高兴；别人在为拥有一辆汽车而高兴的时候，我为拥有一辆自行车而高兴……那些力所不及，好高骛远和不切实际的盲目攀比还是少些为好。更不能为那些不切实际的想法，而去挖空心思，不择手段，那将是十分危险的。

我们的人生不因攀比而绚丽，而因奋斗而壮丽；我们的心灵不因攀比而高贵，而因摒弃了攀比而更加纯净；同样，我们的生活不会因为攀比而美好，我们的事业不会由这样盲目的攀比而成功和伟大。

每个人都有自己的快乐和幸福，我们并不需要通过跟人攀比来找到，而是要用自己的内心去发现、去品尝。每个人都有权利拥有自然真实的生活，这也是所有人的期望，生活需要得并不多。房子再大，一张床足矣；佳肴再多，一碗饭足矣；少一些外在的攀比，就会多一份内心的喜悦和平静，也会多出一份快乐。

爱抱怨的人，注定是个弱者

抱怨只会让人变得更懦弱，不敢面对现实，不能积极地行动。而一些看似是弱者的人，面对种种不公和不同，停止了抱怨却以另一种姿态成为强者。

为什么他比我富有？为什么他比我幸福？为什么这些不幸全部发生在我身上？人们多少都会拿自己和他人进行比较，工资的多少、家庭的幸福，从物质到精神，等等，似乎不通过比较就不知道自己怎么样，不比较就不能确立自己的位置。然而，比较的结果通常会让人看到不同，并产生抱怨，似乎抱怨一下就可以将它们排解出去。

每个人都会有抱怨。在一项关于抱怨的调查中有七成多的人认为他们可以通过抱怨来发泄内心的苦闷；近三成的人则希望通过抱怨来解决问题。看来，每个人都会有抱怨，而且希望通过抱怨来解决问题。

抱怨者习惯为失败找借口。有人曾说，弱者以借口来回避失败，强者从方法中寻找成功。抱怨是弱者常用的借口。在失败面前，他们总能找出种种借口，编织各种各样的理由，掩饰自己的懦弱、错误和无能。在日常生活、工作中，总是充斥着这样那样的借口和抱怨。借口背后却隐藏着他们对困难的妥协和对生活的迷惘。

其实，生活的不公不顺，以及人与人的种种不同，并不值得我们去抱怨。每个人的人生起点不同，境遇也不同，挫折和失败，成功和幸福都与每个人相伴，只是程度不同而已。对这种不同，不能正确对待，只会让人不满，引发牢骚和抱怨。抱怨的人把自己的不幸归于天、归于地，甚至命运和社会。然而，这并不能改变事实，相反却证明了抱怨者不敢正视自己，正视现实，而已弱者的眼光看待一切。

一个善于为失败准备借口的人，无论怎么掩饰，都是一个不折不扣的懦夫。借口、抱怨，从来都是弱者的标志，而历史上和身边的成功人士从来都不是以抱怨取得成功的。

澳大利亚人约翰·库缇斯并不是一个陌生的名字。人们记得他是因为看似弱者的他，有着强者的心态。

约翰·库缇斯天生没有下肢，但是他却走遍了世界上190多个国家和地区，并成为“世界上最著名的残疾人演讲大师”。他还是残疾人网球赛的冠军，是游泳健将，甚至会用两只手开汽车。

每次一演讲，他都会习惯性地以自己的人生为话题。库缇斯说，自己从一出生就是个悲剧，当时的他只有矿泉水瓶大小，而且两腿畸形。这个样子吓坏了医生。医生断言，他活不过当天。然而，医生错了，库缇斯不仅活到了现在,而且还经常在世界各地旅行……

他是怎么做到的呢?显然不是抱怨让他成为演讲大师、网球冠军的。如果抱怨,他甚至不能活到35岁。

库缇斯从来不抱怨,面对自己跟别人的不同、人生的不幸,他唯一能做的,愿意做的就是去面对它、接受它,然后想想怎么办。他总是带着乐观的心态看待一切。在一次演讲中,库缇斯曾开玩笑说,他很感谢朋友的热情招待,住的宾馆条件也非常好,但有一样东西让他不知所措。

台下观众认真听着。

库缇斯接着说,服务生每天都会把它放在我的床头,但我实在不需要它。说完,库缇斯把他说的东西扔向了听众席,原来是一双一次性拖鞋。

库缇斯说,如果你能穿拖鞋的话,你是幸运的,你是没资格抱怨的!不是每个人都能够穿拖鞋的。

抱怨的人,喜欢以幻想来取代现实,用白日梦来弥补生活的缺憾,并逐步失去对自己的责任感,对事情的行动力。在他们看来,自己的人生应该顺风顺水,不需要付出太多努力,就能享受美好生活。所以,当他们发现现实不遂所愿,一些努力没有收获时,就开始怨天尤人。他们通过抱怨来逃避现实,认为自己的不顺都是由外部的不可控因素造成的,所以不去设法改变现状。这种习惯性的自我保护,使他们失去了责任感和行动力。

抱怨的人以抱怨取代行动,以情绪取代理智,只会让自己陷入更被动的境地。抱怨的人喜欢负面思考,把问题归咎于外部的环境,而不是从自身的角度考虑建设性意见。而且,抱怨也会形成周期性、扩大性循环,影响自己周边人际交往的环境和氛围,加剧抱怨的交互影响,不利于他人,也不利于自己。

不抱怨的心态总能让我们焕发出更大的力量,而抱怨只会让自己成为弱者。要想改变让人抱怨的事情,我们要做的就是不抱怨,积极地思考、行动。

放弃抱怨,要学会处理负面情绪,设想解决方案。人的情绪都是一时的,长久地被情绪左右，不能更理智地看待问题，而解决方案需要人们理智的思考。化抱怨为改变，自己就能更好地把控事情。

放弃抱怨，就是给自己一个直面现实的机会，改变事情的机会。放弃抱怨并不是在困境面前不作为。面对值得抱怨的事物，我们应该理智地分析产生的成因，积极地寻求解决的办法。如果暂时不能解决，以沉默代替抱怨，等条件成熟时再去解决。

强者从来不抱怨，弱者却总是以抱怨来发泄自己的不满。和库缇斯相比，我们没有资格抱怨，和成功人士相比，我们更要学会不抱怨。当事情来临时，正视它，接受它，改变它，才能摆脱抱怨的束缚。一味地拿自己和他人比较，一味地抱怨，往往让人失去了更多改变的机会，并逐步把自己推到弱者的地步。

愚蠢的人只会生气，聪明的人懂得争气

争气与生气虽然只有一个字之别，但意思却截然不同。争气向上，生气伤身；争气需要荣誉感、向上心和意志力，生气只需要发泄；争气需要鼓舞、支持和赞美，生气则是否定、批评。愚蠢的人只会生气，聪明的人则懂得争气。

美国著名心理学家詹姆斯认为：“人并不是因为发愁才哭泣、生气才争吵、害怕才发抖，恰恰相反，人是因为哭泣才发愁、因为争吵才生气、因为发抖才害怕。”也就是说，在很大程度上，情绪是对身体变化的一种知觉，当外界刺激引起身体上的变化时，我们对这些变化的知觉就是情绪。无论是对学习还是对社会适应能力来说，情绪都扮演着非常重要的角色。

积极的情绪可以帮助增强人体的抵抗力，消极的情绪则会对身体造成一定的伤害。我国古代就有“内伤七情”之说法，认为当人的“喜、怒、忧、思、悲、

恐、惊”七种情绪过度时，就会引发生理疾病。

弱者让思绪控制行为，强者是让行为控制思绪。任何一个有理智的人都要让自己的行为控制思绪。每个人都有自己的尊严，不容他人的侵犯。当被一些小肚鸡肠，斤斤计较的人轻视、攻击时，唯一能做的还击就是更好地证明自己、表现自己。如果我们自己足够优秀，别人还会对你冷眼嘲讽吗？因此，面对让自己生气的事情，最好的办法就是自己争气，去做得更好。当一个人在不断地成长，实力不断增强，变得更加强大时，许多问题便会迎刃而解。所以，生气不如争气。

真正的强者在得失上可以心平气和，他们会把生气变成争气。人们更需要通过争气来证明自己，而不是通过生气来否定他人。争气是对目标的追求和努力。而生气，往往是情绪的一种表现，伤己伤人，轻则瞪眼怒目，不欢而散，重则神昏身抖，蚀心伤身。

在工作中或生活中，每个人都希望被重视、受尊重得到他人的喜欢。但这只是一种美好的心愿，有时难免被人嘲弄、侮辱和排挤。批评、误解、轻视，总让人气愤不已。生气就是这种情绪的自然流露。

人有七情六欲，难免会有喜怒哀乐，忍一时海阔天空；人生起伏高低，难免有高潮低潮，争口气则时运济济。自己要争一口气，千万不要生气。

很久以前，有一位年轻人，特别喜欢为一些琐碎的小事生气，例如，谁看不起自己了，明明是某某错了但他就是不承认，等等。他也知道自己这样不好，便去求一位智者为自己解决心中的疑惑。

智者听了他的讲述，一言不发地把他领到一座屋子中，落锁而去。

年轻人觉得自己不明不白地被关，很气愤，跳脚大骂，骂了许久，智者也不理会。

年轻人又开始哀求，智者仍置若罔闻。

年轻人终于沉默了。智者来到门外，问他：“你还生气吗？”

年轻人说："我只为我自己生气，我怎么会到这个地方来受这份罪。"

"你不为以前的事情生气，但还在为自己生气。连自己都不原谅的人怎么能心如止水？"智者拂袖而去。

过了一会儿，智者又问他："还生气吗？"

"不生气了。"年轻人说。

"为什么？"

"气也没有办法呀。"

"你的气并未消逝，还压在心里，爆发后会更加剧烈。"智者又离开了。智者第三次来到门前时，年轻人告诉他："我不生气了，因为不值得气。"

"还不知道值得不值得，可见心中还有衡量，还是有气根。"智者道。当智者的身影迎着夕阳立在门外时，年轻人问智者："师傅，什么是气？"

智者微笑地打开了门。

为什么要气呢？气是别人吐出却接到口里的那种东西，你吞下便会反胃，你不看它时，它便会消散了。

在心理学家看来，生气是一种不良情绪。在消极心境的作用下，它会让人闷闷不乐，低沉阴郁，进而破坏人与人之间的相互关系，阻碍情感交流，导致内疚与沮丧。一味地生气让我们失去了自己的健康，也失去了改变他人看法的机会。

生气对一个人的健康有很大的影响：

第一，伤神。当我们在生气时，脑细胞会快速衰老，并减弱大脑功能，同时大量血液涌向大脑，又会使脑血管的压力增加。人在极度生气的情况下，还会使大脑思维突破常规的活动，并做出鲁莽或过激举动，反常行为又形成对大脑中枢的恶劣刺激等。

第二，伤肤。经常生气会让人颜面憔悴、双眼浮肿、皱纹多生。人在生气时，体内的血液会大量涌向面部，此时血液中的氧气会减少、毒素会增多，并会刺激毛囊，使毛囊周围出现程度不等的深部炎症。色斑等皮肤问题就是这样产生的。

第三，伤肝。气愤愁闷的人，总是肝气不畅、肝胆不和、肝部疼痛。在生气时，人体的血糖升高，脂肪分解加强，血液和肝细胞内的毒素增加。

这样看来，生气实在是一件很不值得的事。如果经常性的情绪不佳，生理上会失去平衡，五脏六腑会发生非理性的运动，免疫功能会随着情绪的波动而降低，甚至还有一些人因一时发怒伤害自己的身体。

这是生气给身体健康造成的危害。除此之外，生气还会给人的心理健康、人际交往带来坏的影响。容易生气只能证明一个人愚蠢，因为容易发怒是莽夫所为，也是无能的表现。

当一个人的内心中被怒气与愤懑填充，充满不快和敌意时，往往会不顾一切地与对方大吵或怒骂一通。发泄过后的唯一结果就是伤害，害了自己和对方。他人的批评和轻视等并不能证明自己是这样的人。与其生气不如先让自己冷静下来。

有一个男孩，很任性，常常对别人发脾气。一天，他的父亲给了他一袋子钉子，并告诉他："你每次发脾气时，就钉一颗钉子在后院的围墙上。"

第一天，这个男孩发了37次脾气，所以他钉下了37颗钉子，慢慢地，男孩发现控制自己的脾气要比钉下一刻钉子要容易些，所以，他每天发脾气的次数就一点点地减少了。终于有一天，这个男孩能够控制自己的情绪了，不再乱发脾气了。

父亲告诉他："从现在起，每次你忍住不发脾气的时候，就拔出一颗钉子。"过了许多天，男孩终于将所有的钉子都拔了出来。

父亲拉着他的手，来到后院的围墙前，说："孩子，你做得很好，但是现在看看这布满小洞的围墙吧，它再也不可能回复到以前的样子了，你生气时说的伤害别人的话，也会像钉子一样在别人心里留下伤口，不管你事后说了多少对不起，那些伤痕都会永远存在。”

说到不如做到，生气不如争气。一个人的行动是最有说服力的语言，争气是证明自己的最好方式。一个人步入到社会，总会遇到各种各样的人，既会交到很多真诚善良的朋友，也会受到冤枉和一些人的精心算计，有时会觉得非常委屈和难过，可是时间能够证明一切，要学会用行动来证明自己。

当有人无视你的价值时，不要生气，不要难过，而是要更加努力，用行动证明他们的看法是错的。

学会用争气代替生气，是一种智慧，也是一种策略。生活中的每个人应该争气，而不是生气。争气可以让我们知道错在哪里，如何纠正；而生气，只会牢骚满腹，伤害自己，也于事无补。

变快乐的两个“不”：不比较，不计较

现代人爱慕虚荣，喜欢比较，也喜欢计较一时的得失成败等。生活在竞争激烈的社会中，快乐变得很稀缺。其实，快乐就在我们的心中，只要我们学会不比较、不计较，就会有快乐的自己。

在现实生活中，人们都习惯于和他人进行相比：与邻居比，与朋友比，与亲戚比，甚至与兄弟姐妹爱人比；人们也习惯于比房子、比车子、比面子；等等。有比较，就会有不平衡，不平衡然后生气，“人比人气死人”就是这种心理的真实写照。因为比较出了不同，所以会计较其中的大小、得失，然后让自己痛苦不已。

快乐是什么？是对自己所拥有的感到高兴。当我们觉得自己缺少某种东西并极力想要时，快乐就开始从身边溜走。跟他人比较，计较得失，往往会让

人陷入到痛苦之中，而不是快乐之中。

快乐很大程度上来自于对自己的肯定和满足。当一个人不顾一切地跟别人比较时，就会否定自己，为什么他有而我没有？从否定自己到效仿他人，然后到焦虑不安。其实，人与人是不同的，他人是他人，自己是自己。当我们拼命地往自己身上加上不需要的东西时，就是在给自己制造痛苦。

快乐也来自于不计较，这种不计较不是盲目地否定，而是说要理性地看待自己的欲望。人活着都会有许多欲望，欲望过多，渐渐地就会欲求不满，到最后就演变成为了满足自己的欲望而去伤害别人。因为有过多不必要的欲望，所以我们会去计较，物质上、精神上、人际交往上便难以避免问题。

凡事不与人比较，便不会有过多的欲望，也不会因为欲求不满而拼命索取。谦虚，知足往往能让人更快乐。每个人都有他的过人之处，如果我们不懂得正确地看待自己，只是一味地觉得别人比自己优秀、厉害，这样就永远都不会成功，永远都不会满足，也永远都不会快乐。一山要比一山高，比较从来比不出满足和快乐。

快乐从哪里来？就是从自己的知足和富足中到来的。如果沉迷于往日的辉煌，而不喜欢当下的平淡，只会感到失落；如果贪恋他人的成功，而不品尝自己的成绩，只会感到痛苦。不去跟人比较，是为了走好自己的路，不去跟人计较，能让自己有更好的心态。带着一份好心态走路，快乐便时刻伴随。

对自己满足、知足，需要我们做好自己的角色，而不是要在和别人的比较中，对自己的计较中确立自己。有这样一个寓言故事。

一天，森林主人被几只动物吵醒。它们说，自己不快乐，希望森林主人能让它们变得快乐些。森林主人想了想边说，你们先做些选择吧，然后，我会根据你们的答案让你们更快乐些。森林主人给动物们设置了一份问卷，让它们填写。

原来，每一个动物都不喜欢自己，而是喜欢成为别人。在它们看来，那样才是快乐的、幸福的。

猫说，假如让我再活一次，我要做一只老鼠。我偷吃主人一条鱼，会被主人打个半死。而老鼠呢，可以再厨房翻箱倒柜，大吃大喝，人们对它也无可奈何。

老鼠却认为，假如让我再活一次，我要做一只猫。从生到死由主人供养，很自在。

平时里懒惰的猪说，假如自己要再活一次，就要当一头牛。生活虽然苦点，但名声好。它实在不喜欢自己的名声。

牛却说，假如让我再活一次，我愿做一头猪。我吃的是草，挤的是奶，干的是力气活，有谁给我评过功、发过奖？做猪多快活，吃罢睡，睡罢吃，肥头大耳，生活赛过神仙。

平日里高翔的鹰觉得，假如自己能再活一次，一定要做一只鸡。渴有水，饿有米，住有房，还受主人保护。而现在的自己，一年四季漂泊在外，风吹雨淋，还要时刻提防明枪暗箭，活得太累。

鸡却羡慕起了鹰来，假如让我再活一次，我愿做一只鹰，可以翱翔天空，任意捕兔捉鸡。而我们除生蛋、司晨外，每天还胆战心惊，怕被捉被宰，惶惶不可终日。

当森林主人看完，气不打一处来说："你们这些家伙只知道盲目比较，而不知足，难怪你们不快乐呢。"

比较、计较的结果无非是比别人强，或者比别人差。有时，人们在比较时，拿自己的缺点跟别人的优点比，忽略了自己的优点。这样的比较就没有什么意义。其实，人们最该跟人比的是自己，学会自己跟自己比较。如果我们的人生是为了追求更高的层次，希望通过比较来达到的话，那么这个追求没有界限，也难以达到。当人们总是以"不断进步，不断超越别人"作为人生标准的时候，却忘了什么才是知足。如果我们凡事不与人计较，便不会有口角，也不会钩心斗角；如果我们凡事不与人比较，便不会有欲望，也不会欲求不满。因此，我们做人要谦虚、要知足，更要惜福。

解开忌妒的枷锁，让心灵畅享自由

忌妒心理不但影响身心健康，还影响学习工作。忌妒心会在一定的程度上让人形成一个扭曲的世界观，会让人感到无奈、孤独、恨。

忌妒是一把枷锁，会将人的心灵困住。忌妒，是对别人的优势以心怀不满为特征的一种自惭、不悦、怨恨和恼怒，是一种带有破坏性的负面情感体验。因此，忌妒也被解释为，“因别人比他强而怨恨”。怀有忌妒之心的人认为，我没有做的，你也别想做；我没有的，你也不能有；我办不到的，你也休想实现。

忌妒是一把双刃剑，伤害着别人也伤害着自己。因为忌妒，人们通常会为了自己的利益而做出一些类似荒谬之事。这其实是一种极其短浅的目光、是一种非常浅薄的思维。我们生来具有一种竞争的天性，每个人都希望比别人强，当别人比自己强的时候，我们会愤怒、会感不到不公、会不快乐，这些都是忌妒别人的表现，这种忌妒心理让我们感到痛苦。

忌妒程度有浅有深，程度较浅的忌妒，往往深藏于人的潜意识中，不易觉察。如自己与某同学是好朋友，他的学习成绩、能力等都较强，对自己的好朋友并不想加以攻击，但在内心总有一点酸楚。而程度较深的忌妒，会自觉或不自觉地表现出来，如对能力超过自己的同学进行挑剔、造谣、诬陷等。

在日常生活中，忌妒的存在是很普遍的。英国科学家培根说：“在人类的一切情欲中，忌妒之情恐怕要算作最顽强、最持久了。”历史上，忌妒往往导致血淋淋的恶果。忌妒会成为庞涓的诡计，使孙膑遭受髌刑；成为曹操的宝剑，使杨修辕门喋血；成为曹丕的豆萁，使曹植釜中受煎；古往今来，忌妒导演着一场场演不完的历史悲剧，换了古装又着新衣。

世界上只有弱者、失败者，或自叹不如人者才忌妒。所以说，忌妒绝对不是一种积极的心态。忌妒的人不能容忍别人的快乐与优秀，会用各种手段去破坏别人的幸福与成功。有的人挖空心思采用流言飞语进行中伤，有的人采取卑劣手段想方设法摧毁对方。这种人自卑、阴暗，享受不到阳光的美好，体会不到人生的乐趣，永远生活在黑暗的世界。

忌妒的人往往心胸狭窄、缺乏修养。这些人常常会因为看似一些微不足道的小事而产生忌妒心理，别人的哪怕一点点比他强的地方都会成为他忌妒的缘由。甚至会把自己的忌妒心理转化成消极的忌妒行为，从而严重地破坏人际关系。

忌妒是一种比较复杂的心理状态。忌妒的人表现为焦虑、恐惧、悲哀、猜疑、羞耻、自咎、消沉、憎恨、敌意、怨恨、报复等不愉快情绪。别人天生的身材、容貌、聪明、才智，都会不小心成为他忌妒的对象；别人的地位、荣誉、成就、财富、威望等有关社会评价的内容，也都容易成为他忌妒的目标。

美国康涅狄格州布里奇波特市警察局抓到一个一次烧毁 8 部汽车的犯罪分子。犯罪分子供认不讳地说，我买不起一辆汽车，我也不愿意任何别的人有一辆车。

他感到烧车比偷车令自己“满意”。汽车不过是富人的代步工具，烧了车似乎可以阻止富人更快地取得财富。

忌妒会一步步侵蚀人的优点。英国哲学家培根曾说，忌妒这恶魔总是在暗暗地、悄悄地毁掉人间的好东西。它是一种极想排除或破坏别人优越地位的心理倾向，是含有憎恨成分的激烈感情。在个体之间差异性很小、外界条件基本相同的情况下，很容易产生忌妒心理，具有明显的对抗性，从而引发消极情绪，导致极端的攀比行为，严重地可能会危害到他人的利益，从而使自己也受到良心和道德的谴责。

对忌妒心强的人来说，忌妒是自己给自己套上的枷锁，只会让自己感受到更大的痛苦。

忌妒心理影响身心健康，忌妒心强的人容易得心身疾病。科学研究指出，忌妒会造成人体内分泌紊乱，降低消化腺活动，并使得肠胃功能失调。忌妒心强的人通常会出现腰酸背痛和胃痛腹胀，夜间失眠，血压升高，等状态。由此可见，忌妒不仅使精神受到折磨，对身体也是一种摧残。其次，忌妒心强，直接影响人的情绪，可能使我们结交不到知心朋友。忌妒心强的人往往事事好胜，常想方设法阻止别人的发展，总想压倒别人。这可能使朋友想躲开你，不愿与你交往。

克服性格上的忌妒心，还需要我们自己打开身上的枷锁。

停止拿自己与他人比较。

比较你和别人拥有的事物会让你变得很悲哀。当你有辆更漂亮的车或有份更好的工作时，这种类型的比较能满足你的虚荣心，让你自我感觉良好，但这只是暂时的，因为这种心态最终会让你去留意那些比你拥有更多的人。到了那时，你就不会再感觉良好了。

这世上总有人比你拥有得更多、更好，所以在这场较量中，你不可能“赢”，与他人比，你永远只能一时高兴。

另一种更有效的方法是与自己比较。检视自己的成长和收获，评价自己的付出和所得，思考自己的经历和规划。这将使你变得更积极，情绪更稳定，因为你不再与他人比较，不会再为他有你无的事情感到忌妒了。

培养丰富、洒脱的心态

忌妒常常来自生活中某一方面的“缺乏”。你觉得忌妒，也许因为别人得到了你想要的工作或等待的机会，因为你害怕一旦失去它们，你的生活将跌至谷底。

比较自己与他人是这种“缺乏感”的征兆。因为别人得到了你想要的东西，所以你忌妒。总是有这种“缺乏感”会扰乱你的想法、感觉和生活。它会引起忌妒这种强烈的负面情绪，让你被忌妒纠缠，并不断强化和持久化这种情绪。为了摆脱这种局限和破坏的心态，你可以让自己洒脱一点，告诉自己，新的机会随时都会有。

总有新的商业机会、新的考试、新的朋友等着你——这种想法能减少你的压力；能让你把上一次失利归咎于自己的失误，而非别人夺走了你的机会。

洒脱的心态让你获得内在的情绪自由，并让你更放松更积极。要相信，培养洒脱的心态在拒绝或克服忌妒上是最重要的。当你知道这世上机会有很多时，便没什么好忌妒的了。所以，每当你发现自己又被忌妒纠缠上时，记得把焦点从“缺乏”转到“丰富”上，你就能洒脱应对了。

承认忌妒

以洒脱的心态对于克服忌妒不失有效，但还是要与大家分享另一条有益的方法，当忌妒这种负面情绪已影响你一段时间，而你也无法立即摆脱它时，不妨试试。

停止与忌妒斗争，承认它，接受它。这也许听起来有点反常，但当你抵制一种情绪时，往往你却给了它更多的能量。相反，若你接受一种情绪，你便能随意地看待它，停止给它提供能量，最终这种情绪将会消失。

培养豁达的人生态度。

心胸开阔，要懂得“天外有天，人外有人”、“强中自有强中手”，这是客观规律。学会看到自己的长处。一个人在忌妒别人时，总是注意到别人的优点，却不能注意自己比别人强的地方。其实任何人都有不如别人的地方，当别人在某些方面超过我们时，我们可以有意识地想一想自己比对方强的地方，这样就会使自己失衡的心理天平重新恢复到平衡的状态。

转化为动力。

要搞清楚忌妒的消极因素，然后努力地将这个消极因素转化成积极的动力。变忌妒别人的成功为对别人成功的祝福，然后下决心赶上和超过别人，这便是积极的心态。

在我们的日常生活中，只有解开忌妒的枷锁，人生之路才能越走越宽，才能在人生之中找到自己成功的法则。人生如飞翔，忌妒之心如石头，石头越轻，才能飞得越高。

随缘之道：不为不可为，不求不可求

随缘跟快乐一样，总是充满着未知。因此很多时候，我们唯有好好把握那些已知的。不为不可为，不求不可求，人类不善于预测快乐，因为快乐是祈求不到的，当你追求快乐时，它无影无踪，而你忽视它时，它却不期而至。

茫茫人海，芸芸众生其实也都在追逐着各自的“食物”，有人为吃不到的“食物”而黯然神伤；有人为吃到了“食物”而欢呼雀跃；有人为吃到更多的、更好的“食物”而绞尽脑汁。隋朝王通有句名言“廉者常乐无求，贪者常忧不足”。人一旦有了贪的欲望，放弃了清廉，就像那金鱼一样，在贪欲泥沼中沉沦，直至堕入万劫不复的深渊。

老子说：“罪莫大于可欲，祸莫大于不知足，咎莫大于欲得。”所以道家强调“无为而无不为”。然而，大千世界中的芸芸众生并不因此而变得无欲无求。王国维说道：“生活之本质何？欲而已矣。”真切地道出了生活与欲望的关系，也说明了人与欲望的不可割裂性。

生命在拥有与失去之间不经意地溜走了，而人们却还在一味地盲目追求所谓的“物质幸福”中浑然不知，不管是金钱、地位还是房子，无论朝着这个目标前进的步伐有多快，也会觉得很慢，会因此烦恼，此时最容易受伤，其实，很多东西是可遇不可求的，不必为此苦苦追求，耗费一生中不必要的精力，有很多东西是我们所拥有的，却不懂得珍惜。

欲望无边，人心有度，一切随缘才是王道。人都是有欲望的，这是无可非议的，但欲望与能力要有一个平衡点。当欲望和能力之间发生严重不协调时，或者抵制欲望的膨胀，或者增加自己的能力。美好的东西实在数不胜数，我们总是希望得到尽可能多的东西，其实欲望太多，反而会成为负担，凡事淡泊明志，宁静致远，人才活着不累。

有这么一则寓言故事：一只狮子和一只狼同时发现一只小鹿，于是商量好共去追捕那只小鹿，它们合作良好，当狼把小鹿扑倒时，狮子便上前一口把小鹿咬死。但这时狮子起了贪念，不想和狼平分这只小鹿，于是想把狼也咬死，可是狼拼命抵抗，后来狼虽然被狮子咬死，但狮子也受了很重的伤，无法享受美味。

知足智在知不可行而不行，不知足慧在可行而必行之。若知不行而勉为其难，势必劳而无功；若知可行而不行，这就是堕落和懈怠。这两者之间实际是一个“度”的问题，在随缘的心态下，一切都会变得合理、正常，我们还会有什么不切合实际的欲望和要求呢？

心理学家彻斯认为“顺其自然”的生命行为至关重要。生命中许多活动的流程就是生命中的满足，没有必要加快脚步做好每一件事，更没有必要为寻找快乐而到达终点，顺其自然就可以，生命中的快乐就是乐天安命，一切自然地水到渠成。

随缘之道，教我们要有一颗平常心，不为不可为，也不为不可求。多病的人渴望健康，没钱的人渴望发财，单身的渴望爱情。欲望有高有低。乞丐只渴望一餐泡饭，千万富翁还想成亿万富翁。欲望的尽头就是贪婪。“欲壑难填，做了皇帝想成仙。”人的贪婪是非常可怕的。老虎吃饱了，对身边吃草的小鹿都视而不见，可是有的人却对自己存款后边的零永远不拒绝。

达·芬奇说：“谁不能控制邪欲，谁就把自己摆在畜生行列。”刘安说：“患生于多欲，害生于不备。”对于欲望要把握一个度。随缘就要合理控制自己的欲望，管理自己的欲望增长速度和发展的方向。适当的欲望是人行动的原始动力，让人上进。但过多的欲望则让人沉沦，深陷其中，正所谓过之则为恶，少之则为善。

某大公司准备以高薪雇用一名小车司机，经过层层筛选和考试之后，只剩下三名技术最优良的竞争者。

主考者问他们：“悬崖边有块金子，你们开着车去拿，觉得能距离悬崖多近而又不至于掉落呢？”

“二公尺。”第一位说。

“半公尺。”第二位很有把握地说。

“我会尽量远离悬崖，愈远愈好。”第三位说。

结果这家公司录取了第三位。

告别贪婪，要倍加珍惜已经拥有的东西。列夫·托尔斯泰说：“热爱你所拥有的。”陌生人给你的一点点关怀，你都会感动不已。而你的亲人怎么宠爱你，你都可能视而不见。这就是有名的“贝勃定律”。越容易到手的东西，越容易被忽视；越得不到手的东西，常常会更加渴望。

人的一生，时光和精力都是有限的。让有限的时光、精力造就人生巨大的成功，就必须专注于对成功价值最大的事情去做。选准自己的目标，实实在在地去做，不要被别人的成功搞得三心二意，争一时之长短，计一时之得失，按照自己既定的目标，适度地进取。这就是要有所为、有所不为才大有所为，既不为不可为，也不为不可求。

第6辑

随缘是少计较，幸福与否只在一念之间

“幸福不是你拥有的比别人多，而是你计较的比别人少！”很多时候许多烦恼都是我们自己找的，如果能少计较一点、珍惜一点，也许就会拥有得更多。

在逆境中磨炼你的意志，不计较一时的成败得失。“风物长宜放眼量”，我们应去追寻更长久的精神生活。不计较的人生，智慧的人生。随缘是一种生活态度，更是一种精神境界。

凡事坦然面对，聪明的人敢于认输

人生本来就有输有赢，聪明勇敢的人敢于认输。只要输得明白，虽败犹荣。条条大路通罗马，敢服输的人才能有机会赢得最终的胜利。现在知道输了也并不代表着结束，汲取经验甘于认输就是成功的开始。

“有时你认为自己输了，其实你赢了……”，这是电影里极为经典的一句台词。人生就是这样，总在输赢之间徘徊。当然大多数人都希望赢，但不同的人看法自然不一致，“横看成岭侧成峰，远近高低各不同”。其实输和赢，有时候只是角度不同而已，你这次的服输其实是胜利的开始。

在漫长的人生旅程中，每个人都要经历各种各样的挫折，遇到各种各样的难题，有些问题我们可以解决，有些问题是我们解决不了的。要承认自己的优势和弱点，并依据自身的条件正确选择，适时放弃，走好人生每一步棋，才能把握好自己的命运。

在我们内心深处，其实我们都对自己太过苛责，因为总有人会比我们强。即使是那些看起来最有自信的人，其内心也会存在对自己的批评，这种内心的批评就是引发我们痛苦，让我们对自己的表现永远也不会满足，不敢承认自己不足的原因。

孔子曰：“三人行，必有我师焉。”人毕竟各有所长，每个人都可能在某些方面不如人。择其善者而从之，其不善者而改之。这样坦诚自我，对人生成功有所帮助之事，不可不为。敢于认识自己的不足，拜人为吾师，又有何妨？

其实，一个人如果能够坦然地面对别人比自己强，才能清醒认识自己与别人的差距，才能摆脱心灵的苦痛，才能让自己做得更好。敢于承认自己的不足是自信的另一种表现方式。我们认识了自己的短处，合理地扬长避短才是出路，人生才会完美。真正看清这一点，最后你才能胜于人。

曾长期担任菲律宾外长的罗慕洛穿上鞋时身高只有1.63米。在他的一生中，他的许多成就却与他的"矮"有关，以致他说出这样的话："但愿我生生世世都做矮子。"

1935年，大多数的美国人尚不知道罗慕洛为何许人也。那时，他应邀到圣母大学接受荣誉学位，并且发表演讲。那天，高大的罗斯福总统也是演讲人，事后，他笑吟吟地怪罗慕洛"抢了美国总统的风头"。更值得回味的是，1945年，联合国创立会议在旧金山举行。罗慕洛以菲律宾代表团团长身份，应邀发表演说。等大家静下来时，罗慕洛庄严地说出一句："我们就把这个会场当作最后的战场吧。"这时，全场登时寂然，接着爆发出一阵掌声。最后，他以"维护尊严、言辞和思想比枪炮更有力量……唯一牢不可破的防线是互助互谅的防线"结束演讲时，全场响起了暴风雨般的掌声。

由这件事，罗慕洛认为矮子比高个子有着天赋的优势。矮子起初总被人忽视，后来，有了表现，别人就觉得出乎意料，不由得佩服起来，在人们的心目中，成就就格外出色。

人有各种潜能和优势，但你不可能在所有的方面都发挥出来，你只能在一两个领域把你的潜能和优势尽情地发挥出来，在你无暇顾及的方面，你必然不如那些方面的专家。每个人的时间和精力都是有限的，与其花太多的心血在自己不擅长的领域，倒不如放弃，重新选择适合自己的工作和生活。

有一只山羊，它早上起来想出去吃点东西。它本来想去菜园里吃点白菜，这时早晨初升的太阳把它的影子投射得很长，山羊一看，天啊，我原来如此高大，我还吃什么白菜啊？我改去山上吃树叶得了。它转身往山上跑，等跑到山上的大树旁边，天都到中午了，太阳照在头顶上，这时山羊的影子就特别小。山羊一看，觉得一定是太阳错了，自己早上还是挺高大的，于是它坚持吃树叶,可是无论它怎样跳跃,都够不着一片树叶。一阵风吹来,几片树叶飘落下来,山羊赶快嚼在嘴里,看见其他动物就说:“我吃到树叶了,看,我很高大吧?”

现代社会竞争这样激烈,时间意味着一切,没有人会等着你闭关修炼;也没有人会给你机会让你慢慢成长。拿来就能用,成为这个社会的择才标准。如何看清楚自己,准确地把握自己的优缺点,从而找出最佳的生活路径,已经成为成功与失败的关键。如果你曾经无意中选择了错误的路径,那么请尽快放弃,重新寻找出路。

有得必有失,月有圆缺,人无完人。敢于承认自己的不足,并且用一种平和的心态去欣赏别人,这是一种品格修养上的境界。我们必须敢于承认自己的不足,把不足看成完善自我的一个起点,一把通向成功的钥匙,不要总是事事与人比,你总有一些事不如人。要有一个好的心态,尽力做好自己力所能及的事,这才是最明智的。

输了,并不意味着你比别人差;输了,也不意味着你永远不会成功;输了,更不意味着你到了人生的终点。聪明的人告诉你,失败的终点往往是成功的起点。只要你敢于正视失败,敢于拼搏,你一定会采摘到成功的鲜花——那朵远在天边的奇葩。

做事留有三分余地,生活方能游刃有余

电影中有这样一句台词:“话不可说尽,福不可享尽;势不可去尽,规矩不可行尽;凡事太尽,缘分势必早尽。”这世界上本来就没有什么绝对,如果你想做绝,事情就会走向你的对立面。

《菜根谭》里说:“滋味浓时,减三分让人食,路径窄处,留一步与人行。”与

人方便,于己方便。这是古人千百年来总结出来的处世秘诀。

给别人留余地,实质上也是给自己留余地。如果凡事做绝,断尽别人的路,自己的生活也充满危险。不过分让别人为难,不过分为难自己,让别人活得轻松,让自己活得自在,这就是留三分余地的妙处。

现代社会是一个充满风险、充满竞争的社会,各种变数阴晴不定,以前三十年河东,三十年河西,现在已换成三年河东,三年河西了,我们的生活、职业、思维方式都发生很大的变化,要想在这样的生存环境里有所发展,就要学会深谋远虑,防患于未然,凡事且留三分余地,不要把事情做绝了。

在日常生活中,凡事且留三分余地也是非常有哲理的。我们时时都会出现如何要求别人以及怎么对待自己的问题。而且,我们大部分人常常会犯"宽以待己、严于律人"的毛病,对别人"求全责备",斤斤计较,把话说得太绝对,岂不知这样恰恰犯了"自以为是"的恶习,让人深恶痛绝。

很多人做事很决绝,"斩草除根",不但不给自己留退路,还要把对方逼得无路可走。大家非要把路堵得死死的,不留一分余地,这其实就是一种短视,缺乏一种生活的智慧,因为我们的生活充满了变数,"月盈则亏,水满则溢",就是说一件事情发展到了一定程度就会走向反面,物极必反。所以我们要凡事且留三分余地,这不但是一种美德,也是为自己留一条退路,更是一种长远的智慧。

风水轮流转,凡事且留三分余地,生活才能游刃有余。做事给人留有余地,并不是说明你的能力不够强,而是说明你充分具有了深谋远虑的智慧,你吃肉的时候,别忘了给别人剩口汤喝。

我们都知道,过去的人计算依靠算盘,在账房里你可以听到噼里啪啦的声音,算盘帮了我们的大忙。我们可以看到算盘的上档有一个空位,下档有两个空位,这样,算盘的珠子才可以上下活动,噼啪作响,算盘才有用处。如果把算盘的空位都填满,这个算盘就成了废物。凡是有经验的木工,都懂得"留一道缝隙”的道理。如若不然，等天气潮了，门窗就会关不死，木地板就会鼓包。

可见留有余地是多么的重要，留有余地就是给了我们一个可以伸缩的空间、可以改正的空间，让我们不会因为一时的失误而遗憾终生。

一个著名的雕塑工匠正在雕刻佛像，很多人前来围观，想知道这个著名雕塑家是如何进行创作的。一开始，围观的人都觉得这个雕塑家真的是名不虚传，但是，后来人们发现他雕刻的佛像几乎都是大鼻子小眼睛，这让围观的人们十分不解，于是就问这个雕塑家：“你为什么把佛像都雕成大鼻子小眼睛呢？”雕塑家回答说：“鼻子大了可以改小，眼睛小了可以改大，但是如果把大眼睛改小，把小鼻子改大，就会非常困难，几乎是不可能做到。”

上面这个故事告诉我们，你当时认为正确的东西，可能很快就会发现不妥，如果你在当时没有留下修改弥补的空间和余地，那你就会得到一个失败的作品，一个失败的结局。这在竞争惨烈的商界也是被认可的，很多从商的人都对此深有体会。

李嘉诚有言：“做事要留有余地，不要把事情做绝。有钱大家赚，有利大家分享，只有这样才有人愿意与你合作。”

杰斐逊是美国一位著名的企业家，有一次他被邀请去给众人作演讲，大家对他的成功非常羡慕，当时就有一个人问他：“杰斐逊先生，你能告诉我们你成功的秘诀是什么吗？”杰斐逊没有说话，而是拿起粉笔在黑板上画了一个没有封闭的圆。这引起了听众的一阵猜测，有人说意味着努力，有人说意味着圆滑等，总之很多说法，但是杰斐逊最后解释说：“这个不完整的圆，是说无论做什么事都要留有余地。不要把每一件事都做得太圆满，就像画这个圆，一定要留有缺口，让下属去填满它。这就是我成功的秘诀。”

凡事多站在别人的立场上想想，换个角度，也许你会改变你的想法。孔子说：“己所不欲，勿施于人。”你自己都不喜欢的事情，别人也可能不喜欢，如果你非要强加到别人身上，只能招来矛盾和愤恨。做事情有转圜的余地，才能做到无论是在家里还是社会上，都能与人很好地相处，不会导致冤家路窄的局面。

做人处世固然不能玩世不恭，但也不能太较真，认死理。“水至清无鱼，人至察则无友”，太认真了，连一个朋友都容不下，还如何做事？学会包容才能更好地为自己铺上一条平坦而又多姿多彩的道路。世界上的人情事物皆是复杂多变的，我们的思想往往滞后，为了未来的发展空间，我们做人做事都要留有余地，不要把事做绝，凡事且留三分余地，任何一个把事做绝了的人，都要为此而付出代价的。

聪明反被聪明误，少施心机少烦累

耍小聪明的人头上都悬着一把“剑”，这把剑随时会落到聪明者的头上，“斩”下他的头颅。那是一种极其危险的游戏。每个人都想表现得很聪明，但如果一个人老耍小聪明就成了一种愚蠢。

现代生活越来越快的节奏与越来越大的压力，让越来越多的人想快速发财，及早成功。为了成功，一些人贪图一时之快，投机取巧，甚至铤而走险……然而无数的事实告诉我们，躲藏在一时之快后面的往往是更大的危险和痛苦。

《老子》中说：“大智若愚，大巧若拙，大音希声，大象无形。”老子认为真正的“巧”不在于违背事物发展规律去卖弄自己的聪明，而在于处处顺应事物发展规律，在这种顺应中，使自己的目的自然而然地得到实现。而那些投机取巧行为，从根本上来说，就是违背了事物发展规律，急功近利，不择手段，结果往往弄巧成拙，事与愿违。而那些宁拙毋巧的人，大巧若拙的人，看起来不显山不露水，扎扎实实干事，老老实实做人，反倒不声不响地把事业推向了高峰。

2009年初秋，87岁高龄的诺贝尔物理学奖得主杨振宁在重庆八中做了一场精彩演讲。演讲结束之后，杨振宁应邀为中学生题词，提笔在纸上写下4个大字："宁拙毋巧"。杨振宁说："我今天之所以写这几个字，就是希望从你们年轻一代开始，学会诚实。投机取巧是没有前途的，做学问必须诚实，脚踏实地，才会成功。"

宁拙毋巧，这个"拙"，不是笨拙的拙，而是指老老实实，踏踏实实，一步一个脚印，用汗水去换成果，走正途去求成功；这个"巧"，也不是巧夺天工的巧，而是投机取巧、歪门邪道、弄虚作假、偷工减料。平心而论，那些投机取巧者，也确有侥幸取得成功的，确实比一般人投入少产出多，但靠投机取巧出大成就、干大事业的，古今中外从未耳闻，诚如鲁迅先生所言："捣鬼有术，也有效，然而有限，所以以此成大事者，古来无有。"即使聪明过人的杨振宁，当初也是靠笨功夫成功的，连续几个星期、每天十几个小时泡在实验室里对他来说是家常便饭，正是年复一年的努力，夜以继日地苦干，才使他最终脱颖而出，与李政道一起，获得了诺贝尔物理学奖的殊荣。因而，"宁拙毋巧"，既是他的成功之道，也是他的经验之谈。

搞学术如此，做其他工作也是如此。譬如商品生产、销售，那些几十年不倒的国际知名品牌，虽然也巧做广告，宣传自己，但更是靠质量、信誉取胜，靠良好的售后服务取胜，其主要精力还是放在了这些必不可少的笨功夫上。而靠虚假广告骗人，靠假冒伪劣产品欺世的商家，固然也能一时赚得暴利，但早晚会露馅，早晚会垮台，这种事例也俯拾即是，他们就输在一个投机取巧的"巧"字上了。

投机取巧会使人堕落。无所事事会令人退化，只有勤奋踏实地工作才是最高尚的，才能给人带来真正的幸福和乐趣。生活中的各种实例生动地证明了这样一个道理：无论事情是大还是小，如果你试图投机取巧，也许在表面上你节省了一些精力和时间，但是从长远本质上讲，你损失得更多，你将花费更多的时间和精力以及财力，等等。一面贪图享乐，一面又想修道成佛，自以为可以左右逢源的人，终将会享乐与修道两头落空。

从前，河附近有一只做小本生意的驴子。他专门卖盐和海绵，过着愉快而又辛苦的生活。

一头老黄牛听别人说驴子在做生意，而且做得很红火，他想买点东西，但是，由于老黄牛的腿脚不方便，不能经常走路，这让老黄牛有些烦心。这时，老黄牛看见了驴子，急忙叫住他，亲切地问："你们这里有没有送货服务？"

"当然有喽，您要些什么？"驴子问。

"嗯，我要些盐。"老黄牛回答道。

"可以，下午一定送到！"驴子兴奋地说。

"太好了，真是谢谢你啊！"

"不用谢，这是我应该做的！再见！"驴子越来越高兴了，"我又有生意做了，耶！"

下午，驴子拿好盐，正走在去老黄牛家的路上。可是，驴子走了一段路，发现前方有一条小河。他壮了壮胆，还是坚持要走下去。突然，驴子脚下一滑，跌倒在小河里。但他心坚如铁，毫不动摇，顽强地站了起来。他站起来的时候，觉得盐轻了许多，驴子开心地说："真是天下奇事，盐变轻了！"他轻松地来到了老黄牛家，对老黄牛说："黄牛大伯，您要的盐来了！""快让我看看。行，这是盐的钱，哦，对了，看你那么辛苦，再给你一些赏钱。拿好，再见啊！"驴子又高兴地说："太棒了，以后再滑下水，既可以省力，又可以拿到赏，真是一举两得！"

又一次，老黄牛请驴子送海绵，也同样遇上了河，他想起了上次驮盐尝到的甜头，这次还想试试。他故意滑下水。突然，海绵变得越来越重，最后驴子溺死在水里了。

俗语云："搬起石头砸自己的脚"，正好是"聪明反被聪明误"的绝妙写照。知其可为而为之，是聪明的；知其不可为而为之，则是愚蠢的。俗话说，"是金子总会发光"，如果你是真正的聪明，就不要总是在别人面前随便地"卖弄"。那样，不但使你的聪明变得"廉价"，有时还会给你惹来不必要的麻烦。

其实，我们每个人都随身带着一个法宝，它的一面写着"太好了"，另一面写着"太糟了"。它会产生两种截然不同的力量：它能让你获得财富，拥有幸福，享受快乐；也能让这些东西远离你，让你整天和烦恼纠缠不清，让你一生都不快乐。所以，不要聪明反被聪明误，少施心机少烦累。

吃点小亏是福气

难得糊涂，吃亏是福。"吃亏"不只是一种境界，更是一种睿智。真正有智慧的人，不在乎"装傻充愚"的表面性吃亏，而是看重实质性的"福利"。

一般的人不吃亏，聪明的人善于吃亏，乐观的人乐于吃亏。学会吃亏，善于吃亏，乐于吃亏，这并不说明一个人无能、无用、无知，很大程度上吃亏是一种福气，是一个人思想的最高境界。

所以做人要能吃亏，过于计较，得失心太重，反而会丢掉应有的幸福。表面上看是让步的一方吃亏，其实何尝不是获取共识与下一轮利益合作的开始？众所周知商场如战场，过于计较利益得失的商人，绝对不是一个懂得人情世故与商学情商的商人。如果一个公司领导只为自己的蝇头小利，就对自己的合作伙伴与员工大肆地掠夺与欺骗，那么这个商人迟早会被社会与日益诚信为本的商业市场所淘汰。

有人说：现在的人们都特聪明，个个都精得流油，谁会愿意吃亏呢？哪个还视吃亏为福气呢？但人是群居动物，既是群居，就有交往、交际、交流，而只要“交”起来，就可能有的人“吃亏”，有的人占“便宜”。社会是需要人们交往才能发展的，在交往的过程中，可能没有哪个人不曾吃过亏，有的吃亏是自愿的，有的吃亏是乐意的，有的吃亏是被迫的，有的吃亏是不甘心的……在两个人以上的交往中要想不吃亏，完全达到“平等”交往是不可能的。

但无论你愿意或不愿意，你都必须吃亏。在这件事情上你占了便宜，在干那件事情时，你可能又吃亏了；有些事情你可能自己认为受益了，其实在众人眼里你是吃亏的；有些事情你可能觉得自己吃亏了，但众人认为你是占了大便宜；与甲交往你可能吃亏了，但在与乙的交往中，你可能又占了便宜。所以说，吃亏和占便宜，本身并没有严格的评定准则去定位，十分准确的标准去衡量。什么是占便宜？什么是吃亏？因人、因事、因环境、因社会等因素去评判，也是仁者见仁、智者见智的。得到就是占了便宜吗，不尽然。

一天早晨，父亲做了两碗荷包蛋面条，一碗上边有蛋，一碗上边无蛋。端上桌，父亲问儿子：“哪一碗？”

“有蛋的那一碗！”儿子指着卧蛋的那碗。

“让爸爸吃那碗有蛋的吧。”父亲说，“孔融7岁能让梨，你10岁啦，该懂得谦让吧？”

“孔融是孔融，我是我——不让，”“真不让？”“真不让。”儿子一口就把蛋给咬了一半。

“不后悔？”“不后悔”。儿子说罢又是一口，把蛋吞了下去。待儿子吃完，父亲开始吃。没想到父亲的碗底藏了两个荷包蛋，儿子傻眼了。

父亲指着碗里的荷包蛋告诫儿子说：“记住，想占便宜的人，往往占不到便宜。”第二天，父亲又做了两碗荷包蛋面条，一碗蛋卧上边，一碗上边无蛋。端上桌，问儿子：“吃哪一碗？”

“孔融让梨,我让蛋。”儿子狡猾地端起了无蛋的那碗。“不后悔?”“不后悔。”儿子说得坚决。可儿子吃到底,也不见一个蛋,倒是父亲的碗里上卧一个,下藏一个,儿子又傻了眼。

父亲指着蛋教训儿子说:“记住,想耍小聪明的人,可能要吃亏。”

第三天,父亲又做了两碗荷包蛋面条,还是一碗蛋卧上边,一碗上边无蛋。父亲又问儿子:“吃哪一碗?”

“孔融让梨,儿子让面——爸爸您是大人,您先吃。”儿子诚恳地说。“那就不客气啦。”父亲端过上边卧蛋的那碗,儿子发现自己碗里面也藏着一个荷包蛋。

其实,越是不肯吃亏的人,越是可能吃亏,不但吃亏,而且往往还会多吃亏,吃大亏。唯有不计较吃亏的人,才会真正有福。自古就有“吃亏是福”、“吃一堑长一智”的说法。但对于其中的道理似乎有很多人还没有真正理解,或者只是表面上一知半解,而实际行动起来却大打折扣。

吃亏,虽然意味着舍弃与牺牲,但也不失为一种胸怀、一种品质、一种风度。贪心的人,总是费尽心思去算计别人,在其热情、仗义与关切的伪装背后,更多的是肆无忌惮地对别人的进攻与伤害。不怕吃亏的人,才会在一种平和自由的心境中感受到人生的幸福。

世界上没有白占的便宜,爱占便宜者迟早要付出代价。有的人见好处就捞,遇便宜就占,即便是蝇头小利,见之亦心跳眼红手痒,志在必得。这种人每占一分便宜,便失一分人格;每捞一分好处,便掉一分尊严。天底下也不会有白吃的亏。从某种意义上说,乐于吃亏是一种境界,是一种自律和大度,是一种人格上的升华。在物质利益上宽宏大量,在人际交往中尊重他人,抬举他人。如此这般,以吃亏为荣为乐,势必赢得人们的尊重和抬举。

郑板桥写过两条著名的字幅,就是流传至今的“难得糊涂”和“吃亏是福”。这两条字幅含有深刻的哲理。郑板桥正是凭着这种达观大度,“稀里糊涂”的心态，健康长寿，为人称道的。不以物喜不以己悲，这就是郑板桥养生长寿之法。郑板桥一生中为人处世，始终不求名利，不计得失。

即使是面对坎坷、困境，郑板桥也始终能以乐观的心情对待。他做官时，因为在灾荒之年为灾民请求赈济触犯了皇上，结果被罢官。但是他并没有忧郁沮丧，也不为官场失意而郁闷不乐，而是骑着毛驴悠然回到故乡。从此专注于诗、书、画，安然幸福地过着老年生活。

这样看来，郑板桥是一个不计较吃亏的糊涂人。其实，不计较吃亏，得来的往往是福。

“吃亏”是让利的表面，“是福”是在让利的实质。我们知道，在商场的交锋之中，谈判是一种极其高的渲染力与心理较量文化，只要自己本身有利可图，何不做个顺水人情的“难得糊涂”。成气候的商人，绝对不是一个斤斤计较的商人，成大事者，不会是小气的商人，而是大度与豪爽的谈判专家。

东汉时期，有个叫周仁辅的人在朝为官，时任太学博士。周仁辅为人忠厚，遇事谦让，人缘不错。有一年临近除夕，皇上赐给群臣每人一只外番进贡的活羊。

因为这批羊有大有小，肥瘦不均，难以分发。大臣们纷纷献策：有人主张把羊通通杀掉，肥瘦搭配，人均一份；有人主张抓阄分羊，孬好全凭运气……

这时，周仁辅说道，分只羊有这么费劲吗?我看大伙儿随便牵只羊走算了。

说完，他率先牵了一只最瘦小的羊回家过年。众大臣纷纷效仿，羊很快被分发完毕，众人皆大欢喜。

此事传到光武帝耳中，给了周仁辅一个“瘦羊博士”的美称。不久在群臣推荐下，他又被朝廷提拔为太学博士院院长。

中国有句古话：“贪小便宜吃大亏。”这是对爱占蝇头小利人的警告。这个“瘦羊博士”的故事则告诉我们“吃亏也是福”这样一种道理。周仁辅吃了一个瘦羊的亏，得来的是一份好人缘，还有美誉，以及官场上的提升。这样的亏,还是值得的。

“吃亏也是福”是一种正视失败,以积极、宽容、乐观的精神对待生活的观点。如果在你与别人相处的时候,能以宽容的态度待人,不斤斤计较的话,可以省掉多少麻烦。“吃亏也是福”,如果把这种思想用在事业上,当自己在事业上遇到挫折和遭受失败时,就会以乐观的态度来对待挫折和失败,总结经验,就会有更多成功的机会。

“吃亏也是福”是一种境界。在人生的历程中,吃亏和受益是互为存在、互为因果的。天地轮回,平衡是一个永恒的主题。无论哪一个人,无论哪一件事,没有永远的受益,也没有永远的吃亏。有些事情当时可能是吃亏了,但事后仍有可能出现一个受益的结果;一个人不能事事只想着受益,有些事情当时即使真的受益了,最终导致的结果往往是吃亏。

回归简单的生命本质,追求快乐的生活真谛

人生中,幸福是什么?在我看来,幸福来源于“简简单单的生活”。幸福的人要学会享受简单的快乐。以平常心对待无常事,淡然看待人生的得失,荣辱与成败。在纷扰喧嚣的红尘中,简单安然地享受回归生命的本质,追求快乐的生活真谛。

人生如梦岁月如歌,得也好,失也好,穷也好,富也好,名和利只不过是过眼烟云,还是平平淡淡才是真。所有的东西都可以虚假,只有生活才是最真实的。每个人都希望自己的人生散发出耀眼的光环,都希望自己有一段不平凡的生活,事业上获得惊人的成就,拥有一段惊天动地的爱情。可是,当一切光环都消失的时候,剩下的却是本色的生活状态。生活就是柴米油盐,生活就是平平淡淡地过完每一天。

丘吉尔说“每朵乌云背后都会有阳光”，不要再去逃避这个世界，人是不可能离开社会独立存在的，去追求真正的平平淡淡吧，不要再为自己的无能去胡乱地发扬庄子的“无为”了，开始去走出困惑，去用心感悟，去用心改变，去用心追求真正的平平淡淡，这样才是真正的真。

生活其实可以很简单。人生不怕平淡的日子，只怕生活的感觉不真实。生活不怕困难的日子，只怕没有真情存在。拥有简单思想的人过着简单的生活就是一种幸福。然而思想一旦变得复杂起来，就不会满足于现实的生活，总是追求更高更好的生活层次，在情感上也想拥有得更多，这时生活的烦恼也会随之而来。

有一条小狗不停地绕着自己的尾巴转圈，直到精疲力竭地躺在地上喘气。

这时，一条大狗走过，询问它发生了什么事。小狗说：“有朋友告诉我说，假如我可以追到自己的尾巴，我便能永远地得到幸福和快乐，所以我才追逐自己的尾巴直到精疲力竭的。”

大狗叹了一口气说：“在我年轻的时候，也听别人说过同样的话，我也跟你现在一样弄得精疲力竭。当我追逐幸福和快乐的时候，它永远不在我前面，反而当我不刻意追逐，一切顺其自然之时，才发觉幸福和快乐正在后面日夜地跟随着我！”

幸福和快乐本来就是我们生活的一部分，只是看我们是否懂得欣赏而已。许多人每天都在追逐名利以及物质享受，但是仍然得不到幸福和快乐。幸福与快乐是不会通过刻意追求就可以得到的，一切只有顺其自然，回归到简单生活中才能得到。

简单是平息外部无休无止的喧嚣，回归内在自我的唯一途径。当我们为拥有一幢豪华别墅、一辆小汽车而加班加点地拼命工作；或者为了一次小小的提升，而默默忍受上司苛刻的指责，并一年到头赔尽笑脸；为了无休无止的约会、饭局、派对和交际，精心打扮，强颜欢笑，刻意应酬时，我们应该问一问自己干吗要这样呢，它们真的那么重要吗？

“我想过一种简简单单的生活”。有多少人会经常说过这种话？人们都希望在一种简单明晰的环境中工作，并摒弃自身一些不需要的繁文缛节。生活有多混乱？乱成一团麻！生活有多少不健康或不必要的附属物附庸品？有多少嗜好阻止你去做应该做的事情？有多少赘生物实际上是有害的？有多少衍生品实际上是你不需要的，但却紧紧地吸附在你的生活上？

我们总是把拥有物体的多少，外表形象的好坏看得过于重要，用金钱、精力和时间换取一种有目共睹的优越生活，却没有觉察自己的内心在一天天枯萎。事实上，只有真实的自我才能让人真正的容光焕发。当你只为内在的自己而活，幸福感才会润泽你干枯的心灵。

我们需求得越少，得到的自由就越多。正如梭罗所说：“所谓的舒适生活，不仅不是必不可少的，反而是人类进步的障碍，有识之士更愿过比穷人还要简单和粗陋的生活。”简朴，单纯的生活有利于清除物质与生命本质之间的藩篱，让我们认清生活中哪些是我们必须拥有的，哪些是必须丢弃的。细数阳光是一种惬意。

生活其实很简单，对待家人要多关心、多体贴，对待孩子要多爱心，对待老人要多孝心，对待爱人要多理解，对待朋友要多真诚，与人相处诚心相待。

生活其实很简单，听从内心深处的呼唤：追求心灵所需要的快乐生活，这种快乐是心的宁静与安详。有自己的空间，不想打扰别人，也不想让别人打扰。在平淡寻常中保持一颗宁静的心。快乐着自己的快乐，幸福着自己的幸福！给自己留一份自由的空间！

生活其实很简单，过自己的生活，不要羡慕别人。别人再好，那是别人的，羡慕只是增加烦恼。学会善待自己，我们无法改变这个世界，但我们有能力改变自己，快乐是一种心态，是自己控制的。要有一种容人的胸襟。

生活其实很简单，不要爱慕虚荣，不要和别人攀比，有滋有味地过自己的生活。保持一个良好的心态，不要让自己的心境受外界的影响，淡定从容，宠辱不惊，抛开一切的诱惑和迷茫。

生活其实很简单，有那么多你牵挂的人，也有那么多牵挂你的人！细心感受，学会理解和宽容。珍惜友情，学会放松，那样的你一定很快乐！你也一定会有一个精彩的简单生活！

生活其实很简单，简单就是美，房间里该扔掉的东西就尽情地扔掉。不要吝啬，很多东西摆在那里是多余，忍忍心把它扔掉。东西是一种累赘，简单的房间本身就给人一种很悠闲、放松的感觉。即使很有钱也不要买那么多东西。人本身活得就够累的，还放那么多东西是个心理负担。一切都是身外之物，该放下的就放下，该扔掉的就扔掉。

简单化人生中，常以植物剪枝来形象地比喻生活简单化。园丁们都知道剪枝的重要性。当他们剪下活生生的枝条时，看起来是要伤害植物，但是最终却使植物长得更加强壮。这就叫整枝壮苗。园丁们是在为植物减轻负担，简单化的举措使植物更加繁茂。

当今社会的结构呈金字塔形状，成功人士精英俊杰们在顶端，大多数人和我们一样是和大地紧密相连的基础部分。如果处于下层的人，遥看顶峰的无限风光，产生忌妒、伤感、愤怒、郁闷等种种不平之气，注定是要痛苦一辈子的。

多一分舒畅，少一分焦虑；多一分真实，少一分虚假；多一分快乐，少一分悲苦，这就是简单生活所追求的终极目标。外界生活的俭朴将带给我们内心世界的丰富。我们将为每一次日出，草木无声的生长而欣喜不已；我们将重新向自己喜爱的人们敞开心扉；我们将热情地置身于家人、朋友之中，彼此关心，分享喜悦。我们将不是在生活的表面游荡不定，而是深入进去，聆听生活本质的呼唤，让生活变得更有意义。简单生活就是简单化人生。

第7辑

随缘要知宽忍，退一步海阔天空

有这样一首诗，诗中道出了“退步原来是向前”的道理：“手把青秧插满田，低头便见水中天。心地清净方为道，退步原来是向前。”

随缘要知宽忍，做人要知进退，“退步原来是向前”不仅能使你少欲、知足，还能够使你过得平安幸福，到达一种人生的新境界。

心宽天地广，世界只在一心间

"世路崎岖，人情反复。行去不远，需知退一步之法，行去得远，务加让三分之功。"人世间的人情冷暖变化无常，人生道路也是崎岖不平的。心宽，天地就广，世界只在一心间。宽容是一种美德。宽容别人的同时，你也在给自己的心灵让路。

人生在世，会遇到各种纷繁芜杂的问题，怎么样来处理这些问题，这才真是个问题。一个人最可怜的是无知，最可悲的是浅薄，最可贵的就是有一颗宽容的心。雨果曾说过，世界上最宽广的是海洋，比海洋更宽广的是天空，比天空更宽广的是人的胸襟。一颗宽容的心，需要的就是宽广的胸襟。宽容是人生的大智慧，能够修身养性，安身立命。

人的认知能力有限，对很多事情往往不能看得全面透彻，于是难免会心存偏见，被偏见所蒙蔽。所以，要想根除偏见，就要首先根除狭隘的思想，放宽自己的事业。只有远离偏见，才有人与内心的和谐，人与人的和谐，人与社会的和谐。宽容别人，其实也是给自己的心灵让路。

一个人被判入狱，他的牢房特别的狭小，住在里面很拘束，不自在又不能自由的活动，他的内心充满了愤恨与不平，备感委屈和难过，觉得住在这么一小间牢房里简直就是人间炼狱。他每天就这么怨天尤人愤愤不平地过着，每天都让他觉得是一种折磨，他每天不停地在抱怨命运对他的不公。有一天，这间小小的牢房里飞来一只苍蝇，嗡嗡叫个不停，到处乱飞乱撞，他想：我已经够心烦的了，再加上这只讨厌的苍蝇，实在是一分钟都难待下去，所以，他要把这只苍蝇捉住扔出去。他小心翼翼地去抓苍蝇，无奈苍蝇太灵敏，他费尽心机都没能抓住，他不由得感叹，自己的牢房真不小，居然连一只苍蝇都抓不到，可见这里蛮大的嘛。

由此，我们悟出一个道理，原来心中有事世间小，心中无事天地宽啊。胸襟宽阔的人，纵然住在一个狭小的牢房里，亦能转境，把小小牢房变成大千世界；一个心量狭小、不满现实的人，即使住在摩天大楼里，也会感到事事不能称心如意，所以，我们不要计较环境的好与坏，而是要注意内心的力量与宽容。

人生之路并不是一帆风顺的，我们所走过的路，所经历过的事都是没有办法去改变。唯有能改变的就是改变自己的心态，以一颗宽容之心来对待所经历过的人和事。有一句话：上天是很公平的，给了你美貌，也给了他人才智。人生苦短，不要与生活计较，不要看重得失。得与失只是一个过程，只是生活的一种态度。如果你在乎了，就会得到和失去；如果你看淡了、心宽了，就没有得到与失去。

清代中期，当朝宰相张英与一位姓叶的侍郎都是安徽桐城人。两家毗邻而居，都要起房造屋，为争地皮，发生了争执。张老夫人便修书京城，要张英出面干预。这位宰相到底见识不凡，看罢来信，立即做诗劝导老夫人："千里家书只为墙，让他三尺又何妨？万里长城今犹在，不见当年秦始皇。"张母见书明理，立即把墙主动退后三尺；叶家见此情景，深感惭愧，也马上把墙让后三尺。这样，张叶两家的院墙之间，就形成了六尺宽的巷道，成了有名的"六尺巷"。事情就是这样：争一争，行不通；让一让，六尺巷。

俗话说：退一步海阔天空。经历太多的挫折，走了太远的路，人的心灵和身体都有许多灰尘，这时候，我们就应该学会自己打扫，拂去尘埃，放宽心态，使黯然失色的心灵闪光，使自己焕然一新。把一些无谓的痛苦扔掉，毕竟今天会过去，明天又是崭新的一天。如果紧紧抓住不快乐的理由，无视快乐的理由，心永远放不开，我们的心就不会感到舒服。因此，我们要学会宽容，学会放下，分享别人的快乐，心有多宽，天地就有多宽。

哥德有一天到公园散步，迎面走来了曾经对他的作品提过尖锐批评的评论家，这位评论家在哥德面前高声喊道："我从来不给傻子让路！"哥德却克己忍让，幽默地答道："而我正相反！"一边说，一边满脸笑容地让到一旁。哥德的忍让避免了一场无谓的争吵，也显示了自己的心胸和气量。

容与忍往往是统一的。这不是懦弱，而是以退为进，在容忍中寻找解决问题的最佳方案。宽容是一种理性，宽容是一种智慧，它能体现一个人的修养和气度，它能反映一个人驾驭局面的能力。宽容更是一门生活的学问，懂得宽容的人也自然懂得生活，懂得宽容的人，也就懂得了快乐。用宽容的心态去生活，心变宽了，天地也会大了，心宽了，很多事情都会变得简单而轻松。

三伏天，草地枯黄了一大片。"快撒点草子吧！好难看啊！"一个孩子说。

父亲挥挥手说："随时！"

中秋，父亲买了一包草子，叫孩子去播种。秋风起，草子边撒边飘。"不好了！好多种子都被吹飞了。"孩子喊道。"没关系，吹走的多半是空的，撒下去也发不了芽。"父亲说，"随性！"

孩子撒完种子后，发现飞来几只小鸟啄食他刚撒下的种子。"要命了！种子都被鸟吃了！"孩子急得要命。"没关系！种子多，吃不完！"父亲说，"随遇！"

半夜一阵骤雨，孩子早晨冲进卧房大喊："这下真完了！好多草子被雨水冲走了！""冲到哪儿，就在哪儿发芽！"父亲说，"随缘！"

一个星期过去了。原本枯黄的地面，居然长出许多青翠的小草苗。一些原来没有播种的角落，也泛出了绿意。

孩子高兴得直拍手。父亲点头："随喜！"

"随时、随性、随遇、随缘、随喜"概括了人生中多少自然规律、多少人生智慧！一切自然随意，不为名利所扰，人生就不会有那么多的东西可以让你寝食难安、愁眉不展。心宽天地广，世界只在一心间。

设身处地为他人着想

享利·福特说："如果你想拥有一个永远成功的秘诀，那么这个秘诀就是如何站在对方的立场上考虑问题。"执著于强硬和固执是无法做到互相理解的，设身处地为人着想才能为他人送去一缕阳光，使他人从黑暗的深渊爬起来。

所谓己所不欲，勿施于人，就是用自己的人心推及别人，自己希望怎样生活，就想到别人也会希望怎样生活；自己不愿意别人怎样对待自己，就不要那样对待别人；自己希望在社会上能站得住、能通达，就也帮助别人站得住、通达。总之，从自己的内心出发，推及他人，去理解他人，对待他人。不要将自己的意志强加于人，别人之所以那么想，一定有他的原因，找出那个隐藏着的原因，那你就容易理解别人的难处了。偏见往往会使一方伤害另一方，如果另一方耿耿于怀，那关系就无法融洽。谅解能使原先持偏见者在感情上受到震动，导致他转变偏见。

《传世言》说："凡一事而关人终身，纵确见实闻，不可着口；凡一语而伤我长散，别人终身命运。"意思是：即使是亲自看到和听到的，也不要开口；一句话损伤自己风度，即使是茶余酒后的笑谈中，也不可伤言。尖锐的批评和攻击，所得的效果都等于零。相反，努力去理解对方的用意，结局会好一些。

一个社会，每一个人也都扮演着一定的角色，在交际过程中，人们都是以具体角色出现的。由于长期习惯于从自己角色出发来看待自己和别人的行为，就使认识带有不同程度的片面性。因为角色不同，人际间总是发生冲突，不能相互理解，造成交际障碍。要想克服这一障碍，就要进行将心比心，即设身处地为对方着想，假设自己处在对方的位置上，会作何感想？这样，就会通情达理地谅解对方的行为和态度。

人心不同，各如其面，要将心比心。我们喜欢的别人不一定喜欢。我认为应该的，别人不一定有同感。认识一个人很容易，但是真正了解一个人却很难。不过，只要设身处地地多为他人想一想，做到换位思考，结果就大不相同了。如果你对自己说："假如我处在他当时的困境之中，我将有什么感受？会做出什么反应？"你就会省去许多时间和麻烦，同时也可以增加许多处理人际交往的技巧。

美国直销皇后玫琳凯在谈论人事管理和人际交往时曾经讲述过她自己的一次亲身经历。

有一次，她参加了一堂销售课程，讲课的是一位很有名望的销售经理。他讲得确实很好，既生动幽默又鼓舞人心，玫琳凯非常渴望和那位经理握握手。她排了一个多小时的队，好不容易轮到她和经理面对面了，经理根本没有用正眼看她，而是从她的肩膀望过去，看看队伍到底还有多长，甚至他似乎没有察觉自己正在和别人握手。一个多小时的守候等来的竟然是这种结果。玫琳凯觉得自己受到了莫大的侮辱和伤害。

后来，玫琳凯成立了自己的化妆品公司，她有很多次机会公开演讲，也有很多次机会站在长长的队伍面前，和上百位人士不停地握手。

玫琳凯说："每当我感到疲倦的时候，我总会想起那次令我感到受伤害的情形，然后我马上会打起精神，面带微笑直视握手者的眼睛，我还会说些比较亲近的话，哪怕是几句简短的闲谈：'我喜欢你的发型'或者'你口红的颜色漂亮极了！'我尽可能让对方感受到我的热情和真诚。我一直在极力避免让其他的事情来打扰我。只要是和我握手的人，我都会把他当作那个时候我最重要的人。"

既然是"人际关系"，就不能只考虑自己的立场而忽视他人的立场和感受，否则你的所作所为就是"一相情愿"。设身处地就是一种换位思考，是一种虚拟，换句话说："如果我是他，处在他的位置，我会怎么看待这个问题？我又能怎么处理这件事情?”从字面上来看,“设身”就是假设自己是当事人本身,“处地”就是处在当事人的地位和情境。

卡耐基说:“处理人际关系,就像钓鱼一样,你想得到对方的认同,就要考虑他们喜欢什么?你有什么可以满足他们,并将他们吸引到自己身边来?你想钓不同的鱼,就要投放不同的饵。”永远设身处地地为他人着想,当你受伤的时候,别人的心或许也在痛。一句无心的话可能引起一场争斗,一句残酷的话可能会毁坏一个人的生活,一句及时的话可能会平复波浪,一句充满爱心的话可能会治愈别人的伤口。

为他人着想,为自己铺路。日本的著名企业家松下幸之助总结自己的成功经验时说:“我成功的原因就是经常站在对方的角度来考虑问题。”你给别人留面子,别人给你做好事。你在关键的时候助人,别人也不会在关键的时候帮你,如果你见死不救,甚至是怕他东山再起对你不利而落井下石,那么,当你遇到困境的时候,别人也就隔岸观火、袖手旁观。

设身处地为他人着想可以:

多一分理解,少一点矛盾。如果只从自己的角度来考虑问题,世界上那些不如意的事情都可能成为随时引发矛盾的导火线。为什么老板要求这么严格?为什么妈妈那么啰唆?为什么他(她)会拒绝我的好心?如果你接下来的推理不再以自己为中心,把对方当作主语继续说下去,你会发现原来别人有难言之隐,有良苦用心,有为难之处,所有的问题都将迎刃而解。

多一点信赖,少一点盲目。为别人着想给对方带来的是方便、利益和愉悦,别人自然会把你当作自己人来看待,无形之中就会信任你。而对你自己而言,先前那些盲目,你的不释然、困惑、恼怒……都会因此消除。

多一分博大,少一腔怒气。也许你还会为一件事情而耿耿于怀,甚至大动肝火,但是因为站在别人的角度上思考,你将更加善解人意,更加细心,更加宽容,更加和善,你也会因此而心平气和,一腔怒气消散了,而同时你的人格也得到了升华。

宽容别人才能被别人宽容

宽容首先是一种胸怀。能宽容别人的人在得失面前不斤斤计较，而是以大局为重；凡事以和为贵，兼容并包，虚心听取别人的意见和批评。宽容是给他人空间更是给自己机会，只有宽容别人的人才能被别人包容。

一个人的心胸有多大，那么他的舞台就有多大；宽容有多少，他拥有的就有多少。宽容的人更能得到别人的帮助和尊重；宽容的人会因为谦和的姿态避免成为别人的攻击目标；包容的人有着更加和谐的人际关系，从而使自己的生活、工作、事业顺风顺水。

宽容是一种智慧，是一种以博大的胸怀为基础的智慧。不肯宽容的人也难被人宽容，听不进逆耳之言的人会成为人人唯恐避之不及的孤家寡人。孔子说：己所不欲，勿施于人。宽容，正是充分考虑了他人的利益，考虑了大局的利益，自己的利益也尽在其中。老子说“夫唯不争，是以不去”就是这个道理，这不正是大智慧的表现吗？

伟大的仁慈，一种博大的胸怀，生活中，如果我们受到了不公正的待遇或是其他人做错了什么事情，千万不要生气，不要发怒，而要学会宽容地对待他人。宽容是一种沟通、一种美德。生气和愤怒是人类最大的恶习之一，它是在用别人的过错惩罚自己，是一种徒劳无功的、百害而无一利的活动。因为宽容，人们能为自己消除一些烦恼，为人生增添一些色彩。对抗只能是两败俱伤，只有宽容才能获得共赢。

在竞争激烈的现代社会，人们之间有磕碰是在所难免的，我们在社会交往中，吃亏、被误解、受委屈一类的事也是经常发生的。作为个人来说，没有人愿意这样的事情发生在自己身上，但一旦发生了，最明智的选择就是宽容。宽容不仅仅包含着理解和原谅，更显示出气度和胸襟。宽容的是别人，带给自己的却是快乐。往往有时候因为你的宽容能改变别人的一生。

一个孩子由于从小父母离异，谁都不管教他，这样一来，他就经常和社会上的一些不良少年搅和在一块，养成了很多不好的恶习。

一天，放学后他走到学校门口，看见路边摆了一个书摊，前面挤满了人。小孩平时很喜欢看一些图画书、故事书，于是他也挤进去看看卖些什么。原来卖的全是花花绿绿的小人书，很多都是他以前没有看过的。对于小孩来说，小人书是最吸引人的，很多人都掏钱把书买走了。这个小孩也想买一本，可是一掏口袋，发现自己没钱，身上的钱昨天花在了游戏室里。这可怎么办好呢？如果现在回家向家长要钱，再来恐怕就卖完了，他很是伤脑筋，不知如何是好。这时候，一个罪恶的念头闪进了脑海：偷！

于是少年装作要买书的样子，拿起那本他想要的书翻了翻，趁摊主大爷找钱的时候偷偷塞进了书包里。就这样，很轻松就得手了，他转身想赶快离开，突然一个洪亮的声音响起："大爷，他偷了你的书！"刚才站在他身边的一个男生看见了他的行为，这时，小孩吓出了一身冷汗，怔在那里，脸一阵红，一阵白。

他正在那里不知所措呢，听见摊主大爷说："哦，同学，你误会了，他是我孙子。"刚才那个男生看见是自己误会了，向大爷道歉离开了。小孩顿时有些傻眼，大爷又说："你先回去吧，叫奶奶先做饭，我一会儿就回去。"他知道，大爷是帮自己解围，并告诉自己离开。可是他并没有离开，而是躲在一个角落里，直到摊主大爷收摊回家。他很想跑过去，向大爷说声对不起，可是他丧失了勇气。他知道，摊主大爷宽容了他。从那以后，少年再也没有偷东西。

多年以后，当摊主大爷快要忘记这件事情的时候，他突然收到一个厚厚的包裹，里面全是书，每本书上面都写着同样一句话："赠给改变我一生的人。"还有一封信，信上说："大爷，您好。我就是当年偷你小人书的那个孩子，您以无限的胸怀宽容了我，您是改变我一生的人。如果您不介意，我真想叫您一声爷爷。从那以后，我再也没有偷东西，现在我有了自己的工作，为了报答您对我的宽容，我想寄一些书给您，但是这些书又怎么能够报答您对我的恩惠和宽容。”

这就是宽容的力量。宽容是人和人之间必不可少的润滑剂。它和诚实、勤奋、乐观等价值指标一样，是衡量一个人气质涵养、道德水准的尺度。宽容别人是对对方的一种尊重、一种接受、一种爱心，有时候宽容更是一种力量。

学会宽容才能为他人送去一缕阳光，使他人从黑暗的深渊爬起来。“人非圣贤，孰能无过，过而改之，善莫大焉。”当别人犯错时，需要我们以宽容的心态来审视别人的错误，谅解别人的无意过失，接受别人诚恳地认错。一个人的一生是漫长的，人生道路是坎坷的、曲折的，一不小心就会误入歧途。这时需要你的宽容来感化他，引领他走向正确的道路。

相传古代有位老禅师，一日晚上在禅院里散步，突见墙角边有一张椅子，他一看便知有位出家人违犯寺规越墙出去溜达了。老禅师也不声张，走到墙边，移开椅子，就地而蹲。少顷，果真有一小和尚翻墙，黑暗中踩着老禅师的脊背跳进了院子。

当他双脚着地时，才发觉刚才踏的不是椅子，而是自己的师傅。小和尚顿时惊慌失措，张口结舌。但出乎小和尚意料的是，师傅并没有厉声责备他，只是以平静的语调说：“夜深天凉，快去多穿一件衣服。”

小和尚深受感动，从此再也没有偷溜出去。

我们可以想象听到老禅师此话后，他的徒弟的心情，在这种宽容的无声的教育中，徒弟不是被他的错误惩罚了，而是被教育了。

“宰相肚里能撑船”，在与人相处的时候，我们要懂得宽容别人，因为宽容别人实际上就是宽容自己，也只有对别人宽容的人才能在遇到困难时被别人宽容。

宽忍待人，留条后路给自己

古人云：冤冤相报何时了，得饶人处且饶人。宽忍待人，是一颗博大的胸怀和一份不拘小节的潇洒。分点宽容给他人，就能留条生路给自己。

有句叫做“心如虚空”的哲语，就是劝慰人们放空自己的心怀，放下内心的渺小和顽固的主见，让自己的心境清澈透明。只有这样才能包容万物，才能洞察是非，才能明辨真伪。就像只有不装水的杯子才能装下更多的水。达到真正的心中能容万物，有人有己，有事有物，有天有地，有是有非，有古有今。这是一种有修为的境界。

从古至今，宽容就被圣贤乃至平民百姓奉为做人的准则和信条，成为中华民族传统美德的一部分，许多懂得宽以待人的人，则被视为育人律己的光辉典范。

俗话说得好“多个朋友多条路，多个仇人多堵墙”。用宽容做基石，才能为自己铺上一条平坦而又景色宜人的道路。宽容他人的同时也能够获得帮助，为自己除去人生道路的坎坷。海纳百川有容乃大，壁立千仞无欲则刚。一切都源自人的心，心有多大，就看自己的心能不能恒定，能不能笃守，能不能宽容。

北朝北齐时代，崔暹官拜左丞相，很受皇帝世宗的器重与礼遇。

崔暹很喜欢荐举人才。他向世宗推荐邢卲担任丞相府的幕僚，并兼管机密政务。世宗因崔暹之推荐，遂征召邢卲。邢卲果然甚得世宗的信赖与器重。

邢卲因为兼管机密政务，所以有机会接近世宗。在言谈之际，邢卲常常贬低崔暹，以致引起世宗不高兴。

某次，世宗告诉崔暹："你总是诉说邢卲的长处，而邢卲却专述说你的短处，你简直是个痴呆！"

崔暹大度地说："邢卲述说我的短处，我诉说邢卲的长处，两人述说的都是真实的事情，这没有什么不对啊！"

崔暹宽以待人，严以律己，他不仅肯定别人的长处，宽容别人的缺失，而且坦然面对自己的缺失，这是何等宽宏的气度！

古人云："有容乃大，无欲则刚。"宽容是一种宽广的胸怀，一种非凡的气度，一种充满了仁爱的无私境界。宽容是中华民族的传统美德，更是我们现代人做人应有的高贵品质。

宽容的行事准则，在生意场上也有其独特的价值，饶恕别人的同时，也可以让别人感激你，拓宽自己的交际网络，给自己带来更多的财富。要学会宽以待人，正所谓让别人一条生路，赠自己一条财路。如果一意孤行，只会给自己造成很不好的后果。

现实生活中存在一些不和谐的现象，比如朋友间的误会，同事间的纠葛，邻里间的纷争，夫妻间的争吵，等等。如果人与人之间能够互相宽容、忍让，那么，这些不必要的误会、矛盾、摩擦就可以避免，世界就充满了爱，人与人之间就少了隔膜、少了猜忌、少了仇恨。我们应学会宽容，对他人的过失、缺点多一份宽容，多一份关爱，适时地给他人以尊重、理解与帮助，达到零距离沟通协作、融洽关系的目的。

用宽忍浇灭怒火

西方有句谚语："上帝要想让他灭亡，必先使他疯狂！"愤怒就像决堤的洪水那样淹没人的理智，让人做出不可思议的蠢事。发怒最能削弱一个人的思维能

力，容易使工作陷入僵局。发怒在大多情况下不但没有解决问题，反而激化冲突。恼怒是片刻的疯狂，你应该控制住情感，否则情感就会控制你。

发怒是一个人的主观愿望与客观事物相悖时所产生的一种强烈的情绪反应，是当事人在想达到目的的过程中某种需要得不到满足，或自己的权益受到干扰、妨碍时所产生的不良情绪，它在程度上可以是不满、生气、愠怒、激愤和暴怒等。愤怒时，人体会调动所有的能量储备，能够迸发出比平时大得多的生理和心理力量，并且常用语言或侵犯性行为宣泄出来。

每个人都有犯错的时候，包括你自己。当你身边的人犯了错误，损害到你的利益时，发再大的脾气也无济于事，只能让你们关系恶化。发脾气只能让人心存怨恨，往往对其心灵造成了莫大的震撼。

当发生了不愉快的事时，你可以选择暴怒，也可以选择一笑而过。通常这笑容的力量会比暴怒更大。因为，你的笑容，足以震撼对方的心灵，你所显露出来的宽容与气度会让对方觉得自己的渺小与心胸狭窄。清者自清，浊者自浊。有时候，过多的解释与争执是没有必要的。对于那些无理取闹、蓄意诋毁的人，给他们一个微笑，剩下的事就交给时间去验证吧。

有一百位科学家联合作证，爱因斯坦的理论是错误的。当爱因斯坦知道这件事后，只是淡淡地笑了笑，说：一百位？要这么多人吗？只要证明我真的错了，只要一个人出面指证，我就会改正！

最终，爱因斯坦的理论，经历了时间的考验与认证，而那一百位科学家，就这样被一个笑容所打败了。

在你生气或完全失去理智时，千万不要做出任何决定。对物不对人，对事不对人，也是息怒之道。有些人在自己要发脾气时，赶紧离开这个“典型环境”，想一想生活中美好的东西，或者把自己关起来，闭目养神，在寂静中灭掉怒气之火；或者拼命工作、活动，转移注意力；或者伏案疾书，让愤怒化作诗文……

民族英雄林则徐，就是一个脾气暴躁的人，有几次差点因为发脾气误了大事。他奉命到虎门禁烟前后，为了不因怒气误事，特意在自己的居室和办公场所贴上“制怒”的条幅。每当要发脾气时，一看到这两个大字，便如同听到了无声的命令，也就慢慢心平气和、三思而行了。

爱发怒的人，总有一种认为应当如此的态度。即他有权利对他人提出要求，生活应当为他提供他所希望如此的或希望得到的东西。如果这种愿望得不到满足时，愤怒就会表现出来。这种人，当他认为是不公平的时候，例如，因某个小错误被他人指出或纠正，马上就会暴跳如雷。爱发怒的人，往往具有很差的自制力，好像大脑无刹车控制，情绪大起大落，主观意识特强。他总自以为是，听不进别人的意见，不能接受与其期待相左的事物。一旦不如意，怒气就迸发出来。爱发怒的人，心理上的延缓机制也很差，他需要的是马上的满足。用老百姓的话说，即说要就要。如果不能得到马上的满足，他的焦虑情绪就马上流露出来，怒气也会接踵而来。

宋代韩琦任定武帅，夜里写信时，让一名士兵在一旁端着蜡烛，士兵不小心烧了韩琦的胡子。韩琦用袖子扑灭了，然后像没事了一样继续写信。不一会儿看那士兵，已经换了人。韩琦担心长官会鞭打那名士兵，急忙叫道：“不要换人！我让他剔灯，所以才烧了胡子。幸好信没有烧着。”

韩琦有一次花100两银子买了一只玉杯，很是珍爱。手下一名官员不小心把它掉在地上打碎了，在座的客人都惊呆了。那名官员趴在地上等着挨罚，韩琦笑着说：“东西命中注定是要碎的，你不是故意的，有什么罪过？”胡子已经烧了，杯子已经碎了，发脾气又有什么用？但这是最使人发怒的事情，韩琦度量过人，把事情看开了，所以遇事胸怀坦荡。

人所以患嗔病，就是没有修养的功夫，遇到逆境时，嗔心一动，马上翻脸不认人，多年的朋友可以转变为仇人，结发的夫妻可能变成冤家对头。此时若懂得“忍”，了解世间一切都是平等、因缘和合的，没有你我、好坏的分别，那嗔的大病就不易生起了。我们可以换个角度思考，难道一切难以解决的问题只要生气就能够化干戈为玉帛吗？那是不可能的，生气唯有增加事态的严重，所以凡事要仔细思量，不可常动怒。

有人认为，发怒是人的一种天性，是一种耗费精力的情绪。通常在发怒时，当事人会出现心跳加快，严重者每分钟可达 180 次至 220 次，容易引起心律紊乱，还可能会导致心脏病发作，甚至并发心肌破裂而猝死。在所有不良情绪中，发怒最能削弱一个人的思维能力，许多伤人毁物，甚至违法犯罪的事情都是在发怒的情况下发生的。由于发怒而导致的心悸、失眠、高血压、胃溃疡、皮疹、心脏病发作的情况也不少见。

心理学研究表明，脾气暴躁，经常发火，不仅增强诱发心脏病的致病因素，而且会增加患其他病的可能性。有效地抑制生气和不友好的情绪，使自己更融于他人，最有效的方法在于提高自己的修养及得到亲人和朋友的帮助与劝慰。少发火的人，其死亡率和心脏病复发率会大大下降。

为了控制或减少发火的次数和强度，下面介绍几种简单易行的方法：首先是意识控制。当愤愤不已的情绪即将爆发时，要用意识控制自己，提醒自己应当保持理性，还可进行自我暗示："别发火，发火会伤身体。"其次要承认自我，勇于承认自己爱发脾气，还可向他人求助，使自己从今以后克服这一毛病。再者，反应得体。当受到不公正待遇时，任何人心中都会怒火万丈，但是无论遇到什么事，都应该心平气和，冷静地、不抱成见地让对方明白他的错误之处，而不应该迅速地做出不合理的回击，从而剥夺了对方承认错误的机会。推己及人凡事要将心比心，就事论事，如果任何事情，你都能站在对方的角度来看问题，那么有很多时候，你会觉得没有理由迁怒于他人，自己的气自然也就消了。最后要宽容大度对人不斤斤计较，不要打击报复，当你学会宽容时，爱发脾气的毛病也就随着那些不愉快的情绪消失了。

得意切忌忘形，忘形就要摔跤

人是可以得意的，但绝对不可以忘形，因为今日的得意也许就是明日的失意，而为了明天的不失意，那就丢弃今日的忘形。

生活无非就是得意和失意两种状态。一个普通的人，在得意时会忘记付出时的辛劳，会忘记自己是谁，会忘记对待生活的态度，会迷失前进的方向。当有人夸其漂亮貌美的时候，她会把自己当作西施貂蝉；当有人夸其年轻时，她会报以十八岁的甜蜜微笑；当有几个人围着其转悠时，她会以为这就是众星捧月；当有人赞赏其才能无比时，他会以为这区区小地方已无法容纳自己；当有人奉承其见多识广时，他会感觉“小百科”就是他的代名词；当有人吹捧他德高望重时，他会错误地认为升职非他莫属。凡此种种，都源于对自己的认识不到位，定位不恰当，因而高估了自己，迷失了自我。

得意忘形在字典上的解释是：形容浅薄的人稍稍得志，就高兴得控制不住自己。按照此解释，“得意”应该是指：得志就高兴；而“忘形”则可以理解为控制不住自己。在现实生活中见过不少得意忘形者。一般而言，得意忘形之后的结果往往都是不好的。

得意忘形和不忘其行有着本质的区别。这是一个心理素质、经验深浅、理念和意识的综合性问题。素质高雅、经验丰富、理念端正、意识清晰的人，在得意之时是不会忘形而大肆张扬的，更不会忘乎所以而为所欲为。他们能够清楚地看到得意背后的隐患，他们更能掌控得意后的轻狂。就是这两种表象，两种境界，两种因果，给不同的人生铺就了两条通往不同终点和结局的道路。而与其在得意忘形后一落千丈，无人问津，门庭冷落，倒不如不忘其行谦逊行事，落一个好结局、好人缘、好口碑。

人在得意的时候容易忘形，也许是人性的某种本能趋势。因为得意，人会变得飘飘然，把自己看得至高无上，鹤立鸡群，自我感觉良好，晕晕乎乎难以辨别方向。人生最大的悲哀莫过于无法找到理应属于自己的位置，而在不该属于自己的位置上抢占强占。也许你暂时得到了本不该属于你的东西，但这种好景不可能长久，一旦失去，又该如何面对？

从前有一个农夫，他的地在一片芦苇地的旁边。那芦苇地里常常有野兽出没，他担心自己的庄稼被野兽毁坏了，就总是拿着弓箭到庄稼地和芦苇地交界的地方去来回巡视。

这一天，农夫又来到田边看护庄稼。一天下来，没有什么事情发生，平平安安地到了黄昏时分。农夫见还安全，又感到确实有些累了，就坐在芦苇地边休息。

忽然，他发现苇丛中的芦花纷纷扬起，在空中飘来飘去。他不禁感到十分疑惑："奇怪，我并没有靠在芦苇上摇晃它，这会儿也没有一丝风，芦花怎么会飞起来呢？也许是苇丛中来了什么野兽在活动吧。"

这么想着，农夫提高了警惕，站起身来一个劲地向苇丛中张望，观察是什么东西隐蔽在那里。过了好一会儿，他才看清原来是一只老虎，只见它蹦蹦跳跳的，时而摇摇脑袋，时而晃晃尾巴，看上去好像高兴得不得了。

老虎为什么这么撒欢呢？农夫想了想，认为它一定是捕捉到什么猎物了。老虎得意得简直忘了形，完全忘了注意周围会有什么危险，屡次从苇丛中跳起，将自己的身体暴露在农夫的视线里。

农夫悄悄藏好，用弓箭瞄准了老虎现身的地方，趁它又一次跃起，脱离了苇丛的隐蔽的时候，就一箭射过去，老虎立刻发出一声凄厉的叫声，扑倒在苇丛里。

农夫过去一看，老虎前胸插着箭，身下还枕着一只死獐子。

老虎捕到了獐子高兴万分，却没料到中箭而死，真可谓是乐极生悲。人生在世，应该谨慎从事，不要被一时的胜利冲昏了头脑，以至于丧失了对危险的警惕，否则，就会埋上灾祸的隐患。

智在于治大，慎在于畏小，一次深思熟虑，胜过百次草率行动，堤溃自蚁穴，细微可不慎。恭为德首，慎乃行基。谨慎是“不糊涂”的基础。一个处世谨慎的人，必然是头脑清醒的人，必然在大是大非面前不糊涂。人生在世，有招来灾祸的言语，有招来耻辱的行为，要建功立业，当然要格外谨慎。低调做人，虚心做事，慎而思之，勤而行之。远虑在先，就能近处无危。处顺境飘飘然，扬扬得意，遭挫折就怨天尤人，牢骚满腹，必定难成大气。“常在河边走，就是不湿鞋”看的是你的功力和定力，低下头的时候，也要学会抬头看看天。静观默察，心如止水，谦虚谨慎，则事易成。谨慎还是远离危险，确保安全的良方，靠谨慎比靠鲁莽更能制胜，只有谨慎，才能稳操胜券。

不论你从事何种职业，担任什么职务，只有谦虚谨慎，才能保持不断进取的精神，才能增长更多的知识和才干。因为谦虚谨慎的品格能够帮助你看到自己的差距。永不自满，不断前进可以使人能冷静地倾听他人的意见和批评，谨慎从事。否则，骄傲自大，满足现状，停步不前，主观武断，轻者使工作受到损失，重者会使事业半途而废。谦虚谨慎的品格，还能使一个人面对成功、荣誉时不骄傲，把它视为一种激励自己继续前进的力量，而不会陷在荣誉和成功的喜悦中不能自拔，把荣誉当成包袱背起来，沾沾自喜于一得之功，不再进取。

谦虚谨慎是成功人士必备的品格，具有这种品格的人，在待人接物时能温和有礼、平易近人、尊重他人，善于倾听他人的意见和建议，能虚心求教，取长补短。对待自己有自知之明，在成绩面前不居功自傲；在缺点和错误面前不文过饰非，能主动采取措施进行改正。

第8辑

随缘宽心海涵，很多事没什么大不了

人生就如同一本残缺不全的书，我们不必苛责那些残缺和失败，一切随缘才是我们应要选择的道路。只要已有所得，就应该满足，只要你付出了，都必然会有所得到。

我们不要追求浮华的人生，那样只会自欺欺人。想要让自己逍遥自在，那就要懂得宽心海涵，并且告诉自己，很多事没什么大不了，一切随缘。

“看不开”乃人生之大忌

痛苦的根源在于看不开，看不开就会舍不得，舍不得放弃过去的，舍不得放弃失去的，舍不得放弃远去的，久久地沉浸其中无法摆脱，正是这种看不开造就了人生的悲伤，看不开是人生的消极悲伤之源。

世间最大的苦是自己看不开，让自己的心蒙尘受苦。人看开的时候，心灵之门是敞开的，什么都看清了，就不怕了。很多时候人的恐惧都因为看不清。看开了，恐惧没有了，心情就好了，一好百好，人逢喜事精神爽。在看开的时候，人的目光是盯着光明的地方，生命处于一种开放的状态并保持旺盛。“一朝被蛇咬，十年怕草绳”，心灵之门一关，一切都看不清了。因为看不清而充满了一种警备、焦虑的心理，自然无法积极乐观起来。换一个角度思考问题，完全是两种结局、两种心境。所以，当你遇到困难与挫折的时候，千万不要钻牛角尖，不妨换个角度思考，劝解自己，看开一些，人生没有过不去的坎。

一位年轻的企业家事业很成功，却对家里毫不顾念。他几乎得到了所有人都想得到的但仍然不满意，觉得上天应该给自己更多。有一天，经妻子一再恳求，他带着妻子和儿子到野外去兜风。谁知中途车子出了意外，翘在悬崖上千钧一发。面临生命危机，全家人前所未有的团结，用尽所有的智慧，终于脱险了。脱险后的企业家好像脱胎换骨了一般，他觉得一切都满足了。对爱人、对孩子、对所有人都充满了爱心，每一天都过得很开心。

正所谓“大难不死，必有后福”。这个“福”字其实是经过大难的人自己给自己的，他对人生的态度发生了变化。大难之后，看开了，人的生命状态从一种狭隘的、关闭的状态转化为一种积极乐观的状态。看开了，人生便会充满阳光。

放下才会幸福，放下并不是放下手中的物品，需要放下的是我们的一颗心。放下了也就看开了，只有看开了，才能安闲优雅，才会感到生活的幸福，生命的美好。一千个人眼中有一千个哈姆雷特，一千个人眼中有一千种幸福，但心灵平静、心无挂碍的那种轻灵的感觉应该是一种公认的幸福。

孔子说："富贵于我如浮云！"他不是看破，却是真正的看开。孔子并不是不在乎富与贵，他只是明白努力和成功没有绝对的因果关系，在他看来一切都是"尽人事以听天命"，希望我们尽力去追求，却不必把富与贵当作永久存在的东西"。

曾仕强说：看开不是看破。不可以看破，看破了便觉得一切是假，人生无所追求，失去了竞争的原动力，其结果不是洒脱而是消极；又不可以看不开，否则在人生中只许成功不许失败，即使眼下成功了，未来也不能走远，因为人生不可能没有挫折。

每个人都会多多少少有些贪婪。好奇与利益会使一个人看不到眼前的美好，却使人奢求曾经错过的东西。我们常说："失去了才懂得珍惜。"为何不把平常的错过看得淡一些呢？如果让你选择大海与小河，你会如何呢？也许你会选择波澜壮阔的大海，这意味着你要错过有无限淡水、静谧安详的小河。但你无须悔恨，每个路都有各自美妙的结果。

人生路上，我们会无数次被自己的决定或碰到的逆境击倒、欺凌甚至碾得粉身碎骨。但无论发生什么，或将要发生什么，在上帝的眼中，你们永远不会丧失价值。所以，创伤是一种历练，而不是惩罚，不要为自己遭受的挫折、创伤而贬低、否定、惩罚自己；重新整理心情和人生，带着这种创伤留下的疼痛和成熟继续上路。

错过爱情，我们学会了爱；错过成功，我们学会了拼搏；因为错过，我们学会了珍惜；因为遗憾，我们学会了抓住机遇……每一种创伤，都是一种成熟！创伤是一种历练，而不是惩罚，不要为自己遭受的挫折、创伤而贬低、否定、惩罚自己；重新整理心情和人生，带着这种创伤留下的疼痛和成熟继续上路。

我们常常安慰别人说："人生是没有圆满的。"你不能得到一切。你永远不会是最幸福的人。然而，谁说人生是没有圆满的呢？我们所拥有的，是另一种圆满。

我们从遗憾中领略圆满。没有分离的思念，怎能领略相聚的幸福？没有经历过被出卖的痛苦，怎会领略忠诚的可贵？没有品尝过失败无奈的滋味，又怎会体会成功的喜悦？没有遭遇病魔的袭击，怎能体会健康对人的重要？在纷纷扰扰人世间，能够拥有，能够相聚，彼此忠诚，长相厮守，不正是一种圆满吗？

凡事懂得看开是一种大智慧。在很多事情上，我们应该知道适可而止，量力而行，不要过于执著的追求那些高不可攀的目标，及时放下，这种放下并不是畏难，也不是退缩，而是更为务实地寻找更为切合自己实际的目标。当我们把那些好高骛远的目标抛弃以后，我们会切实地感受到心灵的轻松的幸福，这是为我们更好地前行准备的最好的礼物。在物欲面前，我们一定要时时提醒自己，要勇于放下，欲望是个无底洞，不要被欲望的黑洞吞噬淹没。

率性而为，活出真我

一个人活着的目的不是要让别人认可，而是发现、创造和享受自己的快乐，享尽人生年华，这才是一个人真实的价值所在。

一个人率性而为，不仅可以使自己过得轻松愉悦，也可以感染周围的人，提升自己的人格魅力。

提倡按他人的标准生活，为取得他人的认可而活，使人们追求所谓社会价值的实现，可以说是整个社会文化模式所塑造出来的人生价值观。这种价值观使人们放弃自己人性的快乐,而去追求他人的认可,成为其他人评价、态度和脸色的奴隶或木偶,被他人的行为所控制。

按照别人的标准生活的结果,必然会使一个人莫衷一是。因为他人或社会的标准是千奇百怪的,满足了这种标准,就不能满足另外一些标准,得到了这一部分人的认可,就会失去另一部分人的认可。一个人不可能满足周围所有人的要求。

树立榜样,表扬、赞美与奖励,批评、指责与处罚,是整个社会文化的行为模式,但它仍然是一种愚昧、落后、腐朽的社会文化模式。作为个人,我的思想,完全没有必要受这个模式的控制。只要我们愿意,我们完全可以按照我们自己喜欢的模式去思想,率性而为,没有必要被社会、被他人像赶牲口一样地赶着跑。

"率性之谓道"是《中庸》中的一句话,它是顺着"天命之谓性"而来的。所谓"率性"是指天所命于人之性,使人对于日常事物皆能合乎当然的规范。在《中庸》的作者看来,人只要能遵循天所赋予人的人性,也就能够合乎自然之理,这是人在现实的社会生活中应该选择的道路。

当一个人率性而为的时候,他自然就会从实质上去理解别人,尊重别人,而不是简单地去按照别人的标准做,也不是简单地让别人按照自己认可的标准去做。只有在这种情况下,一个人才会得到真正的快乐。因这一出发点而导致的给他人带来的快乐和他人对我们的认同是自然而来的事情,但那并不是我们的追求。正如太阳照亮了地球,不是因为它想要照亮地球,而是因为它本身在燃烧。

伊笛丝·阿雷德太太从小就特别敏感而腼腆,她的身体一直太胖,而她的一张脸使她看起来比实际还胖得多。伊笛丝有一个很古板的母亲,她认为把衣服弄得漂亮是一件很愚蠢的事情。她总是对伊笛丝说:"宽衣好穿,窄衣易破。"而母亲总依这句话来帮伊笛丝穿衣服。所以,伊笛丝从来不和其他的孩子一起做室外活动，甚至不上体育课。她非常害羞，觉得自己和其他的人都“不一样”，完全不讨人喜欢。

长大之后，伊笛丝嫁给一个比她大好几岁的男人，可是她并没有改变。她丈夫一家人都很好，也充满了自信。伊笛丝尽最大的努力要像他们一样，可是她做不到。他们为了使伊笛丝开朗而做的每一件事情，都只能令她更退缩到她的壳里去。伊笛丝变得紧张不安，躲开了所有的朋友，情形坏到她甚至怕听到门铃响。伊笛丝知道自己是一个失败者，又怕她的丈夫会发现这一点，所以每次他们出现在公共场合的时候，她假装很开心，结果常常做得太过分。事后，伊笛丝会为这个难过好几天。最后，不开心到使她觉得再活下去也没有什么道理了，伊笛丝开始想自杀。

后来，是什么改变这个不快乐的女人的生活呢？只是一句随口说出的话。随口说的一句话，改变了伊笛丝的整个生活，使她完全变成了另外一个人。

有一天，她的婆婆正在谈她怎么教养她的几个孩子，她说：“不管事情怎么样，我总会要求他们保持率性。”

“保持率性！”就是这句话！在一刹那之间，伊笛丝才发现自己之所以那么苦恼，就是因为她一直在试着让自己适合于一个并不适合自己的模式。

伊笛丝后来回忆道：“在一夜之间我完全改变了。我开始保持率性，我试着研究我自己的个性，自己的优点，尽我所能去学色彩和服饰知识，尽量以适合我的方式去穿衣服。主动地去交朋友，我参加了一个社团组织——起先是一个很小的社团——他们让我参加活动，把我吓坏了。可是我每一次发言，就增加了一点勇气。今天我所有的快乐，是我从来没有想到可能得到的。在教养我自己的孩子时，我也总是把我从痛苦的经验中所学到的结果教给他们：不管事情怎么样，总要保持率性。”

《易经》中一有句话说得好：“安其心而后动，易其心而后语，定其交而后求。”宇宙之大对于我们每一个人都是相同的，关键在于我们是否以宇宙为空间，在自己的支点上站得住。率性而为是一种自守，以宁静的心态面对纷呈的生活，以平常的心态对待不平常的事情，以安静的心态对待嘈杂的外界，以平和的心境处理世态的炎凉。“无欲自然心如水，有营何止事如毛”，在欲壑难填、混沌纷扰的世界，保持一份清心寡欲的高洁。

率性而为，不是自暴自弃，享乐现在，而是充分利用时间，去学习，去提高，去休息，去娱乐，去享受无论是数字、文字，还是音乐、画作，抑或是图像、友情带给我们的各种快乐。

率性而为，不是放任自己的过失，而是勇于面对过去，面对失败，无视那些失败带来的自卑感，以自己最强的自信心迎接未来的挑战。

率性而为，不是一味地向往美好未来，而是做好迎接未来的各项准备。

率性而为，不是安于天命，不思进取，而是刻苦用功，不畏困难，无视那些不理解的目光，以自己最大的能力奋发向上。

率性而为，不是肆意妄为，不是懒惰无为，而是向着自己的理想，努力拼搏，无视那些挫折、困苦、失败，以自己最大的努力向理想前进。

冲动是魔鬼，心平气和最心宽

冲动是一只会吃人的老虎，咬了别人的同时，也会伤了自己。心平气和则是化解冲动、控制魔鬼的法宝，利人又利己。

我们在日常生活中，因芝麻大小事而大发雷霆，因一句半句闲言碎语而怒发冲冠，甚至由于对方一个不经意的表情而不依不饶的种种情况，都是冲动的表现。其实，冲动者并无恶意，只是冲昏了头脑，殊不知冲动过后才后悔万分。所以，从根本上讲，受害最大的还是冲动者本身。

“冲动是魔鬼。”不要因别人脾气暴躁而生气，不要因悲惨的事而沮丧。冲动的直接触发是一个“躁”字：急躁，浮躁。千百年来，古人对医治“躁”病妙法良多，比如：“安详是处事第一法”，即不急不躁是处理事物的第一等方法；“多躁者，必无沉潜之识”，即过分浮躁之人，一定没有深刻的认识；“处事最当熟思缓处”，告诉人们遇事进行处理，最佳做法是深思熟虑和延宕一下再办。“逆境顺境看襟度”，这“襟度”就是涵养，有涵养好，涵养过人尤好。“世上闲言碎语，一笔勾销”，这就是良好的心态，心平气和，就不会去计较鸡毛蒜皮之事。

冲动是你经历挫折的一种后天性反应。你以自己所不欣赏的方式消极地对待与你的愿望不相一致的现实。水受到激发，就会泛滥；火受到激发，就会漫延；人受到激发，就会作乱。在激发怒气的情况下，君子也会变成小人。

过度的冲动是愚蠢的。毕达哥拉斯说：“愤怒以愚蠢开始，以后悔告终。”当受到侮辱或攻击时，冲动是不能解决问题的，它只能使你陷入社交的困境。由于情绪失控，头脑不清醒，就更难达到摆脱困境的途径。唯一可取的是保持冷静，冷静是一种积极的、由静转动的心理活动过程。冷静，能使自己客观地从对方的攻击中寻找出他的不符合事实、不近情理之处，抓住他的弱点，分析他的目的，然后采取对策，加以揭露，予以反击，使自己从劣势转为优势，转危为安。冲动就是玩火自焚，既烧灼了自己，又伤害了别人。“一失足成千古恨”，因为平平常常的小事而冲动，造成更大的失败，是最令人痛心、后悔的事。

有一个年轻的农夫，划着小船，给另一个村子的居民运送自家的农产品。那天的天气酷热难耐，农夫汗流浃背，苦不堪言。他心急火燎地划着小船，希望赶紧完成运送任务，以便在天黑之前能返回家中。突然，农夫发现，前面有一只小船，沿河而下，迎面向自己快速驶来。眼看两只船就要撞上了，但那只船并没有丝毫避让的意思，似乎是有意要撞翻农夫的小船。

“让开，快点让开！你这个白痴！”农夫大声地向对面的船吼叫道，“再不让开你就要撞上我了！”但农夫的吼叫完全没用，尽管农夫手忙脚乱地企图让开水道，但为时已晚，那只船还是重重地撞上了农夫的船。农夫被激怒了，他厉声斥责道：“你会不会驾船，这么宽的河面，你竟然撞到了我的船上！”当农夫怒目审视对方的小船时，他吃惊地发现，小船上空无一人。听他大呼小叫、厉声斥骂的只是一只挣脱了绳索、顺河漂流的空船。

在多数情况下，当你责难、怒吼的时候，你的听众或许只是一只空船。那个一再惹怒你的人，绝不会因为你的斥责而改变他的航向。怒气有时候会自己溜走，稍稍耐心地等待一下，不必急着发作，否则会惹出更多的怒气，付出更多的代价。

面对事情，心平气和方能化解一切矛盾。人生路上会遇到许多不如意的事，磕磕绊绊也少不了，是心平气和地去化解还是怒气冲天地去对待，往往一件小事就能决定今后的命运如何。有一位著名的女作家说：“人总是有缺点的，但是你要尽量往一个人的好处看，慢慢你就会觉得，那些缺点也都是可原谅的。”

莎士比亚的悲剧作品《奥赛罗》中的主人公奥赛罗就是一个心眼小又缺乏自控力以至酿出人间悲剧的典型。他听信小人谗言，冲冠一怒，回到家中不问青红皂白地把自己的爱妻一剑送入黄泉。及至觉悟，已为时晚矣。痛不欲生的奥赛罗自尽身亡。如果当时奥赛罗稍稍冷静下来，多一个宽容的心眼好好想一想，对事件有一个理智的估计的话，就不会做出这样的非理智的事情了。

冲动，实在是缺乏涵养、心态不良的一种折射。其实，魔鬼是扯着你的心跳出来的，等它安顿下来，留下的只有你心灵的疼痛，而每一次疼痛，必是每一次损伤，对健康、对素质、对人格、对生命的损伤。切记，日常生活中不要冲动，没什么大不了的事。

两个旅行中的天使到一个富有的家庭借宿。这家人对他们并不友好，并且拒绝让他们在舒适的客人卧室过夜，而是在冰冷的地下室给他们找了一个角落。当他们铺床时,较老的天使发现墙上有一个洞,就顺手把它修补好了。年轻的天使问为什么,老天使答道:“有些事并不像它看上去那样。”

第二晚,两人又到了一个非常贫穷的农家借宿。主人夫妇俩对他们非常热情,把仅有的一点点食物拿出来款待客人,然后又让出自己的床铺给两个天使。第二天一早,两个天使发现农夫和他的妻子在哭泣,他们唯一的生活来源——一头奶牛死了。年轻的天使非常愤怒,他质问老天使为什么会这样,第一个家庭什么都有,老天使还帮助他们修补墙洞,第二个家庭尽管如此贫穷还是热情款待客人,而老天使却没有阻止奶牛的死。

“有些事并不像它看上去那样,”老天使答道,“当我们在地下室过夜时,我从墙洞看到墙里面堆满了金块。因为主人被贪欲所迷惑,不愿意分享他的财富,所以我把墙洞填上了。昨天晚上,死亡之神来召唤农夫的妻子,我让奶牛代替了她。所以有些事并不像它看上去那样。”

有些时候事情的表面并不是它实际应该的样子,我们愤怒了、冲动了,但过了一段时间,情况又发生了变化,所以许多事要弄清楚了再来发怒也不迟,而在你弄清楚的过程中,怒气也渐渐地消失了。

化解冲动,须从生活方式上解决问题,培养理性控制力,培养良好的心态,做到心平气和。“心平”是指内心的平静,无非分之欲望,拥有一颗平常心。“气和”指气血调和,是安静稳重的状态。只有“心平”,才能“气和”。“心平气和”是一种心态,是一种境界,是一种宽容,是一种修养。

当一个人不能“心平气和”的时候,对事物就不能做出正确的判断,看什么都不顺眼,变得狭隘自私,牢骚满腹,容易冲动。因为不能心平气和的人就会对人、对事抱有偏见。这样的人的生活经常会漂浮不定,经常会麻烦缠身。失去的比得到的要多得多。世界上的事情往往就是越想得到越得不到。越得不到心情就越难以平静。

如果做到了“心平气和”就能够客观地看待事物,就能够平静地看待生活，就能够换位思考。就能够遇乱不惊。养心、养气才能健康，此乃养生之道。心平气和的人表现出的涵养和稳重是其身心健康的表现，是其气质风度的展示，是其稳重成熟的流露。其镇定自若是一种令人折服的胸怀。

在现代化高速发展的社会中，人们要想做到“心平气和”实际上是很不容易的。很多人由于工作压力大，生活不顺心而变得心浮气躁，心慌意乱，甚至迷失了生活的方向，还有人悲观厌世。这些都是很遗憾的事情。是必须要用“心平气和”的心态去调节的事情。用宽大的胸怀去接纳生活给予我们的一切吧，不论是成功还是失败。人们在顺利的时候，做到心平气和不难，难的是在不顺利的逆境中，如何能够做到“心平气和”。这就需要修养，需要良好的心理素质，才能做到看似容易的“心平气和”。做到了对人、对己都有好处，做不到对人、对己都不利。利人利己的事何乐而不为？不论多么困难，心若在，梦就在。没有过不去的坎。

学会减法思考，营造简约生活

佛语说“有求皆苦”，人之所以痛苦，是由于所求太多、太繁杂。作为凡夫俗子，我们虽然做不到“无求自安”，但是起码可以采取“减法”——当自己痛苦的时候，不妨给人生做减法，让生活尽量简单化。生活太过复杂，反而让自己被控制住了。

近几年来，欧美发达国家许多有识之士提倡“慢生活”。强调人们要把握一定的生活节奏，有劳有逸，有张有弛，过简约的生活。而不是把自己的生活安排得满满的，要给自己留下一些生命的空间，不要总是为没有充足的时间去完成该完成的事情而感到焦虑，也不要永远把自己的兴趣爱好和休息时间放在次要位置。

城市生活叫人们无法止步，人们一直生活在持续的加法中。好，还要更好；多，还要更多。其实生活的幸福感并不能完全借由物质的丰裕程度来衡量，拥有更多的财富，更大的房子，更好的车子，未必能带来更多的幸福。常常因为拥有得太多，生活太过复杂，反而让自己给控制住了。

现实生活中，许多人的生活方式不是“慢节奏”，而是“快节奏”。他们给自己定下过高甚至不可能实现的目标，为实现目标牺牲了休息时间和兴趣爱好。“流汗又流血，拼劲又拼命”，不惜透支生命和健康，以至处于亚健康状态甚至“过劳死”的边缘。有资料表明，近几年，我国心血管病的发病率急剧上升。特别是中青年冠心病死亡率呈“陡坡”上升趋势。究其原因，生活节奏过快、工作压力过大、生活方式欠健康是主要因素。

生活是需要做减法的，那是一种让生活尽量简单化的状态。说白了，生活要求太高，一旦复杂起来，碳的排放量就会多了很多，生活要不折腾，越简单越好。上升到精神层面，就是要倾听自己内心的声音，懂得化繁为简、享受幸福的能力。当然减法生活也不是一味简约、简单，甚至简陋，而是要寻求一种让生活舒服的适度节制，是用减法来平衡生活，“用减法平衡生活，顺应人体生物钟节律，慢慢享受生活，还生活一个真实状态。”

有人说，只有忙碌才能出成绩，那可不一定。85岁高龄，精神矍铄、潇洒从容的金庸先生给了我们一个很好的回答，他说：“我的性子很缓慢，不着急，做什么都是徐徐缓缓，最后也都做好了，乐观豁达养天年。”

金庸先生学识渊博，著作等身，但他不尚奢华，而是羡慕“且自逍遥没人管”的生活，饮食简单清淡，七八分饱，衣着自然简朴。他说：“人要善于有张有弛。武打小说打一会儿，就要吃饭，谈情说爱，不能老是很紧张，要有快有慢。这样对健康很有好处。”徐徐缓缓的他做出了很大的事业，为表彰他的杰出贡献，2001年国际天文学联合会把一颗小行星命名为“金庸星”。

如果我们把“慢生活”作为一种生活方式，加强计划性，安排好自己的工作，清除掉过高的追求目标和耗时项目，科学地支配时间，从容地休息和运动，无论对提高工作效率还是保障身心健康都不失为明智的选择。

工作超时、压力超载、身体超负，不仅得到的来不及享受，反而会如鲜花凋谢般，早早地毁掉了自己的健康。也许我们都还健康着，所以忽略了很多东西，其实，生命有时很脆弱，一不小心，就被它轻易背叛了。

其实，人生不能太满。太满便没有空间去享受生活，过简单生活，主动摒弃一些东西是种成熟的心态，那是因为我们知道自己要什么而不要什么了。不想做的事情拒绝，不想交的朋友舍掉，不想挣的钱不要……还原生活的本真，真实体验生活中的自由、轻松和属于生命自身的意义。有节奏地适当放慢脚步，给生活多做减法，生活才会从容，身心才会舒畅。

减少并不意味退步，只是做了合理的减法，化繁为简了。化繁为简做减法也不是懒惰得不思进取，而是主张剔除生活中可有可无的负累，不被名利所左右，不被物欲所驱逐，不让生活终日忙忙碌碌，不让健康跟不上我们的步伐。

放慢节奏，从容生活，才有可能创造健康、辉煌的人生。如果我们能掌控生活的速度，知道什么时候可以放下，什么时候要加快脚步，什么时候必须驻足，什么时候又该跃起，我们就不会因为一路快跑追赶而忽略了道路两旁美丽的风景和本该细细品尝的生活况味，也不会因为忘了停下脚步而错过了身旁关怀的眼神和暖暖的爱意。如果你同意生命中有比急着完成某件事还更重要的事情，就请放慢脚步，倾听内在的声音，给你的生活做减法吧。

乐观一点，这一切没有你想象的那么难

尼采说：“受苦的人，没有悲观的权利。一个受苦的人，如果悲观了，就没有了面对现实的勇气，没有了与苦难抗争的力量，结果是他将受到更大的苦。”世界上

的每一件事情，若要改变它，则在于你怎样看它。对半杯水而言，有人叹它只剩半杯，也许另一个人会说它还有半杯。对一座山而言，有人认为山脚是山的起点，是想要攀登顶峰的必经之路；但同样也有人认为，山脚是山的最低处，是山的“谷”，爬不出的谷。

在人生的旅途上，谁不是一路刀光剑影艰难前行呢？谁不是风雨兼程日夜奔波呢？谁又没有面临过逆境呢？其实，很多困难和逆境只存在于你自己的心中，你只需要乐观一点，大胆地打破自设的心理牢笼，你会发现很多事本没有想象的那么难。要知道，在这个世界上，没有绝望的处境，只有对处境绝望的人。

不管你是谁，记住一句话：人生从什么时候开始都不算太晚，关于过去，都是浮云，关于未来，都是未知。我们没有时间纠结过去停滞不前，也无法预测未来的路，能做的只能一步一步往前走，深一脚浅一脚，不知道还会发生什么事情，也许是鲜花和掌声，也可能是狂风暴雨，无法得知。但是，我们务必要做好心理准备以防面对随时会出现发生的一切，特别是在灾难不请自来时，我们要学会乐观一点，接受一切，坦然面对。

曾经听说过这样一个故事：一位旅人，某日行至险峻山道，不慎失足跌下山崖，空谷山风刮耳而过，求生的本能让他抓住了一根悬于崖壁的枯藤，幸免于难。正当他惊魂未定之际，天哪，顶上一只硕大的山鼠正在啃噬那一根救命藤，底下是一片“深不知几千几万尺”的漆黑，恐惧让他闭上了眼。但他是个勇敢的旅人，从小受过最优秀的训练，恐惧只是在一瞬间袭过他的全身，紧接着他便开始正视自己的处境，环顾四周，无处落脚。他想：对一个钟情于山水的人来说，这未尝不是一个好的归宿，至少人生的最后一刻也活得相当刺激，而奔波一生所求的不过于此。如此，他便悠然起来，甚至对旁边一株红得亮丽妖艳、几乎与他的窘迫境况形成反讽的野莓产生了兴趣。“将死而尚有秀色可餐,岂不快哉!"就在他准备品尝这人生最后的滋味时,奇迹竟然出现了:伸手间,蓬松的野莓枝叶下,一块足以立身的山石突兀而出……

如果把困难比喻成一座山,你躺在山下哀号,那么山将高不可攀,你永远无法抵达,因为你一直在仰视它。所以要想战胜困难,就无须顾盼,只要踏踏实实一步一个脚印往上登山,相信自己。一路上将有流泉飞瀑、虫鸣鸟唱为你伴奏,还有翠树红花、紫岚白云与你同行。哪怕山路蜿蜒,崎岖跌宕,你又何所惧?

很多时候,人并没有那么轻易陷入绝境,自断其路的是我们悲观的心。古人云:"人生不满百,常怀千岁忧。"可见,人是自烦自扰的动物。假如我们像那位旅人一样,能够适时适地换一种想法:"人生无非几十年,有花堪折直须折",好一种人生境界,潇潇洒洒来去无牵挂,岂不痛快哉!否则将是"人生无非几十年,赤膊拼将阎罗去",那又是另一种壮烈慷慨,酣畅淋漓。

没有谁是天生的弱者,但是为什么大多数人不能成为强者呢?为什么很多强者在逆境的旋涡中苦苦挣扎而毁灭或无奈地走向平庸了呢?成为强者和沦为弱者的分别在于——是否能够乐观地应对一切,尤其是逆境。一个人无论遭遇怎样的逆境和厄运,一定不能轻易绝望、掩埋自己的理想。要知道当你渴望并且付出努力想要战胜一切的时候,整个宇宙都会为你开路。

有一位日本武士,名叫织田信长。有一次,在面对实力比他的军队强十倍的敌人时,他决心打胜这场硬仗,但其部下却表示怀疑。织田信长在带队前进的途中让大家在一座神社前停下。他对部下说:"让我们在神面前投硬币问卜。如果正面朝上,就表示我们会赢,否则就是输,我们就撤退。"部下赞同了织田信长的提议。织田信长进入神社,默默祷告了一会儿,然后当着众人的面投下一枚硬币。大家都睁大了眼睛看——正面朝上!大家欢呼起来,人人充满勇气和信心,恨不能马上就投入战斗。

最后,他们大获全胜。一位部下说:"感谢神的帮助。"织田信长说道:"是你们自己打赢了战斗。”他拿出那枚问卜的硬币——硬币的两面都是正面！

这个故事告诉我们：你要想赢得人生，战胜一切，就必须乐观再乐观，否则你很快就会被沮丧、自卑、抱怨磨灭意志，而你的人生很有可能被失败的阴影遮蔽了它本该有的光辉。

有些困难其实根本没有想象中那么巨大。如果我们能用积极的心态从正面看问题，乐观地对待人生，乐观地接受挑战和应付麻烦，很多问题将不是问题。因为，人生在世，不如意之事十有八九，如果每天陷在对困难的恐惧当中，那不用“死神”来召唤你，自己就把自己吓死了。

我们拥有得很多，却什么也带不走

人的一生，无论成功失败，无论富贵贫穷，无论善恶，死后，也只能化为一缕青烟、一抔灰骨，以及墓碑上简简单单的名字。

人生就是一段旅途，生和死分别是这段旅程的起点与终点。人生的路，重要的不是拥有什么，到了旅途的终点，什么也带不走。人生路，重要的是经历、心境与感悟，很多事没有什么大不了。

常常听到周围的人抱怨，活着真累，做人有太多的愁苦忧烦。的确，因为无穷无尽的欲望总难以满足，失望与忧伤时常向我们袭来。为了生活得更加美好，许多人又不得不四处漂泊，流着汗默默辛苦地工作。尽管如此，困惑与烦恼依然与我们结伴同行。而通往幸福的道路更是扑朔迷离，我们在莫测变幻之中倘若没有足够的聪明才智权衡利弊得失，就可能会在不经意中摔跟头。

每个人都有各自的欲望，人的欲望又是永无止境的，俗话说：“猛兽易伏，人心难降；溪壑易填，人心难满。”而生活所能提供给欲望的满足却又总是有限的，于是因为欲望多多，不少人虽然每天食有鱼穿名牌住靓宅行有车，但是依然体味不到生活的欢乐。人生之祸又大多是由于不知足引起的，唐人李群玉在《钓鱼》一文中如是说:“须知香饵下，触口是钻钩。”当今世上那些贪食贪财之人，还不是在欲望的钩子上败走麦城？更有甚者，对钱财对权位对美色贪得无厌，从而肆无忌惮地用不法手段攫取，以至最终搬起石头砸自己的脚，弄得身败名裂甚至误了卿卿性命。

正如道家鼻祖老子在《道德经》所言的:“甚爱必大费，多藏必厚亡。故知足不辱，知止不殆，可以长久矣。”

在爱迪生70多岁的时候，一场大火把他几十年的财产包括房屋烧得一干二净。他的儿子在失火的时候，四处寻找他的父亲。终于在不远处看到了爱迪生。火光映着爱迪生苍老的脸，他的白发和胡须在火光中随风飘动，他默默地注视着无情火苗吞噬着自己多年的心血，他的儿子要把他拉开，爱迪生却对他儿子喊道:“快去叫你母亲来观看这罕见的场面吧！恐怕她以后再也没机会见到这壮观的景象了，让我们的过失都被烧得一点不留吧！真好，让我们有了重新开始的机会。”一年后，他的又一项重要的发明留声机问世了。

智者如爱迪生那样的人，对得失淡然视之，没有什么是大不了的。因为失去的永远不会再回来，得到的也不可能永远是自己的，轻松快乐地生活，努力地为事业奋斗，何乐而不为呢？愚者心中背负着太多的包袱——金钱、地位等东西，所以生活得很累，得到的他们怕失去，没得到的他们想得到，使自己成为名和利的奴隶，永远无法快乐。

有一位青年，老是埋怨自己时运不济，发不了财，终日愁眉不展。

这一天，走过来一个须发皆白的老人，问:“年轻人，为什么不快乐？”

“我不明白，为什么我总是这么穷。”

“穷？你很富有嘛！”老人由衷地说。

“这从何说起？”年轻人问。

老人反问道："假如现在斩掉你一个手指头，给你1000，你干不干？"

"不干。"年轻人回答。

"假如斩掉你一只手，给你10000元，你干不干？"

"不干。"

"假如使你双眼都瞎掉，给你10万元，你干不干？"

"不干。"

"假如让你马上变成80岁的老人，给你100万元，你干不干？"

"不干。"

"假如让你马上死掉，给你1000万元，你干不干？"

"不干。"

"这就对了，你已经拥有超过1000万元的财富，为什么还哀叹自己贫穷呢？"

老人笑吟吟地问道。青年愕然无言，突然什么都明白了。

亲爱的朋友，如果你早上醒来发现自己还能自由呼吸，你就比在这个星期中离开人世的人更有福气……想想这些，还有什么大不了的呢？

有的人总是感觉自己不快乐，没有别人那么潇洒，没有别人自由自在，没有别人那么有钱，拥有的比别人少。可是，我们不是也像那个青年一样吗？我们有健康的身体，我们有良好的素质，我们有丰富的知识，我们有独特的想法，我们哪点比别人差呢？我们哪点比别人贫困呢？虽然没有别人那么潇洒，但我们可以活得踏踏实实；没有别人自由自在，我们有更多的时间来学习和提高；没有别人那么有钱，我们也不会陷入灯红酒绿之中；没有别人那么多的关系网，更能少玷污自己纯洁的心；一样的朝阳，一样的天空，一样的人们，我们不比谁差，我们一样富有！人生中总是有许多不如意，成功的路上也会有许多的坎坷，但只要我们的心中充满快乐，珍惜现在所拥有的一切，我们拥有的已经足够多了。

第9辑

随缘不惧应变，让自己明天更美好

每个人都是生活中一道靓丽的风景线，世间只有一个独一无二的你，世界不会为你而改变，你也不必为世界改变。怎样才能游刃有余的生活呢？这就要为自己保留一个平静而独立的空间，以“不变”应“万变”。

所谓“勇者无畏”，是指我们能勇敢地面对自己，要求自己并改变自己。人最大的敌人就是自己，如果你能够战胜自己，那还有什么可畏惧的呢？你将拥有更美好的世界。

世上没有绝对的公平，要有直面现实的勇气

世界上没有永恒不变的真理，也没有绝对的公平。所以，比追求公平更重要的是我们要有直面现实的勇气和耐心。我们必须承认：人生有太多的无奈和不公，正因为这样，才更值得我们为之奋斗。

命运似乎总是顾此失彼，钟情一部分人的同时冷落另一部分人，只不过那个幸运儿恰好不是你。也许你开始怨天尤人，愤世嫉俗，但是不公平始终还是存在于你的生活里，甚至变本加厉。所以，无论你曾经面对或承受了怎样的不公平，坦然吧，然后接受它，最后努力战胜超越它。有些事实我们无法选择，有些境遇我们无法改变，那就直面吧。胸怀大度，登高望远，坦然地去面对生活中的每一件事，只有这样，才能追求更多的公平和幸福。

比尔·盖茨说："社会是不公平的，我们要试着接受他。"世界是竞争的矛盾统一体，公平只是相对的，不公平才是人生常态。人生来就有很多的不公平，有人含着金钥匙出身，前呼后拥，有人生来就被遗弃，出生贫寒；有人天生丽质，有人无颜东施；有人平步青云，有人怀才不遇；有人山珍海味，有人饥肠辘辘；有人挥金如土，有人捉襟见肘……

面对不公平，会气愤，会失望，会暴躁，会失落，但更需要冷静和勇气。人生在世，不必事事苛求公平。否则就是和自己过不去。面对一些不公平的事学会淡然处之，一切就会自然了。同时，不公平是一种进行比较后的主观感觉，只要我们改变比较的对象和标准，便能在心理上消除不公平感。

有个农场主的葡萄熟透了，如果今天不把葡萄全部摘完的话，葡萄就会烂掉，而他自己又不可能在一天内把葡萄全部摘完。于是他就在市场上找了一群

人，对他们说，“如果你们能在今天能帮我把葡萄全部摘完的话，我就每人给你们一个金币。”这群人听后非常高兴，就跟这个农场主来到葡萄园里摘葡萄。

当到中午的时候，农场主发现葡萄很多，这些人不可能在一天内把葡萄全部摘完，于是他又到市场上找了一群人，对他们说，“如果你们能在今天能帮我把葡萄全部摘完的话，我就每人给你们一个金币。”这群人听后也非常高兴地跟这个农场主来到葡萄园里摘葡萄。

当到下午2点钟左右的时候，这个农场主发现这现人虽然非常卖力的摘葡萄，但他们还是不可能在一天内把葡萄全部摘完。于是他又到市场上找了一群人，对他们说，“如果你们能在今天能帮我把葡萄全部摘完的话，我就每人给你们一个金币。”这群人听后也非常高兴地跟这个农场主来到葡萄园里摘葡萄。

当日落西山的时候，葡萄终于全部摘完了。农场主把最后一批人叫过来，给了他们每人一个金币，于是这群人非常高兴地走了。他又把第二次招来的人叫过来，每人给了他们一个金币，这群人并没有表现地非常高兴，但没有说什么，也走了。当他把第一次招来的人叫过来，给了他们每人一个金币的时候，这些人不高兴了。他们说：“为什么我们干的活比后来的这些人多，给的钱怎么都是一个金币呢？”

看到这个故事的人，相当多的人第一直觉就是与第一批人同样的感觉——不公平。如果您是当时在场的第一批工人的话，您认为这件事公平吗？

我们不妨做一下简单分析，首先，这件故事中，每一批人的劳动协议都是工人与农场主双方认可同意的，而且也很满意。但最后农场主兑现了自己的承诺，对任何一批人都没有违约，却导致两批人的不高兴。

一个双方都履约的协议，结果却事与愿违。问题在哪里？责任人是谁？

假如农场主把发放报酬的顺序颠倒一下，按照工作的顺序第一批人先拿，第三批人最后拿，所有人都会高兴。后一种发放顺序并未改变任何其他条件，带来的则是皆大欢喜，没人感到不公平。

一个哲人说过:“如果要绝对的公平,一分钟都不能生存。”所以说,公平是相对的,也就是说,你认为的公平对我来说不一定是公平,只有两人都认同的才算得上公平。可是这样的概率很小,因为我们常常都是从自身利益出发。

每个人都或多或少遭遇过很多不公平的事,许多人常常会为自己、为他人所受到的不公平而感到遗憾、愤怒,甚至产生怨恨……其实这种态度正是滋生更多不公平的因素。我们不能天真地认为生活“应该”是公平的,应该不应该不是你所能决定得了的,不要想着你能等来公平,等到一个完全公平的理想国度,你只是在逃避,不敢面对现实而已。如果你想要找到那份属于自己的公平,你只能直面现实,努力生活,摆脱困境。

所以,你不但要承认现实的不公平,也要认清社会的不公平,把不公平变成努力奋斗的动力,扩充自己的能力,寻找机会,直至扭转你所认为的不公平。

在现实生活中,大多数人注定要遭遇一些不公平的事,抱怨、沮丧、痛哭能换来怜悯吗?现实的黑暗自有存在的合理性,你要承认接受,更要逆流而上,要尽可能地去改变不公平的事实,要以平常心、进取心对待生活,不公平也就消失得无影无踪。

就像工作中,你觉得自己比别人更出色,可晋升的人却总不是你,为此你常常感到愤愤不平,但是这对你有好处吗?与其成天抱怨不公平,还不如静下心来分析自己受到的“不公平”到底是什么原因。在你自以为遭到“不公平”的事情时,你考虑过自己的付出了吗?

面对不公平,我们可以采取的方法就是强大自己,如果只想着不公平给自己带来的伤害和痛苦,而不是积极调整自己的心态,将无法改变任何事实。

每个社会都会存在其不公平的现象,光抱怨和逃避是无法解决任何问题的,我们得想方设法用自己的方式战胜自己,当自己再次遭遇不公平现象时能够保持持续抗衡的能力与勇气,生活将由此变得更加美好和公平。

调动全身心，努力吸取当下的力量

活在当下是一种全身心地投入的生活方式。活在当下，没有过去拖在你后面，也没有未来逼迫你前进，你全部的能量都集中在这一时刻，生命因此具有一种巨大的张力。

人生最大的困厄莫过于等待死亡。因为一般人活在世上，都是活在对未来的期望之中，可是倘若知道死亡近在咫尺，希望的火焰熄灭了，往往也就心如止水，一切也都不再有意义。可是耳听时间的滴答声，感觉生命像鲜血一滴滴从身体垂落消失，专心忍受时光残忍的折磨又有多大的意义呢?莫不如把一切都放下，放下对生命的牵挂，放下对未来的执著，把握唯一能把握的当下，做手边能做的事，把当下的每一分每一秒都活得充实，生命便有了最现实的意义。这种心态看似消极，其实包含着大智慧。努力吸取当下的力量，便活出了未来。

有个小和尚，每天早上负责清扫寺院里的落叶。

清晨起床扫落叶实在是一件苦差事，尤其在秋冬之际，每一次起风时，树叶总随风飞舞。每天早上都需要花费许多时间才能清扫完树叶，这让小和尚头痛不已。他一直想要找个好办法让自己轻松些。

后来有个和尚跟他说:“你在明天打扫之前先用力摇树，把落叶统统摇下来，后天就可以不用扫落叶了。”小和尚觉得这是个好办法，于是隔天他起了个大早，使劲地猛摇树，这样他就可以把今天跟明天的落叶一次扫干净了。一整天小和尚都非常开心。

第二天，小和尚到院子里一看，他不禁傻眼了。院子里如往日一样满地落叶。老和尚走了过来，对小和尚说："傻孩子，无论你今天怎么用力，明天的落叶还是会飘下来。"小和尚终于明白了，世上有很多事是无法提前的，唯有认真地活在当下，才是最真实的人生态度。

库里希坡斯曾说："过去与未来并不是'存在'的东西，而是'存在过'和'可能存在'的东西。唯一'存在'的是现在。"

"当下" 给你一个深深地潜入生命水中或是高高地飞进生命天空的机会。但是在两边都有危险——"过去"和"未来"是人类语言里最危险的两个词。生活在过去和未来之间的当下几乎就好像走在一条绳索上，在它的两边都有危险。但是一旦你尝到了"当下"这个片刻的甜蜜，你就不会去顾虑那些危险；一旦你跟生命保持在同一步调，其他的就无关紧要了。对你而言，生命就是一切。

智者常劝世人要"活在当下"。到底什么叫做"当下"？简单地说，"当下"指的就是：你现在正在做的事、待的地方、周围一起工作和生活的人；"活在当下"就是要你把关注的焦点集中在这些人、事、物上面，全心全意认真去接纳、品尝、投入和体验这一切。

你可能会说："这有什么难的？我不是一直都活着并与它们为伍吗？"话是不错，问题是，你是不是一直活得很匆忙，不论是吃饭、走路、睡觉、娱乐，你总是没什么耐性，急着想赶赴下一个目标？因为，你觉得还有更伟大的志向正等着你去完成，你不能把多余的时间浪费在"现在"这些事情上面。

不只是你，大多数的人都无法专注于"现在"，他们总是若有所想，心不在焉，想着明天、明年甚至下半辈子的事。有人说"我明年要赚得更多"，有人说"我以后要换更大的房子"，有人说"我打算找更好的工作"。后来，钱真的赚得更多，房子也换得更大，职位也连升好几级，可是，他们并没有变得更快乐，而且还是觉得不满足："唉！我应该再多赚一点，职位更高一点，想办法过得更舒适！"这就是没有"活在当下"，就算得到再多，也不会觉得快乐，不仅现在不够，以后永远也不会嫌够。忘了真正的满足不是在"以后"，而是在"此时此刻”，那些想追求的美好事物，不必费心等到以后，现在便已拥有。

当生命走向尽头的时候，你问自己一个问题：你对这一生觉得了无遗憾吗？你认为想做的事你都做了吗？你有没有好好笑过、真正快乐过？

想想看，你这一生是怎么度过的：年轻的时候，你拼了命想挤进一流的大学；随后，巴不得赶快毕业找一份好工作；接着，你迫不及待地结婚、生小孩，然后，你又整天盼望小孩快点长大，好减轻你的负担；后来，小孩长大了，你又恨不得赶快退休；最后，你真的退休了，不过，你也老得几乎连路都走不动了……当你正想停下来好好喘口气的时候，生命也快要结束了。其实，这不就是大多数人的写照吗？他们劳碌了一生，时时刻刻为生命担忧，为未来做准备，一心一意计划着以后发生的事，却忘了把眼光放在“现在”，等到时间一分一秒地溜过，才恍然大悟“时不我予”。

假若你时时刻刻都将力气耗费在未知的未来，却对眼前的一切视若无睹，你永远也不会得到快乐。一位作家这样说过：“当你存心去找快乐的时候，往往找不到，唯有让自己活在‘现在’，全神贯注于周围的事物，快乐便会不请自来。”或许人生的意义，不过是嗅嗅身旁每一朵绚丽的花，享受一路走来的点点滴滴而已。毕竟，昨日已成历史，明日尚不可知，只有“现在”才是上天赐予我们最好的礼物。

用平常的心对待每一天，用感恩的心对待当下的生活，我们才能理解生活和快乐的真正含义！

追求完美固然积极，苛求完美则大可不必

一心追求绝对完美的人生本来就是不完美的。追求完美，是我们要认真地做好我们每天要做的事情；不苛求完美，是我们的生活态度与价值取向。追求完美，

但不苛求完美，是我们的成功之道，也是我们的幸福之道。

完美是一种妄念，在不可知的领域，追求完美反而会丧失生命的本真。生活本没有什么完美可言，又何必苦苦追寻呢？

完美几乎不可能做到。但是，追求完美就有了目标，有了目标，人生就不再迷茫，可以朝着自己的理想而奋斗，虽然很难做到完美。或者说，这根本就不可能，但是至少，离完美不远了，真正的完美根本不存在。

世界上没有绝对完美的事物，也没有将凡事都做到绝对完美的。所谓“尽心就意味着完美”是非常有哲理的，做任何事情有疏漏并不可怕，关键在于人的心态，当你多一分满足，多一分心平气和，你就已经拥有了一分完美。真正的完美是没有的，生活中处处都有缺憾，有缺憾才是真实的人生，完美只在理想中存在，我们需要一颗平常心。

从前一个住在深山里的人家，一个老人和几个小孩子。他们平平静静地生活着，与世无争，怡然自得。

日子一天天悠闲地过去了，老人已经是一个白胡子老头了，他知道自己不久将撒手西去，于是便想找一个接班人来代替他管理这个家业。他决定从平时表现最好的两个孩子中选一个来接手。

有一天，老人便把那两个孩子叫到跟前，吩咐他们说：“你们去后山的树林里各自找一片最完美的树叶回来给我。”两个孩子不知道老人这葫芦里卖的是什么药，但也只好领命而去。

两个孩子走到树林里。一个孩子想：这里的树叶不计其数，可是每一片树叶都是独一无二的呀，那到底怎么样才算是完美呢？于是望了望，拣了一片完整的、干干净净的树叶回去见老人。老人笑而不语。

另一个孩子想，这么多的树叶要找一片最完美的，那多困难呀，不过老人交代的事情一定要办好，可不能随便找一片叶子回去交差呀！于是便认认真真地找了起来。可是他找了很久，最后却空手而归。老人同样淡淡地一笑。然后，老人便问那个拣回树叶的孩子：你拣回的这片树叶是最完美的吗？孩子答道：是的，虽然我并不知道您说的完美到底是怎么样的，但是在我看来，这样的树叶已经算得上最完美了。老人点头微笑，然后又问那个空手而归的孩子：你没有找到吗？那孩子回答道：我在树林里找了很久，可是没有一片树叶称得上最完美呀！

最后，老人将家业交给了那个拣回树叶的孩子。

是的，两个孩子都没能找回最完美的树叶，可是第一个孩子却拣了自己认为的最完美的树叶交给老人。正如他所想，每一片树叶都是独一无二的，那到底怎样才算是完美呢？其实关键就是看自己怎么认为，而不应该顾及他人心中的定位。如果你认为是最完美的，那他就是最完美的。这一点在老人看来，是一种平常心。老人需要的，就是这一颗平常心啊！

我们的生活中又何尝不是呢？许多人为了追求所谓的完美，付出了很多，失去了很多，可到最后仍然没有什么完美。就像那个空手而归的孩子一样，到最后你会发现，为了寻找一片最完美的树叶而失去的机会是多么的得不偿失！

人在世界上最大的敌人是自己，而人生中最难做到的事就是做到完美。可我们人类之所以不同于其他动物，就是因为我们有着这种坚韧不拔、执著和顽强的精神。我们或许不能做到完美，但我们可以追求完美，向完美更进一步。生命的长短用时间计算，生命的价值用贡献计算。人生追求完美，定能做出一番不平凡的业绩，定能体现出生命的价值与意义。

追求完美，是人类自身在渐渐成长过程中的一种心理特点或者说一种天性。如果人只满足于现状，而失去了这种追求，可能生活就没有那么多的精彩。我们对事物总要求尽善尽美，愿意付出很大的精力去把它做到天衣无缝的地步。

一次,一名将军观摩麾下的军队的射击训练。当他看到士兵射击训练的状况后,十分不满意,说:“来,我给你们示范示范。”

于是,他端起枪,稍加瞄准,一枪射出。“8 环!”传来了报靶声。士兵们鸦雀无声。整个靶场的空气在瞬间似乎紧缩了一下,毕竟将军年事已高,偶尔一靶失常也是可以理解的。

将军不动声色,只是瞄得比第一次仔细了。“啪”的一枪射出,“8 环!”那边又传来了报靶声。士兵中已开始有人窃窃私语。

将军的第三枪、第四枪瞄得时间更长,遗憾的是接连传来的还是“8 环!”士兵们开始骚动了。

第五枪,将军倾注了更多的时间,终于,他扣动了扳机。所有的人都屏住呼吸,“8 环!——”

接下来的第六、第七、第八、第九、第十枪,将军打得更离谱——连续打出只有 2 环的成绩。

于是官兵们在惊讶的同时,开始骚动不安,在议论纷纷之中各种风凉话也开始涌动起来,甚至可以隐隐听到讥笑声。将军依旧一言不发。

但就在这时,一名眼尖的士兵突然失声叫道:“看哪,将军的靶眼连起来,不正是一个标准的正五角星吗?”许久,整个靶场终于爆发出了经久不息的掌声。

到今天,谁也不知道当将军第一枪放出去时,脑子里是不是想用与众不同的方式展示一下枪法,也许第一枪本身就是一次失误。但这一点也不重要。重要的是,将军在后面几枪彻底抛开了打靶就要 10 环的标准和规则,而最终的结果比 10 环更精彩!

人的一生如同将军打靶一样。没有人能够一生当中按照设想中的目标行事,也没有人能够完全按照世俗的标准走对每一步,就像没有人能够一辈子每一次都能打中 10 环一样。多数的时候,人是在起起落落间实现自己完美的人生结局。生命由通过无数不完美的事件穿成的。对于我们而言，重要的不是我们今天是不是打中了那个完美的 10 环，而是我们是否坚定信念，不轻易放弃，坚实而认真地走好我们的每一步，并在沉稳的心态下，不断修正我们自己的目标与自己所在的航道，随机应变，最终的结局或许就会给你一个意外的惊喜。

世界上从来没有绝对的完美，所谓的完美只是相对的。如果你非要刻意地追求完美，只能是徒劳无功。上苍给了你美丽的容貌，也许会夺走你的聪明；给了你富裕的家庭，也许会夺走你的爱情；给了你显赫的地位，也许会夺走你的亲情……有太多追求完美的人，他们似乎不把事情做到完美就不罢休。而这种人到了最后，大多会变成灰心失望的人。因为我们所做的事，本来就不可能有完美。

因为自己得不到完美的结果而产生挫折感，就这样形成一个恶性循环，最后让这个完美主义者意志消沉，变成一个消极的人，其危害是无穷的。所以，我们应该培养一种“没有最好，只好更好”的态度。

这世界上，几乎没有一个人的一生是完美无瑕的，也没有一个人的一生是支离破碎的。当我们把眼光放在光亮的一面，我们就能看见光明。

换个思维，天地开阔

快乐的心理方程式就是思维转变，换一种思维方式，往往能使人豁然开朗，步入新境。这种“思维移项”能使人从“山穷水尽”到“柳暗花明”。创造性思维，其实就是一种与众不同的新思路。一条路走不顺畅，可以硬着头皮走下去；也可以放弃原路，另辟新径。

哲学家诺宾说，快乐的真谛其实也在于选择一种合理的思维方式。这位哲学家曾见过一块招牌："乐观者和悲观者之间的差别十分微妙，乐观者看到的是甜圈饼，悲观者看到的是甜圈饼中间的'洞'。"他认为，人们眼睛看到的往往并非事物的全貌，只看见自己想寻求的东西。乐观者和悲观者各自寻求的东西不同，因而对同样的事物，就采取了两种不同的态度。

我们的生活，经常会遇到各种麻烦和困扰，不管是在工作、感情、生活，还是学业上，难免会有不称心、不如意的时候。此时，如果你能换个思维，持积极心态，也许很快就能豁然开朗，然后妥善对待处理好这些事情，工作顺利，心情舒畅。如果思维总是局限在某种抑郁的情绪里，总是想不开，越想越气，自控能力减退，情绪失去控制，言行也就出现反常现象。甚至为了一点小事，大闹一场，出言不逊，轻则人际关系受损，重则造成很多无法挽回的损失。

塞尔玛陪伴丈夫驻扎在一个沙漠的陆军基地里。丈夫奉命到沙漠里去演习，她一个人留在陆军的小铁皮房子里，天气热得受不了。在仙人掌的阴影下也约有51.6度。她没有人可聊天。当地人不会说英语。她非常难过，于是就写信给父母，说要丢开一切回家去。她父亲的回信只有两行字，这两行字却永远留在她的心中，完全改变了她的生活：

两个人从牢中的铁窗望出去，一个看到泥土，一个却看到了星星。

塞尔玛一再读这封信，觉得非常惭愧。她决定要在沙漠中找到"星星"。塞尔玛开始和当地人交朋友，他们的反应使她非常惊奇，她对他们的纺织、陶器表示感兴趣，他们就把最喜欢但舍不得卖给观光客人的纺织品和陶器送给了她；塞尔玛研究那些引人入迷的仙人掌和各种沙漠植物、物态，又学习有关土拨鼠的知识；她观看沙漠日落，还寻找到几万年前的"海螺壳"……原来难以忍受的环境变成了令人兴奋、流连忘返的奇景。

沙漠没有改变，当地人也没有改变，但是塞尔玛的思维改变了，心态改变了。一念之差，使她把原先认为恶劣的情况变为一生中最有意义的冒险。

她为发现新世界而兴奋不已,并为此写了一本书。她从自己造的“牢房”里看出去,终于看到了“星星”。

同一片天地,你想看到泥土还是星星,取决于你自己;你看到了玫瑰的花朵还是看到了它的刺,也取决于你自己;你看到了生活的悲哀还是希望,仍然取决于你自己。与其抱怨泥土,不如欣赏星星的美丽;与其抱怨玫瑰的刺,不如欣赏花朵的艳丽;与其抱怨生活的悲哀,不如怀抱希望生活下去。乐观地对待世界,世界就会乐观地对待你。

在德国,有一个造纸工人在生产纸时,不小心弄错了配方,生产出了一批不能书写的废纸。因此,他被老板解雇了。

正在他灰心丧气、愁眉不展时,他的一位朋友劝他:“任何事情都有两面性,你不妨变换一种思路看看,也许能从错误中找到有用的东西来。”于是,他发现,这批纸的吸水性能相当好,可以吸干家庭器具上的水分。接着,他把纸切成小块,取名“吸水纸”,拿到市场去卖,竟然十分畅销。后来,他申请了专利,独家生产吸水纸发了大财。

同样的一件事情,对于不同的人具有完全不同的含义,换句话说,事件本身是不足道的,关键在于你如何解读它,或者说外界发生了什么都无所谓,你自己的内心才是你最应该关注的。以积极的心态来对待事件的人,总会在事件中看出坚强和智慧,而消极悲观的人,不管看什么都是灰暗的。

有一次,某单位请了一位大学教授给全体管理人员讲授企业管理的方法。讲授之前,教授出了一道有趣的考题:“很远的地方发现金矿,为了得到金矿,人们蜂拥而去,可一条大江挡住了必经之路,你们会怎么办?”有人说绕道走,教授笑而不语,良久,教授严肃认真地说:“为什么非要去淘金,为什么不可以买一条船搞营运,接送那些淘金的人,这样可以发财致富!”全场愕然,教授接着说:“人们为了发财,即使票价再贵,也心甘情愿买票上船。因为前面就是诱人的金矿啊!”

这些故事告诉我们，对于生活中的许多问题，当我们无所适从时，为什么不换一种思维呢？转换思维，会发现天地开阔。是的，在智者眼里困境往往意味着一个潜在机遇，因为一种问题往往有很多种解决方法。直线思维或者思维固化都是死路一条，曲径方能通幽处。

这个世界总会有阴暗面，总有阳光照耀不到的地方。如果我们的眼睛只盯在黑暗处，抱怨世界的黑暗，那么，我们将只会得到黑暗。如果你习惯了在阴影里看待打量一切，那么你的心，你的世界会越来越冰冷。其实，只需要稍稍走出一步，抬起头，你就会发现太阳在照耀着你、照耀着万物。

冲破条条框框，勇于尝试新的人生

面对困境，如果你再多一点点勇气，去冲破各种条条框框，去挣脱各种束缚和枷锁，积极尝试寻求新的解决之道，那么，你就有可能踏出既有的格局，迈向崭新的人生。

勇敢地尝试就是跨出成功的第一步，每一个人都有能力实现自己的理想，我们都生活在希望之中，一旦旧的希望实现了，或破灭了，就应该让新希望的烈火熊熊燃起，如果一个人只是得过且过的一天混一天，心中没有任何希望，只能说明他的生命实际上已经终止了，我们必须要学会尝试，不能退缩，不去尝试怎能知道你不行呢？

努力冲破各种束缚和条条框框，学会利用现有资源把事情做成，尝试新的方法，而不是消极等待，好高骛远。每一步都连接着未来，要尝试新的人生，就要充分利用现在的条件不断突破。

纵观古今，凡有成者，他们无不具有勇于尝试的精神。灯泡的发明者爱迪生为了找到一种合适的材料做灯丝，竟不屈不挠地进行了八千多次尝试。试验初期，他找了1600种耐热材料，反复试验了近两千次，结果发现只有白金较为合适，但白金比黄金还贵重些，这就是说实验失败了。面对这样的失败，一般的人肯定会选择放弃，然而他没有，而是继续尝试着从植物中发掘理想的灯丝材料，先后又尝试了六千多种植物。通过不断地尝试，爱迪生最终获得了巨大的成功，给人类带来了“光明”。

这“光明”之光，与其说是电之光，还不如说是勇于尝试的精神之光。其实，我们只要细细想想就会惊奇地发现，他所取得的一千多项成果中，竟没有哪一项不是不断尝试的结晶。“一次尝试，就有一次收获”，他的这句话正道出了他的成功的秘诀。还有研制出雷管的诺贝尔、发现了雷电规律的罗蒙诺索夫、第一次架飞机飞上了天空的莱特兄弟……他们所取得的一个个惊人的成就，又有哪一个不是尝试之花结出的硕果呢？在崇拜伟大人物的同时，我们是不是更应该崇拜造就伟大人物的勇于尝试的精神呢？

在烈日下，一群饥渴的鳄鱼陷身于水源快要断绝的池塘中。面对这种情形，只有一只小鳄鱼起身离开了池塘，它尝试着去寻找新的生存的绿洲。塘中之水愈来愈少，最强壮的鳄鱼开始不断地吞噬身边的同类，苟且幸存的鳄鱼看来是难逃被吞噬的命运，然而却不见有鳄鱼离开。池塘似乎完全干涸了，唯一的大鳄鱼也耐不住饥渴而死去了。然而，那只勇敢的小鳄鱼，它经过多天的跋涉，竟然幸运的没有死在半途中，而是在干旱的大地上，找到了一处水草丰美的绿洲。

试想，如若不是小鳄鱼勇于尝试，寻求另一条生路，那它也难逃丧生池塘的厄运；而其他的鳄鱼，如果它们不安于现状，勇于尝试，那么它们又怎会落得身死干塘的可悲结局！由此可见，勇于尝试的精神多么重要！

每个人都必须要有好的心态和态度去面对人生，假如石头砸了你的脚，你会觉得真倒霉好疼。假如换个方式想，我真幸运，幸亏不是砸到我的头，幸福快乐不紧需要努力创造，还有你对生活的态度，你的心态能决定你的成败。

人活在世上，应该有与命运较量的勇气，有创造事业的雄心，不要怨天尤人。调整一下自己的心态，如果你被生活压得喘不过气来，不喜欢缺乏信心的窝囊样子，不防换个角度调整一下找回自己的自信心。人生有时候就像棒球比赛，每个人都可以是好的投手，球在你的手上，丢出什么样的变化掌控在你的手上，只要你有坚韧的信心，胜利指日可待。千万不要自暴自弃，态度决定你的成败，如果你连你自己的这关都过不了，还能过了哪个关口。

很多人都曾经拥有远大的梦想，但是，常常因为缺乏立即行动的能力，梦想开始萎缩，最终变得渺茫，甚至消亡。与其在黑暗中为自己逝去的梦想哭泣，不如打开一道缺口，与梦想遥遥相望，逐步缩近距离。只要你付诸行动，勇于尝试新的生活，总有一天，你会看到生活的奇迹。

美好的未来，从点滴小事做起

每个人都希望在事业上取得成功，干出一番“惊天动地”的大事，希望总是美好的，真正做起来还需要付出一些艰苦的努力，需要一步一步脚踏实地从点滴小事做起。

饭要一口一口地吃，路要一步一步地走，任何人都不能一口气吃成个胖子。所以，凡事要坚持不急不躁，不急于求成，不被困难吓倒，不放过任何点滴，不眼高手低，从小事做起才是硬道理。

当今社会，经济转轨，社会转型，剧烈的大变革让人内心浮躁，不知所措。于是乎整天妄想一夜暴富，一夜成名的有之；不劳而获，做吃山空的有之；庸庸碌碌，满口抱怨的有之。

一代名将曾国藩曾说过"天下大事当于大处着眼，小处着手"。他是这么说的，也是这么做的，才使得他最终得到了清廷的信任。大权才牢牢掌握在自己手中，实现了自己的霸业。天下三分有一的刘备也说过："勿以恶小而为之，勿以善小而不为"，正是由于他做事的认真细致，不放过一丝一毫的事情，才能得天下豪杰争相归附，有了与曹操、孙权抗衡的能力。

古时候有个小故事讽刺了这些人：东汉名臣陈蕃少时独居一室而院内龌龊，薛勤批评他："孺子何不洒扫以待宾客？"陈蕃答道："大丈夫处世，当扫天事，安事一屋乎？"薛勤当即反驳："一屋不扫，何以扫天下？"

每一个成绩的取得都是通过日积月累、逐步形成的，都是由多少个不眠之夜、多少身汗水和无数次的失败、成功累积而成的，永远不可能一日成名、一蹴而就。总而言之，一分的成功，必须有百分的付出，必须从小事做起。

有这样一个故事：有人对一只小闹钟说："你一年要重复不停地'滴答'三千多万次，你能忍受这种枯燥乏味的生活吗？"小闹钟听后十分沮丧。一只老怀表对小闹钟说："不要只想着一年怎么'滴答'三千多万次，只要坚持每秒'滴答'一次就行了。"于是，小闹钟按照老怀表说的去做。一年过去了，小闹钟顺利完成了"滴答"三千多万次的任务，变得更加成熟和坚强。

这个故事给我们的启示是：凡事要坚持从小事做起，认真对待每一天，相信只要坚持做好一点一滴的事，距离成功的目标一定会越来越近。

有的人急于实现目标，重结果轻过程，在经过一些努力后，发现目标依然遥远，就泄气甚至绝望。能够获得成功的人，多是做事有条不紊、坚持不懈的人。人，贵有理想，更可贵的是能为理想坚持不懈地奋斗。老子说过："九层之台，起于垒土；千里之行，始于足下。"孔子也说："无欲速，无见小利。欲速，则不达；见小利，则大事不成。"因此，我们做事既要放眼长远，又要做好眼前的点点滴滴。

成功贵在坚持。只有相信自己的能力，想好今天要做什么、明天该做什么，努力把每件事做好，就像那只小闹钟一样，坚持每秒“滴答”一下，才能够取得成功。一个人要有雄心壮志，但更要能做好当下点滴小事。

弗洛姆在《逃避自由》一书中阐述道，作为社会中的个体，人总是需要在局部目标达到之后不断确立新的信仰和目标，在某种意义和程度上束缚自己，逃避先前渴求的自由和伴随着这种贬义的自由而来的积极性的丧失、空虚和无聊。人的一生既是短暂的又是漫长的，人的一生总目标的实现是比较遥远的，“罗马不是一天建成的”，任何成功都绝不可能一日获得，再伟大的成就也是由一个个小目标的实现累积而成的，综观每一个成功者的奋斗史，都是在达成无数个小目标之后，才最终成就伟大的事业。

所以，要把人生总目标分解成长短不同的阶段性目标，各个击破，逐步接近总目标。看似遥不可及的宏伟目标，只要大方向是正确的，是适合自己的，是在自己的能力“射程”之内，那么，只要遵循化整为零、循序渐进的成功规律，一步一步脚踏实地，稳扎稳打，最终的成功就会是“功夫不负有心人”、“功到自然成”的事情。华罗庚曾说“要循序渐进！我走过的道路，就是一条循序渐进的道路。”捷克教育家夸美·纽斯也说：“应当循序渐进地学习一切，在一个时间内，只应当把注意力集中在一件事情上。”

俄罗斯撑杆跳高名将谢尔盖·布勃卡就是分解目标、缩小目标的最佳实践者。这位“撑杆跳高沙皇”从20世纪80年代初开始就独步天下，主宰世界撑杆跳领地长达20年之久。他是田径史上唯一赢得6次世界冠军的超级巨星，身后留下了35次打破世界纪录的辉煌瞬间。

也许，你可能会惊讶地问：这么多次破纪录，他每一次能提高多少啊？答案是：每一次提高1厘米！他就是用这种规则允许的最小度量，在17年内把室外世界纪录提升到6.14米(室内6.15米)。所以有人称他为“1厘米王”。因此，有些人在钦佩他的同时可能会有一种不屑的想法，觉得他是为了多拿奖金才有意这样做的。其实，布勃卡真实的意图就是为了让自己的目标更小一些，离自己更近一些，这会增加他的信心和力量。他说："如果说当初就把训练目标定为6.14米，没准早就被这个目标吓倒了。"布勒卡此举非常明智，他将远大的目标缩小为每次1厘米，这样他每破一次纪录，就能获得一次征服的快感和享受，就证明一次自己的实力，就向自己心中更高的目标跨进了一步。

心理学实验证明，太难的和太容易的事，都不容易激起人的兴趣和热情。只有比较难的事，才具有一定的挑战性，才会激发人的热情行动。目标是现实行动的动力和方向。目标过低，如果低于自己的水平，不能完全发挥自己的能力，就不具有激励价值；目标过高，如果高不可攀，就算费尽力气，在较长时期内也不能明显见效，就会挫伤人们对目标的信心，反而起了消极的作用。大目标虽然能够激发我们心中的力量，但是，如果目标距离我们太远，我们就会因为长时间没有实现目标而气馁，甚至会因此而变得自卑。所以，为了顺利实现心中的大目标，最好的方法就是在大目标下分出层次，设定每个阶段的小目标，步步为营，分步实现大目标。

在世界马拉松史上，曾有一位名不见经传的日本选手赢得了人们的瞩目，作为一名长跑选手，他的个人条件并不出色，但是他却摘取了该年度的马拉松桂冠。记者采访他成功的原因，他说："因为我把比赛全程分解成了一个个具体的目标。我在每一次比赛之前都会做精心准备，我会乘车把比赛要走的线路观察一遍，记下沿途中比较醒目的标志性建筑物。然后，在漫长的赛程中，我就把全程用各个目标分成一段一段的短程，我会铆足了劲冲向第一个目标，然后调整心态，继续以不减的速度冲向第二个目标。其他选手的目标是最后的终点，所以他们往往跑不到十几公里就已经疲惫不堪了，而我的目标则是下一个小目标，相比之下，我的目标是容易接近的，所以，整个赛程我一直是充满信心的，这信心得益于一个个看得见的分目标呀。"

英国威斯敏斯特教堂旁边矗立着一块墓碑，上面刻着一段著名的发人深省的话："当我年轻的时候，我梦想改变这个世界；当我成熟以后，我发现我不能改变这个世界，我将目光缩短了些，决定只改变我的国家；当我进入暮年以后，我发现我不能够改变我的国家，我的最后愿望仅仅是改变一下我的家庭，但这也不可能。当我躺在床上行将就木时，我突然意识到：如果我一开始仅仅去改变我自己，然后，我可能会改变我的家庭；在家人的帮助和鼓励下，我可能会为国家做一些事情；然后，谁知道呢？我甚至可能会改变这个世界。”这段闻名于世充满哲理的话提醒人们：如果要实现自己远大的目标，不妨将目标一段一段地分解，让它成为通过一定努力可以实现的较小的具体的阶段性目标。

拥有一个宏伟远大的目标并不难，难的是真正地将它付诸实现！难在哪里？就难在人们往往都能树立一个远大的目标和理想，却没有或者缺乏正确地实现这一目标的智慧与策略，于是就不知有多少人在盲目地、缺乏充分准备地向伟大目标的冲刺中折戟沉沙，功败垂成。因此，我们要学会将自己伟大的人生目标分解为、缩小为若干个具体的小目标，然后一个一个、一步一步地实现；当这些小目标全部实现后，你的远大目标也就成功地实现了。

第10辑

随缘需平常心，平和面对每一天

平常心有四种：为善不执、老死不惧、吃亏不计、逆境不烦。说到底，平常心不过是“无为无争、不贪、知足”观念的汇合而已。这些作为一种处世态度，亦可理解为：淡泊之心、忍辱之心和仁爱之心。无为并不是无所作为，无争也不是逆来顺受，这是一种心境、一种境界。持平常心处世，平和面对每一天，你将立于不败之地。顺其自然，即可得静，宁静而致远。

平常心是医治失意的良药

平常心是一种心境，不仅是对待周围的环境做到“不以物喜，不以己悲”，对周围的人事更是“宠辱不惊，去留无意”，只有这样才能让我们的生活有一份平静和谐，而不是焦虑失意。

从生活到生产，从宏观到微观，从伟人到平民，无不需要一颗平常心。人，的确是贵在有一种平常心，它可以使人超脱，使人向善，使人知可为而为，不可为而不为；知其该为而为，不该为而不为。拥有平常心是一种和畅、协调、美好的境界。

平常心虽是简单的3个字，但在生活中，却是人人都难超越的一道坎，因为我们并不懂得何为真正的平常心，也不懂得怎样来保持自己的平常心，更不懂得怎样来利用平常心。

平常心不是要求人没有贪、嗔、痴，而是调节自己的心，去制约贪、嗔、痴，以此得到平常心。平常心主要是指两方面，一是高估或低估自己对自己做任何事的成功和失败的概率有准确的预测。二是既积极主动，要尽力而为，又顺其自然不苛求。

人的精神生活中有很多方面的内容，它们是互相制约的，失去制约就失去了平衡，失去了平衡就容易走极端。

有人问智者：“您可有与众不同之处？”

智者答：“有。”

“是什么不同呢？”

智者答：“我感觉饿的时候就吃饭，感觉疲倦的时候就睡觉。”

“这算什么与众不同的地方，每个人都是这样的啊！”

智者答：“当然是不一样的！他们吃饭时总想别的事，不专心吃饭；睡觉时总做梦睡不安稳。而我吃饭就是吃饭，什么也不想；我睡觉也不做梦，所以睡得安稳。这就是我与众不同的地方。世人大都在利害得失中穿梭，囿于浮华宠辱，做不到一心专用，丧失了‘平常心’。”

保持一颗好的平常心可以有以下几种好处：拥有一颗平常心的人往往是一个宽宏大量的人，对待别人的错误或者误解往往都是淡然一笑，不予理睬，他们并不是看轻对方，而是一种无声的谅解，他们在无形中对自己形象的维护达到了一箭双雕的目的，因此，这类人的形象魅力也在这种无声的淡然一笑中散播开去。

没有平常心的人往往是一个爱慕虚荣的人，每天为了张扬自己而说各种冠冕堂皇的话，做各种各样违心的举动，久而久之就给周围人一种不诚实的印象，特别是在名和利的诱惑下，他们更是把持不住自己，不顾信誉做一些鸡鸣狗盗之事。而拥有平常心的人则完全相反，他们做人光明磊落，做事坦坦荡荡，不虚假也不掩饰。

有一个年轻人跟智者学道，一日他向智者问道：“老师！我常常思考，早起早睡、心无杂念，自忖在您的教导下，没有一个人比我更用功了，为什么就是无法进步？”

智者拿了一个葫芦、一把粗盐，交给年轻人说道：“你去将葫芦装满水，再把盐倒进去，使它立刻溶化，你就会进步了！”

年轻人依样葫芦，遵示照办，过不多久，跑回来说道：“葫芦口太小，我把盐块装进去，它不化；伸进筷子，又搅不动，我还是无法领悟奥妙。”

智者拿起葫芦倒掉了一些水，只摇几下，盐块就溶化了，智者慈祥地说道：“一天到晚用功，不留一些平常心，就如同装满水的葫芦，摇不动，搅不得，如何化盐，又如何领悟进步？”

年轻人:“难道不用功可以进步吗?”

智者:“修行如弹琴,弦太紧会断,弦太松弹不出声音,中道平常心才是领悟奥妙的根本。”

年轻人终于领悟。

平常心是一种境界,有位哲人曾说:“本来无一物,何处染尘埃”,他的这种超脱物外、超越自我的境界正是平常心最好的解释。他们不是“看破红尘”,更不是消极遁世,相反,他们所要表现的却是一种积极的心态,以平常心观不平常事,则事事平常,无时不乐也无时无忧。其实真正的平常心就是享受生活中的平凡和简单,只要能把心态放平稳,不要被外界的动乱干扰,就是拥有一颗真正的平常心。

传说有一位得道哲人,在一个阴风陡暗、山雨欲来的傍晚经过一片坟地,看见一位大汉瑟缩在一棵大树下虚汗淋漓。哲人问他何以至此,惊恐万分的大汉说不成句。只是结结巴巴地说了一句“怪……怪……怪蛇”就软瘫下去了。

哲人一看,原来草丛里有一条大蛇正在吞食一条与自己不相上下的大蛇。而前者也即将胀死,在艰难地摇动着尾巴;后者也即将憋死,也在艰难地摇动着尾巴。这里是坟地,前不着村,后不着店,大汉在这阴森的环境里突见此两头“怪蛇”,便惊慌失措,疑是死路一条了。哲人向大汉说明实情后,大汉立即恢复常态,并拾起“双尾蛇”带回家去了。这里,平常心救了一位将被吓死的生命。

拥有平常心,可以让我们减少忧虑。现代人的疾病不仅仅是生理上的疾病,更严重的还是心理上的疾病,而心理上的疾病大多数由忧虑所引起,或者因忧虑而加重了病情。事后我们会发现其实是在杞人忧天。

平常心,是一种不为感情所左右,不为名利所牵引,洞悉事物本质,完全实事求是的心理状态。它不是仰视,不是俯视,而是平视——平淡、平等、平凡、平静地看问题。平常心要以知识为底蕴，无知是不能拥有平常心的；平常心要以勇气为后盾，懦弱是不敢拥有平常心的。平常心不是墨守成规、不牵强附会、不察言观色、不患得患失、不人云亦云、不借梯上屋的，只有完全抛开了得失、荣辱以至生死的人才能做到。在平常心态下，生命便具有了最高意义，行为便有了广阔空间——很多的时候就有了高招、绝招，就能走出困境、险境。

平常心是化解人生烦恼、医治失意的一剂良药。以平常心去看待发生于周围的一切，以平常心对待别人和自己，会给自己的生活和工作带来许多开心和乐趣。

你决定心态，心态决定你的人生

改变人生要从改变心态开始。心态是我们真正的主人，心态控制了个人的行动和思想。心态决定了我们的视野、事业和成就。只要心态是正确的，世界也会变光明。用什么眼光看世界，世界便是什么样子，一旦你改变了观点，世界也因此而转变。

“就算是到了最艰难的环境里，人也还有一种自由，就是选择自己的心态。”维无托·富兰克尔说。心态是横在人生之路上的双向门，人们可以把它转到一边，进入成功；也可以把它转到另一边，进入失败。你不能改变天气，但你可以左右自己的心情，你不能控制环境，但你可以调整自己的心态。面对日益激烈的社会竞争，面对突如其来的打击，面对复杂的社会人际关系，我们无计可施的时候，唯一能调整的就是自己的心态。

哲学家斯宾诺莎提出了一个著名的观点：快乐和痛苦是完全可以相互

转换的。积极的心态支配着成功人士的人生，使他们在做人的时候，不拘泥于陈规，而是积极地思考，保持乐观的情绪；而失败者则被过去的失败和忧虑所支配，他们做人保守而呆滞，心态消极、空虚、悲观。当然，积极的心态不能保证你的人生一帆风顺，事事成功，但是，它一定会改善你做事的方式，进而改善你的人生。

世间万事万物，有两种观念来看待，一个是正的、积极的，另一个是负的、消极的，这就像钱币，一正一反。怎么看完全决定于你自己的想法。好的心态可使人快乐、进取，有朝气、有精神；消极的心态则使人沮丧、难过，没有主动性。积极的心态，会让你有健康的心理，积极的行动，快乐的情绪，有助于发挥你的潜能；负面的心态，只会带给你负面的心理，负面的情绪，阻碍你能力的发挥。

如同一枚硬币的两面，人生也有正面和背面。光明、希望、愉快、幸福……这是人生的正面；黑暗、绝望、忧愁、不幸……这是人生的背面。那么，你会选择哪一面呢？

心理学家认为：以为自己处于某种状态并相应地为之，这种状态就会越发明显。也就是说，你想要什么状态，就装出你已经有了那种状态，并在言行中表现出来，你就会真的处在那种状态之中。真正决定事物结果的根源并非该事物的本身，而是我们自己对事物的信念、评价与解释。即一切的根源不是事物的本身，而是有权对该事物做出不同评价的我们自己。心态决定一切。我们无法改变这个世界，但我们可以改变对这个世界的想法，我们无法改变一个人的性格，但我们可以改变对一个人的态度。

雨后，一只蜘蛛艰难地向墙上已经支离破碎的网爬去，由于墙壁潮湿，它爬到一定的高度，就会掉下来，它一次次地向上爬，一次次地又掉下来……

第一个人看到了，他叹了一口气，自言自语：“我的一生不正如这只蜘蛛吗？忙忙碌碌而无所得。”于是，他日渐消沉。

第二个人看到了，他说：这只蜘蛛真愚蠢，为什么不从旁边干燥的地方绕一下爬上去？我以后可不能像它那样愚蠢。于是，他变得聪明起来。

第三个人看到了，他立刻被蜘蛛屡败屡战的精神感动了。于是，他变得坚强起来。

不同心态的人看待同一件事物有不同的角度，有成功心态者处处都能发觉成功的力量。做人做事，必须要有好的心态。想要改变自己的命运，首先要以自己的心，来改变自己的行为态度。能改变结果吗？恐怕未必；能改变外在的环境吗？实在很困难；能改变他人吗？并没有把握；唯一能改变的，全在自己心态的合理调整。

积极的心态会带给你积极的人生。一个人有什么样的精神状态就会产生什么样的生活现实。只要你心态良好，坚信自己能很圆满地完成工作，你就会自信，而你经常这样想，并有意识地去做到最好的话，你的人生就会成功。所以当一个人越懂得如何做人的时候，他就会越觉得，只要自己努力就一定能成功，在这个世界上获得成功人生，除了自己，没有人能打败你。一个人能成为什么样的人，取决于自己一定要做什么样的人；一个人拥有什么样的命运，取决于自己一定要选择什么样的命运。不要轻易说该想的办法自己全想了，不要轻易说自己已经用尽全力了，不要轻易认为某一件事根本不可能做成。相信自己能行，就一定行。

乱花渐欲迷人眼，回归平淡才是真

平平淡淡的生活才是真实的生活，要想生活得更真实、更恬淡，不妨以一颗平常的心过一种平淡的生活。在当今的现实生活，人们都追求真真实实地做人，踏踏实实做事，平平淡淡生活境界中，回归平淡，也成了一种时尚。

平淡是人生中最好的伙伴，平淡对人而言，凭借自己的理性，在生命的长河里，快乐地生活。面对任何事情可以安心地去看待和思考，这是一种机智和韧性的表现，那就是我们内心的平淡，耐人寻味的平淡。每个人都想平淡生活，拥有平淡就有从容，就会珍惜自己的那份坦然，宁静的心境，拥有从容，那是一种超脱和大度。

人的一生是崎岖不平的，总会遇到高山险川，那是你施展才华，铲除障碍的时刻。但人的一生大部分时间是在平淡的生活中度过的。在这平淡中有着深情，有着实实在在的幸福。在平淡的生活中提高自身的修养和质量，懂得生活并学会保鲜；懂得浇灌和品味柴米油盐的平淡日子，每天享受阳光的照射，雨水的滋润，给平淡的生活增添一份恬静并诗情画意的温馨与浪漫。

我们只有拥有平淡的真实，才真正懂得品味人生，舒展人生。拥有自我，心存淡泊，拥有平淡，那才是今天的精神，就是你坦坦荡荡，自自然然的快乐，生活中的点滴愉悦，也是生活中的原汁原味，平淡是清雅的人生，平淡是人生中的飘逸，平淡也是人生中幽远的路。平淡是自然的路，犹如那花开花落，如四季的更换，也如我们宁静的生活，生命中会充满生机，是一道人生最有价值的风景。

平淡是一种生活的状态。大多数人在大多数的时间里都是处在这种状态下的。工人去车间里干活，农民去田地里干活，老师在课堂上教书，职员在电脑前工作，这就是生活的常态。坦诚接受平淡的现实，尽情地享受这份难得的平淡时光，将是人生一大幸事，如果能抓住这个机会，充分利用这段宝贵的时间会为你的成功创造更多的机会。如果你不想因为聪明而太劳累，那么做个简单、平和的人也是一种幸福。

比尔·盖茨这位世界首富没有自己的私人司机，公务旅行不坐飞机头等舱只坐经济舱，衣着也不讲究什么名牌；更让人不可思议的是，他还对打折商品感兴趣，不愿为泊车多花几美元……为这点“小钱”，如此斤斤计较，他是不是个“吝啬鬼”呢？

比尔确实是一个与众不同的人，单从他对待金钱的态度上就可以看得出来。对他而言，创业是他人生的旅途，财富是他价值量化的标尺，他曾经说过：“我不是在为钱而工作，钱让我感到很累。”

“我只是这笔财富的看管人，我需要找到最合适的方式来使用它。”这就是比尔对金钱最真实的看法。

事实上，钱既不会改变他的生活，也不会使他从工作上分心。他经常告诉那些向他求经的朋友：“当你有了 1 亿美元的时候，你就会明白钱只不过是一种符号而已。”

比尔非常讨厌那些喜欢用钱摆阔气的人。他在杂志上发表自己的见解：“如果你已经习惯了过分享受，你将不能再像普通人那样生活，而我希望过普通人的生活。”

在生活中，比尔也从不用钱来摆阔。一次，他与一位朋友前往饭店开会，那次他们迟到了几分钟，所以没有停车位可以容纳他们的汽车。于是，他的朋友建议将车停放在饭店的贵客车位。比尔不同意，他的朋友说：“钱可以由我来付。”比尔还是不同意，原因非常简单，贵客车位需要多付 12 美元，比尔认为那是超值收费。比尔在生活中遵循他的那句话：“花钱如炒菜一样，要恰到好处。盐少了，菜就会淡而无味，盐多了，苦咸难咽。”

一次比尔应邀参加由世界32位顶级企业家举办的“夏日派对”，那次他穿了一身套装，这还是美琳达先前在泰国普吉岛给他买来拍照时穿的衣服，样子还不错，只是价格还不到歌星、影星一次洗衣服的钱。但比尔不在乎这些，很高兴地穿着这套衣服参加了这次会议，他生活的信条就是：“一个人只要用好了他的每一分钱，他才能做到事业有成、生活幸福。”

平日里，如果没有什么特别重要的会议，比尔会选择便裤、开领衫，以及他喜欢的运动鞋，但是这其中没有一件是名牌。

在与员工平时相处中，比尔从不像是个有钱人，他常对人说，与其说他有钱，还不如说他是“软件产业的卓越开拓者与领导者”更让他感到兴奋。他不喜欢什么事都与钱挂在一起，把金钱看成万能。

一次，他在出席会议的时候，主持人给他租了一辆高级轿车，他硬是拒绝了，然后租了一辆很普通的汽车前往。在微软，比尔已经成为员工，尤其是一些新员工的榜样，他的作风感染了许多人。所以微软员工的朴素也是很出名的。这并不是说比尔吝啬，或是小气，他是在锻炼自己的意志力，也是在培养员工的艰苦创业精神，无疑这是一种非常可贵的精神。

很多人都知道功名利禄会给人带来幸福，殊不知功名利禄也会给人带来痛苦。为了功名利禄，我们劳心、劳神、劳力；为了功名利禄，我们计划、忙碌、奔波；为了功名利禄，我们怀疑、欺诈、争斗；为了功名利禄，我们玩阴险，耍诡计，溜须拍马。

当人们的眼里只有金钱、名誉和地位，忙得连认识自己的时间都没有，忙得连修身开智的时间都没有，忙得一辈子都不知道为什么活着，忙得连关照自己的身体都没有，忙得连关爱家人的时间都没有。这样的钱赚来何用?这样的人其实很可怜，他们根本不知道生活本身其实就是最大的财富，唯有生活才是真正的主体。我们不能没有财富，但不能反过来被财富所奴役。人生的意义和终极追求应该是：回归平淡才是真，要追求的是身体的健康、家庭的幸福、内心的安宁，而不是为权力、财富、名誉、金钱和地位。

做人切忌浮躁，江河湍急岸常静

在一些人的心灵深处，总有那么一种力量使他们茫然不安，让他们无法宁静，这种力量就是浮躁。浮躁是一种情绪，一种并不可取的生活态度。浮躁者做事无恒心、见异思迁、不安分守己、脾气急躁、总想投机取巧、对现有目标的专注度不够、耐心度不足。浮躁不仅是人生最大的敌人，而且还是各种心理疾病的根源。

在生活中，人们热情饱满，凡事跃跃欲试，自然不是什么坏事，生活本来就需要这样一种劲头。如果每天生活得懒散不羁，对人对事毫无热情，那么生活往往会成为一潭死水，毫无生命气息可言。但是热情也要讲究方式，热情用在积极的心态上，是一种动力。而人们所表现出的浮躁，则是一种对热情的错误运用。

《论语》说："欲速则不达，见小利则大事不成。"但是，当今社会，经济正在高速发展，物质水平不断提高，不少人似乎少了耐心，多了急躁；少了冷静，多了盲目；少了脚踏实地，多了急于求成……在市场经济的大背景下，很少人能按捺住自己躁动的心，守住自己可贵的孤独与寂寞，而是变得越发浮躁和一定程度的急功近利。

浮躁的人虽然并不缺乏生活热情，但是却缺少合理分配和利用热情的能力。这类人在处世上常常缺乏理智、容易半途而废、浅尝辄止，宜将热情消极化。如梁实秋所说，"为迫切完成某事而心浮气躁，就容易导致言行过分，这不仅有碍于人际关系，容易语出伤人，更容易分散心智，影响做事的效率或是错过眼前的良机”。

古时候有这样两兄弟，他们俩都很有孝心，他们每日上山砍柴换钱为老母亲治病。

一位神仙被他们的孝心所感动，决定帮助他们。于是告诉他们两个人说，用四月的小麦、八月的高粱、九月的稻、十月的豆、腊月的雪放在千年泥做成的大缸内密封七七四十九天，待鸡叫三遍后取出，汁水可卖上大价钱。

兄弟两人各按神仙教的办法做了一缸。待到四十九天鸡叫两遍时，老大耐不住性子打开缸，一看里面是又臭又酸的水，便生气地洒在地上。老二则坚持到了鸡叫三遍后才揭开缸盖，发现里边是又香又醇的酒。

这就是“酒”和“洒”字的来历。只是差了那么一小横，只是早了那么一小会儿，但却造成了巨大的差距。在有些时候，我们需要在心中添把火，以燃起某些希望：而在有些时候，我们需要在心中洒点水，习惯等待，以浇灭某些急于求成的欲望……只要我们能够真正地静下心来，认真地去学习、工作，我们做的会比现在好得多。

浮躁与对问题的认识有关，当认识到问题很紧迫、很重要时，往往会产生浮躁心理。浮躁会使人心神不安，甚至会出现情绪上的紊乱状态。浮躁的人容易灰心。一个人在急于求成的情绪支配下，往往操之过急，不等深思熟虑，也不等准备工作做完后便马上开始工作，这样当然很难取得圆满的结果。当事情遭到挫折时，往往不能冷静地分析原因，而是带着更加浮躁的情绪，不冷静地进行下一步的活动，结果仍然没有满意的结果，时间长了，就会使人丧失对自己的信心。浮躁的人易怒。生活中，爱发脾气的人往往都是性子很急的人。愤怒容易使人失去控制，在盛怒下失去理智，做出伤害自己或他人的行为，在很大程度上都是由于浮躁情绪的推波助澜所致。

浮躁的人常有如下表现：不论干什么工作，兴头来了马上动手，既没认真准备，又无周密计划，而且一开始就急于见成效，遇到困难时更是烦躁不安，心情格外急切；处理矛盾和问题时，易鲁莽和冲动，盲目行动，往往事与愿违；在学习上则表现为好高骛远，急于求成，有时很想把成绩搞好，但又缺乏扎实的努力，一段时间后成绩没上去，急得不知从何干起；特别是经过努力以后成效不大，就耐不住性子，结果成绩还是上不去，形成越上不去越急、越急越上不去的恶性循环。

其实，成功与失败，平凡与伟大，往往就在等待的一念之间。许多成功人士的重要秘诀也就在于他们将全部的精力、心力放在一个目标之上，而且善于等待。而另外还有一些人，他们虽然很聪明，但心存浮躁，做事不专一，缺乏意志和恒心，到头来只能是一事无成。

对许多人来讲，幸福好像是一种奢侈。生存的压力往往将人们美好的憧憬和梦想碾得支离破碎。我们似乎有很多理由放弃，并抱怨社会的阴暗与不公。我们常常因羡慕他人的财富而焦虑，又在焦虑中埋怨自己的生活。失去了内心的平静，人性的弱点随着日益浮躁的心态而放大，害怕寂寞和孤独，害怕坚持下去得不到结果。功利的幸福标准，患得患失的心态，浮躁的性格让我们难以感受到幸福。

《法句经》上说："深渊水清，如静。"有智慧的人，不会为了小事情慌乱，面临重大问题时也能果断地作出判断，轻易地渡过难关。相反，浮躁的人往往只顾眼前，一旦面临抉择，就不知所措起来。要想改变浮躁性格可以从以下几个方面来做：

在实践中锻炼耐心。耐心都是锻炼出来的，缺乏耐心也就等于自动丢掉了成功的机会。在生活中多多锻炼自己的耐心，做每一件事时都要学会安下心来，不要总是想着结果如何，要把精力放在如何做好这件事上。

遇到急事先冷静。焦急的情绪并不能帮你解决任何问题，只有思考才行，思考一下如何做才能最大限度地降低损失，怎么样处理才能较合理地解燃眉之急，然后马上去行动。

学会循序渐进地做事。凡事不可贪大，成功要一步一步来，做事前首先要安下心来，为自己树立起框架，然后从最微小的部分做起，循序渐进，逐渐完成。

多看有积极意义的电影或书籍。这既能让你放松心情，调节生活节奏，同时也能为你带来更强大的生命动力，让你拥有更多的生活热情。

浮躁这种情绪对我们生活的影响越来越大。人浮躁了，就会终日处在又忙又烦的应急状态中，脾气会变得暴躁，神经会越绷越紧，长久下来，会被生活的急流所裹挟。这种情绪在人的内心里积存下来，久而久之，逐渐形成了某些人固有的性格，使他们在任何时候任何环境中，都不能平静下来，因而不自觉地，在盲目和冲动的情况下，作出错误的决定，给自己造成更大的精神压力。因此，想成就大事者，要心存高远，更要脚踏实地。

淡泊识真味，宁静方澄明

诸葛亮说："夫君子之行，静以修身，俭以养德，非淡泊无以明志，非宁静无以致远"，只有不被世间的金钱、名利捆束，不因人生一时一事的得失烦恼顿足、颓废失常，不因世俗的浮华、浮躁所困惑，才能真正平心静气地找出自己活着的目的，找到自己奋斗的方向。淡泊宁静是人的一种生活态度，更是一种人生的境界。

人生苦短，岁月易老。一个人如果欲望太多，什么都想得到，又什么都不肯释怀的话，那么生命该如何承受重负，人生又怎能获得快乐呢？在社会这个大舞台，每天都在上演着不同的悲剧。为了生存，为了责任，为了事业，为了理想，每个人都在扮演着不同的社会角色。然而更多的时候，人们为了不同的利益，受制于名缰利锁的束缚，屈从世俗，俯仰权势。丧失了本真的自我，成为一个戏中的角色，在自愿或不自愿、自觉或不自觉地表演着。很多时候，如木偶一般，笑语喧哗，人影晃动，但却身不由己。看似热闹，实则与人生追求快乐幸福的目标背道而驰。

因此，在人生的旅途，追求一种淡泊，坦然面对生活对你的赐予，包括所有的磨难和不公。用平和淡定的心态去看待社会现实中的一切。不惊宠辱，不计较得失，也许我们就会活得轻松、活得精彩、活得有滋有味。“万绿丛中一点红，动人春色不需多。”生活中，懂得了一个“淡”字，人生的无限风光就尽在其中了。

人性太软弱了，经不起功名利禄的折磨，如果你贪恋富贵，就会被富贵搅得寝食不安；如果你沉迷酒色，就会跌进酒色的陷阱；如果你追逐金钱，就会被金钱牵着鼻子走；如果你热衷名利，那就会被套上名缰利锁，只会依附权贵，看脸色行事……

在人生舞台上，还原真我，尽量剔除演戏的成分，需要人生的智慧，更需要一种淡泊宁静的心态。与淡泊相反的是人类的欲望。要扼制住人的过度欲望，不使其成为脱缰的野马，既要靠一个人的思想修养，又要靠勇气和信心。人只要具有了淡泊之心，才不会为尘俗所迷，为物欲所困，为诱惑所动。也才会心境明净，不粱尘埃。

不论你看到哪一个真正伟大的、有深度的人物的时候，你都会发现他们在生活上似乎都统一一致的谦卑、低调、不张扬，心境平和，但并没有因此而妨碍他们有超人的敏感力、观察力和果断力。人是一种有思想、有思考的动物，这也就决定了他会比生物界其他任何的动物都有更超常的自控能力。

诸葛亮早年不得志，不为志向所屈，故结庐于襄阳城西隆中山中隐居待时。诸葛亮在隆中潜心耕读，精研时势，结交名流，并自比春秋时期卓越的政治家管仲和杰出的军事家乐毅，被世人誉为“卧龙”。

公元207年，求贤若渴的刘备三顾茅庐，请计于诸葛亮。诸葛亮精辟地分析了天下形势，提出了统一天下应走鼎足三分、联吴抗曹的道路，也称“隆中对策”。这是诸葛亮为刘备提出的一条正确的政治路线和军事路线，也是诸葛亮一生的行动纲领。从此，刘备的事业才出现了转机。

公元208年，曹操率30万大军南下荆州，诸葛亮以其大智大勇出使东吴，说服东吴联合抗击曹操，取得赤壁之战的胜利，为刘备取得了立足之地。诸葛亮在著名的《诫子书》中说，君子的品行，以安静努力提高自己的修养，以节俭努力培养自己的品德。不恬淡寡欲就不能显现出自己的志向，不宁静安稳就不能达到远大的目标。从此，“淡泊明志，宁静致远”成了君子修身养性的准则。

“非淡泊无以明志，非宁静无以致远，”孔明是何等的人物，竟说出了如此美妙动听的话语？想一想，在兵车辚辚、军旗猎猎的戎马倥偬中，在白骨蔽野、血流漂橹的征战杀伐中，尚存以宁静求致远的深思，真是难得。生活在现代的人们，有没有在氤氲着宁静的氛围中放飞自己的心灵？

当然，淡泊不是安贫乐道，更不是甘于平庸，不思进取。淡泊是为人处世的人生情怀，更是一种令人向往的人生境界。古人云，不以物喜，不以己悲。先贤的智慧，穿越悠久的时光隧道，至今仍然在指导着我们生活的方向，温暖着被尘埃蒙蔽的人心。淡泊是一种人生的潇洒。面对红尘喧嚣，面对繁华诱惑，保持一种神定气闲，留一份淡泊给自己，生命自然就会月明风清，天高云淡。

淡泊人生，并非消极逃避，也非看破红尘，甘于沉沦。淡泊是一种对待生活的心态，一种修身养性的境界，一种待人接物的智慧。人生也需要激情，平淡的日子叫生存，激情的岁月才叫生活。无论是你的生存，还是你的工作、生活、情感，都应该去创造激情。人生需要激情，激情是动力，激情是创造力，要敢于捕捉生活中无处不在的激情，只有激情飞扬，人生才更精彩。

拥有平常心的人才能体会到淡泊是一种享受。淡泊不是看破红尘，不是对人间一切事物的否定，更不是思想麻木、无所作为的得过且过。学会淡泊将会使心灵净化成晶莹剔透毫无杂质的宝玉；学会淡泊才能如鱼得水，自由自在地欣赏不可多得的美妙世界；学会淡泊才能得意时而不张扬，失意时而不消沉。学会淡泊才能得到实实在在心安理得的享受。

当代大学者钱钟书，终生淡泊名利，甘于寂寞。他谢绝所有新闻媒体的采访，某栏目的记者，曾千方百计想冲破钱钟书的防线，最后还是不无遗憾地对全国观众宣告：钱钟书先生坚决不接受采访，我们只能尊重他的意见。

20世纪80年代，美国著名的普林斯顿大学，特邀钱钟书去讲学，每周只需钱钟书讲40分钟课，一共只讲12次，酬金16万美元。食宿全包，可带夫人同往。待遇如此丰厚，可是钱钟书却拒绝了。

他的著名小说《围城》发表以后，不仅在国内引起轰动，而且在国外反响也很大。新闻和文学界有很多人想见见他，一睹他的风采，都遭到他的婉拒。有一位外国女士打电话，说她读了《围城》急切地想见他。钱钟书再三婉拒，她仍然执意要见。钱钟书幽默地对她说："如果你吃了个鸡蛋觉得不错，何必要一定认识那只下蛋的母鸡呢？"

淡泊，是一种内在的深度修养。身居陋室而有自己的生存乐趣，在心灵的桃花源里，寻觅着他人看不到的幽静。让宁静的内心世界，蕴藏着风格的高尚，把红梅与松柏作为自己的良师益友，用完美来点缀自己的人生。理智地将七情六欲看轻，将自身的疾苦与失落看淡。在自然中淡泊宁静的心情，让自己在淡泊的熏陶中，把自己培养成一个心理上健康、人格上健全的、有修养的、能宽容他人的人。让自己在淡泊的田园里，畅游自己的人生。

好的生活是内心平静的生活，高层次生活最明显的标志就是宁静。如果我们想要过一种高层次的好的生活，首先要做的是保持内心的清明，使自己的内心时刻保持一份宁静。

内心宁静的人，个性中往往透出一股坚韧的力量。生活的安逸或艰辛，时代的辉煌或苦难，折射到平静的内心，就能褪去历史的烟云、命运的无奈，融入自己的理想和信念,彰显内心的执著与从容,幸福的花香伴随生命活力的迸发,洋溢在人生的大河里。

内心的宁静,本是人的本性。淡泊明志,宁静致远,饱满活泼的精神世界有助于抑制物欲和浮躁。幸福只能在内心找到。自由是生命中唯一值得追求的目标。对那些我们无法控制的事情不予理睬,才能获得自由。如果我们的头脑充满了可悲的恐惧与野心,就不可能拥有一颗轻松自在的心。

保持一颗宁静的内心,就能清楚地了解自己的性格、爱好和处境,进而选择合适目标和道路,而不会被虚妄的念头或潮流所裹挟。理想和目标愈是远大,需要付出的努力愈是艰辛。没有宁静的内心,缺乏源自内心的力量,梦想永远只能是梦想。

学会"淡泊"、"宁静",修炼自己的精神品格,才会不断从烦躁、冲动的怪圈中把自己解脱出来。顺境的时候学会珍惜人生,逆境的时候学会坚强挺立。

不以物喜,不以己悲

"不以物喜,不以己悲"关键在于你自己如何理会,如何把握这个度了。太过了,会失去信心和动力,丧失对所有目标的追求;太亏了,又会患得患失、目光短浅,失去前进的方向。历览古今,抱定"不以物喜,不以己悲"这样一种生活信念的人,最终都实现了人生的突围和超越。

在生活的磨难中,你能取得令你欣喜的成就,相反也会令你走入人生的低谷,一蹶不振。如果能飞黄腾达、高官厚禄,你能在这种诱惑中把握住自己,泰然若之,用一颗平常心淡然地看待这一些,你就能在淡泊喧嚣的同时,给自己找到一份心的超然,一份宁静。

“不以物喜，不以己悲”，是庄重的人生态度。丢下超重的负荷，打开心灵的窗户，抛弃失意的包围，歇息在淡泊这块没有杂质的芳草地上，寻找心灵上的那份宁静。人生百态，五味俱全。或无声无息、或轰轰烈烈、或清风和煦、或暴雨瓢泼……不论是激昂的人生，还是散淡的人世，无论是失败者的东山难再起，还是成功者的硕果难久存，在轰轰烈烈中保持一颗平常的心境，在平平淡淡中享受着淡泊的快乐；不倾慕声威，不沮丧卑微。成败兴衰且不论，退一步海阔天空，一切都会变得坦然。

“不以物喜，不以己悲”，是一种宽宏的气度。这种气度不是小肚鸡肠，而是宽厚、仁慈的大度。能做到不争名利，不争宠于阿谀奉承之中，不心存忌妒，让平静的心中有一股自然的荡气与豪气，在生活的平淡中，淡然地看待一切。让自己的超然与洒脱、从容与镇定来为自己找一个淡泊的心境，让自己在平衡的心态里，品味出宽阔心中的内敛韵味。

战国时期，在长城外住了一位老翁。有一天，老翁家里养的一匹马无缘无故走失了。在塞外，马是负重的主要工具，所以，邻居都来安慰他，这位老翁却很不在乎地说：“这件事未必不是福气！”过了几个月，走失的那匹马居然带了另一匹马回家，这真是赚了，邻居都来庆贺。这位老翁却说：“这未必不是祸！”几个月后，老翁的儿子骑这匹马摔断了大腿骨，邻居们佩服老翁的料事如神之余也赶来慰问，而这位老翁却毫不在意地说：“这倒未必不是福！”事隔半年，敌人入侵，壮丁统统被征调当兵，战死沙场者十之八九，而老翁的儿子却因为摔断了一条腿免役而保住一命。塞上老翁这种通过长远时空、利弊并重的思考问题的方式，自然产生“不以物喜，不以己悲”的平常心，遂成为中国传统文化中睿智的典型。

“不以物喜，不以己悲”潜藏着一种向上的力量和敏锐的智慧。成功者不矜夸，智慧者不浮躁，求索者不患得患失，不计较是否有颇丰的收获，也不计较失大于得的比例失调。不以物喜，不以己悲，并不是给自己的碌碌无为找借口，也不是自认为是抛弃自我的理由，更不是万念俱灰的沮丧。而是一种自我的回归，是一种人生的体验，是一种平衡心态的洒脱。

“不以物喜，不以己悲”说起来很动听，也很诱人，但做起来绝非这么简单。世上有走不完的路，也有过不了的河。遇到过不了的河，遇到走不完的路就掉头而回。古今多少事，都付笑谈中，更是一份淡泊。保持一份平常心，遇事沉着冷静，对待成功和失败一笑而之。只有这样你才能真正领略平淡其义，你的心里才能永远拥有阳光。

南方楚国有一个人叫支离疏，他的脖子像丝瓜，脑袋形似葫芦，头垂到肚子上而双肩高耸超过头顶，颈后的发髻蓬蓬松松似雀巢，背驼得两肋几乎同大腿并列，好一个支支离离、疏疏散散的“美人”坯子！支离疏却暗自庆幸，感谢上苍独钟于他。平日里，支离疏乐天知命，舒心顺意，日高尚卧，无拘无束，替人缝衣洗服、簸米筛糠，足以糊口度日。

当君王准备打仗，在国内强行征兵时，青壮汉子如惊弓之鸟，四散逃入山中。而支离疏呢，偏偏耸肩晃脑去看热闹，他这副尊容谁要呢，所以他才那样大胆放肆。当楚王大兴土木，准备建造皇宫而摊派差役时，庶民百姓不堪骚扰，而支离疏却因形体不全而免去了劳役。每逢寒冬腊月官府开仓赈贫时，支离疏却欣然前去领到三盅小米和十捆粗柴，仍然不愁吃不愁穿。

一个在形体上支支离离、疏疏散散的人，尚能乐天知命，以淡然的心性，安享天年。那么，把这支支离离、疏疏散散从而遗形忘智、大智若愚的精髓运用到立身处世的方法中去，就可以逢凶化吉、远离灾难。月盈则亏，水满则溢，这是世之常理。否极泰来，荣辱自古周而复始。因此，大可不必盛喜衰悲，得喜失悲。

生活不是简单地为生而活，也许有着更广阔的内容，即使生活再忙碌，也要留点宁静的时间给自己，梳理一下自己的思绪，放缓生活的脚步，享受片刻诗意般的生活。生活的空间，须借清理删减而留出；心灵的空间，则经思考感悟而扩展。重要的不是发生了什么事，而是我们处理它的方法和态度。假如我们转身面向阳光，就不可能陷身在阴影里。

不为物所役，不为役所累。在东奔西跑，手忙脚乱之中，忘记了对生活本质的思考，甚至忘记了生活本身，于是，烦闷、苦恼、失望、焦躁、忌妒、愤怒等不良情绪便不请自到，如影随形。如果总是用功名利禄的鞭子驱使着自己一路狂奔，无暇顾及四季的变化，不给自己喘息的机会，那就可能背离生命的真谛，也很难实现真正的成功。

人，平平淡淡而来，也应平平淡淡而去。人生如一条淙淙流淌的长河，既有平静也有波澜壮阔的时候，既有重峦叠嶂时一泻千里的壮丽之美，也有走过一马平川时迂回柔情的安详。拥有一颗平常的心是正常生活的人的平常之举，拥有一颗平常的心才能学会满足，才能理解别人，善待自己，享受生活。宠辱不惊，去留无意，看庭前花谢花落，看天空云卷云舒。

人生需要云淡风轻，因为平平淡淡才是真。生活中不如意的事十之八九，令我们无法预料无从强求，但顺境中宠辱不惊、怡然自得，逆境里不大悲大愁、不弃不馁，笑看云卷云舒，静观花开花落，才解世间浮沉，更见人生真谛。淡看人生荣辱得失，一切均如过眼烟云，恬淡寡欲，去留无痕，真正的永恒只有心胸的豁达，应该是淡泊人生的最高境界。

人生心境就像浩瀚的大海，时有惊涛骇浪骤起，时有狂风暴雨的洗礼，也不乏宁静的港湾供你停泊心灵的小舟。在人生之海驾驭生活之舟时，既需要有迎风斩浪的勇气，也需要有不以物喜，不以己悲的心境！

孤独也是一种美，学会享受孤独

孤独是笔不可多得的精神财富，是命运给予我们的厚赠。拥有了孤独，就拥有了生命中不可或缺的美，享受孤独，就是享受绮丽的人生。

按照传统观念，一提及孤独，人们往往觉得可怜可悲，“形影相吊”、“孑然一身”等。这其实是浅层次的感受。真正深层次的孤独，则是一种高尚的修养，是心灵的宁静，是灵魂的洒脱。孔子说：德不孤，必有邻。一个人默默地做着自己喜欢的事情，认真工作的时候，是不孤独的，这个时候孤独也是一种美丽。

有的人即使长期孤灯独处，却很充实；有的人即使夜夜狂欢，心里却有无边的寂寞。关键在于你的精神世界是否充盈。你看那翱翔长空的雄鹰它是孤独的，但它拥有蓝天。雨果说：“孤独是一笔财富”，从另一意义上讲，学会孤独、拥有孤独也是一种福气。面对窗前明月，清茶一杯，好书一卷，听一曲清幽古乐，任情翱神游，让人生少些浮躁和媚俗，多些平静和安详，不亦乐乎？

赫胥黎说：“越伟大、越有独创精神的人越喜欢孤独。”有人因美丽而孤独，有人因智慧而孤独，有时孤独并非由于内向，而往往是由于卓绝、太美丽的人生。有人因处处受挫，丧失自己朝夕相处的朋友、伴侣、宠物而孤独，理想追求遭到挫折也是一种孤独。

每一个站在最高处的英才，都是在人生的旋涡中耐得住孤独的人。刘勰就是一个终生与大自然为伴的人，并在这种孤独中成就了开中国文艺理论先河的《文心雕龙》；大画家齐白石说：“画者，寂寞之道。”他十载关门，研究画法，声言“饿死京华，公等勿怜”。成为中国画之巨擘；23 岁就获得哲学硕士学位的黑格尔，躲在偏僻的伯尔尼当了 6 年家庭教师，在孤独中摘抄了大量卡片，写了大量笔记，终于成为德国古典哲学大成的伟大理想家和美学家。

孤独对凡人而言，往往是一种难以忍受的情感，是一种感到自己情感无法沟通、孤立无援的心理感受。一个独居深山老林的人并不都是孤独，而一个身居闹市的人也并不是不孤独，人数的多少并不决定是否孤独。孤独其实是一个人的上进心问题，一个上进心强、在生活中努力拼搏的人，忙得不亦乐乎，哪有孤独可言；而一个碌碌无为，不求上进的人，孤独便成了他打发时间的唯一途径。许多行将就木的老头总爱在繁华的十字街头，望着熙熙攘攘的人群，追忆往昔的繁荣。少女由于青春的骚动没得到满足，便产生了孤独，而让那形象和灵魂都十分蹩脚的“爱之神”乘虚而入，制造出一起又一起破绽百出或染满不幸的情事，从而失去终生愉悦的爱的明媚，是受不了孤独的最惨下场。世间最大的孤独是空守闺房，此时心灵的欲求和现实的反差最强烈。狄德罗说：“忍受孤独或者比忍受贫困需要更大的毅力，贫困不过是降低人的身价，但是孤独就会败坏人的性格。”

但孤独是文学家难得的财富，孤独催生创作，文学和艺术便是人类在孤独中的自慰。孤独也是对人类作出伟大贡献的哲人圣者的宝贵财富，他们总是在淡泊中反省，在深思中明志。于是，在孤独中走出了康德，走出了黑格尔，走出了一个哲学的古典时代。孤独有时也是一种无奈，一种不被接受的放逐，可倘若自己不被理解，不如扭过头去，一个人流浪。庸俗总是排斥独特，渺小总是毁谤伟大，一座山峰的封顶总是高于基座，所以注定孤独。

思想是抗拒孤独的最后也是最恒久的武器，善于孤独者可以保持独创精神及与众不同的思维，因为孤独的人不为别人的意见、习惯、判断所左右，从而在自己的事业上有所建树。

因此，看你如何对待孤独。当你把孤独当作尊贵的天使加以迎接时，它便成为宁静，你可在宁静中重忆回时路，唤起记忆的甜蜜；或在独处中得以超脱，让孤独滋生哲理的花朵，激发出诗人的火花；或用它来梳理纷乱的情感，重新步入正常的轨迹。正如科学家巴斯德说:“告诉你我达到目标的奥秘——坚持孤独精神。”而你把孤独当作无聊的乞丐加以打发时，你便更感寂寞。这时，炙热的内心在故装冷漠的外表之下煎灼着你，使你坐立不安，正如诗人所言“自卑的孤独者是世界上最可怜的人”。为此，意志薄弱者，为了摆脱孤独，寻找安慰和刺激而沉沦；意志坚强者，在孤独中，因追寻充实和超脱而升华。南森说:“人生的第一件大事是发现自己，因此人们需要不时孤独和沉思。”

走出孤独，你可以去从事自己最擅长能激发所有兴趣的活动，如交友、探亲、旅游、聚餐、打球、唱歌、上网、聊天，全身心忘我地投入到工作或活动中，便可忘记孤独；走出孤独，你可以读一本好书，当茫茫人海中找不到一张亲切的脸，便在书中寻找，找来一个人与之对话；走出孤独，你可以找个属于自我的空间、时间，想一想，我今天干了些什么?哪些是对的?哪些是不对的?哪些可以发扬?哪些可以改正?梳理自己纷乱的情绪；走出孤独，要学会静心，此时的表现往往容易草率行事，谋定而后动才是一种成熟的表现。

与其无法回避，不如干脆享受一番。人生在世，谁也难免孤独，与其在孤独中无趣地打发时光，不如在孤独中把生活调节得有滋有味，躺在孤独的海洋里，品味一份属于自己的宁静，思索人生的真谛。

第11辑

随缘心怀感恩，广结善缘

懂得感恩的人，是真正成熟的人；懂得感恩的人，是内心充满爱的人；懂得感恩的人，是令人敬佩和尊敬的人。感恩，不仅是一种礼貌，更是一种健康的心态。

让我们每个人都常怀一颗感恩之心，常做报恩之事，常有施恩之德。

拥有一颗感恩的心才能感知世界的美好

拥有一颗感恩的心，为自己已有的而感恩，感谢生活给你的赠与。这样你才会有一个积极的人生观、良好的心态。

生命是相互依存的，每一样东西都依赖着其他每一样东西。无论是父母的养育、师长的教诲、配偶的关爱，他人的服务，人自从有了生命起，便沉浸恩惠的海洋里，一个人真正明白了这个道理，就会怀着一颗感恩的心感知世界。

感恩是无处不在的，并不是谁帮助了你、关怀着你才要感恩。感恩是一种心态，也是一种境界。我们要对恩人感恩，无可厚非，但是不仅仅恩人才值得感恩。生活中一切事物和事情都存在着感恩的情结，父母的恩情、朋友的情谊、恋人的爱情、大自然的一花一木、生活中的挫折的境遇、自己的追求和信仰……都需要我们用感恩的心态去感知和对待。人的一生纠缠着很多事情，爱情，亲情，友情，成功，得失，进退，荣辱……总有一些带给你苦痛，总有一些带给你欣喜，苦乐酸甜才是人生。唯有常常感恩，才能时时收获慰藉和幸福。

感恩是一种处世哲学，也是生活中的大智慧。一个智慧的人，不应该为自己没有的斤斤计较，也不应该一味地索取，使自己的私欲膨胀。每天怀有感恩地说“谢谢”，不仅仅是使自己有积极的想法，也使别人感到快乐。在别人需要帮助时，伸出援助之手；而当别人帮助自己时，以真诚的微笑表达感谢；当你悲伤时，有人会抽出时间来安慰你等，这些小小的细节都是一颗感恩的心。

滴水之恩当涌泉相报，即使做不到滴水之恩，滴水相报总是人之常情。善待他人即是在善待自己。为他人尽力，即为自己尽力；不帮助他人的人，也不能得到他人的帮助。能帮人处且帮人，能饶人处且饶人。

我的手指还能活动；

我的大脑还能思维；

我有终生追求的理想；

我有爱我和我爱着的亲人与朋友。

“霍金先生，卢伽雷病已经将你永久固定在轮椅上，你不认为命运让你失去很多的出路吗?”在一次学术报告后，一名记者对数学大师提出这样的问题。大师的脸上充满微笑，用他还能活动的3根手指，艰难地敲击键盘后，显示屏上出现了上面四段文字。

3根手指和一个能思维的大脑是霍金身上唯一能动的部件。这个人生的斗士，这个智慧的英雄，除了他超人的意志之外还靠什么?是爱。没有爱他的人的照顾，卢伽雷病是不会让他活到今天的，也许他在生病之初就与世长辞了。奥斯特洛夫斯基全身不能动弹，但可以说话，才得以口述完成他的巨著。我国史学大师陈寅恪的巨著《柳如是别传》和著名哲学家冯友兰的巨著《中国哲学史新编》，也都是著者在双目失明或双目视物不清的情况下全凭口述而“写”出来的。

成功的喜悦，胜利的光环，常常会令人忘乎所以，但是，我们永远不应该忘记那些帮助过自己的人。所以，这个如今完全可以骄傲地面对人生的人，他在回答完那位记者的提问后，又艰难地敲出了第五句话：“对了，我还有一颗感恩的心!”

感恩是一个人与生俱来的本性，是一个人不可磨灭的良知，也是现代社会成功人士健康性格的表现，一个连感恩都不知晓的人，必定是拥有一颗冷酷绝情的心，也绝对不会成为一个对社会作出贡献的人。感恩，是一种对恩惠心存感激的表示，是每一位不忘他人恩情的人萦绕心间的情感。学会感恩，是为了擦亮蒙尘的心灵而不致麻木；学会感恩，是为了将无以为报的点滴付出永铭于心。

一头吃饱喝足的大象正在睡觉。突然，它感到身上痒痒的，好像有什么东西在它的躯体上行走。大象的美梦被打搅了，睁开惺忪的眼睛，瞅见一只老鼠惊慌地从它身上窜过，不禁勃然大怒，大吼一声，伸出长鼻子就要打死小老鼠。

老鼠哆哆嗦嗦地哀求道："尊敬的大象先生，求您饶了我吧！我实在是无心之过啊，或许有一天我会报答您的大恩大德的！"

大象听了老鼠的话，情不自禁地哈哈大笑，对老鼠吼道："那我就暂且饶你一命。记住这次教训，尽管你是永远不可能帮助我的！"

老鼠谢了大象后，一溜烟地逃走了。

过了好长时间，大象早就把老鼠的事忘得一干二净，确切地说，它压根儿没把这事放在心上。

一天，大象不小心被猎人们抓住了。猎人们用粗绳子把大象的四只脚紧紧绑住，但是大象实在太重，光靠几个人根本抬不动。于是，他们返回村去叫人帮助。这一幕恰巧被四处觅食的老鼠看到了，于是，它决定救大象。"你从前曾放过我一次，我说过会报答您的，"老鼠对大象说，"我现在就履行我的诺言，让你重获自由。"

"你能使我恢复自由？"大象诧异地问，"这怎么可能呢？"

"你就等着瞧吧！"老鼠回答。

说罢，老鼠开始用它的利齿啃咬捆着大象的粗绳。最终，绳子一根一根被老鼠咬断了。

大象获救了。

"真是谢谢您啊！"大象激动地对老鼠说。

"我会报答您的，我曾对您保证过，我现在履行了自己的诺言，"老鼠平静地说道，"想当初，您压根儿不相信，您嘲笑我，在您眼中，我一个弱小的老鼠不可能会帮助您。但事实证明，我做到了。”

大象的一次无心善举，竟使自己逃脱了一次灭顶之灾，这是它万万想不到的。你对我有情，我就会对你有义，聪明的人都会多做善举。在这个世界上，谁都有需要帮助的时候，无论它看起来是多么的强大。

土地失去水分的滋润会变成沙漠，人心没有感激的滋养会变得荒芜。不知感恩的人，注定是个冷漠自私的人。不知关爱别人的人，纵使给他阳光，日后他也不会释放出自身的热量。知恩图报是一个人应有的品德，人们都应该信守自己的诺言，对于在危急时刻给予我们的帮助，我们更应该加倍地报答和偿还。这是做人的本分，也是人格的修养。

凡事感恩：好也感谢——理所应当；坏也感谢——亮眼明心；顺也感谢——阳光是美丽的；逆也感谢——成功总在挫折后。别拒绝困难与挫折，困难在古希腊语中，意为“上帝授予之物”，接纳后才有惊喜，拥有一颗感恩的心才能感知世界的丰富和美好。

学会感恩让你更快乐

学会感恩，是为了擦亮蒙尘的心灵而不致麻木，学会感恩，是为了将无以为报的点滴付出永铭于心，学会感恩让你更快乐。对人常怀一种感恩的心，对事抱持一颗宽大的心胸，你会发现生命将更加精彩。

“感恩意味着一种责任。”感恩，说明一个人对自己与他人和社会的关系有着正确的认识；学会感恩，则是在这种正确认识之下产生的一种责任感。没有感恩和报恩，很难想象一个社会能够正常发展下去。只有学会感恩，人们对许多事情都可以平心静气；学会感恩，让人们可以认真、务实地从最细小的一件事做起；学会感恩，人们自发地真正做到严于律己，宽以待人；学会感恩，让人们正视错误，互相帮助；学会感恩，人们将不再孤独。

“感恩”是一种生活态度，是一种品德。感恩可以消解内心所有积怨，可以涤荡世间一切尘埃。感恩是一种做人的原则，懂得了感恩，学会了感恩，每个人都会拥有无限的快乐和一生的幸福。

感恩绊倒你的人，因为他们强化了你的意志。竞争的社会就免不了尔虞我诈，有些人为了达到自己的目的，会不择手段地在你前进道路上放置各种障碍。当我们遭遇这些阻挠时，请不要轻言放弃，要勇敢地面对。请相信，只要你坚持，阳光就在风雨后。压力就是最好的动力，这种越挫越勇的精神无形中便强化了自己的意志力。所以，请感恩绊倒你的人。

感恩遗弃你的人，因为他们教会了你要独立。一个人在成长和成熟的过程中，难免要经历自我独立。因为亲人不可能一生陪伴在你身边。正所谓，花无百日在深山，人无百年在世间。当我们的亲人因为某种原因放弃了自己，我们不能心生埋怨和悔恨，要懂得感恩，感恩他们一生不求回报无限地付出，感恩他们的及早放手。有一种爱叫放手，因为他们的放手我们才学会了独立。

感恩斥责你的人，因为他们让你学会了思考。人与人之间的相处过程中，有欣赏就有斥责。遭遇斥责请不要恼羞成怒。要学会自我反思，试着换位思考。这样在以后的人际交往中，你就会以此为戒，有则改之无则加勉。所以请感恩斥责你的人，是他们让你学会了思考。

感恩伤害你的人，因为他磨砺了你的心志。一个人在成长和成熟的过程中，难免会受到不同程度的伤害。因为人生不可能一帆风顺，当你的真诚换不回来等同的回报，请不要怨天尤人。请坚信，每一次伤害都是对你人生的洗礼，每一次伤害都是一种崭新生活的开始。舔舐伤口，把痛楚化作前进的动力，相信终有一天你会化茧成蝶。所以，请感恩伤害你的人，是他们磨砺了你的心志。

感恩欺骗你的人，因为他增长了你的阅历。生活中欺骗无处不在。当你被骗，请不要仇视对方，也不能自责。所谓吃一堑长一智，害人之心不可有，防人之心不可无。所以，请感恩欺骗你的人，因为有了他们的欺骗，才让我们无形中增长了社会阅历。

感恩在困境中帮助过你的人，是他们让你坚定了信念。感恩在顺境中忠言提醒你的人，是他们帮你校正了航向。感恩诬蔑你的人，是他们让你知道正人先正己。

小草心存对阳光雨露的感恩，一岁一枯荣之后又萌发新绿；雄鹰心存对蓝天白云的感恩，在清寒玉宇中展翅高飞；溪水心系对巍峨高山的感恩，从山涧低吟下泻；泥土心存对广袤大地的感恩，在田野里散发沁人的芬芳。我们生活在感恩的世界里，感恩生命的伟大，感恩生活的美好；感恩父母的言传身教，感恩老师的谆谆教诲。我们感恩大自然赋予生命的一切恩泽。

一只小蚂蚁在河边喝水，不小心掉了下去。它用尽全身力气想靠近岸边，但没一会儿就游不动了，在原地打转，小蚂蚁近乎绝望地挣扎着。这时，在河边觅食的一只大鸟看到了这一幕，它同情地看着这只可怜的小蚂蚁，然后衔起一根小树枝扔到它旁边，小蚂蚁挣扎上树枝，终于脱险回到岸上。

当小蚂蚁在河边草地上晒身上的水时，它听到了一个人的脚步声。一个猎人轻轻地走过来，手里端着枪，准备射杀那只大鸟。小蚂蚁迅速爬上猎人的脚趾，钻进他的裤管，就在猎人将要扣动扳机的瞬间，小蚂蚁咬了他一口。猎人一分神，子弹打偏了。枪声惊动了大鸟，它振翅飞远了。

尽管蚂蚁比大鸟弱小许多，但它却用自己的力量帮助大鸟躲过一次杀身之祸。

动物尤此，何况人乎？感恩是一个人该拥有的本性，也是一个人拥有健康性格的表现。生活、工作、学习中都会遇到别人给你的帮助和关心，也许你不能一一的回报，但是要学会感恩。

如果你想来表达你对别人或生活的感恩，也许你可以试着做到下面几条：

1. 养成感恩的习惯。对每一天怀有感恩。你并不需要感谢特定的某人，因为你可以感谢生活！感谢今天又是新的一天。

2. 不求回报的小小善意。不要为了私利去做好事，也不要因为善小而不为。行动强于话语，说声“谢谢”不如做一件小小善事来回报他。

3. 一份小小的礼物。并不需要昂贵的礼物，小小的礼物也足够表达你的感恩了。

4. 公开地感谢别人。在一个公开的地方表达你对他们的感谢，比方说办公室里、在与朋友和家人交谈时、在博客上、在当地新闻报纸上，等等。

5. 给他们意外惊喜。小小的惊喜可以使事情变得不一般。

6.对不幸也心怀感激。即便生活误解了你，使你遭遇挫折与打击，你也要怀有感恩。你不是去感恩这些伤心的遭遇，而是去感恩那些一直在你身边的亲人、朋友；你仍有的工作、家庭；生活依然给予你的健康和积极的心态，等等。

一个懂得感恩并知恩图报的人，才是天底下最富有的人。感恩是一种良知，是一种动力。人有了感恩之情，生命就会得到滋润，并时时闪烁着纯净的光芒。永怀感恩之心，常表感激之情，人生就会充实而快乐。

心怀善意，真诚待人

荀子说：“君子贤而能容罢，智而能容愚，博而能容浅，粹而能容杂。”大千世界，有人在的地方就是江湖，难免发生各种利害冲突。有君子，就有小人，有温情，就有冷漠。与人交往贵在以心交心，你真诚待人，别人才会真诚待你。即使对方心有成见，你肝胆相照的真诚也能使对方畅所欲言。

有位印度哲人曾经说过这样的话，如果某个人在路上发现有人中了箭，他不会关心箭从哪个地方飞来，也不会关心用什么木头做的，箭头又是什么金属，更不会关心中箭人属于什么阶层，他不会问这么多，只会努力去拔出那人身上的箭。这就是善意，是人之最本能、最原始的一种善意，正是这种善意使人类得以一代一代地传承。

与人相处要有一种求真的态度。这种求真的态度就是心怀善意，真诚待人。善意和真诚浓缩了几千年来人类追求真善美的精华，没有谁愿意拒绝别人的善意和真诚。

人际关系中有一条黄金法则："你想人家怎样待你，你也要怎样待人。"这是一条做人的法则，又称为"为人法则"，几乎成了人类普遍遵循的处世原则。古希腊伟大的哲学家柏拉图曾说："一定要善意地待人，因为你遇到的每一个人活得都不容易。"法国伟大的文学家、思想家卢梭也说："对别人表示关心和善意，比任何礼物都能产生更多的效果，比任何礼物对别人都有更多的实际利益。"

人际关系还有一条白金法则。白金法则是美国最有影响的演说人之一和最受欢迎的商业广播讲座撰稿人托尼·亚历山德拉博士与人力资源顾问、训导专家迈克尔·奥康纳博士研究的成果。白金法则的精髓就在于"别人希望你怎样对待他们，你就怎样对待他们"，从研究别人的需要出发，然后调整自己的行为，运用我们的智慧和才能使别人过得轻松、舒畅。在社交中和处理人际关系时，要尊重人，待人真诚，公正待人。

真诚对于人，可以说是立身之本。人与人之间，只有真诚相待，才是真正的朋友。谁要是算计朋友，等于自己欺骗自己。人和动物的一个根本区别就在于人的社会性，不论何时何地，人要在社会上立足、生存、发展，都要结成群体，不可能独来独往。真诚可以减少双方猜忌的机会，降低彼此误解的概率；真诚可以减少双方都不必费心费力在"算计"对方，较容易集中重点，讨论问题并达成共识；真诚的人表里如一，待人处世自然容易与人沟通。从这个意义上说，不真诚者绝于人群。诗人萨迪说过：“无论你是一个男子，还是一个女人，待人温和宽大才配得上人的名称。”

1969年，美国著名心理学家约翰·安德森在一张表格中列出了五百多个描写人的形容词，他邀请近六千名大学生挑选出他们所喜欢的做人品质。调查结果显示，大学生们对做人品质中给予最高评价的是“真诚”。在8个评价最高的候选词语中，有6个和真诚有关，它们是真诚的、诚实的、忠实的、真实的、信得过的和可靠的。大学生们对做人品质给予最低评价的形容词是“虚伪”。在5个评价最低的候选词语中，有4个和虚伪有关，它们是说谎、做作、装假、不老实。

约翰·安德森这个调查研究结果在社会上具有普遍意义。生活中我们总是喜欢真诚信得过的人，讨厌说谎不老实的人。一个真诚的人，不管他有多少缺点，同他接触时心神就会感到愉快。这样的人，一定能找到幸福，在事业上有所成就。这是因为以诚待人，别人也会以诚想见。一个人只要真诚地待人处世，就容易获得他人的合作。真诚做人，坦诚相待，则容易让人接纳，能交到更好的朋友。

美国总统林肯非常注意培养自己说话的真诚情感。林肯说过：“一滴蜂蜜比一加仑的胆汁能吸引更多的苍蝇。人也是如此，如果你能赢得人心，首先让他相信你是最真诚的朋友。这样，就像有一滴蜂蜜吸引住他的心，也就是一条坦然大道，通往他的理性彼岸。”1958年，林肯在一次竞选中说：“你能在所有的时候欺瞒某些人，也能在某些时候欺瞒所有的人，但不能在所有的时候欺瞒所有人。”

“这个世界没有无缘无故的爱，也没有无缘无故的恨。”人从来都是对等的，人心从来都是相互的。你对别人真诚，别人对你必定真诚；你对别人欺诈，别人对你必定欺诈。真诚的人心，对同志、上级、下属、同事，真诚意味谅解、体贴、信任、爱护。“人察无徒”，坦诚相待，不但赢得友情和尊重，而且往往是加倍的。一个人圆滑、虚伪可得一时，但不可得一世。

古人有云：“心静生智能，行善生福气。”心就像一粒种子，生长在天地中间，喜怒哀乐的情感造就了善恶之心。有一颗充满善意的心，行为和语言就会大不一样，情怀和境界自然也就会大不相同。心怀善意，真诚待人的人，人生的路必将越走越宽，也必将获得常人难以企及的成就。

赠人玫瑰，手有余香

在生活中，我们都希望得到别人的支持和理解，更希望得到别人的关心。古语有云：“己欲利，先利人；己欲达，先达人。”我们每个人都不可能孤立地存在着，有时候，我们也需要别人的帮助，而在这个时候站出来帮我们的往往就是那些我们曾经帮过的人。

法国大文豪雨果曾说：“做一个圣人，那是持殊情形；做一个喜欢助人的人，那却是为人的正轨。”中国也有句话是这样说的：“小才不知有缘，不懂用缘；中才知有缘，但不善用缘；只有大才，知缘而且善用缘。”这句话同样生动地告诉我们助人是多么的重要，任何事情的发生，都有其必然的原因。有因才有果。

颜语说：“送人玫瑰，手有余香。”刘安说：“积爱成福，积怨成祸。”《论语》说：“君子成人之美，不成人之恶。”能予人以快乐者，自己会获得快乐。也许你会说你没有身缠万贯，手握重权，难以有足够的实力帮助别人，但其实不然，也许你的一个小小的微天，一声小小的赞扬，一次小小的帮助，就能改变别人的命运。

这个世界太需要温暖。不要小看对失意者随口说一句温馨的话语，对跌倒者从旁轻轻伸出扶助的双手，对无望者赋予一个真诚的信任，也许自己什么都没失去，而对一个需要帮助的人来说，也许就是醒悟、支持、宽慰。为他人尽力，即为自己尽力；不帮助他人的人，不能得到别人的帮助。你帮助的人越多，别人越感激你，对你的回报也就越大，人生就越有价值。帮助他人就是帮助自己。

在一场激烈的战斗中，上尉忽然发现一架敌机向阵地俯冲下来。照常理，发现敌机俯冲时要毫不犹豫地卧倒。可上尉并没有立刻卧倒，他发现离他四五米远处有一个小战士还站在哪儿。他顾不上多想，一个鱼跃飞身将小战士紧紧地压在了身下。此时一声巨响，飞溅起来的泥土纷纷落在他们的身上。上尉拍拍身上的尘土，回头一看，顿时惊呆了：刚才自己所处的那个位置被炸成了一个大坑。

助人是一种高尚的行为，就像阳光一样，无私地普照着大地，让每一个热爱生活的人都能感受到阳光的灿烂；助人为乐是“此处无声胜有声”的，它只在默默无闻中播撒着美好的种子，让其在每一个受助者的心中开花。

一位行善的老人，临终后想看看天堂和地狱究竟有什么差别。于是，他请求天使在把他带到天堂之前，先带他去地狱看看。

天使答应了他的请求，把他带到地狱。在地狱里，他看见一桌丰盛的晚餐，鸡、鸭、鱼肉应有尽有。他很惊讶地问天使：“地狱的生活也不错嘛，难道生前作恶的人也不用受苦吗？”

天使冲他微微一笑，说：“人们之所以受到惩罚，都是他们自己的过错。”老人还是不太理解。

这时，地狱的晚餐开始了。只见一群枯瘦如柴的饿鬼疯抢着坐到座位上，他们每个人拿着一双十几尺长的筷子，都在努力试着用这双长筷子夹到美味的食物，但是筷子实在太长了，无论他们怎么努力，也无法把夹到的食物放到自己的嘴里。

老人看着他们，好像明白了什么。这时天使对他说："你看，他们每个人都夹得到食物，却吃不到，你不觉得可惜吗？我再带你去天堂看看吧。"

于是老人跟随天使来到天堂。在天堂里他同样看到一桌丰盛的晚餐，每道菜都和地狱里的一模一样。每个人用的筷子也和地狱里的一样，有所不同的是，他们每个人都把夹到的食物喂给别人吃，而自己也不断地品尝到别人喂过来的食物。所以他们每个人吃得都很愉快。

天使说："你不愿意帮助别人，你就生活在地狱里；你助人为乐，你就生活在天堂里。"

在我们的生活中，总会有地方需要别人的帮助。同样，我们身边的人也需要我们的帮助。只有互相帮助，我们才能生活得更美好、更快乐。

别人需要，是人的一种天性，也能体现出一个人的价值。在某些特定情况下，一个人如果不被别人需要，生存也就失去了意义。老子说："尽力照顾别人，我自己就更加充实；尽力给予别人，我自己就更加丰富。"穷则独善其身，达则兼济天下。自然之道的规律是，盈满多余的地方就会自然减少，而欠缺不足的地方会自然增加。所以聪明的圣人从中得到智慧：当自己满足时，绝不去炫耀，反而会贬损自己。一旦自己多余的时候，就会有多余的东西补给那些欠缺的人。这样贬损了自己，别人也得到了好处，那么你与别人的关系自然也就好了，自然不会产生什么矛盾。所以，领先一步的人根本没有必要得意。给他人一些帮助，使他人感受到真诚的平等，会得到他人永远的感谢。

弗莱明是苏格兰一个穷苦的农民。有一天，他救起一个掉到深水沟里的孩子。第二天，弗莱明家门口迎来了一辆豪华的马车，从马车走下一位气质高雅的绅士。见到弗莱明，绅士说："我是昨天被你救起的孩子的父亲，我今天特地过来向你表示感谢。"弗莱明回答："我不能因救起你的孩子就接受报酬。"

正在两人说话之际，弗莱明的儿子从外面回来了。绅士问道："他是你的儿子吗?”农民不无自豪地回答:“是。”绅士说:“我们订立一个协议,我带走你的儿子,并让他接受最好的教育,如果这个孩子能像你一样真诚,那他将来一定会成为让你自豪的人。”弗莱明答应签下这个协议。数年后,他的儿子从圣玛利亚医学院毕业,发明了抗菌药物盘尼西林,一举成为天下闻名的亚历山大爵士。

有一年,绅士的儿子,也就是被弗莱明从深沟里救起来的那个孩子染上了肺炎,是谁将他从死亡的边缘救了回来?是盘尼西林。那个气质高雅的人是第二次世界大战前英国上议院议员老丘吉尔,绅士的儿子就是第二次世界大战时期英国著名首相丘吉尔。

富兰克林曾说过,一个人种下什么,就会收获什么。我们如果真诚地待人,别人也会真诚地对待我们。弗莱明因为真诚才让自己的儿子有了成才的机会。老丘吉尔也因为真诚才挽救了自己儿子的生命,并使之成为20世纪影响人类历史进程的政治家。

孔子说:“以富贵而天下,何人不尊;以富贵而爱人,何人不亲。”意思是,以我的富而能富他人的人,想贫也不可得到了;以我的贵而能贵他人的人,想贱也不可得到了。这就是古代圣人所说的“施恩德于人不忘回报,受到他人施的恩惠千万不能忘记”的道理。他人有恩于我,不能忘记;我有恩于人,虽是救死之恩也不能企望报答。

“好风凭借力,送我上青天”。真心助人,赠人玫瑰,手有余香,其回报不言而喻。

善恶终有报，只是时未到

爱因斯坦曾经说过：“人只有献身于社会，才能找出那短暂而有风险的生命的意义。”只要我们肯付出，终究会得到应有的回报，不必计较等待了多久，不必计较付出了多少。人生不是算术习题，更何况很多时候，一加一的总和经常超过了二！

所谓善恶，“善”指的是诚实、善良、宽厚、和平、无私、廉洁等优良品德。“恶”指的是虚伪、恶毒、刻薄、仇视、自私、贪欲等恶劣的品德。“善有善报”是一种客观存在，不管行善者是否有要求，他们都会不知不觉地从今后人生旅途的方方面面中获得幸运。因为经常做善事、行善举的人都有一颗细腻的关怀之心，他们认为能帮助患难的人解决困难、解除痛苦是一种缘分，是一种积德，是一种快乐，更是一种人生价值的体现。因此，他们心里感到踏实、感到满足，心态平衡，精神愉悦。反之，“恶有恶报”也是一种客观存在，因为作恶者心有内疚，心态常处于不平衡状态，终日提心吊胆，吃不香睡不着，其结果没有一个有好下场。

巴西医生艾伦领导的科研小组在这方面进行了长达数十年的研究，他们对 583 名被指控犯有各种类型错误的人和 583 名声誉良好的人进行了跟踪研究，得出的结论令人吃惊：前者有 60%的人生病，其中癌症占 53%；心脏病如心肌梗死、心肌炎、心绞痛等占 70%；脑溢血、脑梗塞等其他病占 30%；有 65%的人不得善终。而后者只有 16%的人生病，无死亡记录。艾伦最后认为：这些有污点的人们，心理失衡，长期精神紧张，生活失律，新陈代谢、神经功能、内分泌、消化与排泄功能等紊乱，是使他们得病的主要原因。

品德的优劣直接影响人的身体健康。早在春秋时期，孔子就提出“仁者寿”的观点，并多次对弟子们强调：“大德必得其寿。”我国是礼仪之邦，儒家讲宽厚爱人，所以对“恶”人的谴责和非难不多；可是，孔子言论的背后明显表现出恶人短寿的观点。历代医学家们都将修身养德作为养生之首务，这不仅是对道德高尚的人的一种赞扬，而且也是对道德恶劣的人的鞭挞和否定。古人的这种观点虽然缺乏科学根据，但肯定是长期观察的结果。

荷兰的一个小渔村里，曾经有位勇敢的少年以实际行动，让全世界的人们懂得了什么是“无私奉献的回报”。

那是一个漆黑的夜晚，巨浪击翻了一只渔船，船员们的性命危在旦夕。他们发出了求救信号，而救援队的队长正巧在岸边，听见了警报声，便急忙召集救援员，立即乘着救援艇冲入海浪中。

当时，忧心忡忡的村民们全部站在海边祈祷，每个人都举着一盏提灯，以便照亮救援队回家的路。

一个小时之后，救援艇冲破了迷雾，向岸边驶近，村民们欢声雷动，喜出望外，当他们精疲力竭地跑到海滩时，却听见队长说：“因为救援艇的容量有限，无法搭载所有遇难的人，无奈只得留下其中的一个人。”

原本欢欣鼓舞的人们，听见还有人危在旦夕，立刻都安静了下来，所有人的情绪再次陷入不安与慌乱中。

此刻，来不及停下喘息的队长开始组织另一队自愿救援者，准备前去搭救那个最后留下来的人。16岁的比尔立即上前报名，然而，他的母亲听到时，急忙抓住他的手，阻拦说：“比尔，你不要去啊！10年前，你的父亲在海难中丧生，而3个星期前，你的哥哥汉斯出海，到现在也音讯皆无啊！孩子，你现在是我唯一的依赖，千万不要去！”

看着母亲，比尔心头一酸，却仍然强忍着心疼，坚强地对母亲说：“妈妈，我必须去，如果每个人都说‘我不能去，让别人去吧’，那情况将会怎么样呢？

妈妈，您就让我去吧，这是我的责任，只要还有人需要帮助，我们就应当竭尽全力地救助他。”

比尔紧紧地拥吻了一下母亲，然后义无反顾地登上了救援艇，和其他救援员一起冲入无边无际的黑暗中。

一小时过去了，虽然仅有一个小时，但是对忧心忡忡的比尔母亲来说，却是无比漫长的煎熬。

突然，救援艇冲破了层层浓雾，出现在人们的视野中，大家还看见汉斯站在船头，朝着岸边眺望，岸边的众人不禁向比尔高喊：“比尔，你们找到留下来的那个人了吗？”

远远地，比尔开心地朝人群挥着手，大声喊道：“我们找到他了，他就是我的哥哥汉斯啊！”

16 岁的比尔秉持着那份“我为人人”的奉献精神和一份对生命的爱与热情，让我们看见最灿烂的人性之光。特别是在母亲的哀求声中，他仍然坚持前往救援的决心，最后救回来的人竟是他的哥哥，更让人备感欣慰。

不求回报之“回报”与善有善报之“善报”是两个不同的理念。“回报”通常指某人为别人做好事或向有困难的人提供资助之后，受助者以物质或其他形式向施助者表示答谢，而“善报”则不是由受助者直接回报施助者，它有着更广泛、更深层次的内涵，它可以说是一种如孔子所说的“以德报德”的良性循环。

有人始终相信：没有付出就没有回报。付出了，生活终究会回报给你。可是，为什么经常会有人觉得自己的付出未得到相应回报呢？

首先，我们对回报的期待太迫切，期望太高。回报有时是长期的，平时，我们的所有付出就等于一种投资，金钱、时间、精力的投资。没有十年如一日的付出与努力哪会有今后的辉煌与成就？我们做事时往往有所期许，可现实给你的往往不是你所期望的，因此我们便会发出这样的感慨：付出不等于回报。其实，不是回报得不够，而是我们的期待太多。我们需要的是不求回报的踏实态度，这样才能永远生活在满足与快乐当中。

其次，回报的方式与我们所期待的有差异。我们做事，成功了，自当有一份成功的喜悦。即使失败，也能从中汲取教训，甚至会有更大的收获，“吃一堑，长一智”便是这个道理，在失败中得到一份智慧也是一种收获。

从善如流，能让你广结善缘

从善如流的意思是指采纳高明正确的建议和意见，接受善意的规劝，像流水那样自然而畅快。比喻乐于接受别人正确的意见。出自《左传·成公八年》：“君子曰：‘从善如流，宜哉。’”

一个人要想别人对自己有所回报，就必须先对别人付出。你善待了别人，生活也会善待你。你无意中做了一点点的善事，有时往往可以让你得到意想不到甚至是十倍百倍于你付出的收获。即使失败，也能从中汲取教训，在失败中赢得一份智慧也是一种收获。

中国有句古训：“行善积德。”有的人心怀善心，同情弱者，帮其所难；有的人施以善举，慷慨解囊，济人之困；有的扶善抑恶，挺身而出，见义勇为……这些善行善举，彰显了人们高尚的精神风貌。

当你尊重别人，别人就会尊重你；你重视别人，别人也才会重视你；你礼貌待人，别人也会礼貌待你；你热情待人，别人也会热情待你；而这与身份地位等外界因素丝毫无关。

从别人身上可以找寻自己的影子，让你更清楚地看到自己的不足并改正和完善。当你身上的某些缺点在别人那里也存在时，你是用怎么样的眼光看别人，就会知道别人也是用怎么样的眼光看你。会知道，你在别人心目中占什么分量，是受欢迎还是不受欢迎，而且也可以让你对于别人不经意间的犯错抱一种理解与宽容的态度。

总想着得到更多，却从未想过，不付出哪有收获？都是一些小小的情感付出而已，于我们而言根本就是轻而易举，举手之劳的事情，为何就那么吝啬，不屑于去做？不管你在人生的舞台上多成功，多有能力，只要是人，就总会有求人的时候。闭门羹我们都“吃”得不少，你把你的大门对别人关上，当有一天你需要别人帮助时，别人的大门也会对你关上。你不要责怪别人，先检讨一下自己，你有善待过别人吗？

一个人能够不为非作歹，而且能够积极作出有益社会的事，便是一种善行。行善的结果，不仅社会大众蒙受其利，个人也必可获得裨益。具有善良之心，多行善举，不仅助人，也能使自己获得快乐。正如一句名言所说：“一种纯粹的快乐，只有在行善时才能得到。”

在看到需要帮助的人就本能地伸出援手的人，当自己遭遇困难时，通常也会适时地得到援助。这时，一定会有一个人奇迹般地出现，并且会予以“相同的报答”。善行必会衍生出另一个善行，善行终会招来善报。这是这个世上最强劲的连锁反应之一。

胡雪岩是位儒商。有个商人在一次生意中栽了跟头，急需一大笔资金来周转。为了救急，他拿出自己全部的产业，想以非常低的价格转让给胡雪岩。胡雪岩不仅答应了他的请求，还按市场价来购买对方的产业，这个数字大大高于对方转让的价格。

那个商人惊愕不已，不明白胡雪岩为什么连到手的便宜都不占。胡雪岩拍着对方的肩膀让他放心，说自己只是暂时帮他保管这些抵押的资产。

等到商人挺过这一关，随时来赎回这些房产，只需要在原价上再多付一些微薄的利息就可以。胡雪岩的举动让商人感激不已。

胡雪岩还对他的下属讲了一段自己的经历：

“有一次，正在赶路的我遇上大雨。我恰好带了伞，便帮着人家打伞。后来，下雨的时候，我就常常帮一些陌生人打打伞。时间一长，那条路上的很多人都认识我。有时候，我自己忘了带伞也不用怕，因为会有很多我帮过的人为我打伞。”

胡雪岩微微一笑：“你肯为别人打伞，别人才愿意为你打伞。那个商人的产业可能是家里几辈人积攒下来的，我要是以他开出的价格来买，当然很占便宜，但人家可能就一辈子翻不了身。这不是单纯的投资，而是救了一家人，既交了朋友，又对得起良心。谁都有雨天没伞的时候，能帮人遮点雨就遮点吧。”

后来，商人赎回了自己的产业，也成了胡雪岩最忠实的合作伙伴。

在那之后，越来越多的人知道了胡雪岩的义举。无论官绅百姓，都对有情有义的胡雪岩敬佩不已。

平时广结善缘的人，有口皆碑，因此一旦有事，无疑大都能够左右逢源，逢凶化吉，能够成就更大或更多的事业，所谓“得道多助”、“吉人天相”，事实上也是有相当的根据。

罗斯福年轻的时候，曾经在家乡一个大农场里工作。农场主德里斯是个刻薄而吝啬的人。

一次，罗斯福负责的工作出了一点点的纰漏，德里斯居然以此为借口，扣发了罗斯福的全部工资。罗斯福气不过，就将德里斯告上法庭，可德里斯提早拉来了农场做工的工人做伪证，罗斯福不仅没有讨到薪水，反而被德里斯倒打一耙，赔了不少的诉讼费。从此，罗斯福和这个农场主结下了怨恨。

20 多年后，罗斯福成了美国总统。这天是周末，罗斯福家来了一位不速之客，他竟是农场主德里斯。

原来，由于经济危机的缘故，德里斯几乎面临破产，他的农场急需资金支持，可是由于德里斯吝啬得出名，没有人愿意为他担保。德里斯借不到钱，实在无奈之际，他才想起当年曾经欺压过的罗斯福。

罗斯福听完德里斯的哭诉，思索一番，完全不顾妻子的眼神暗示，决定为他担保，让他借到了那笔救命的贷款。

德里斯走后，妻子有些生气地说："难道你忘记了他当初怎么对待你的吗？你干吗还去帮他？"

罗斯福慢悠悠地说："假如一个人真的善良，那么善良就是他的天性，这善良不会因为面对的是一个善人或者恶人而改变。面对一个恶人，自己也变得凶恶，这还是真正的善良吗？"

一些调查资料证明，善良的人乐观向上，喜欢微笑，会把时间用在运动等快乐的事情上。而不善良的人常对他人怀有恶意，把时间常放到算计他人上。因此，不善良的人要比善良人的生活质量低、寿命短。

科学家指出，那些常做好事（善事）的人，心存感恩的人，身体更健康，更善于化解和应对各种压力和紧张情绪。研究还发现，当人表现出善意举动时，大脑会释放出多巴胺，血液中复合胺的含量也会升高。这两种物质能使人在激动和紧张中平静下来，使人心情愉悦，减轻压力。"爱"、"感激"、"满足"这样的情感，会刺激脑下垂体后叶激素的分泌。该激素会使神经系统放松，压抑感减少，体内各器官组织的含氧量显著增加，脑部和心脏还有同步电流产生，体内各器官的运动更加有效，就像经过一次康复治疗，对健康极为有利。

从善如流，使生命得到了无限的延伸，广结善缘。虚空无有定相，无所不相，所以能成其宽广；流水居高就下，不拘形式，所以能遍泽大地。从善如流，既能恩利自己，也可惠泽一方。

第12辑

随缘美在知足，自在过人生淡定看得失

常言道：知足常乐。人生是否快乐，关键看你是否懂得知足。俗话说，“欲壑难填”，人的欲望是无止境的，满足了一种欲望还会有更多的欲望滋生出来，欲望太多太高，则永远得不到满足和快乐。面对着各种满足不了的欲望，我们需要换一个角度去理解。随缘美在知足，人生路上，不管成败，都要学会对自己说：“知足常乐，适可而止，顺其自然，无须苛求，无所欲也无所求。不以物喜，不以己悲，你才会获得快乐，活出自在。”

不刻意强求，知足自然常乐

“知足者常乐”，出自《老子》中的一文：“祸莫大于不知足，咎莫大于欲得，故知足之足是大足矣。”古往今来，不知有多少人恪守这一箴言，一生平平安安、幸福美满；也不知有多少人不以为然，甚至反其道而行之，结果却一生坎坷，多灾多难……“不知足”是人的本性，“知足者常乐”就是针对人的这一“劣根性”所说的。

人的欲望是没有止境的，人们为了追求更高的目标和享受而奔波忙碌、拼搏奋斗这无可厚非。但是，社会和生活所能满足欲望总是有限的。

一位哲人曾说过，人生苦恼的最根本原因就在于，每个个体因为它需要的多样性，与满足其需要的能力的有限性形成了矛盾。这种矛盾是人生的矛盾焦点，这种矛盾存在于每个个体的身上，只不过有些人的矛盾会表现得更突出、更尖锐、更激化。

人们的苦恼也来源于自身的欲望。有欲望、有需要并没有什么错。人的这种非自足性、非完满性会激发人的斗志，让人奋发图强，推动社会向前发展。可很多人错就错在明明对自己的现实生活不满，不断地追求、索取，以为这样就能获得快乐。

而快乐与知足有关，只有知足后心境才能平和，待人才能慈祥，微笑才能自然。虽然一日三餐清茶淡饭，也能够享受生命的天伦之乐。这种人生境界是整日泡在荣华富贵之中，而又永远没有满足感的人所无法想象的。

一人在岸边垂钓，旁边几名游客在欣赏海景，只见垂钓者竿子一扬，钓上了一条大鱼，足有两尺多长，落在岸上后，仍腾跳不止。可是钓者却解下鱼嘴内的钓钩，顺手将鱼丢进了海里。

周围围观的人一阵惊呼，这么大的鱼还不能令他满意，可见垂钓者雄心之大。

就在众人屏息以待之际，钓者鱼竿又是一扬，这次钓上的只是一条一尺长的鱼，钓者仍是不看一眼，顺手扔进海里。

第三次，钓者的钓竿再次扬起，只见钓线末端钓着一条不到半尺长的小鱼。围观众人以为这条鱼也肯定会被放回，不料钓者却将鱼解下，小心地放回自己的鱼篓中。

游客百思不得其解，就问钓者为何舍大而取小。

钓者回答说："喔，因为我家里最大的盘子只不过有一尺长，太大的鱼钓回去，盘子也装不下，所以只好要小的，其实小鱼挺好，做起来也没那么麻烦呀。"

在现实生活中，"足"是暂时的，而"不足"却是永恒的。如果一个人时时处处以"足"作为目标追求，那他得到的将是时时处处的"不足"。反之，如果一个人时时处处以"不足"对生活的事实予以理解和接纳，那么他对自己的感受反倒是时时处处是"足"的。

"足"和"不足"是对立的，但是，也是辩证的。知"不足"，所以，才知"足"；不知"不足"，所以，才不"知足"。"不足"，才可以知足；不知足，便总是"不足"。足不足是物性的，知不知则是人性的。以人性驾驭物性，便是知足；让物性牵制人性，就是不知足。足不足在于物，非人力所为；知不知在于人，非贫富贵贱所左右。

1. 平淡者知足。人生最大的烦恼不在自己拥有得太少，而在自己向往得太多。庄子云："其嗜欲深者，其天机浅。"就是说一个人的欲望多了，就缺少智慧与灵性。所以，一个人要时刻节制嗜欲，减少思虑，弃除烦躁，杜绝尘劳，省精保神，以平淡的心态对待生活的诱惑和干扰，让自己的灵魂安然于梦。但是，安守平淡，并不是不求进取，也不是无所作为，放弃追求，而是要以一颗平淡的心态来对待人生。

2. 俭朴者知足。"俭朴"自古以来就是中华民族的传统美德，俭朴的生活方式使一个人的内心感到充实。有恬淡修养的人，他在物质上永远感到满足。所以，俭朴者时时都感到快乐，处处都觉得幸福。反之，物欲愈多，人想要享受和占有的欲望就愈大，随之带来的痛苦、烦恼也就愈多。

3. 惜福者知足。古人云：人生在福中要知福。人生福实禄，都有定数。珍惜福分的人，福常有余。暴殄天物的人，福常不足。只有知道无忧无虑的生活来之不易，只要知道还有人比自己生活得更辛苦，也就是俗话说的：比上不足，比下有余，这就是一种难得的福分。只有这种心态，你才不会小看这一福分，也不会浪费这一福分，更不会养成奢靡颓废的习惯。

宇宙万物，任何事物都有它的玄机，生老病死、贫贱富贵，太多事、太多时候是人力所不可及的。知足者当然知命，绝不贪得无厌，知道什么都要适可而止，见好就收。所谓认命，就是承认和接受现实，绝不进行抗争。所以一切不幸和苦难对知足者来说，都是一种必然，没有什么必要去痛哭流涕。与其怨天尤人，在痛苦思索中消亡，不如找到一个好的方法尽快地解脱自己、解脱痛苦，也许命运从此会有转机。相信缘分、知足常乐，反映出一种理性的成熟，是一种长期生活阅历的沉积和对人生的感悟。

八分哲学——适可而止，顺其自然

世界上没有十全十美的事情，刻意财追求有时不仅不能完美，反而让你更惆怅。因此，知足常乐、适可而止、顺其自然是人生的至理名言，也是我们为人处世的智慧和哲学。

人生就是充满缺陷的旅程，从哲学意义上讲，人们永远不会满足自己的思维、自己的生存环境和生活水准，这就决定人类不断创造和追求，假若事事都能做到十分，难道不是一种停滞吗？哪里还有追求的动力呢？人的欲念无止境，当得到不少时，仍指望得到更多。一个贪求厚利、永不知足的人，等于是在愚弄自己。贪婪是一切罪恶之源。贪婪能令人忘却一切，甚至自己的人格。贪婪令人丧失理智，做出愚昧不堪的行为。因此，我们真正应当采取的态度是：远离贪婪，适可而止，知足者常乐。

一生中我们想要得到的东西很多很多，可又有谁知道，当我们得到了我们想要的某种东西，同时又失去了什么呢？2000多年前的老子清醒地认识到人类贪欲自私的弱点，告诫世人千万要注意，不要因追名逐利而丧身，要克制自己的欲望，"见素抱朴，少私寡欲"，顺应自然，知足知止。要知道"甚爱必大费，多藏必厚亡"的道理，物极必反，过分的爱惜会导致极大的耗费，过多的敛取必定导致重大的损失，盛极而衰是已被历史证明了的。所以，在名与利、得与失上，要时刻保持清醒的头脑和明智的选择，只有这样，才可以"知足不辱，知止不殆"，你的生命、名声、利益才可以长久。

有一个小孩，大家都说他傻，因为如果有人同时给他5毛和1元的硬币，他总是选择5毛，而不要1元。有个人不相信，就拿出两个硬币，一个1元，一个5毛，叫那个小孩任选其中一个，结果那个小孩真的挑了5毛的硬币。那个人觉得非常奇怪，便问那个孩子："难道你不会分辨硬币的币值吗？"孩子小声说："如果我选择了1元钱，下次你就不会和我玩这种游戏了！"这就是那个小孩的聪明之处。的确，如果他选择了1元钱，就没有人愿意继续和他玩下去了，而他得到的，也只有1元钱！但他拿5毛钱，把自己装成傻子，于是"傻子"当得越久，他就拿得越多，最终他得到的，将是1元钱的若干倍。

在现实生活中，我们不妨向那"傻小孩"看齐——不要1元钱，而取5毛钱。而更多的人在社会上，却常有一种不拿白不拿，不吃白不吃的不知足。对于人生、事业的追求，有人把适可而止与遗憾看成是对等的。其实，一个人只要是按照自己所能承载的度适可而止的话，那便没有什么遗憾。

人生有很多的风景，但并不是每一处你都能够撷取，适可而止是一种大智慧。适可而止说的就是一个度，过了这个度就与原本的意愿相违背了。

适可而止是一种境界，也是一种睿智。人要奋斗，要进步，但适可而止会让我们明白在哪里是需要止步的。学会停止是对生命的尊重和敬畏，也是对生活的珍视和负责。每个人的生命和能力都有自己的极限，超过这个极限可能就会适得其反。不顾自己所能承受的能力而一味地勇往直前，是对生命的不负责。人的生命只有一次，和生命相比，无论怎样的高度都是次要的，正确地估价自己的能力，量力而行、适可而止，才能描绘出人生最美的图。

有个年轻人问洞山智者："如何回避寒暑？"洞山答道："何不向无寒暑处？"年轻人又问："如何是无寒暑处？"洞山又答："寒时寒杀阇黎，热时热杀阇黎。"

洞山智者最后的一句话的意思是："寒冷时彻底与寒冷打成一片，炎热时彻底与炎热浑然合一。"猛一听这话，觉得很玄乎，细究之下，明白一点其实就是"顺其自然"。

人生之旅，不知要过多少个寒暑，其实天气的寒暑易过，真正难过的倒是我们事业、生活、感情、学业等方面的"寒暑"。并且上天之造华弄人，注定每个人往往不可能终其一生都是一马平川、一生坦途的，这种情况之下，我们要真正地认识生命、认识人生，作出最大的对策，那就是用洞山智者所悟的理——"顺其自然。"

智者说要与炎热、严寒浑然一体，要"顺其自然"，也即炎热时享受炎热的乐趣，寒冷时享受寒冷的乐趣。人生之旅，成功时就分享成功的喜悦，失败时就享受失败的乐趣，摒弃痛苦与绝望，时常保持旺盛的生命力与活力，保持一种恬淡快乐的心情，保持一种无欲无求，无拘无束，无挂无碍的上好心境，成也是成，败也是败，做自己愿意做的事，吃自己爱吃的饭。如此心境，如一的境界，何等洒脱，何等自在。

让生命不能承受之重随风飘散

生活对于我们每个人来说都是公平的，你所应承受的痛苦与他人也无太大差别。当你觉得自己被实实在在的生活压得喘不过气来，甚至头晕眼花时，为什么不卸下生命中那些不能承受之重，还自己一个轻松的人生呢?

一位哲人曾说过:“你来到人世间，要想活得潇洒，活得自在，活得快乐，应该有一种乐观向上的情怀。”有了乐观的情怀，面对任何危难就都不会恐惧、不会忧郁、不会烦恼了。

生活中越来越多的人觉得自己被实实在在的生活压得喘不过气来。著名捷克作家米兰·昆德拉有一句名言:“承受生命之重。”实际上绝大多数人不堪承受生命之重，因为他们被占有物质财富——好房、名车、高收入、高开销等欲望折磨得疲惫不堪。其实，物质财富并不像很多人想象的那样重要。有许许多多的人是在令人难以察觉的绝望状态下生活的。这在工业化程度较高的西方国家，情况尤其严重。美国心理学家戴维·迈尔斯和埃德·迪纳已经证明，物质财富是一种很差的衡量快乐的标准，人们并没有随着社会财富的增加而变得更加快乐。

我们总是把拥有物质的多少、外表形象的好坏看得过于重要，用金钱、精力和时间换取一种有目共睹的优越生活，却没有察觉自己的内心在一天天枯萎。事实上，只有真实的自我才能让人真正地容光焕发，当你只为快乐的自己而活，而不在乎外在的虚荣，快乐幸福感才会润泽你干枯的心灵，就如同雨露滋润干涸的土地。我们需求得越少，得到的快乐就越多。

我们却常常会有一种挤压感，一种身居哪里都被压得喘不过气来的挤压。不合时宜的感觉处处为难我们，迷乱了我们对生活的憧憬和热爱。一天天变化的人，一天天变化的社会环境，让我们觉得有些措手不及，我们渴望轻松和快乐，可是却往往找不到通向轻松和快乐的通道，只有沉重的感觉如影相随地跟着我们。

有时我们的内心充满了紧张压抑感，是因为我们对不可预知的未来充满了忧虑和恐惧，总担心有什么灾难会突然降临到我们头上，俗话说："月有阴晴圆缺，人有旦夕祸福。"这就是说，现实要比人们想象的复杂得多，有时并不是你所遭遇的环境使你受到挫折，而是由于你自己的想象。

一个青年背着个大包裹千里迢迢跑来找无际大师，他说："大师，我是那样的孤独、痛苦和寂寞，长期的跋涉使我疲倦到极点；我的鞋子破了，荆棘割破双脚；手也受伤了，流血不止；嗓子因为长久地呼喊而喑哑……为什么我还不能找到心中的阳光？"

大师问："你的大包裹里装的什么？"青年说："它对我可重要了。里面装的是我每一次跌倒时的痛苦，每一次受伤后的哭泣，每一次孤寂时的烦恼……靠它，我才能走到您这儿来。"

于是，无际大师带青年来到河边，他们坐船过了河。

上岸后，大师说："你扛上船赶路吧！"

"什么，扛上船赶路？"

青年很惊讶："它那么沉，我扛得动吗？"

"是的，孩子，你扛不动它，"大师微微一笑，"过河时，船是有用的。但过了河，我们就要放下船赶路，否则，它会变成我们的包袱。痛苦、孤独、寂寞、灾难、眼泪，这些对人生都是有用的，它能使生命得到升华，但须臾不忘，就成了人生的包袱。放下它吧！孩子，生命不能太负重。"

青年放下包袱，继续赶路，他发觉自己的步子轻松而愉悦，比以前快得多。

原来，生命是可以不必如此沉重的。其实，人这一生能得到什么呢？只有过程，只有注满在这个过程中的心情。所以，一定要注满好心情。既然失败已经无可挽回，为什么不将注意力转移开来，将自身的强烈痛苦化为永恒的美好。何必苦苦执著于那些令自己不愉快的事物上，而坚持做一个可歌可泣的悲剧英雄？

乐观的态度是孤独沙漠中的驼铃，是清澈消息中的一位游动的鱼，是嘈杂乱世中一处安静的避所。它教会我们在痛苦中享受生活，在浩瀚无垠的生命的长河中体味生命的真谛。

有时候，人的承受力远远超出我们的想象力。人总是在遭遇一次重创之后，才会明确地认识到自己的坚强和坚韧。因此，无论遭遇了什么磨难，都不要一味地抱怨命运是多么的不公平，甚至从此悲观失望，厌倦世俗。在充满苦难的生命中，没有过不去的事，只有过不去的人。

燕妮与马克思可谓是一对患难夫妻，他们十分相爱，但命运往往喜欢刁难他们，在马克思被排挤的灰色时期，他们一家人只可用甘薯充饥，在寒冷的冬日的夜晚，他们一家人挤在一张狭小的床上。马克思写好的论文无法寄往城市，因为没有邮费，他们的孩子不得不退学，最后，孩子因为没有钱治病死在家中，燕妮与马克思连埋葬孩子的钱都没有。可就是在这种痛苦的环境下，燕妮说，她最快乐最幸福的时刻，就是在灯光下为马克思整理潦草的笔记。

命运带给燕妮痛苦的生活，让她体味到世间疾苦，而坚强的燕妮在这样恶劣的环境下，仍能体会到幸福与快乐。燕妮是个懂得享受生活的人：她懂得了生命的真谛，她是真正活着的人。

寻寻觅觅，何时让生命本色回归自然？何时在精神泥潭突围？何时能锁定新的人生坐标？何时让满是皱纹的心灵舒展？人为什么要充满烦恼呢？人为什么要痛苦呢？其实，烦恼与痛苦是每个人都会遇到的事情。有的人深陷其中而难以自拔，而有的人却能够坚强地走出来。其实，当烦恼与痛苦找上自己时，你要想，它并不是永恒的，它终会过去的。

岁月蹉跎，时光荏苒，历史的长河流沙滚石，洗濯出几许清净呢，试问又有谁能跳出红尘逍遥自在呢，人活着便注定奔波与劳碌，我们所能做的就是别让心太累。请相信，那些生命中不能承受之重终会随风飘散，而快乐也会找上你的。

快乐其实很简单

其实快乐很简单，只要你懂得知足，不抱怨付出，不计较得失，有一颗真诚坦荡的心，快乐真的就在你身边！快乐如同一粒种子，散布在他人的心田上，会得到加倍的丰收。原来快乐很简单，拥有少一点就可以了。

不知从什么时候开始，“郁闷”这个词成为现代人的口头禅，常常听到大家说：“真郁闷啊！”抱怨工作忙，抱怨生活累，抱怨上司严，抱怨收入少，抱怨自己付出的比别人多……生活似乎已经没有快乐可言。

快乐是一种心情，不快乐的原因在于“心”。而我们的心被“欲望”抹去了原有的纯真，双眼被“名利”蒙蔽了原本的明亮。所以，人们的“心”开始斤斤计较，不再知足，也不再快乐。

生命的快乐在于心的感受，在于你对周围事物的感受。你期待快乐，便会得到快乐；你找寻快乐，便会发现快乐。

快乐真的很简单，只要你静静地感受，快乐就在你身边。心静如水，以置身世外的心情，感受尘世间的点点真情，点点快乐……当心灵宁静的时候，一句话，一声问候，一抹微笑，一汪眼神，一段文字甚至一滴水，都会让你感觉到快乐。

有个小孩对母亲说：“妈妈你今天好漂亮。”母亲回答：“为什么。”小孩说：“因为妈妈一天都没有生气。”原来要拥有漂亮很简单，只要不生气就可以了。

有一个人去应聘工作时，随手将走廊上的纸屑捡起来，放进了垃圾桶。他的举动恰好被路过的面试官看到了，因此他得到了这份工作。原来获得赏识很简单，养成好习惯就可以了。

有几个小孩很想当天使，上帝给他们一人一个烛台，要他们每天把烛台擦亮，结果一天两天过去了，上帝都没来，于是有些小孩就不再擦拭那烛台。有一天上帝突然造访，只有一个烛台是干干净净明明亮亮的，那是被大家叫做笨小孩的烛台，因为上帝没来，他也每天都擦拭，结果这个笨小孩成了天使。原来当天使很简单，只要实实在在去做就可以了。

有个牧场主人，叫孩子每天在牧场上辛勤地工作，朋友对他说："你不需要让孩子如此辛苦，农作物一样会长得很好的。"牧场主人回答说："我不是在培养农作物，我是在培养我的孩子。"原来培养孩子很简单，让他吃点苦头就可以了。

有个小弟在脚踏车店当学徒，有人送来一部有故障的脚踏车，小弟除了将车修好，还把车子擦拭得干干净净。其他学徒笑他多此一举，后来雇主将脚踏车领回去的第二天，小弟就被挖到那位雇主的公司上班。原来出人头地很简单，多干点就可以了。

有一家商店经常灯火通明，有人问："你们店里到底是用什么牌子的灯管？那么耐用。"店家回答说："我们的灯管也常常坏，只是我们坏了就换而已。"原来保持明亮的方法很简单，只要常常更换就可以了。

有一支淘金队伍在沙漠中行走，大家都步伐沉重，痛苦不堪，只有一人快乐地走着，别人问："你为何如此惬意？"他笑着："因为我带的东西最少。"原来快乐很简单，拥有少一点就可以了。

住在田边的青蛙对住在路边的青蛙说："你这里太危险，搬来跟我住吧！"路边的青蛙说："我已经习惯了，懒得搬了。"几天后，田边的青蛙去探望路边的青蛙，却发现它已被车子压死，暴尸在马路上。原来掌握命运的方法很简单,远离懒惰就可以了。

除了故事中举证的这些,在我们的周围还存在许多的例子,只是我们的眼都被世俗名利所蒙蔽。原来快乐真的很简单,爱我们的生活,爱我们身边的每一个人,爱这个美好的世界。珍惜亲情,珍惜爱情,珍惜友情,珍惜每一份感情,快乐就在你的身边。

快乐是一种修行，当我们有苦恼的时候，要相信快乐其实可以自己创造,而不是任凭坏心情一点点地蚕噬你。当心情烦闷时,穿上运动服,来个两公里慢跑,让自己出一身汗,再冲个热水澡;当工作压力大时,不必整日愁眉苦脸,何不走到室外,对着蓝天白云,张开双臂,好好享受大自然呢;你还可以上上网、聊聊天、听听音乐……其实,快乐属于我们每一个人,它也是可以自己创造的。快乐就在那一次慢跑中,就在那一次深呼吸中,就在那一段美妙的音乐中。

从前,有一群年轻人到处寻找快乐,却遇到许多烦恼忧愁和痛苦。他们一个个垂头丧气,觉得这个世界并没有真正的快乐,于是,他们准备放弃。在他们心灰意冷的归途中,他们看到了一个垂钓江边的渔翁。老翁神态怡然自得,时时轻捋长须,十分悠闲。一人弯眉一想,带着朋友走上去,问道:“老伯伯,您快乐吗?”

“我很快乐!”老翁回答。

“为什么?”年轻人说。

“因为我远离喧嚣,垂钓碧江,我在享受我的生活。”老翁答道。

年轻人脸上疑云遍布,不解。

老人思忖说:“你们去拜访苏格拉底吧, 他或许可以解决你们遇到的问题。”说完继续面朝大江。年轻人点点头。

苏格拉底是名人,古希腊哲学三圣之一,柏拉图的老师,有名的大哲学家。几天后,他们找到了苏格拉底,问道:“我们在寻找快乐,却遇到了痛苦，快乐到底在哪里？”

“你们先帮我造一条船。”苏格拉底说。

年轻人还是一头雾水，但答应了，就把寻找快乐的事放到一边。他们各自商量好，找来了造船工具，用了七七四十九天，锯倒了一棵大树，挖空树心，造出了一条独木船。他们看到自己的劳动成果，虽然很累，但每个人的心里都异常兴奋。当晚大家约去庆祝了一番，全然忘了寻找快乐的事。

第二天，他们把独木船抬到江边，并请来了苏格拉底，苏格拉底满意地点点头。于是大家把船推到水里，一起上到船里，一边合力荡桨，一边齐声唱起歌来。歌声在整个空旷的江面回荡。

这时，苏格拉底问：“孩子们，你们快乐吗？”

“快乐极了！”他们齐声回答。

“那你们找到了自己想要的答案了吗？”苏格拉底问道。

这群年轻人恍然大悟，说：“原来我们都为了寻找快乐而久久苦恼，但在忘记寻找快乐中我们不知不觉找到了快乐。”

“呵呵，其实快乐并非刻意去寻找，它其实就在我们每个人的身边，只要你们融入生活，有目标，有追求地去做一件事情，并做好每一件事，那么快乐就会如约而至。”苏格拉底说道。

这时，这群年轻人也深刻地理解了垂钓老翁的话，并领悟到了快乐的真谛。

他们欢快地荡舟于江面，舟上载着一群快乐的人。

人类不善于预测快乐，因为快乐是祈求不到的，当你追求快乐时，它无影无踪，而你忽视它时，它却不期而至。其实，快乐是因为你做了快乐的事情，当你把某一件事情做好了，你对自己的行为感到满意，你就会快乐。许多人重视快乐的感受，却不重视去做快乐的事情，不去行动，只去思考和感受是不会快乐的。

有些人总觉得自己的生活充满不幸与悲伤，为什么有些人总是快快乐乐的?其实很简单,这就在于自己的选择。原谅别人的错误,并且给予鼓励和改正错误的勇气;用心记住别人对自己的每次帮助,并且心中充满感激。这样,你就会得到快乐。其实,快乐在于选择,把快乐刻在石头上,你就会永远快乐。

原来人生也很简单,只要能懂得"珍惜、知足、感恩"你就拥有了生命的光彩。

生活是本,财富是末,切忌本末倒置

生活中没钱是万万不能的,但钱却不是万能的。财富确实可以满足人的生存需求和生活欲望,但如果汲汲于财富,财富将成为生活的负担。要想拥有自在的人生,就必须谨记:生活是本,财富是末,切忌本末倒置。

幸福其实就是一种期盼,是一种心灵的感受。只要我们用心去发现,用心去感受,你就会发现幸福其实就在我们身边,只是这样的幸福常常被我们忽略。而有的人之所以不幸福,就是没有知足心。每个人对幸福的感觉和要求都不相同,一个容易满足、懂得知足的人才更容易得到幸福。

林语堂告诉我们:知足常乐的秘诀是懂得如何享用你所拥有的,并割舍不实际的欲望。可多数人却是拥有了却不知珍惜,反而想要得更多。人想拥有更多的财富无可厚非,但财富是个无底洞,我们总希望拥有尽可能多的,但往往会失去自己的本真。在必要时懂得放弃更重要。一个人的快乐不是索取多少拥有多少,而是懂得适当放弃。

人的本性是贪婪的。每个人活在世上,总是想拥有很多,开始的时候是梦想,慢慢的就会演变成难以遏制的欲望,最后这欲望便进化为贪婪。人都有趋利避害的天性，见利不能不求，见害不能不避。这种天性使人不仅仅满足于吃得饱、穿得暖，还有更多的欲望、有更多对于美好事物的追求。然而，对美好事物的追求如果无节制地膨胀下去，就会变成贪婪的欲望。

有个人穷得连床都买不起，家徒四壁，只有一张长凳，他每天晚上就在长凳上睡觉。但这个人很吝啬，他也知道自己有这个毛病，可就是改不了。

他向上帝祈祷："要是我发财了，我绝不会像现在这样吝啬。"

上帝看他可怜，就给了他一个装钱的口袋，说："这个袋子里有一个金币，当你把它拿出来后，里面又会有一个金币，但是当你想花钱的时候，只有把这个钱袋扔掉才能花钱。"

那个穷人欣喜若狂，他不断地往外拿金币，整整一个晚上没有合眼，地上到处都是金币。这一辈子就算什么也不做，这些钱也已经足够他花了。

每次当他决心扔掉那个钱袋的时候，他都很舍不得。他就不吃不喝的一直往外拿着金币，屋子里装满了金币。可是，他还是对自己说："我不能把袋子扔了，钱还在源源不断地拿出，还是等钱更多的时候再把袋子扔掉吧。"

最后，他虚弱得连把钱从口袋里拿出来的力气都没有了，但他还是不肯把袋子扔掉，最终死在了钱袋的旁边。

这个人既贪婪又吝啬。有多少财产也不知足，结果最后穷得只剩下金子，而身体健康、身心健康全都不复存在了。巴尔扎克笔下的吝啬鬼葛朗台虽然拥有很多的金钱，但他每天也就是听听金币的响声，他舍不得吃，舍不得喝，舍不得给女儿陪嫁妆，落得个众叛亲离的下场。

在我们的生活中，构成生活最重要因素的关系中，不是我们与物质的关系，也就是说，我们与财富、金钱的关系并不是最重要的；我们生活中最重要的关系是人与人之间的关系是我与你、我与他，我们与大家、我们与他们、我们与你们的关系。这些关系的维护，靠的绝不是社会价格体系。如果把人与物质关系中的欲望投射到人与人的关系上，那么人与人之间形成的就必然只是功利关系。这不仅是人生命的异化，而且也是人生意义和价值的虚无化。

爱斯基摩人捕狼的办法世代相传，很特别，也很有效。严冬季节，他们在锋利的刀刃上涂一层新鲜的动物血。等血冻上了，他们再涂一层，再让血冻住，然后再涂。如此反复，很快刀刃就被冻成的血坨，裹得严严实实的了。

下一步，就是把用血裹住的尖刀反插在地上，刀把结实地扎在地里，刀尖向上。当狼顺着血腥味找到的时候它们会兴奋地舔食刀上新鲜的冻血，融化的血液散发出强烈的气味，在血腥味的刺激下，它们会越舔越快，越舔越用力。直到所有的血被舔干净锋利的刀锋暴露在外，但狼门这时已经嗜血如狂，它们猛舔刀锋，在血腥味的诱惑下，根本感觉不到舌头被刀锋划开的疼痛。在北极寒冷的夜晚里，狼完全不知道它正在舔食的其实是自己的鲜血。它只是变得更加贪婪，舌头抽动得更加快，血流得也更快更多，舌头破了它们也无知觉，直至精竭而倒。

这就是利用了狼的嗜血本性！我们人类也会犯狼的错误。人的贪婪是无止境的。渔夫和金鱼的故事就是一个例子。那条神奇的小金鱼为了报答渔夫的救命之恩，给了渔夫很多东西，原本一张新的渔网，一个新的木盆，一座新的房子就可以让渔夫过上很快乐的生活了。可是渔夫贪婪的老婆破坏了这一切，最后金鱼收回了它所有的允诺，渔夫和老婆又变得一无所有。

荀子《性恶》篇中，向舜问道："人情怎么样？"舜回答说："人情很不好，又何必问呢？有了妻子，对父母的孝敬就差了；嗜好、欲望达到了，对朋友的信赖就差了；高官厚禄的愿望满足了，对君主的忠诚就差了。"

人在物质面前到底起什么样的作用，关系重大。如若人成为物质的奴隶，受物质需要驱使，那么社会里充满各种欺诈和压迫是不可避免的。在这个社会中，犯罪成了一种谋生的手段了；反过来，如若人成了物质的主人，物质不仅用来实现个人的生存和满足个人的欲望，而且也是用做生活中相互关心的一个项目，物质靠着人与人之间的同情和关爱而相互传递。在这两种情况中，虽然物质的性质没有改变，但是人的地位改变了，前者的人彻底丧失了自由，物质力量支配了他的行动和思想；后者的人是自由的，人格是独立和自尊的，他是物质世界的主人。前者是奴隶，后者是主人；二者有多么不同啊。

奴隶不仅没有自由，而且是被动的，不由道德、理性来支配其行动和思想，他的行动和思想完全是非理性的，也是荒谬的。还有一点，这些人还是不负责任的，因为他们的思想是被动的，所以他们没有社会责任感。如果他们喜欢鲜花，他们会立即从花园里把它们摘下来；而做花园主人的人不同，他们喜欢鲜花是靠劳动来种植和养护它们。虽然摘鲜花的和种鲜花的他们两人都拥有鲜花，但性质不同；摘鲜花的拥有的是有限的鲜花，而种鲜花的拥有的是永恒的鲜花；摘鲜花的拥有鲜花的尸体，而种鲜花的拥有鲜花的生命。

生活中我们往往是"重形轻神"，本末倒置，所以常常不快乐，怨天尤人。请看下面的故事给我们的启示：

几位年轻人一起去拜访他们的大学老师。当老师问起他们生活得怎么样时大家都牢骚满腹，纷纷诉说着生活的不如意：工作压力大，房价上涨物价上涨……一时间，大家仿佛都成了生活的弃儿。

老师笑而不语，从房间里拿出许许多多的杯子，摆在茶几上。这些杯子各式各样，有瓷器的，有玻璃的，有塑料的，有的杯子看起来高贵典雅，有的杯子看起来粗陋低廉……老师说："你们都是我的学生，我就不把你们当客人看待了。你们要是渴了，自己倒水喝吧。"

大家说得已经口干舌燥了，便纷纷拿了自己中意的杯子倒水喝。等大家手里都端了一杯水时，老师讲话了，他指着茶几上剩下的杯子说："大家有没有发现，你们挑选去的杯子都是最好看最别致的杯子，而像这些塑料杯就没有人选中它。"我们并不觉得奇怪，谁都希望手里拿着的是一只好看的杯子。

老师说："这就是你们烦恼的根源。大家需要的是水，而不是杯子，但大家有意无意地会去选用好的杯子。这就如我们的生活。如果生活是水的话，那么，工作、金钱、地位这些东西就是杯子，它们只是我们用来盛起生活之水的工具。杯子的好坏，并不能影响水的质量，如果将心思花在杯子上，你哪有心情去品尝水的苦甜，这就是本末倒置，自寻烦恼。”

老子说：“祸莫大于不知足，咎莫大于欲得”。意思是最大的祸害是不知足，最大的过失是贪得的欲望。孔子说：“不义且宝贵，于我如浮云。”把不义之财看作浮云一样，分毫不取。弄清楚什么该拿，什么不该拿，只取自己当得之名，当得之利，这叫适可而止，是做人的一种大智慧。

因此，对待金钱我们应有这样的认识：钱财乃身外之物，生不带来死不带去。金钱是为人的生活服务的，人不可做钱财的奴隶。金钱只是交换的一种媒介物，只有在交往过程中才能体现它的价值，不要将钱深藏于地下。

将命运的牌掌握在自己手里

人生是一条漫长的看不到尽头的路，上帝给了我们不同的起跑位置，我们无法选择起点，却可以选择终点和到达终点的过程。命运负责洗牌，但玩牌的是我们自己，只有将命运的牌掌握在自己手里，你的人生才有意义。

人的一生不要悲叹命运。在生活中，每个人都有自己不同的人生与经历、不同的地位与身世。比如有的人生来清贫，有的人出生富贵，有的人家境艰辛，有的人收入不高，有的人工作不如意，有的人婚姻不称心，等等。好像都是上天安排的，注定要有些人去经历磨难，有些人历尽艰辛，有些人苍凉饥寒。就像手中拿到的一副牌，让你百般无奈。你必须用手中的牌玩下去，玩牌的是自己，如果玩得好，即使有一副牌在手，你也有可能是赢家。每个人生下来的生活条件不一样，但是你可以去改变。

自己才是命运真正的主宰，凡事不经过自己的努力，而希望通过寻求神灵的庇佑或者他人的帮助来达到，是不可能成功的。别人只是暂时帮助你的人，不可能帮助你解决所有的问题，也不可能随时都能帮助你。所以我们要时刻充实自己的力量，自己才能主宰自己。

艾森豪威尔年轻的时候，有一次和家人玩牌，他连续几次都拿到很糟糕的牌，情绪非常不好，态度也恶劣起来。他母亲见状说了段令他刻骨铭心的话："你必须用手中的牌玩下去。就好比人生，发牌的是上帝，不管是怎样的牌，你都必须拿着，你所做的就是尽你的全力，求得最好的结果。"

人生的魅力，在于时时可以从痛苦的阴冷角落里起程，走向灿烂光辉的远途，走向没有遗憾的未来。即使千帆过尽，还有满载希冀的第 1001 艘船，只要心中的梦想不灭，就不会被孤独地抛在岸边。不论在哪里，能承受失败，就有机会从容整理行装，然后再欣然起程。发牌的是上帝，玩牌的是自己，你随时可以选择如何去赢这一场牌局。

我们不能去抱怨生活的不幸及命运的不公平，因为上帝已经给了我们每一个人位置。但是人生的过程却掌握在自己手中，适时地调整与适应，才是首先要做的。

俄罗斯有一个农夫，有一天在田间耕作，不小心牲畜受惊，拖犁狂奔，他被尖锐的犁铧截断上肢，疼痛使他几度昏迷。醒来，他向别人求救。可茫茫荒野，罕有人迹，如果再等下去，他必死无疑。于是，他咬紧牙关，自己包扎，然后跌跌撞撞地来到一家诊所。医生说，他要是不救自己，早就没命了。

当一个人在大海中航行时，他不能改变海面上的风向，但他却可以不断地调整船上的风帆，让自己一直朝目的地驶去。所以，一个人如何使自己乐观起来，不要被一些无法改变的东西压垮，有了向上的积极心态，那么，当你看到一些不起眼的障碍时，就能联想心中的愿望，然后用心地去做、去改变它。

38 岁的辽宁人蔡伟仅有高中文凭，凭借着他在古文献研究方面的天赋和钻研精神，经过20多年的不懈努力自学，由复旦大学出土文献与古文字研究中心裘锡圭教授与校外两名教授联名推荐，叩开了复旦大学博士生招生考试的大门。

在1991年高中毕业后，由于严重偏科，蔡伟没有考上大学，而是进了胶管厂当上了工人。1994年下岗后，蔡伟在一家商场门口摆起了小摊，所得仅够温饱。摆摊之余，蔡伟把业余时间全部用来看书，就在这期间，蔡伟凭借自己的古文字学知识，得到了裘锡圭先生的赏识。

一个38岁只有高中学历的三轮车夫通过自己的努力成为复旦的博士，而当今社会上许多年轻人，心浮气躁，好高骛远，尤其是那些寒窗十年刚从高等学府走出来的莘莘学子们。他(她)们都想功成名就，都想拥有一个灿烂的前程。可是，无情的现实总是与自己的理想背道而驰，因而就埋怨自己的命运不好，埋怨自己没有家庭背景，埋怨世上的伯乐太少，甚至埋怨这个世道太不公平，从而产生对工作不积极，对学习不努力，对生活不热爱，自暴自弃，怨天尤人。

然而，我们不妨换一换固有的思维方式，安下心来面对无情的现实，静下心来好好地检查自己，看看自己所学到的知识结构是否有问题，所掌握的技能是否与市场需求对得上口……自己的命运完全掌握在自己的手中。

对于挫折中的人，命运会赐予它一件最妙的补偿，那就是从哪里跌倒就从哪里爬起来，使他或她带着现实的态度，以稳健的步伐走下去，履行自己的人生，实现自身的价值。生命的好处，也正是在这个时候才像春天吐芽一般，一点一点地显露出来。

人生是一条看不到尽头的路，把命运掌握在自己的手中，艰难的人生征途中就会充满希望和成功。不要抱怨，命运这副牌掌握在自己手中，要靠自己的努力去赢得好结果。相信自己选择的路并一直走下去，因为只有这样才能见到最终的结果。

每一个“今天”都是崭新的

拥有是一种财富，每一个“今天”都是一种幸福。我们要做的不是去盼望那些得不到的，而是要专注于已经拥有的。放下“这山望着那山高”的心理，否则只会捡了芝麻丢了西瓜，最后连自己拥有的也会在顷刻间消失。不要预支明天的烦恼，明天如果有烦恼，你今天是无法解决的，每一天都有每一天的功课要做，努力做好今天的功课再说吧！

昨天是失去的今天，明天是未来的今天。只有今天，才是我们真实地拥有着的。中外无数成功人士的实例证明，只有把握好今天，才能走出昨天，开创明天。每一个今天都是崭新的。

有一个说法是，当你在倾听别人说话时，只要稍加辨别他们所使用的语言，就能对说话的人了解个大概。比如那些经常提到他们曾经做过哪种事，和他们过去曾经如何的人，肯定是活在过去的荣耀里。可见他不是具有做事导向的人，他们都是过去式的英雄。

而另一些人，对于过去种种的作为不太有兴趣谈论，却对将来所要做的事跃跃欲试，胸有成竹。就如一个好的足球运动员，他不会总沉醉于过去某一场进了几个球，而是想如何在下一场比赛中进更多的球。真正的好演员也不会被曾获得的奖项冲昏了头而不再追求演技的提高。

每个人都可以选择自己的心理状态，你可以自行选择处在无可挽回的过去中，或者是处在满怀希望与憧憬美好的未来之中。这是人生态度的必答题，你所作出的这一选择，将会进一步影响到你的人格、你的做事风格以及其他方面。

有一位农民，常年住在漆黑的窑洞，顿顿吃的是玉米、土豆，家里最值钱的东西就是一个盛面的柜子。可他整天无忧无虑，早上唱着山歌去干活，太阳落山又唱着山歌走回家。别人都不明白，他整天有什么好高兴的？

他说："我渴了有水喝，饿了有饭吃，夏天住在窑洞里不用电扇，冬天热乎乎的炕头胜过暖气，日子已经无比幸福了！"

这位农民能珍惜自己的每一个"今天"，从不为自己的贫困而苦恼，这也许就是他感到快乐的原因。其实，很多人所拥有的远远地超过了这位农民，可是，人们很难注意到自己所拥有的东西，而更多的是关注与渴望一些自己还不曾到手的东西或者忧虑未来。

也许你的收入并不高，但粗茶淡饭自饱已经很不错了，绝无那些富贵病的缠扰；你的配偶或许并不出众，但他（她）能与你相亲相爱，白头偕老；你的孩子虽然没有考上大学，但他（她）却懂得孝敬父母，知道自力更生……

其实，每个人都在寻求着自己所谓的幸福。而幸福原本就在我们的身边。只是由于人们过于追求物质上的富裕，太追求一种形式化的生活，而将"真正的幸福"给忽略了。

欧洲某国家有一位著名的女高音歌唱家，芳龄仅仅30多岁就已经誉满全球，而且郎君如意，家庭美满。

一次她到邻国开独唱音乐会，入场券早在一年以前就被抢购一空，当晚的演出受到极为热烈的欢迎。演出结束之后，歌唱家和丈夫、儿子从剧场里走出来的时候，一下子被早已等在那里的观众团团围住。人们七嘴八舌地与歌唱家攀谈着，其中不乏赞美和羡慕之词。

有的人称赞歌唱家大学刚刚毕业就开始走红并进入了国家级的歌剧院，成为扮演主要角色的演员，有的人称赞歌唱家有个腰缠万贯的某大公司老板做丈夫，而膝下还有个活泼可爱、脸上总带着微笑的小男孩……

在人们议论的时候，歌唱家默默地听着。等人们把话说完以后，她才缓缓地说："我首先非常感谢大家对我和我的家人的赞美，我希望在这些方面能够和你们共享快乐、但是，你们看到的只是一个方面，还有另外的一个方面没有看到，那就是你们所夸奖这位活泼可爱、脸上总带着微笑的小男孩，不幸的是他是一个不会说话的哑巴。而且，在我的家里他还有一个姐姐，是长年需要照顾的精神分裂症患者。”

歌唱家的话使人们震惊得说不出话来，你看看我，我看看你，似乎很难接受这样的事实。

这时，歌唱家又心平气和地对人们说：“这一切说明什么呢？恐怕只能说明一个道理：那就是上帝给谁的都不会太多，而唯有今天是你可以把握的。”

上帝给谁的都不会太多，每个人都拥有自己的幸福，只是他们涣散了自己的注意力，总是把目光盯向别人，一味地羡慕别人，却忘记了欣赏一下自己今天所拥有的美丽。

抓住今天，因为一个今天胜过无数个明天。千万不要活在过去的荣耀中，当然也不要活在对未来的等待中。你只有一次生命，你不能把今天用堤岸围住，第二天带回来，正如谁也无法去捕捉风。垂死的人愿意拿出他所有的黄金买一口气，可他如何能如愿？

人生只出售单程车票。生命的列车一旦启动，就会朝着一个地方隆隆驶去绝无掉头的可能，我们每一个乘坐这趟列车的人，都应该好好考虑一下这个问题：如果你的生命只剩下最后一天。

对于今天，心存这样的信念：

就在今天，我要开始工作；

就在今天，我要拟定目标和计划；

就在今天，我要克服恐惧和忧虑；

就在今天，我要锻炼好身体；

就在今天，我要强大内心；

就在今天，我要走向成功和卓越；

就在今天，请写下你今日必须完成之事……